CONCOURS PROFESSEUR DES ÉCOLES

CRPE 2023 2024

ADMISSION

M1 • M2

LEÇON

Le manuel pour réussir l'épreuve orale

Ouvrage dirigé par Marc Loison
Docteur en histoire de l'éducation et sciences de l'éducation,
maître de conférences honoraire en histoire contemporaine de l'université d'Artois,
ancien conseiller pédagogique chargé de mission académique pour l'éducation prioritaire,
ancien président de jury CRPE

Ouvrage coordonné par Aline Merlot
Inspectrice de l'Éducation nationale, titulaire du master Expertise de la formation (EDLF), mention pratiques et ingénierie de la formation, membre de jury CRPE

Valérie Bouquillon
Conseillère pédagogique départementale en maternelle, membre de jury CRPE et CAFIPEMF option maternelle

Marine Damiens
Enseignant maître formateur de circonscription en éducation prioritaire renforcée, titulaire du diplôme d'université Français langue étrangère

Marjory Dubois,
Conseillère pédagogique et référente mathématiques de circonscription, membre de jury CRPE

Ève Santhune,
Conseillère pédagogique départementale formation initiale et continue, membre de jury CRPE et CAFIPEMF

Vuibert
N°1 DES CONCOURS

Ressources numériques pour réussir le CRPE

Téléchargez :

- **notre guide du concours ;**
- **50 QCM interactifs ;**
- **2 leçons supplémentaires.**

ou www.vuibert.fr/site/213973

ISBN : 978-2-311-21397-3

Conception et réalisation de la couverture : Delphine d'Inguimbert et Valérie Goussot / Caroline Joubert (Atelier du livre) / Séverine Tanguy
Conception de l'intérieur : Bleu T / Caroline Joubert (Atelier du livre)
Composition : Grafatom

Site Internet : http://www.vuibert.fr

Achevé d'imprimer en août 2022 par l'imprimerie Chirat en France
Dépôt légal : août 2022 - N° 202207.0175

N° éditeur : MAGSI20210453

PEFC 10-31-1895

IMPRIM'VERT Votre imprimeur agit pour l'environnement

Sommaire

Avant-propos 5

Mode d'emploi 6

QCM d'autoévaluation 8

PARTIE 1 / MÉTHODE

Se préparer à l'épreuve orale d'admission « leçon » 14

1. Objectifs de l'épreuve 14

2. Quelques recommandations pour se préparer 14

Fiche 1. Concevoir une leçon 18

Fiche 2. Concevoir une fiche de préparation d'une séance 20

Fiche 3. Programmer les apprentissages 24

Fiche 4. Connaître et utiliser les repères annuels de progression et attendus de fin d'année 26

Fiche 5. Articuler didactique et pédagogie 29

Fiche 6. Réfléchir à la place de l'enseignant et aux gestes professionnels 31

Fiche 7. Prendre en compte la diversité des élèves et différencier sa pédagogie 33

Fiche 8. Identifier des variables pédagogiques 36

Fiche 9. Pratiquer l'étayage 39

Fiche 10. Enseigner explicitement 41

Fiche 11. Évaluer 43

Fiche 12. Faire de l'erreur un levier pour les apprentissages 45

Fiche 13. Penser au rythme et à la durée des séances 48

Fiche 14. Passer des consignes 51

Fiche 15. Utiliser une modalité spécifique d'apprentissage : le jeu 54

Fiche 16. Faire manipuler les élèves 57

Fiche 17. Mettre en place des activités ritualisées 60

Fiche 18. Gérer les interactions et la place de l'oral dans la séance 63

Fiche 19. Mémoriser et se remémorer 66

Fiche 20. Organiser le groupe pour favoriser les apprentissages 68

Fiche 21. Utiliser et gérer le tableau et les affichages 70

Fiche 22. Intégrer le numérique dans sa pratique pédagogique 72

Fiche 23. Analyser et choisir les outils des élèves 75

Fiche 24. Analyser et choisir les supports 78

Fiche 25. Institutionnaliser le savoir et concevoir une trace écrite 80

PARTIE 2 / 36 SUJETS CORRIGÉS

S'entraîner à la conception d'une séance d'enseignement. 84

1. Modalités organisationnelles de l'épreuve 84

2. Comment s'entraîner ? 84

Français 87

Sujet 1. **Annales 2022** La communication (PS) 88

Sujet 2. Le principe alphabétique (PS) 95

Sujet 3. La phonologie (MS). 102

Sujet 4. La compréhension (MS). 111

Sujet 5. L'écriture essayée (GS). 120

Sujet 6. L'oral (GS). 128

Sujet 7. L'apprentissage du code (CP) 135

Sujet 8. La production d'écrit (CP). . 143

Sujet 9. La fluence (CE1) 150

Sujet 10. L'orthographe (CE1). 157

Sujet 11. Le vocabulaire (CE2). 164

Sujet 12. La compréhension (CE2). . . . 171

Sujet 13. La grammaire (CM1) 179

Sujet 14. La compréhension (CM1) . . . 186

Sujet 15. L'expression orale (CM1). . . . 193

Sujet 16. La production d'écrit (CM2). 202

Sujet 17. L'orthographe lexicale (CM2). 209

Sujet 18. L'orthographe grammaticale (CM2). 216

Math 223

Sujet 19. Les solides (PS) 224

Sujet 20. Le dénombrement (PS). . . . 230

Sujet 21. La longueur (MS) 237

Sujet 22. Les nombres (MS) 243

Sujet 23. Le dénombrement de quantités (GS). 249

Sujet 24. Le repérage sur un quadrillage (GS) 257

Sujet 25. La notion de dizaine (CP) . . 264

Sujet 26. Les compléments à 10 (CP) 271

Sujet 27. La soustraction posée (CE1). 277

Sujet 28. La longueur (CE1). 285

Sujet 29. La division (CE2) 292

Sujet 30. **Annales 2022** La symétrie (CE2) 299

Sujet 31. Les solides (CM1) 307

Sujet 32. Les grands nombres (CM1) 314

Sujet 33. Les fractions et les nombres décimaux (CM1) 321

Sujet 34. La proportionnalité (CM2). 329

Sujet 35. Le programme de construction (CM2). 336

Sujet 36. Les aires (CM2) 344

Index 351

Avant-propos

Depuis quelques années, de manière récurrente, il est indiqué dans les rapports de jury CRPE que l'on attend des candidats qu'ils manifestent **leur engagement dans la construction de compétences professionnelles**.

L'arrêté du 25 janvier 2021, relatif à la réforme du CRPE, indique clairement qu'une **dimension fortement professionnalisante** est désormais dévolue aux épreuves écrites et orales d'admissibilité et d'admission.

Au regard de ce constat, nous avons opéré plusieurs choix éditoriaux qui se caractérisent par leur originalité mais aussi et surtout leur volonté de répondre aux réels besoins des candidats.

Dans les manuels de français et de mathématiques, nous avons pris le parti d'éclairer les notions disciplinaires majeures par une réflexion portant sur **la traduction du savoir savant en savoir enseigné, démarche indispensable en amont de toute conception de séance d'enseignement**.

Le présent manuel vient utilement compléter cette réflexion. De fait, dans sa première partie, il aborde les éléments incontournables à prendre en compte, de la conception de la leçon à l'institutionnalisation du savoir en passant par la nécessaire différenciation pédagogique, puis les articule avec les compétences professionnelles P1 et P3.

Dans la seconde partie de l'ouvrage, 36 sujets sont proposés. Ils balaient, à parts égales, **tous les cycles de l'école primaire et tous les thèmes du programme**.

Par ailleurs, ce manuel propose quelques outils innovants qui viendront compléter et structurer la préparation au CRPE, à savoir :

- un **mode d'emploi visuel** pour vous orienter dans le manuel ;
- un **test d'autoévaluation générale** en début d'ouvrage portant sur l**es compétences P1 et P3** ;
- un **programme de révision** personnalisé faisant suite à cette évaluation ;
- de **nombreux conseils de formateurs** pour concevoir et animer une leçon ;
- pour chaque sujet, une proposition de **corrigé analysant le corpus documentaire**, présentant une **séquence possible** et une **séance détaillée complétées** par trois types de questions : **disciplinaires, didactiques et pédagogiques** ;
- un **index** en fin d'ouvrage pour retrouver facilement dans ce manuel toutes les **notions clés à maîtriser, régulièrement signalées dans les rapports de jurys**.

Les auteurs de cet ouvrage et moi-même espérons que ce manuel ainsi conçu et doté de ses multiples outils méthodologiques vous permettra de vous préparer efficacement à l'épreuve de leçon.

Sa mise en œuvre éditoriale n'aurait pas été possible sans l'aide précieuse de Julie Avendano et Kévin Lacroix, éditeurs que je tiens ici personnellement à remercier.

Marc Loison
Directeur de l'ouvrage

Mode d'emploi

En début de manuel

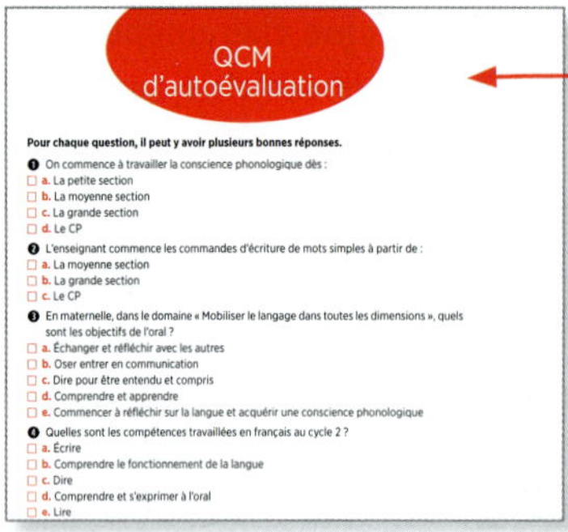

QCM d'autoévaluation

Pour chaque question, il peut y avoir plusieurs bonnes réponses.

❶ On commence à travailler la conscience phonologique dès :
- ☐ a. La petite section
- ☐ b. La moyenne section
- ☐ c. La grande section
- ☐ d. Le CP

❷ L'enseignant commence les commandes d'écriture de mots simples à partir de :
- ☐ a. La moyenne section
- ☐ b. La grande section
- ☐ c. Le CP

❸ En maternelle, dans le domaine « Mobiliser le langage dans toutes les dimensions », quels sont les objectifs de l'oral ?
- ☐ a. Échanger et réfléchir avec les autres
- ☐ b. Oser entrer en communication
- ☐ c. Dire pour être entendu et compris
- ☐ d. Comprendre et apprendre
- ☐ e. Commencer à réfléchir sur la langue et acquérir une conscience phonologique

❹ Quelles sont les compétences travaillées en français au cycle 2 ?
- ☐ a. Écrire
- ☐ b. Comprendre le fonctionnement de la langue
- ☐ c. Dire
- ☐ d. Comprendre et s'exprimer à l'oral
- ☐ e. Lire

Un QCM d'autoévaluation pour identifier vos forces et vos faiblesses et vous aider à organiser vos révisions

Dans la partie méthode

En ouverture de partie, un tableau présentant les 25 fiches méthode et, pour chacune d'entre elles, les compétences professionnelles visées et les questions abordées

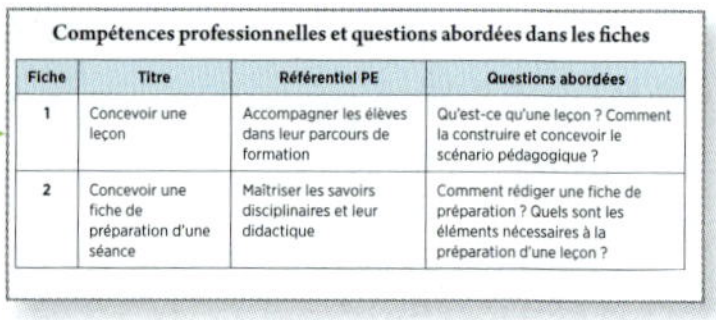

Compétences professionnelles et questions abordées dans les fiches

Fiche	Titre	Référentiel PE	Questions abordées
1	Concevoir une leçon	Accompagner les élèves dans leur parcours de formation	Qu'est-ce qu'une leçon ? Comment la construire et concevoir le scénario pédagogique ?
2	Concevoir une fiche de préparation d'une séance	Maîtriser les savoirs disciplinaires et leur didactique	Comment rédiger une fiche de préparation ? Quels sont les éléments nécessaires à la préparation d'une leçon ?

25 fiches pour apprendre à concevoir et animer une séance d'enseignement en français et en mathématiques

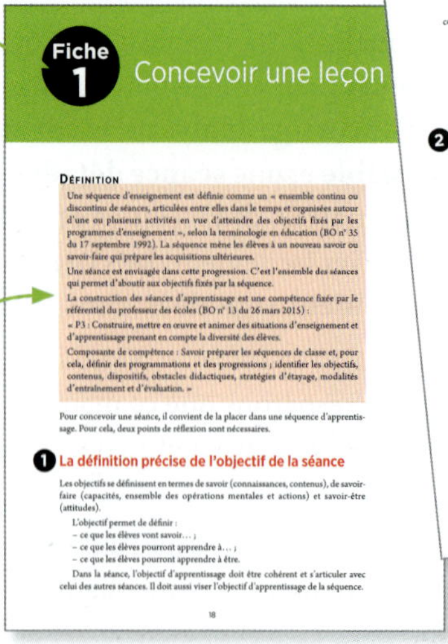

Fiche 1 Concevoir une leçon

Définition

Une séquence d'enseignement est définie comme un « ensemble continu ou discontinu de séances, articulées entre elles dans le temps et organisées autour d'une ou plusieurs activités en vue d'atteindre des objectifs fixés par les programmes d'enseignement », selon la terminologie en éducation (BO n° 35 du 17 septembre 1992). La séquence mène les élèves à un nouveau savoir ou savoir-faire qui prépare les acquisitions ultérieures.

Une séance est envisagée dans cette progression. C'est l'ensemble des séances qui permet d'aboutir aux objectifs fixés par la séquence.

La construction des séances d'apprentissage est une compétence fixée par le référentiel du professeur des écoles (BO n° 13 du 26 mars 2015) :

« P3 : Construire, mettre en œuvre et animer des situations d'enseignement et d'apprentissage prenant en compte la diversité des élèves.

Composante de compétence : Savoir préparer les séquences de classe et, pour cela, définir des programmations et des progressions ; identifier les objectifs, contenus, dispositifs, obstacles didactiques, stratégies d'étayage, modalités d'entraînement et d'évaluation. »

Pour concevoir une séance, il convient de la placer dans une séquence d'apprentissage. Pour cela, deux points de réflexion sont nécessaires.

❶ La définition précise de l'objectif de la séance

Les objectifs se définissent en termes de savoir (connaissances, contenus), de savoir-faire (capacités, ensemble des opérations mentales et actions) et savoir-être (attitudes).

L'objectif permet de définir :
- ce que les élèves vont savoir… ;
- ce que les élèves pourront apprendre à… ;
- ce que les élèves pourront apprendre à être.

Dans la séance, l'objectif d'apprentissage doit être cohérent et s'articuler avec celui des autres séances. Il doit aussi viser l'objectif d'apprentissage de la séquence.

18

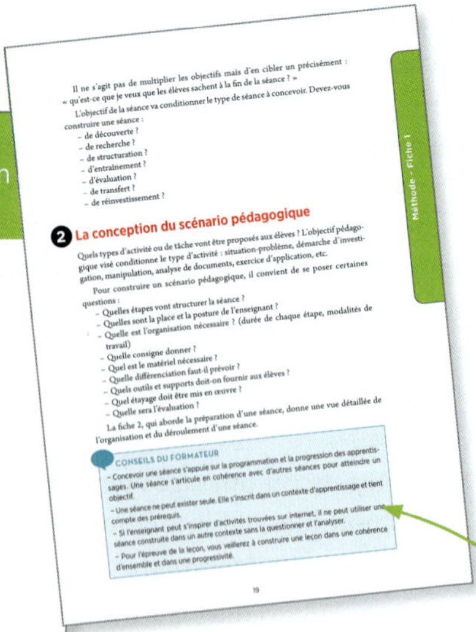

Il ne s'agit pas de multiplier les objectifs mais d'en cibler un précisément : « qu'est-ce que je veux que les élèves sachent à la fin de la séance ? »

L'objectif de la séance va conditionner le type de séance à concevoir. Devez-vous construire une séance :
- de découverte ?
- de recherche ?
- de structuration ?
- d'entraînement ?
- d'évaluation ?
- de transfert ?
- de réinvestissement ?

❷ La conception du scénario pédagogique

Quels types d'activité ou de tâche vont être proposés aux élèves ? L'objectif pédagogique visé conditionne le type d'activité : situation-problème, démarche d'investigation, manipulation, analyse de documents, exercice d'application, etc.

Pour construire un scénario pédagogique, il convient de se poser certaines questions :
- Quelles étapes vont structurer la séance ?
- Quelles sont la place et la posture de l'enseignant ?
- Quelle est l'organisation nécessaire ? (durée de chaque étape, modalités de travail)
- Quelle consigne donner ?
- Quel est le matériel nécessaire ?
- Quelle différenciation faut-il prévoir ?
- Quels outils et supports doit-on fournir aux élèves ?
- Quel étayage doit être mis en œuvre ?
- Quelle sera l'évaluation ?

La fiche 2, qui aborde la préparation d'une séance, donne une vue détaillée de l'organisation et du déroulement d'une séance.

CONSEILS DU FORMATEUR
- Concevoir une séance s'appuie sur la programmation et la progression des apprentissages. Une séance s'articule en cohérence avec d'autres séances pour atteindre un objectif.
- Une séance ne peut exister seule. Elle s'inscrit dans un contexte d'apprentissage et tient compte des prérequis.
- Si l'enseignant peut s'inspirer d'activités trouvées sur internet, il ne peut utiliser une séance construite dans un autre contexte sans la questionner et l'analyser.
- Pour l'épreuve de la leçon, vous veillerez à construire une leçon dans une cohérence d'ensemble et dans une progressivité.

Méthode - Fiche 1

19

Les notions essentielles et les textes officiels à connaître

Les conseils des formateurs pour bien répondre aux objectifs de l'épreuve et aux attentes des jurys

Dans la partie entraînement

36 sujets (18 en français et 18 en mathématiques, dont 2 sujets officiels) couvrant tous les cycles de l'école primaire, en relation étroite avec les programmes de 2020 et 2021

Pour chaque sujet, un corrigé proposant une analyse du corpus documentaire, une présentation de la séquence et une proposition de leçon

Dans chaque corrigé, les trois types de questions possibles du jury : disciplinaires, didactiques et pédagogiques

En fin de manuel

Un index pour vous reporter facilement aux différentes notions traitées dans l'ouvrage

QCM d'autoévaluation

Pour chaque question, il peut y avoir plusieurs bonnes réponses.

❶ On commence à travailler la conscience phonologique dès :
- ☐ **a.** La petite section
- ☐ **b.** La moyenne section
- ☐ **c.** La grande section
- ☐ **d.** Le CP

❷ L'enseignant commence les commandes d'écriture de mots simples à partir de :
- ☐ **a.** La moyenne section
- ☐ **b.** La grande section
- ☐ **c.** Le CP

❸ En maternelle, dans le domaine « Mobiliser le langage dans toutes les dimensions », quels sont les objectifs de l'oral ?
- ☐ **a.** Échanger et réfléchir avec les autres
- ☐ **b.** Oser entrer en communication
- ☐ **c.** Dire pour être entendu et compris
- ☐ **d.** Comprendre et apprendre
- ☐ **e.** Commencer à réfléchir sur la langue et acquérir une conscience phonologique

❹ Quelles sont les compétences travaillées en français au cycle 2 ?
- ☐ **a.** Écrire
- ☐ **b.** Comprendre le fonctionnement de la langue
- ☐ **c.** Dire
- ☐ **d.** Comprendre et s'exprimer à l'oral
- ☐ **e.** Lire

❺ Au cycle 2, le sens et l'automatisation en lecture se construisent :
- ☐ **a.** Simultanément
- ☐ **b.** L'un après l'autre
- ☐ **c.** L'automatisation n'est pas au programme du cycle 2

❻ Pour l'écriture, quels sont les attendus de fin de cycle 2 ?
- ☐ **a.** Écrire un texte d'une à deux pages adapté à son destinataire
- ☐ **b.** Rédiger un texte d'environ une demi-page, cohérent, organisé, ponctué, pertinent par rapport à la visée et au destinataire
- ☐ **c.** Après révision, obtenir un texte organisé et cohérent, à la graphie lisible et respectant les régularités orthographiques étudiées au cours du cycle
- ☐ **d.** Améliorer un texte, notamment son orthographe, en tenant compte d'indications

❼ En fin de CM2, il est attendu qu'un élève sache lire avec fluidité, ce qui signifie qu'il :
- ☐ **a.** Lit à voix haute, après préparation, un texte long
- ☐ **b.** Prend en compte la ponctuation et respecte le rythme des groupes syntaxiques
- ☐ **c.** Lit 5 à 10 œuvres par an
- ☐ **d.** Lit correctement en moyenne 120 mots par minute

❽ L'acquisition de l'orthographe (orthographe lexicale et grammaticale) est privilégiée et son apprentissage est conduit de manière à :
- ☐ **a.** Mettre en évidence les régularités du système de la langue
- ☐ **b.** Mettre en évidence les irrégularités du système de la langue
- ☐ **c.** Mettre en évidence les exceptions

❾ La pratique de l'écriture (situations d'écriture variées, en lien avec les lectures, la conduite des projets et les besoins des disciplines) doit être :

- ☐ **a.** Quotidienne
- ☐ **b.** Hebdomadaire
- ☐ **c.** Mensuelle

❿ Cochez les réponses correctes :

- ☐ **a.** Au cycle 2, les élèves doivent lire au moins 5 à 10 œuvres en classe par an.
- ☐ **b.** En CM1, les élèves doivent lire 5 ouvrages de littérature de jeunesse contemporaine et 2 œuvres classiques.
- ☐ **c.** En CM2, les élèves doivent lire 4 ouvrages de littérature de jeunesse contemporaine et 3 œuvres classiques.

⓫ Parmi ces propositions, lesquelles font partie des attendus de fin d'école maternelle ?

- ☐ **a.** Classer des objets en fonction de caractéristiques liées à leur forme
- ☐ **b.** Reconnaitre, nommer, décrire, reproduire, construire quelques figures géométriques
- ☐ **c.** Classer ou ranger des objets selon un critère de longueur ou de masse ou de contenance
- ☐ **d.** Reconnaitre quelques solides (cube, pyramide, boule, cylindre)

⓬ Quelle est la bonne proposition concernant l'objectif « Acquérir la suite orale des mots-nombres » ?

- ☐ **a.** Avant 4 ans, les premiers éléments de la suite numérique peuvent être mis en place jusqu'à cinq ou six, puis progressivement étendus jusqu'à trente en fin de grande section.
- ☐ **b.** Avant 4 ans, les premiers éléments de la suite numérique peuvent être mis en place jusqu'à quatre, puis progressivement étendus jusqu'à dix en fin de grande section.
- ☐ **c.** Avant 4 ans, les premiers éléments de la suite numérique peuvent être mis en place jusqu'à cinq, puis progressivement étendus jusqu'à cinquante en fin de grande section.

⓭ Les activités de dénombrement à l'école maternelle doivent :

- ☐ **a.** Privilégier le comptage-numérotage
- ☐ **b.** Éviter le comptage-numérotage
- ☐ **c.** Ne pas dépasser la quantité 5

⓮ Quelles sont les compétences mathématiques travaillées au cycle 2 ?

- ☐ **a.** Chercher
- ☐ **b.** Modéliser
- ☐ **c.** Soustraire
- ☐ **d.** Représenter
- ☐ **e.** Additionner
- ☐ **f.** Raisonner
- ☐ **g.** Calculer
- ☐ **h.** Communiquer

⓯ Quels sont les trois domaines d'étude en mathématiques au cycle 2 ?

- ☐ **a.** Grandeurs et mesures
- ☐ **b.** Résolution de problèmes
- ☐ **c.** Espace et géométrie
- ☐ **d.** Nombres et calcul

⑯ La plupart des résultats des tables d'addition sont mémorisés :
- ☐ **a.** En fin de CP
- ☐ **b.** En fin de CE1
- ☐ **c.** En fin de CE2

⑰ Quelles formes et modalités de calcul sont enseignées au cycle 2 ?
- ☐ **a.** Le calcul mental
- ☐ **b.** Le calcul instrumenté
- ☐ **c.** Le calcul en ligne
- ☐ **d.** Le calcul posé

⑱ Dans le domaine « Nombres et calculs », quels sont les attendus à la fin du cycle 3 ?
- ☐ **a.** Utiliser et représenter les grands nombres entiers, des fractions simples, les nombres décimaux
- ☐ **b.** Utiliser le calcul littéral
- ☐ **c.** Calculer avec des nombres entiers et des nombres décimaux
- ☐ **d.** Résoudre des problèmes en utilisant des fractions simples, les nombres décimaux et le calcul

⑲ Au cycle 3, le calcul mental ou en ligne, le calcul posé et le calcul instrumenté sont à construire :
- ☐ **a.** En interaction
- ☐ **b.** En parallèle
- ☐ **c.** L'un après l'autre en progressivité

⑳ Parmi les propositions suivantes, lesquelles correspondent aux attendus de fin de cycle 3 en espace et géométrie ?
- ☐ **a.** (Se) repérer et (se) déplacer dans l'espace en utilisant ou en élaborant des représentations
- ☐ **b.** Reconnaitre et utiliser les notions d'alignement, d'angle droit, d'égalité de longueurs, de milieu, de symétrie
- ☐ **c.** Reconnaitre, nommer, décrire, reproduire, représenter, construire des figures et solides usuels
- ☐ **d.** Reconnaitre et utiliser quelques relations géométriques

㉑ Pour différencier, on peut varier :
- ☐ **a.** Les modalités de mise au travail des élèves
- ☐ **b.** Les modalités d'étayage de l'enseignant
- ☐ **c.** Les supports
- ☐ **d.** Les évaluations

㉒ Enseigner explicitement c'est :
- ☐ **a.** Dire aux élèves ce qu'ils sont en train d'apprendre
- ☐ **b.** Développer les stratégies d'apprentissage des élèves
- ☐ **c.** Éviter aux élèves d'interpréter et d'entrer dans des malentendus didactiques
- ☐ **d.** Faire à la place des élèves

㉓ Le contrat didactique est :
- ☐ **a.** L'ensemble des règles et comportements que l'enseignant attend de ses élèves
- ☐ **b.** L'ensemble des règles et comportements que les élèves attendent de l'enseignant
- ☐ **c.** L'enseignant passe les consignes et les élèves y répondent dans un temps donné

㉔ La conclusion d'une séance est l'étape durant laquelle les élèves :
- ☐ **a.** Sont amenés à identifier le savoir en jeu dans la séance
- ☐ **b.** Collent dans leur cahier la trace écrite préparée par l'enseignant
- ☐ **c.** Se projettent dans la prochaine séance

㉕ À l'école maternelle, on identifie des modalités spécifiques d'apprentissages qui sont :
- ☐ **a.** Apprendre en jouant
- ☐ **b.** Apprendre en réfléchissant et en résolvant des problèmes
- ☐ **c.** Apprendre en lisant et en communiquant
- ☐ **d.** Apprendre en s'exerçant
- ☐ **e.** Apprendre en s'entrainant
- ☐ **f.** Apprendre en se remémorant et en mémorisant
- ☐ **g.** Apprendre en parlant

㉖ L'étayage est :
- ☐ **a.** Pérenne
- ☐ **b.** Ponctuel
- ☐ **c.** Provisoire

㉗ Une séquence est :
- ☐ **a.** Composée de séances
- ☐ **b.** Progressive
- ☐ **c.** Continue ou discontinue

㉘ La fiche de préparation :
- ☐ **a.** Est rédigée après la séance pour garder une trace
- ☐ **b.** Est conçue avant la séance pour la préparer
- ☐ **c.** Est rédigée systématiquement sous forme de tableau

㉙ Une séance peut être :
- ☐ **a.** Courte
- ☐ **b.** Décrochée
- ☐ **c.** Isolée

㉚ Un enseignement spiralaire c'est :
- ☐ **a.** Un enrichissement progressif et une reprise constante de ce qui a été enseigné et appris
- ☐ **b.** La description d'une séance du début à la fin
- ☐ **c.** Une modalité de travail de groupe

CORRIGÉS

Maîtriser les savoirs disciplinaires et leur didactique

❶ **a.** → Sujet 3

❷ **a.** → Sujet 5

❸ **a. b. d. e.** → Fiche méthode 18 et sujet 6

❹ **a. b. d. e.** → Fiche méthode 3

❺ **a.** → Sujet 7

❻ **b. d.** → Fiche méthode 3 et sujet 16

❼ **a. b. d.** → Fiche méthode 3 et sujet 9

❽ **a.** → Sujets 10, 17 et 18

❾ **a.** → Fiche méthode 17

❿ **a. b. c.** → Sujets 31, 35 et 36

⓫ a. c. d. → Fiches méthode 3 et 4

⓬ a. → Sujets 20, 22 et 23

⓭ b. → Fiche méthode 5, sujets 20, 22 et 23

⓮ a. b. d. f. g. h. → Fiche méthode 3

⓯ a. c. d. → Fiche méthode 3

⓰ a. → Fiche méthode 3 et sujet 26

⓱ a. c. d. → Fiche méthode 3 et sujets 26, 27 et 29

⓲ a. c. d. → Fiche méthode 3 et sujets 32 et 33

⓳ a. → Sujet 32

⓴ a. c. d. → Fiche méthode 3

Construire, mettre en œuvre et animer des situations d'enseignement et d'apprentissage prenant en compte la diversité des élèves

㉑ a. b. c. d. → Fiches méthode 6, 7 et 8

㉒ a. b. c. → Fiche méthode 10

㉓ a. b. → Fiche méthode 12

㉔ a. c. → Fiches méthode 10 et 25

㉕ a. b. d. f. → Fiche méthode 15

㉖ b. c. → Fiche méthode 9

㉗ a. b. c. → Fiche méthode 1

㉘ b. → Fiche méthode 2

㉙ a. b. → Sujets 8 et 16

㉚ a. → Fiches méthode 3, 4 et 19

Calculez votre score et suivez nos conseils :

Maîtriser les savoirs disciplinaires et leur didactique	… / 20
Construire, mettre en œuvre et animer des situations d'enseignement et d'apprentissage prenant en compte la diversité des élèves	… / 10

À partir de ce score, identifiez la compétence professionnelle que vous maîtrisez le moins, reportez-vous aux fiches méthode permettant de l'appréhender et surtout de la consolider, puis entraînez-vous en traitant les sujets correspondants indiqués. Complétez ensuite votre entraînement avec les fiches et sujets restants. Enfin, à des fins d'évaluation, traitez les deux sujets officiels 2022 fournis.

PARTIE 1
MÉTHODE

Se préparer à l'épreuve orale d'admission « leçon » 14

Fiches 18

Se préparer à l'épreuve orale d'admission « leçon »

1 Objectifs de l'épreuve

L'épreuve porte successivement sur le français et les mathématiques. Elle a pour objet la conception et l'animation d'une séance d'enseignement à l'école primaire dans chacune de ces matières, permettant d'apprécier la maîtrise disciplinaire et la maîtrise des compétences pédagogiques du candidat.

Le jury soumet au candidat deux sujets de leçon, l'un dans l'un des domaines de l'enseignement du français, l'autre dans celui des mathématiques, chacun explicitement situé dans l'année scolaire et dans le cursus de l'élève (arrêté CRPE du 25 janvier 2021).

2 Quelques recommandations pour se préparer

Que l'on ne se méprenne pas, préparer une séance d'enseignement suppose non seulement de maîtriser les savoirs à enseigner, mais cela implique surtout d'en faciliter l'appropriation par les élèves. Par où commencer et quelles questions vous poser pour atteindre ce but ?

Les fiches de la première partie de l'ouvrage ont pour objectif de vous présenter les éléments incontournables à prendre en compte, de la conception de la leçon à l'institutionnalisation du savoir en passant par la nécessaire différenciation pédagogique.

Le tableau ci-dessous permet d'articuler ces éléments incontournables avec les compétences professionnelles à acquérir.

Compétences professionnelles et questions abordées dans les fiches

Fiche	Titre	Référentiel PE	Questions abordées
1	Concevoir une leçon	Accompagner les élèves dans leur parcours de formation	Qu'est-ce qu'une leçon ? Comment la construire et concevoir le scénario pédagogique ?
2	Concevoir une fiche de préparation d'une séance	Maîtriser les savoirs disciplinaires et leur didactique	Comment rédiger une fiche de préparation ? Quels sont les éléments nécessaires à la préparation d'une leçon ?

Fiche	Titre	Référentiel PE	Questions abordées
3	Programmer les apprentissages	Accompagner les élèves dans leur parcours de formation	Qu'est-ce qu'une progression ? Qu'est-ce qu'une programmation ? Comment planifier son enseignement dans le temps ?
4	Connaître et utiliser les repères annuels de progression et attendus de fin d'année	Accompagner les élèves dans leur parcours de formation	Que sont les repères annuels de progression et les attendus de fin d'année ? À quoi servent-ils ?
5	Articuler didactique et pédagogie	– Maîtriser les savoirs disciplinaires et leur didactique – Construire, mettre en œuvre et animer des situations d'enseignement et d'apprentissage	Didactique et pédagogie : qu'est-ce que c'est ? Quels sont les liens entre ces notions ? Comment articuler didactique et pédagogie ?
6	Réfléchir à la place de l'enseignant et aux gestes professionnels	Organiser et assurer un mode de fonctionnement du groupe favorisant l'apprentissage et la socialisation des élèves	Quelle est la place de l'enseignant dans la classe ? Quel est son rôle pendant la leçon ?
7	Prendre en compte la diversité des élèves et différencier sa pédagogie	– Connaître les élèves et les processus d'apprentissage – Construire, mettre en œuvre et animer des situations d'enseignement et d'apprentissage prenant en compte la diversité des élèves	Que signifie « différencier sa pédagogie » ? Comment différencier durant la leçon ?
8	Identifier des variables pédagogiques	Prendre en compte la diversité des élèves	Différencier c'est utiliser des variables : quels sont les éléments sur lesquels on peut agir pour prendre en compte la diversité des élèves ?
9	Pratiquer l'étayage	Prendre en compte la diversité des élèves	Qu'entend-t-on par étayage ? Quelles sont les postures d'étayage ?
10	Enseigner explicitement	Organiser et assurer un mode de fonctionnement du groupe favorisant l'apprentissage et la socialisation des élèves	Comment rendre une séance explicite ? C'est-à-dire comment indiquer et préciser tous les éléments implicites de l'apprentissage ?
11	Évaluer	Évaluer les progrès et les acquisitions des élèves	Qu'est-ce qu'une évaluation ? À quel moment évalue-t-on ? À qui sert l'évaluation ?

Fiche	Titre	Référentiel PE	Questions abordées
12	Faire de l'erreur un levier pour les apprentissages	Prendre en compte la diversité des élèves	Quels sont les types d'erreurs ? En quoi sont-elles utiles à l'apprentissage ?
13	Penser au rythme et à la durée des séances	Construire, mettre en œuvre et animer des situations d'enseignement et d'apprentissage	Pourquoi faut-il être attentif à la durée et au rythme de la séance ?
14	Passer des consignes	Construire, mettre en œuvre et animer des situations d'enseignement et d'apprentissage	Quels sont les types de consignes données par l'enseignant ? Quels sont les points d'attention à avoir lors de la préparation de la leçon ?
15	Utiliser une modalité spécifique d'apprentissage : le jeu	Construire, mettre en œuvre et animer des situations d'enseignement et d'apprentissage	Quelle autre modalité d'apprentissage peut être investie dans la mise en place de la leçon ? Comment mettre en place des situations de jeu ?
16	Faire manipuler les élèves	Construire, mettre en œuvre et animer des situations d'enseignement et d'apprentissage	Pourquoi et comment utiliser du matériel de manipulation lors d'une séance ? Pour répondre à quel(s) objectif(s) ?
17	Mettre en place des activités ritualisées	Construire, mettre en œuvre et animer des situations d'enseignement et d'apprentissage	Quelles sont les caractéristiques des activités ritualisées ?
18	Gérer les interactions et la place de l'oral dans la séance	– Maîtriser la langue française à des fins de communication – Organiser et assurer un mode de fonctionnement du groupe favorisant l'apprentissage et la socialisation des élèves	Que signifie « faire parler les élèves » ? Quelles sont les interactions en jeu lors de la mise en œuvre de la séance ?
19	Mémoriser et se remémorer	Connaître les élèves et les processus d'apprentissage	Quels sont les processus de mémorisation ? Comment prendre en compte ces processus dans la construction de sa séance ?
20	Organiser le groupe pour favoriser les apprentissages	Construire, mettre en œuvre et animer des situations d'enseignement et d'apprentissage prenant en compte la diversité des élèves	Quelles sont les organisations de classe possibles ? Comment constituer des groupes et pourquoi ?

Fiche	Titre	Référentiel PE	Questions abordées
21	Utiliser et gérer le tableau et les affichages	Construire, mettre en œuvre et animer des situations d'enseignement et d'apprentissage	Comment utiliser le tableau et les affichages ? À quoi et quand servent-ils ?
22	Intégrer le numérique dans sa pratique pédagogique	Intégrer les éléments de la culture numérique nécessaires à l'exercice de son métier	Quels sont les outils numériques ? Comment et pourquoi les intégrer dans une séance ? Quelle est la plus-value de leur utilisation ?
23	Analyser et choisir les outils des élèves	Construire, mettre en œuvre et animer des situations d'enseignement et d'apprentissage	Quels sont les outils disponibles ? À quoi servent-ils ? À quel moment de la séance sont-ils utilisés ? Qui les utilise ?
24	Analyser et choisir les supports	Construire, mettre en œuvre et animer des situations d'enseignement et d'apprentissage	Quels supports sont utilisés en classe ? Comment les choisir et les analyser ?
25	Institutionnaliser le savoir et concevoir une trace écrite	Construire, mettre en œuvre et animer des situations d'enseignement et d'apprentissage	Qu'appelle-t-on « l'institutionnalisation du savoir » ? Qu'est-ce qu'une trace écrite ? Comment l'élaborer ?

CONSEILS DU FORMATEUR

La collection « Je prépare ma classe » de l'éditeur Vuibert est un complément utile à la préparation didactique et pédagogique. Les ouvrages de cette collection proposent, pour chaque niveau de l'école primaire, un ensemble de séquences de français et de mathématiques ayant été testées en classe, et décrites finement. On s'y reportera utilement pour parfaire la préparation de l'épreuve orale d'admission « leçon »[1].

1. Citons notamment les dernières éditions actualisées : Marc Loison (dir.), Valérie Bouquillon (coord.) *et al.*, *Je prépare ma classe TPS-PS, MS, GS*, Paris, Vuibert, 2021. Les autres manuels sont un peu plus anciens [CP, CE1 (2019) ; CE2, CM1 et CM2 (2017)] mais ils n'en demeurent pas moins conformes aux programmes de l'école élémentaire (sauf très rares exceptions).

Fiche 1 Concevoir une leçon

Définition

Une séquence d'enseignement est définie comme un « ensemble continu ou discontinu de séances, articulées entre elles dans le temps et organisées autour d'une ou plusieurs activités en vue d'atteindre des objectifs fixés par les programmes d'enseignement », selon la terminologie en éducation (*BO* n° 35 du 17 septembre 1992). La séquence mène les élèves à un nouveau savoir ou savoir-faire qui prépare les acquisitions ultérieures.

Une séance est envisagée dans cette progression. C'est l'ensemble des séances qui permet d'aboutir aux objectifs fixés par la séquence.

La construction des séances d'apprentissage est une compétence fixée par le référentiel du professeur des écoles (*BO* n° 13 du 26 mars 2015) :

« P3 : Construire, mettre en œuvre et animer des situations d'enseignement et d'apprentissage prenant en compte la diversité des élèves.

Composante de compétence : Savoir préparer les séquences de classe et, pour cela, définir des programmations et des progressions ; identifier les objectifs, contenus, dispositifs, obstacles didactiques, stratégies d'étayage, modalités d'entraînement et d'évaluation. »

Pour concevoir une séance, il convient de la placer dans une séquence d'apprentissage. Pour cela, deux points de réflexion sont nécessaires.

1 La définition précise de l'objectif de la séance

Les objectifs se définissent en termes de savoir (connaissances, contenus), de savoir-faire (capacités, ensemble des opérations mentales et actions) et savoir-être (attitudes).

L'objectif permet de définir :
- ce que les élèves vont savoir… ;
- ce que les élèves pourront apprendre à… ;
- ce que les élèves pourront apprendre à être.

Dans la séance, l'objectif d'apprentissage doit être cohérent et s'articuler avec celui des autres séances. Il doit aussi viser l'objectif d'apprentissage de la séquence.

Il ne s'agit pas de multiplier les objectifs mais d'en cibler un précisément : « qu'est-ce que je veux que les élèves sachent à la fin de la séance ? »

L'objectif de la séance va conditionner le type de séance à concevoir. Devez-vous construire une séance :

- de découverte ?
- de recherche ?
- de structuration ?
- d'entraînement ?
- d'évaluation ?
- de transfert ?
- de réinvestissement ?

2 La conception du scénario pédagogique

Quels types d'activité ou de tâche vont être proposés aux élèves ? L'objectif pédagogique visé conditionne le type d'activité : situation-problème, démarche d'investigation, manipulation, analyse de documents, exercice d'application, etc.

Pour construire un scénario pédagogique, il convient de se poser certaines questions :

- Quelles étapes vont structurer la séance ?
- Quelles sont la place et la posture de l'enseignant ?
- Quelle est l'organisation nécessaire ? (durée de chaque étape, modalités de travail)
- Quelle consigne donner ?
- Quel est le matériel nécessaire ?
- Quelle différenciation faut-il prévoir ?
- Quels outils et supports doit-on fournir aux élèves ?
- Quel étayage doit être mis en œuvre ?
- Quelle sera l'évaluation ?

La fiche 2, qui aborde la préparation d'une séance, donne une vue détaillée de l'organisation et du déroulement d'une séance.

CONSEILS DU FORMATEUR

- Concevoir une séance s'appuie sur la programmation et la progression des apprentissages. Une séance s'articule en cohérence avec d'autres séances pour atteindre un objectif.
- Une séance ne peut exister seule. Elle s'inscrit dans un contexte d'apprentissage et tient compte des prérequis.
- Si l'enseignant peut s'inspirer d'activités trouvées sur internet, il ne peut utiliser une séance construite dans un autre contexte sans la questionner et l'analyser.
- Pour l'épreuve de la leçon, vous veillerez à construire une leçon dans une cohérence d'ensemble et dans une progressivité.

Fiche 2 Concevoir une fiche de préparation d'une séance

DÉFINITION

La fiche de préparation d'une séance est avant tout un outil pour l'enseignant. Concevoir et rédiger une fiche de préparation, lorsqu'on débute, est une tâche complexe car elle doit prendre en compte différents aspects et entrées : l'aspect didactique (identification des savoirs), l'aspect cognitif (appropriation des savoirs), l'aspect pédagogique et l'aspect pratique de la mise en œuvre de la séance.

La fiche de préparation est élaborée en amont de la séance dans le but d'anticiper. Elle guide l'enseignant pour le déroulement de sa leçon. En fin de séance, elle permettra un retour réflexif et accueillera les commentaires.

Pour préparer une leçon, les points d'attention sont nombreux. Chacune des fiches de la première partie de l'ouvrage vous apporte un éclairage précis sur ces différents questionnements.

1 Qu'est-ce que concevoir une fiche de préparation ?

Concevoir une fiche de préparation, c'est élaborer un scénario pédagogique en se posant un certain nombre de questions. Ces questions et les réponses apparaitront comme des rubriques de la fiche de préparation. Cette fiche peut prendre différentes formes : tableau, texte, etc. L'essentiel n'est pas dans la présentation mais dans le contenu.

Voici les questions que l'enseignant doit se poser :

- Quel est le titre et la place de ma séance dans ma séquence ? (cette séance est en lien direct avec mon travail de progression et programmation)
- À quelle compétence la séance se rapporte-t-elle ?
- Quel est l'objectif ? (c'est définir mon intention : ce que vont apprendre les élèves)
- Quels sont les prérequis nécessaires ?
- Quelle est la durée de la séance ?
- Quelles sont les différentes phases de cette séance et quelle est la durée de chacune d'elles ?
- Quel est le matériel à prévoir ? Les élèves auront-ils besoin d'outils ?
- Quelles sont les traces laissées ?

- Quels sont l'environnement et les espaces dans lesquels se dérouleront les phases ? Faut-il un aménagement particulier ?
- Quel type de travail sera engagé : individuel ? en groupe ? collectif ?
- Quel sera la place de l'enseignant ? Et son rôle ?
- Comment prendre en compte la diversité des élèves ?
- Quelle sera l'évaluation ?
- Quels seront les prolongements ?
- Quelles sont les observations qui seront faites après la séance ?

2 Comment concevoir une fiche de préparation ?

Les étapes à suivre :

1. Définir les objectifs et compétences en lien avec les programmes, programmation et progression.

2. Définir la mission de la séance : la séance peut être une situation d'apprentissage, d'entraînement ou d'évaluation.

3. Définir les prérequis : ce que doivent mobiliser les élèves en termes de savoirs et savoir-faire.

4. Concevoir le déroulement, définir les phases de la séance :

- **La phase introductive – mise en route :** l'enseignant situe la séance dans le domaine travaillé. Il réactive et incite les élèves à se remémorer les éléments vus et acquis lors des séances antérieures : « nous avons appris à… pour cette séance, vous aurez besoin de… ».
- **La phase dite d'appropriation :** il s'agit de l'entrée dans la situation. La compréhension par les élèves de ce qui est attendu d'eux et des contraintes qui leur sont posées est le cœur de cette phase. Ils connaissent le but à atteindre, les modalités de travail, le matériel, le temps dont ils disposent. L'enseignant explicite en situant la séance dans la séquence : s'agit-il d'une séance de découverte, d'entraînement, d'évaluation, etc. ? Les critères de réussite de la tâche sont donnés aux élèves.
- **La passation de la ou des consignes :** la consigne permet à l'élève de savoir : ce qu'il y a à faire, comment s'y prendre pour le faire et quels outils sont à sa disposition. Précise et compréhensible par tous les élèves, elle fait l'objet d'un travail de préparation et doit être écrite dans la fiche de préparation (voir fiche 14 « Passer des consignes »).
- **Le déroulement :** au cours de cette phase, il s'agit de déterminer les activités des élèves et celles de l'enseignant (ce que l'on entend par « activité » : « opération mentale ou pratique réalisée » par les élèves, « posture professionnelle » de l'enseignant). Durant cette phase, l'enseignant amène les élèves à observer, manipuler, rechercher, produire, expérimenter, etc. Par l'observation, il peut identifier les stratégies, les difficultés, les réussites des élèves. Il effectue des relances, des reformulations si nécessaire. L'enseignant anticipe sa place et se munit d'observables pour appréhender les réponses des élèves.

– **La mise en commun – retour sur l'activité :** il s'agit de mettre en évidence ce qui a été appris, de revenir sur les procédures des élèves et de confronter stratégies et réponses.
– **La clôture de la séance :** par un bilan de la séance, on revient sur l'objectif et les compétences travaillées. On anticipe sur la séance suivante afin d'aider les élèves à se situer par rapport aux apprentissages : « ce que je sais, ce que j'ai appris, ce qu'il me reste à apprendre ». Cette phase peut nécessiter la réalisation d'une trace écrite pour institutionnaliser le savoir. C'est aussi le moment de la réflexion métacognitive qui permet la prise de conscience des processus.

5. Concevoir les éléments de différenciation et les variables pédagogiques, les étayages.
6. Préparer la classe et le matériel.
7. Mettre en œuvre la séance.
8. Dresser un bilan de la séance : cette rubrique apparaît dans la fiche de préparation. Elle permet à l'enseignant de réaliser un retour sur la séance : ce qui a fonctionné ou non et pourquoi, ce qui a posé un problème aux élèves, ce qui nécessite d'être repris ultérieurement, etc.
9. Prévoir des prolongements.
10. Évaluer.

Comme nous l'avons dit, la fiche de préparation peut prendre différentes formes.

◗ Exemple d'une fiche de préparation sous forme de liste

Voici la fiche de préparation qui sert à la formalisation des séances dans la deuxième partie de cet ouvrage. Elle se présente sous la forme d'une liste de rubriques :

Niveau de classe : **Domaine :**
Référence au socle :
Objectif :
Compétences :
Place de la séance dans la séquence :
- Séance 1
- Séance 2
- Séance 3
- Séance …

Proposition de leçon détaillée de la séance n° X :
Matériel :
Organisation :
Séance n° X :
Situation 1 (ou phase 1) : …
Situation 2 : …
Situation 3 : recherche individuelle
Situation 4 : mise en commun
Situation 5 : institutionnalisation
Variables didactiques, points d'attention pédagogique et gestes professionnels :
Bilan/prolongement :

Exemple d'une fiche de préparation sous forme de tableau

<table>
<tr><th colspan="6">Unité d'apprentissage :</th></tr>
<tr><th colspan="2">Niveau de classe :</th><th colspan="2">Domaine :</th><th colspan="2">Place de la séance dans la séquence :</th></tr>
<tr><td>Compétence des programmes :</td><td colspan="5"></td></tr>
<tr><td>Objectif principal :</td><td colspan="5"></td></tr>
<tr><td>Prérequis :</td><td colspan="5"></td></tr>
<tr><th colspan="6">Type de séance : • Découverte • Structuration • Entraînement • Évaluation</th></tr>
<tr><th>Phases</th><th>Durées</th><th>Modalité de travail</th><th>Déroulement/ Consignes</th><th>Matériel/outils/ supports</th><th>Variables didactiques</th></tr>
<tr><td>Évaluation diagnostique
Situation problème
Recherche
Mise en commun
Institutionnalisation</td><td></td><td></td><td></td><td></td><td></td></tr>
<tr><th colspan="6">Pistes de remédiation :</th></tr>
<tr><td colspan="6">Remarques :</td></tr>
</table>

Sous la direction de Marc Loison, *Guide du professeur des écoles,*
Vuibert, octobre 2020.

CONSEILS DU FORMATEUR

– Il est nécessaire de définir les objectifs et de bien cerner ce que les élèves doivent acquérir.

– Il est nécessaire de penser à la progression et de placer la séance dans une progressivité.

– Pour l'épreuve de leçon, le candidat veillera à construire sa préparation en s'appuyant sur les documents du corpus.

Fiche 3 Programmer les apprentissages

Définition

Pour que l'enseignement soit efficace, un enseignant doit programmer les apprentissages à mener sur l'année scolaire de façon chronologique. Pour cela, il doit se référer :

- aux programmes d'enseignement (du cycle 1 au cycle 4) ;
- aux attendus de fin d'année et aux repères annuels de progression (du cycle 2 au cycle 4) ;
- aux ressources d'accompagnement des programmes.

Il doit également prendre en compte le projet d'école, les programmations de cycle et/ou d'école dans chaque domaine ou sous-domaine.

L'enseignant devra alors mettre en place une programmation de classe. La progression établit un enchainement précis des séquences, en tenant compte des éléments didactiques dans chaque domaine : les programmations et les progressions doivent respecter les processus d'apprentissage des élèves et les étapes de construction de leurs savoirs, et garantir la progressivité des apprentissages.

Pour élaborer des progressions, il convient de :

- lister les connaissances et compétences associées aux **programmes** ainsi que les attendus de fin de cycle par domaine disciplinaire ;
- répartir ces connaissances et compétences sur le cycle, en s'aidant des attendus de fin d'année et de fin de cycle pour les cycles 2 et 3, et des indicateurs de progrès au cycle1. Il s'agit là de la **programmation de cycle** ;
- à partir des connaissances et compétences qui ont été attribuées à l'année du cycle responsabilisé, établir un calendrier sur l'année programmant l'acquisition de ces contenus, notions et savoirs. Il s'agit de la **programmation de classe**.

www.lienmini.fr/11412-evaluation-maternelle

Il convient ensuite de réfléchir et d'organiser les séquences et les séances afin de respecter la didactique de chaque domaine : il s'agit alors de la **progression**. Pour chaque connaissance et compétence attendue, il faudra alors prévoir des séquences qui respectent les processus d'apprentissage des élèves.

Très souvent, certaines réflexions ont déjà été menées en équipe, au sein de l'école, et des progressions et/ou programmations peuvent avoir déjà été réalisées. Mais des exemples de programmations et de progressions existent en grand nombre sur internet. Elles sont plus ou moins respectueuses des textes officiels et ne tiennent pas compte du contexte particulier de chaque école.

Les questions ci-dessous vous permettront d'analyser la programmation/progression proposée dans le corpus de l'épreuve de leçon :

- Est-ce un document issu d'internet ou un document produit dans une école ?
- Est-ce une programmation ou une progression ?
- Est-ce une programmation ou une progression :
  - de classe ?
  - de cycle ?
  - d'école ?
- Peut-on identifier facilement le niveau de classe concerné ? La période de l'année concernée ?
- Les compétences et connaissances sont-elles en adéquation avec celles des programmes ?
- Cette programmation/progression est-elle établie en tenant compte des attendus de fin d'année et des repères de progression ?
- Cette programmation/progression permet-elle de savoir ce qui a déjà été construit et ce qui reste à travailler ?
- S'il s'agit d'une progression, respecte-t-elle :
  - la progressivité des apprentissages ?
  - les étapes d'acquisition des compétences ?
  - l'ordre d'enchainement des séquences et séances en respectant la didactique de la discipline ?

CONSEILS DU FORMATEUR

- Il n'existe pas de programmation ou progression modèle : la programmation se négocie, s'ajuste et se régule en équipe, en fonction des besoins des élèves, des projets (d'école, de cycle ou de classe), des contraintes locales, etc.
- Programmer ce n'est pas uniquement répartir les activités entre les classes : cela touche aussi l'organisation pédagogique, le parcours de l'élève ainsi que les démarches choisies par l'enseignant.

Fiche 4 Connaître et utiliser les repères annuels de progression et attendus de fin d'année

Définition

Voici comment Éduscol, le site officiel du ministère de l'Éducation nationale, de la Jeunesse et des Sports, définit les repères annuels de progression et les attendus de fin d'année :

« Les attendus de fin d'année et les repères annuels de progression doivent permettre aux équipes pédagogiques de mener un enseignement rigoureux, explicite et progressif tout au long de la scolarité obligatoire. Ils apportent une aide aux professeurs pour mieux organiser leur année. [...]

Des attendus de fin d'année ont été élaborés par le ministère en français et en mathématiques du CP à la classe de 3e. Ils fixent un horizon en termes de connaissances et de compétences. Des exemples de réussite sont proposés afin d'illustrer ce que doit savoir faire l'élève de la fin du CP à la fin de la classe de 3e. Ils constituent une contribution à l'évaluation des élèves.

Les repères annuels de progression en français, mathématiques et enseignement moral et civique offrent une référence commune et doivent permettre d'aborder de façon équilibrée les connaissances et compétences tout au long des trois années de chaque cycle. »

www.lienmini.fr/11412-attendus

Dans le corpus documentaire proposé par le jury, il est possible que vous trouviez un extrait issu des repères annuels de progression ou des attendus de fin d'année.

Cette fiche n'a pas pour but de détailler l'ensemble des documents mais de vous en faire une présentation succincte. Ces documents guident l'enseignant dans la programmation et apportent des repères pour élaborer une progression des apprentissages sur le cycle et sur l'année.

- **Voici quelques exemples de livrets de repères annuels de progression** que vous pouvez trouver sur le site Éduscol :
  - un livret pour le cycle 2 en français :

www.lienmini.fr/11412-reperes-francais-cycle2

– un livret pour le cycle 2 en mathématiques :

www.lienmini.fr/
11412-reperes-maths-cycle2

– un livret pour le cycle 3 en français :

www.lienmini.fr/
11412-reperes-francais-cycle3

– un livret pour le cycle 3 en mathématiques :

www.lienmini.fr/
11412-reperes-maths-cycle3

Pour illustrer ce que l'on peut trouver dans ces livrets, voici un extrait du tableau des repères annuels de progression pour le cycle 3 en mathématiques :

REPÈRES ANNUELS DE PROGRESSION POUR LE CYCLE 3

NOMBRES ET CALCULS		
Les nombres entiers		
CM1	**CM2**	**6e**
Les élèves apprennent à utiliser et à représenter les grands nombres entiers jusqu'au million. Il s'agit d'abord de consolider les connaissances (écritures, représentations...).	Le répertoire est étendu jusqu'au milliard.	En **période 1**, dans un premier temps, les principes de la numération décimale de position sur les entiers sont repris jusqu'au million, puis au milliard comme en CM, et mobilisés sur les situations les plus variées possibles, notamment en relation avec d'autres disciplines.
La valeur positionnelle des chiffres doit constamment être mise en lien avec des activités de groupements et d'échanges.		
Fractions		
Dès la **période 1** les élèves utilisent d'abord les fractions simples (comme $\frac{2}{3}$, $\frac{1}{4}$, $\frac{5}{2}$) dans le cadre de partage de grandeurs. Ils travaillent des fractions inférieures et des fractions supérieures à 1. Dès la **période 2**, les fractions décimales sont régulièrement mobilisées : elles acquièrent le statut de nombre et sont positionnées sur une droite graduée. Les élèves comparent des fractions de même dénominateur. Ils ajoutent des fractions décimales de même dénominateur. Ils apprennent à écrire des fractions décimales sous forme de somme d'un nombre entier et d'une fraction décimale inférieure à 1.	Dès la **période 1**, dans la continuité du CM1, les élèves étendent le registre des fractions qu'ils manipulent (en particulier $\frac{1}{1000}$) ; ils apprennent à écrire des fractions sous forme de somme d'un nombre entier et d'une fraction inférieure à 1.	En **période 1**, sont réactivées les fractions comme opérateurs de partage vues en CM, puis les fractions décimales en relation avec les nombres décimaux (par exemple à partir de mesures de longueurs) ; les élèves ajoutent des fractions décimales de même dénominateur. En **période 2** l'addition est étendue à des fractions de même dénominateur (inférieur ou égal à 5 et en privilégiant la vocalisation : deux cinquièmes plus un cinquième égale trois cinquièmes). En **période 3**, les élèves apprennent que $\frac{a}{b}$ est le nombre qui, multiplié par b, donne a (définition du quotient de a par b).

▶ **Pour chaque niveau de classe, deux livrets reprennent les attendus de fin d'année,** un en français et un en mathématiques. Par exemple, pour le CP :

– livret pour le français :

www.lienmini.fr/
11412-attendus-francais-CP

– livret pour les mathématiques :

www.lienmini.fr/
11412-attendus-maths-CP

Chaque livret est structuré en deux parties « Ce que sait faire l'élève » et « Exemples de réussite ». Par exemple, pour les attendus de fin d'année de français :

ÉCRITURE

Copier

En lien avec la lecture

Ce que sait faire l'élève

- Maîtriser les gestes de l'écriture cursive exécutés avec une vitesse et une sûreté croissantes.
  - Il gère l'espace graphique, respecte les normes de l'écriture cursive.
  - Il écrit de façon lisible, avec fluidité. Il trace quelques majuscules en cursive.
- Transcrire un texte avec les correspondances entre diverses écritures des lettres (scripte/cursive).
  - Il connaît les correspondances entre les écritures et passe de l'une à l'autre à l'écrit en se référant à un outil.
- Utiliser des stratégies de copie pour dépasser la copie lettre à lettre : prise d'indices, mémorisation de mots ou groupes de mots.
  - Il recopie sans erreur des phrases courtes et simples en mémorisant des mots et groupes de mots (et non en recopiant lettre à lettre). Il dispose de stratégies efficaces.
- Respecter la mise en page des textes proposés.
  - Il recopie en respectant les mises en page définies par le type de texte.
- Relire pour vérifier la conformité orthographique.
  - Il compare sa production écrite au modèle, identifie les erreurs puis commence à les rectifier.
- Manier le traitement de texte pour la mise en page de courts textes.
  - Il tape au clavier quelques lignes en respectant des signes de ponctuation : la virgule, le point, l'apostrophe et les guillemets.

Exemples de réussite

- Il adapte son écriture à l'espace imparti.
- Il respecte la forme et la taille de la lettre, le sens de rotation du tracé et l'enchaînement des lettres.
- Il trace les majuscules courantes (exemple : celles du prénom, des déterminants courants *le*, *la*, *les*, *des*).
- Il transcrit en cursive des mots dont le modèle est donné en script.
- Il copie 4 ou 5 phrases sans erreur et en respectant la ponctuation ; avec le modèle près de soi puis avec le modèle au tableau.
- Il copie en gérant les sauts de ligne et les retours à la ligne, par exemple une poésie courte.
- Il rectifie seul les oublis de mots et les erreurs de ponctuation.
- Il transcrit quelques phrases courtes en mettant les virgules, les points, les apostrophes et les guillemets.

CONSEILS DU FORMATEUR

L'organisation des savoirs s'effectue selon un ordre qui prend en compte la progressivité des apprentissages, le développement de l'enfant, l'âge, les capacités, etc. Les attendus de fin d'année permettent de réaliser une programmation et une progression (voir fiche 3 « Programmer les apprentissages »). L'enseignant doit donc s'appuyer sur ces documents pour articuler séquences, unités et séances d'apprentissage.

Fiche 5 Articuler didactique et pédagogie

Définition

Le professeur des écoles s'engage dans une démarche individuelle afin d'actualiser ses connaissances scientifiques, didactiques et pédagogiques. Il est nécessaire qu'il se tienne informé des apports de la recherche pour nourrir sa réflexion et analyser sa pratique de classe.

La didactique et la pédagogie sont complémentaires et étroitement liées. Le didacticien se concentre sur les contenus de sa discipline et sur les processus d'apprentissage. La pédagogie s'intéresse aux pratiques et aux méthodes pour transmettre des savoirs, des connaissances. Le pédagogue s'interroge sur le fonctionnement de sa classe et adapte ses méthodes afin que tous ses élèves réussissent.

Il est important de bien connaître le processus d'apprentissage des élèves pour construire une leçon, et notamment de savoir comment un enfant apprend à parler, à écrire, à compter. Il est également important de discerner les étapes de construction de ces savoirs.

Il est aussi nécessaire d'appréhender les difficultés inhérentes à un enseignement afin de mettre en œuvre une leçon.

Voici deux exemples, l'un en classe maternelle et l'autre en CM2, qui illustrent le propos ci-dessus.

Exemple en classe de maternelle :

Au moment des rituels, les enseignants demandent fréquemment aux enfants de compter les présents. Or, l'éclairage théorique amène les enseignants à se questionner quant à la pratique du comptage-numérotage. En effet, cette démarche ne permet pas d'apprendre à dénombrer. Un élève peut connaître la procédure de comptage-numérotage mais peut ne pas avoir construit le concept de nombre comme mémoire de la quantité. L'enfant peut compter les élèves de la classe en récitant la comptine numérique et en pointant du doigt chaque présent sans comprendre que lorsqu'il énonce 25 cela représente le nombre d'élèves. Le mathématicien Rémi Brissiaud montre qu'il est préférable d'enseigner le comptage-dénombrement plutôt que le comptage-numérotage. Ainsi, il est plus judicieux de compter les absents que les présents pour travailler l'itération de l'unité et la décomposition des petits nombres.

De même, un élève de maternelle peut réciter la comptine des jours de la semaine par cœur sans pour autant avoir construit la notion de temps.

Exemple en histoire au CM2 :

Lors de la conception d'une leçon, l'enseignant doit s'appuyer sur les recherches en didactique de l'histoire : elles ont clairement montré que la structuration du temps comporte bien des degrés d'abstraction et que c'est très progressivement, de la maternelle au cours moyen, que l'enfant parvient à une forme d'objectivation qui n'est pas complètement achevée vers 11-12 ans.

Pendant une leçon, il ne s'agit pas de « montrer » mais de construire des relations. Ce n'est donc pas de l'ordre du « voir » mais du « concevoir ».

Notions et concepts ne sont pas des « absolus », des a priori tout constitués : un mot n'est pas un concept. Conceptualiser ce n'est pas seulement apprendre par cœur une définition, c'est d'abord l'élaborer en prenant conscience de ce qui est impliqué.

Voici un exemple de niveaux de conceptualisation sur un point du programme 2020 : Le temps de la **République.**

Premier niveau de conceptualisation :
- **élection** des représentants du peuple ;
- **loi votée** ;
- les **symboles républicains** : la devise, le drapeau, l'hymne national.

Deuxième niveau de conceptualisation :
- les **sources du pouvoir** : le peuple souverain ;
- les **manifestations du pouvoir** : droit de vote, les libertés, égalité devant la loi et l'impôt, conscription, droit à l'éducation.

Ainsi donc, à l'école élémentaire, la conceptualisation devra prendre en compte les difficultés ou les capacités des élèves. Elle devra s'effectuer progressivement au cours du cycle, par niveaux successifs.

CONSEILS DU FORMATEUR

- Il est important de tenir compte des apports de la recherche et de bien maîtriser les savoirs disciplinaires et leur didactique pour mettre en œuvre une pédagogie efficace.
- Il n'est pas judicieux d'effectuer des choix pédagogiques pour enseigner un savoir sans éclairage théorique.
- Il ne faut pas oublier que la pédagogie articule le savoir et l'action.
- Une bonne connaissance des savoirs didactiques ne suffit pas pour enseigner. Un choix de démarche est toujours orienté par un éclairage théorique.
- Il faut veiller à ne pas s'attacher aux pratiques habituelles qui peuvent faire obstacle à un enseignement. Parfois, une vision ancienne d'un enseignement peut engendrer une pédagogie inadaptée et peu efficace (voir l'exemple en maternelle pour le comptage des présents).

Fiche 6 Réfléchir à la place de l'enseignant et aux gestes professionnels

Définition

Dominique Bucheton, professeure et chercheuse, énonce dans la fiche ressource Éduscol « Les postures enseignantes » que : « La posture adoptée par l'enseignant face à sa classe va avoir une grande influence sur l'apprentissage des élèves. Ce geste professionnel, à la fois spontané et très élaboré puisqu'il découle de choix pédagogiques fondamentaux, est crucial dans l'enseignement. »

L'organisation d'un mode de fonctionnement du groupe favorisant l'apprentissage et la socialisation des élèves est une compétence professionnelle.

www.lienmini.fr/11412-postures

À chacune des situations de classe correspond un objectif pédagogique qui guide et conduit la place du maître.

Pour la leçon, vous devez envisager l'activité des élèves au regard des objectifs que vous avez fixés, mais vous devez aussi anticiper votre propre rôle et vos actions.

Certaines fiches de préparation sont construites de la manière suivante :

Phases	Durée	Activité de l'élève	Activité de l'enseignant	Modalité de travail	Support/ matériel
Phase 1					
Phase 2					
...					

Vous devez vous interroger sur votre place dans la classe et durant l'activité des élèves : quel est votre rôle ? Quelles sont vos intentions pédagogiques ? Quelle est la place la plus adaptée ? À ce moment précis de la séance, quel est votre objectif ?

« La place et les déplacements de l'enseignant dépendent de ses objectifs (pour animer, pour expliciter, pour réguler, pour observer, pour commenter ...) »

Sous la direction de Marc Loison, *Guide du professeur des écoles*, Vuibert, octobre 2020.

Observons quelle peut être la place de l'enseignant à travers quelques cas concrets :

◗ L'enseignant a prévu de constituer cinq groupes d'élèves avec pour chacun un travail identique : lire un texte et dégager les points principaux de compréhension qui seront indiqués sur une affiche. Quels pourraient être son rôle et sa place ?

- il a constitué un groupe homogène d'élèves en difficulté de compréhension : dans ce cas, il peut privilégier sa présence auprès de ce groupe pour les accompagner, étayer leurs travaux, etc. ;
- il a constitué des groupes hétérogènes : dans ce cas, il peut décider que son rôle durant ce temps de travail sera d'observer et d'analyser les interactions dans les groupes, ou d'observer un élève en particulier afin de répondre à des interrogations le concernant.

◗ L'enseignant a prévu un travail individuel sur des exercices d'entraînement. Marcher et se déplacer dans la classe lui permet d'observer les élèves, de prendre connaissance des stratégies qu'ils emploient, des outils qu'ils utilisent, etc.
C'est aussi le moment de relever des indices et de se questionner en ayant des critères d'observation : comment agissent les élèves ? Lisent-ils ? Écrivent-ils ? Quels types de solutions apportent-ils ?

◗ L'enseignant met en place une séance sur la construction du nombre en maternelle. Il privilégie un travail en atelier. Il est présent dans un atelier de manipulation. À l'instar de la démarche mise en œuvre dans les cas concrets précédents, l'enseignant peut se poser les questions suivantes : que peut-on attendre de son rôle ? Qu'observe-t-il ? Quels sont ses critères d'observation ? Quelle exploitation va-t-il faire des informations qu'il prélèvera ?

CONSEILS DU FORMATEUR

- Le rôle de l'enseignant doit être anticipé dans la préparation.
- Les modalités choisies par l'enseignant induisent une posture et une activité précise.
- L'enseignant doit également être attentif à se positionner dans la classe pour que chaque enfant puisse le voir et être vu de lui (en particulier chez les plus jeunes, afin de garantir la sécurité affective).

Fiche 7 Prendre en compte la diversité des élèves et différencier sa pédagogie

DÉFINITION

Dans la fiche ressource Éduscol « Mise en œuvre de la différenciation pédagogique », on explique la différenciation ainsi : « Différencier pourquoi ? Une nécessité contextuelle et institutionnelle :

L'hétérogénéité au sein des classes constitue une réalité qui doit se lire comme une situation enrichissante.

Accompagner au mieux les élèves dans les apprentissages et leurs progrès est une obligation inscrite dans les programmes et le référentiel des professeurs.

La différenciation pédagogique constitue une réponse professionnelle incontournable pour articuler ces deux dimensions, réduire les inégalités et favoriser la réussite de tous les élèves. »

www.lienmini.fr/11412-differenciation

Dans la préparation de votre leçon, vous devez porter une attention particulière à la nécessité de prendre en compte la diversité des élèves, afin de construire une situation d'apprentissage répondant à cette hétérogénéité.

1 Pour qui différencier ?

Les postulats de Burns sont très souvent utilisés pour caractériser l'hétérogénéité des élèves :

« Il n'y a pas deux apprenants :
- qui progressent à la même vitesse ;
- qui soient prêts à apprendre en même temps ;
- qui utilisent les mêmes techniques d'étude ;
- qui résolvent les problèmes exactement de la même manière ;
- qui possèdent le même répertoire de comportements ;
- qui possèdent le même profil d'intérêts ;
- qui soient motivés pour atteindre les mêmes buts. »

Pour la leçon, il s'agira de mettre en place un dispositif pour s'adapter aux profils des élèves ayant des acquis différents, des façons d'apprendre différentes, des rythmes de travail différents, etc.

Quelles seront les variables que vous pouvez associer à votre situation pour répondre à cette hétérogénéité ?

2 Quand et pourquoi différencier ?

Tableau réalisé à partir des 7 familles d'aide désignées par des verbes d'action, selon Roland Goigoux, chercheur et professeur en sciences de l'éducation :

	Pourquoi...	Quelques exemples pour la leçon
Avant la séance	**Préparer l'apprentissage en réunissant les conditions nécessaires à la compréhension de la séance** Pour permettre à l'élève de : – entrer dans la séance ; – comprendre ; – réduire la part d'inconnu.	Avant la séance, la veille, raconter l'histoire qui sera lue le lendemain.
	Revenir en arrière Pour permettre à l'élève de reprendre des « bases » nécessaires à un nouvel apprentissage.	Revenir sur la conjugaison du verbe « avoir » au présent pour aborder le passé composé.
Pendant la séance	**Exercer** Pour permettre à l'élève d'automatiser une procédure, de systématiser. C'est ce qu'on appelle faire des gammes, comme en musique.	Mettre en place des temps pour les élèves qui ont besoin de s'exercer plus longtemps pour automatiser une procédure.
	Soutenir Pour permettre à l'élève de verbaliser sa démarche et identifier ce qui fait obstacle.	Faire verbaliser les objectifs, les contenus et les procédures : par exemple, sur une multiplication, faire verbaliser l'élève pendant qu'il l'exécute.
	Revenir en arrière Pour permettre à l'élève de reprendre des acquis solides, « bases » nécessaires à un nouvel apprentissage.	Revenir sur la conjugaison du verbe « avoir » au présent pour aborder le passé composé.
	Compenser Pour enseigner des compétences requises non enseignées.	On demande à l'élève de copier un texte, cependant lui a-t-on enseigné quelles sont les stratégies efficaces de copie ? La lecture et le repérage sur des affiches sont-ils travaillés ?
	Réviser Pour synthétiser et mettre en avant les connaissances nécessaires à la réussite dans l'optique d'une évaluation.	Faire verbaliser ce qui doit être retenu, ce qui est important. Les élèves peuvent anticiper les questions de l'évaluation.

Après la séance	**Faire autrement** Pour enseigner la même chose autrement. Pour enseigner la même chose mais par quelqu'un d'autre.	Changer de support de travail. Changer de stratégie. Utiliser des situations ludiques (jouer).
	Exercer Pour permettre à l'élève d'automatiser une procédure, de systématiser, de s'entraîner, comme s'il faisait des gammes en musique.	Proposer des plages horaires spécifiques pour permettre aux élèves qui en ont besoin de disposer de temps pour s'exercer afin d'automatiser une procédure.

3 Comment différencier ?

Pour votre leçon, vous pouvez vous appuyer sur la recherche et le dossier de synthèse du Cnesco (2017) : « Différenciation pédagogique : comment adapter l'enseignement à la réussite de tous les élèves ? ».

www.lienmini.fr/11412-cnesco-differenciation

La différenciation peut porter sur des objets différents :

- les contenus d'apprentissage ;
- les processus d'apprentissage ;
- les productions/résultats ;
- les environnements.

Ces variables seront détaillées dans la fiche 8 « Identifier les variables pédagogiques ».

CONSEILS DU FORMATEUR

Questions à se poser dans la phase de préparation :
- ai-je pensé à la différenciation ?
- ai-je identifié les éventuels obstacles que rencontreront les élèves ? Et donc anticipé les aides à leur apporter ?
- à quel moment de la séance, puis-je différencier ?

Fiche 8 Identifier des variables pédagogiques

Définition

Une variable pédagogique permet de diversifier les propositions, le degré de difficulté, de proposer des tâches différentes tout en conservant l'objectif ciblé, sans modifier les variables didactiques.

« Différencier, c'est refuser une mise à l'écart des élèves les plus fragiles du reste de la classe, en leur proposant une tâche très différente qui risque de les voir s'installer dans une situation durable de dépendance et de décalage perpétuel par rapport aux autres.

Le professeur **préférera des adaptations de la tâche donnée à tous** (repères complémentaires, consignes allégées) **à une tâche très différente**. Tout se jouera après la mise en activité, au moment où l'élève s'appropriera ou non les aides proposées. Une approche intéressante consiste à prévoir des séances d'anticipation des obstacles prévisibles auxquels seront confrontés certains élèves. »

www.lienmini.fr/11412-pilotage

« Le pilotage des classes dédoublées – 100 % de réussite en CP et CE1 »,
Vademecum, Éduscol

Dans le cadre de l'épreuve de la leçon, nous allons identifier les variables pédagogiques que vous pouvez mettre en œuvre pour répondre aux besoins de tous les élèves.

La ressource du site Éduscol intitulée « Mise en œuvre de la différenciation pédagogique » identifie quatre axes de réflexion.

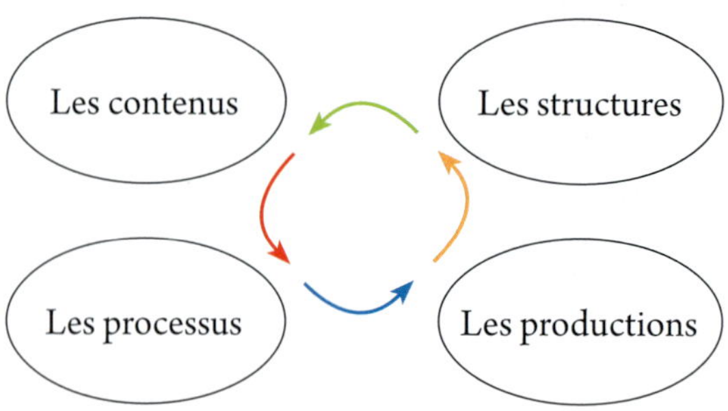

1 Les contenus

Vous pouvez proposer des **situations**, des **tâches** et des **supports** différents en visant le même objectif. Il est tout à fait envisageable que tous les élèves ne fassent pas la même chose au même moment. Il est possible de proposer une situation-problème avec un énoncé identique pour tous les élèves mais d'adapter les valeurs numériques afin de simplifier le calcul. Les outils et le matériel à disposition des élèves ne seront pas les mêmes pour tous.

2 Les structures

Il faut réfléchir à l'organisation du groupe classe et de la classe :

- le lieu/l'espace : la séance se tient-elle dans la classe ou dans un autre endroit de l'école ? Si elle se déroule dans la classe, un espace dédié est-il investi ? Par exemple, lors d'une séance de langage en maternelle, la séance se déroule-t-elle dans le coin « bibliothèque » ou le « coin cuisine » et pourquoi ce choix ? S'il s'agit d'une séance de langage autour des légumes et des fruits, le coin cuisine, parce qu'il contient des légumes et des fruits sera plus facilitateur ;
- l'organisation de cet espace : avez-vous une organisation particulière ? Lors d'un débat organisé au cycle 3, faut-il que l'espace soit organisé afin que tous les élèves puissent se voir et entrer dans un échange ? Si des groupes de travail sont créés, quels sont les espaces pour chacun des groupes ? Y a-t-il des contraintes de déplacements ?
- l'organisation matérielle : prenons un cas concret : des élèves sont placés dans une situation mathématique « complément à 10 ». Ils disposent d'une boîte pouvant contenir 10 œufs dans laquelle l'enseignant a placé des châtaignes. Ils doivent compléter la collection pour faire 10. La situation pédagogique est-elle la même si les châtaignes sont sur la table des élèves ou si elles sont éloignées de la table ?
Pour les situations mises en place, pensez au matériel à disposition : les objets sont-ils déplaçables ? Sont-ils plus ou moins éloignés ?
- l'organisation du temps : la durée de l'activité peut varier : les élèves effectuent la même tâche mais disposent d'un temps différent pour l'effectuer (l'enseignant peut décider d'installer une contrainte de durée) ;
- l'organisation du groupe : vous pouvez utiliser des organisations du groupe classe différentes : le groupe homogène, le groupe hétérogène, le binôme homogène, le binôme hétérogène, l'individualisation, etc.

3 Les processus

Il s'agit d'identifier différentes démarches pédagogiques :

- **la démarche déductive** consiste à énoncer le général et à proposer ensuite des exemples pour illustrer et s'exercer ;

- **la démarche inductive** consiste à partir d'un cas concret et particulier pour comprendre une notion plus générale ;
- **la démarche dialectique** consiste à comparer, opposer, critiquer des connaissances afin qu'émerge un sens général menant à la construction d'une règle.

Pensez à alterner les temps de réflexions collectives, les temps de recherches en groupes ou binômes, et les temps de travaux individuels.

4 Les productions

Il faut penser à varier les modalités de productions. Vous pouvez vous référer aux fiches sur les outils, les supports, les traces écrites, la manipulation et les outils numériques du présent ouvrage.

CONSEILS DU FORMATEUR

– Dans la préparation d'une séance, les variables pédagogiques doivent être clairement explicitées.
– Pendant la préparation, pensez à vous questionner sur les quatre entrées : contenus/structures/processus/productions.

Fiche 9 Pratiquer l'étayage

Définition

La notion d'étayage correspond à une aide ou un soutien provisoire apporté par un adulte (expert) à une autre personne (moins experte), pour la mener à accomplir une tâche qu'elle n'aurait pas pu réaliser seule. La notion d'étayage est proposée par le psychologue Jérôme Bruner.

Selon Dominique Bucheton « les gestes d'étayage sont des gestes par lesquels l'enseignant apporte de l'aide pour une tâche que l'élève ne peut pas faire seul ».

L'étayage guide l'élève vers la construction d'outils intellectuels par la métacognition (réflexion sur les connaissances que l'on a et que l'on peut acquérir) qui lui permettront de se passer du guidage de l'enseignant. L'étayage est à imaginer de façon temporaire. L'objectif est d'amener l'élève à être capable de mobiliser ses connaissances et compétences en autonomie pour accomplir la tâche.

1 Les fonctions de l'étayage

Jérôme Bruner a identifié six fonctions de l'étayage :

1. L'enrôlement : l'enseignant aide l'élève à s'engager dans la tâche. Il s'agit de susciter son adhésion. C'est le cas par exemple lors de la passation de consigne, lorsqu'il fait reformuler individuellement un élève en particulier.

2. La réduction du degré de liberté : l'enseignant simplifie la tâche ou en réduit les étapes ou actions possibles. Il réduit ainsi la surcharge cognitive de l'élève. Par exemple, il peut le guider pour planifier les tâches à réaliser.

3. Le maintien de l'orientation : l'enseignant évite que l'élève ne s'écarte de la tâche ou du but de la tâche. Il lui permet de se recentrer sur la démarche la plus utile.

4. La signalisation des caractéristiques déterminantes : l'enseignant fait comprendre les écarts entre ce que l'élève a produit et ce qu'il considère comme correct.

5. Le contrôle de la frustration : l'enseignant stimule et encourage l'élève pour limiter l'ennui, la crainte et le découragement.

6. La démonstration : il s'agit de la démonstration ou la présentation de modèle par l'enseignant.

2 Les postures d'étayage du maître

Dans l'article « Les gestes professionnels et le jeu des postures de l'enseignant dans la classe : un multi-agenda de préoccupations enchâssées », Dominique Bucheton et Yves Soulé présentent la diversité des postures d'étayage du maître :

« – la posture de contrôle : elle vise à mettre en place un certain cadrage de la situation. Par un pilotage serré de l'avancée des tâches, l'enseignant cherche à faire avancer tout le groupe en synchronie. [...]

– la posture de contre-étayage : variante de la posture de contrôle, le maître, pour avancer plus vite, si la nécessité s'impose, peut aller jusqu'à faire à la place de l'élève.

– la posture d'accompagnement : le maître apporte, de manière latérale, une aide ponctuelle, en partie individuelle ou en partie collective, en fonction de l'avancée de la tâche et des obstacles à surmonter. [...]

– La posture d'enseignement : l'enseignant formule, structure les savoirs, les normes, en fait éventuellement la démonstration. [...]

– la posture de lâcher-prise : l'enseignant assigne aux élèves la responsabilité de leur travail et l'autorisation à expérimenter les chemins qu'ils choisissent. [...]

– la posture dite du "magicien" : par des jeux, des gestes théâtraux, des récits frappants, l'enseignant capte momentanément l'attention des élèves. [...] »

Éducation et didactique [En ligne], 3-3 | Octobre 2009,
mis en ligne le 01 octobre 2011, consulté le 06 juin 2021.

L'enseignant adopte généralement une posture différente selon la phase de la leçon.

CONSEILS DU FORMATEUR

- Les formes de l'étayage doivent être réfléchies et appropriées.
- Lors de la préparation de classe, des moments de la séance apparaitront comme nécessitant des interventions selon les besoins repérés chez les élèves lors des situations d'apprentissage.
- L'étayage vise à favoriser progressivement l'autonomie. Au fur et à mesure, l'étayage est réduit et peut être supprimé.

Fiche 10 Enseigner explicitement

Définition

Enseigner plus explicitement permet aux élèves de comprendre le cadre scolaire et les enjeux didactiques des situations dans lesquelles ils sont placés.

Pour le chercheur Roland Goigoux, une pédagogie peut être qualifiée d'explicite lorsque l'enseignant permet à ses élèves d'avoir une claire conscience de tout ou partie :

- des buts des tâches scolaires ;
- des apprentissages visés ;
- des procédures utilisables ou utilisées ;
- des savoirs mobilisables ou mobilisés ;
- des progrès réalisés.

En d'autres termes, les élèves savent ce qu'ils vont apprendre, la nature de la tâche à réaliser et les moyens, les outils dont ils disposent pour y parvenir. Ils pourront également indiquer ce qu'ils ont appris et aussi identifier leurs difficultés.

Enseigner explicitement consiste pour l'enseignant à rendre visibles des savoirs et à expliciter les objectifs d'apprentissage.

Le dossier« Enseigner plus explicitement », issu d'un groupe de travail piloté par le bureau de l'éducation prioritaire de la Dgesco, précise et illustre le concept d'explicitation tel qu'il est pensé dans le référentiel de l'éducation prioritaire.

www.lienmini.fr/11412-enseigner-explicitement

Pour préparer votre leçon, vous vous questionnerez sur ce que vous allez mettre en œuvre pour rendre explicite l'objectif d'apprentissage, ainsi que sur les procédures et stratégies des élèves.

Certains éléments sont incontournables :

- inciter les élèves à se remémorer leurs connaissances antérieures ;
- rappeler aux élèves les connaissances qui seront mobilisées ;
- annoncer clairement l'objectif de la séance et le but de la tâche ;
- porter une attention aux consignes ;
- faire verbaliser, comparer et construire des procédures ;
- institutionnaliser le savoir et penser à la trace.

Exemple d'articulation des étapes d'une séance avec l'énonciation des consignes et des tâches

Quand	Comment	Exemple de questionnements de l'enseignant à l'élève
Au début de la séance	– Rappeler ce que l'on a appris antérieurement, ce que l'on sait déjà – Énoncer l'objectif d'apprentissage	– Qu'avez-vous fait la semaine dernière ? – Que savons-nous à ce sujet ?
	Soigner la passation de consigne : – s'assurer qu'elle est comprise ; – la faire reformuler ; – s'assurer que l'énoncé est mis en lien avec l'objectif.	– Qu'allez-vous devoir faire ? – Comment allez-vous faire ? – De quoi allez-vous avoir besoin ? – Comment allez-vous vous y prendre ? – Est-ce qu'il y a des étapes ? Et qu'allez-vous faire en premier ? – Pouvez-vous reformuler la consigne avec vos mots ? – Comment savoir si vous avez réussi ou pas votre travail ?
Pendant la séance	– Faire verbaliser aux élèves ce qu'ils font et comment ils le font en situation d'activité – Faire expliciter ses stratégies à l'élève – Réorienter la tâche en cas de besoin – Favoriser les comparaisons de stratégies pour en définir une efficace – Faire émerger la métacognition	Comment faites-vous ?
En fin de séance	– Formaliser le savoir : formaliser à l'oral, à l'écrit, ce qui a été appris, le fixer, le placer dans un système organisé et cohérent de savoirs – Conclure la séquence et se projeter dans les séances à venir – Il s'agit de passer de « j'ai fait » à « j'ai appris »	– Qu'avez-vous appris ? – Que faut-il retenir ? – Comment garder une trace de ce que vous avez appris ?

CONSEILS DU FORMATEUR

Pour rendre l'enseignement plus explicite, il est important d'expliquer aux élèves ce qu'ils font et ce qu'ils apprennent :

- en favorisant la clarté cognitive (il s'agit de clarifier pour les élèves la totalité des éléments se référant à un apprentissage donné) ;
- en faisant apparaître et en rendant lisibles les liens entre les situations d'apprentissage ;
- en verbalisant et faisant verbaliser les procédures et stratégies ;
- en développant l'auto-évaluation.

Fiche 11 Évaluer

Définition

Définition de l'évaluation positive dans les textes officiels :

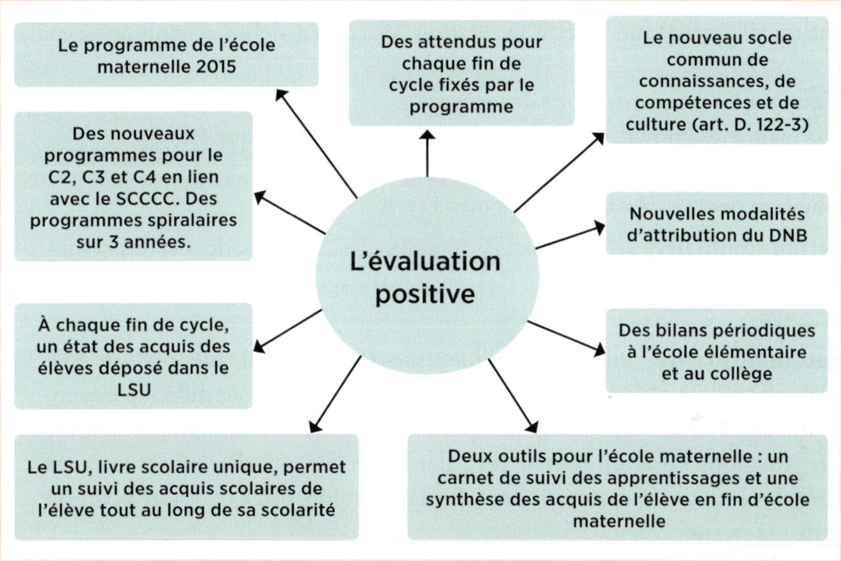

Système éducatif, Entretien à partir d'un dossier,
Vuibert, 2020.

Pour retrouver l'ensemble des informations institutionnelles liées à l'évaluation des acquis des élèves, vous pouvez consulter sur le site Éduscol la page « Modalités d'évaluation des acquis scolaires des élèves ».

www.lienmini.fr/11412-modalites-evaluation

Pour la maternelle, vous pouvez retrouver les informations sur l'évaluation sur le site Éduscol à la page « Suivi et évaluation des apprentissages des élèves à l'école maternelle ».

www.lienmini.fr/11412-evaluation-maternelle

Cette fiche a pour objectif de présenter les différentes modalités d'évaluation, ainsi que leur rôle dans les processus d'apprentissage des élèves. L'évaluation permet d'identifier les acquis d'un élève et ses difficultés afin de l'aider à progresser.

La mise en œuvre de l'évaluation est une compétence professionnelle du professeur des écoles.

Pour construire votre leçon, il est nécessaire que vous compreniez que l'évaluation fait partie intégrante du travail de préparation. Quand vous définissez les objectifs de votre séquence, vous devez aussi anticiper et définir quelle(s) évaluation(s) vous mettrez en place. Vous devez vous demander quelle est l'utilité de cette évaluation pour vous et pour vos élèves.

Il faut, avant de construire votre séquence, connaître les différents types d'évaluation, leur place dans la séquence et leurs objectifs :

- **l'évaluation diagnostique :** cette évaluation, placée en début d'apprentissage, permet :
  - d'identifier les représentations des élèves ;
  - de connaître les connaissances et acquis antérieurs de chaque élève ;
  - de collecter des informations afin d'adapter votre séance.

Cette évaluation peut se dérouler à l'oral ou à l'écrit.

- **l'évaluation sommative :** elle permet l'évaluation des connaissances et des savoir-faire des élèves et valide la réussite des apprentissages. Elle se déroule en fin d'apprentissage.
- **l'évaluation formative :** elle permet d'identifier les acquis en construction. Elle situe l'élève par rapport à la progression et permet de remédier à ses difficultés éventuelles. Pour cette évaluation, l'enseignant peut aménager une situation particulière ou, lors de situations mises en œuvre, regarder les élèves travailler, observer leurs productions, les écouter et les questionner. L'élève est alors placé dans une position d'analyse de ses erreurs.

Les évaluations pourront alors être :

- différentes dans la démarche et dans la forme ;
- différentes dans la durée ;
- différentes dans la modalité.

Différencier son évaluation permet d'éviter de proposer des évaluations qui placeront certains élèves en difficulté.

CONSEILS DU FORMATEUR

- Les modalités d'évaluation privilégient une évaluation positive, simple et lisible, qui valorise les progrès, soutient la motivation et encourage les initiatives des élèves.
- Dans la préparation d'une séque nce, la place et les modalités d'évaluation doivent être anticipées. Il faut se poser les questions suivantes :
- quand évaluer ?
- qui évaluer ?
- que faut-il évaluer ?
- comment évaluer ?

Fiche 12 Faire de l'erreur un levier pour les apprentissages

Définition

Les sciences cognitives identifient quatre facteurs déterminants pour l'apprentissage : il s'agit des quatre piliers de l'apprentissage : l'**attention,** l'**engagement actif** de l'enfant, le **retour rapide d'informations**, et la **consolidation** des apprentissages.

« L'importance du retour d'information [...] souligne le statut pédagogique de l'erreur. Enfants et enseignants devraient prendre conscience que du point de vue des neurosciences cognitives, loin de constituer une faute ou une faiblesse, l'erreur est normale, inévitable même, en tout cas indispensable à l'apprentissage. Mieux vaut un enfant actif qui se trompe et apprend de ses erreurs, qu'un enfant passif et qui n'apprend rien. Ne confondons pas l'erreur (signal informatif) avec la sanction qui ne fait qu'augmenter la peur, le stress, et le sentiment d'impuissance. Les motivations positives et les récompenses modulent l'apprentissage. Notons enfin que le mot « récompense » n'implique aucun retour à un béhaviorisme[1] naïf : chez notre espèce, éminemment sociale, le regard des autres et la conscience de progresser constituent des récompenses en soi. »

« L'engagement actif, la curiosité, la correction des erreurs »,
Stanislas Dehaene, février 2015.
http://www.college-de-france.fr/site/stanislas-dehaene/course-2015-02-03-09h30.htm

Il faut considérer l'erreur comme un élément du processus d'apprentissage. L'élève a le droit de se tromper, il passe par des tâtonnements, des essais.

L'erreur est un outil pour réguler l'enseignement. Elle permet à l'enseignant d'identifier les démarches d'apprentissage de l'élève et ses besoins, afin de différencier et d'adapter les situations mises en œuvre.

Il faut analyser et comprendre la nature de l'erreur. Jean-Pierre Astolfi, professeur en sciences de l'éducation et chercheur en didactique des sciences, distingue plusieurs sortes d'erreurs et de plusieurs natures.

1. Théorie psychologique centrée en priorité sur l'importance de l'apprentissage.

Typologie des erreurs identifiées par Jean-Pierre Astolfi

Des erreurs relevant de la compréhension des consignes	
Quelques difficultés rencontrées par les élèves : Consigne ambiguë ou formulée de manière implicite Consigne contenant des difficultés d'ordre lexical ou syntaxique Consigne contenant du vocabulaire spécialisé, employé par plusieurs disciplines et posant certaines difficultés de compréhension liées à des significations différentes selon le champ disciplinaire Consigne qui ne permet pas à l'élève de la comprendre ou face à laquelle il n'est pas autonome	*Quelques pistes pour prendre en compte l'erreur :* Reformuler la consigne Faire identifier les mots importants Tisser des liens vers des consignes déjà rencontrées Donner une consigne à la fois
Des erreurs résultant d'habitudes scolaires	
Quelques difficultés rencontrées par les élèves : Les réponses ne sont pas adaptées à la situation ou semblent non logiques. La réponse est erronée et l'élève a utilisé des règles plaquées sans réflexion. L'élève ne répond pas par crainte de se tromper.	*Quelques pistes pour prendre en compte l'erreur :* Expliciter le contrat didactique avec les élèves (il doit comprendre ce que l'on attend de lui) Favoriser l'apprentissage par situation-problème
Des erreurs témoignant de conceptions ou représentations	
Difficulté rencontrée par les élèves : Les représentations sont erronées et à déconstruire.	*Quelques pistes pour prendre en compte l'erreur :* Faire émerger les représentations en posant des questions, utilisant des dessins, des schémas... Favoriser les interactions
Des erreurs liées aux opérations intellectuelles impliquées	
Quelques difficultés rencontrées par les élèves : Les modes de résolution ne sont pas adaptés à la situation. Les élèves choisissent des stratégies inappropriées. Les élèves sont confrontés à des concepts nécessitant des efforts d'abstraction.	*Quelques pistes pour prendre en compte l'erreur :* Expliciter et faire verbaliser ce qui est demandé Laisser un temps suffisant pour l'apprentissage Expliciter des énoncés proches mais qui mettent en jeu des procédures différentes.

Des erreurs portant sur les démarches adoptées	
Difficulté rencontrée par les élèves : La production de l'élève n'est pas conforme aux attentes par rapport à ce qui a été travaillé auparavant.	*Quelques pistes pour prendre en compte l'erreur :* Amener les élèves à expliciter leurs démarches et procédures Mettre en place des temps collectifs permettant d'analyser et comparer les procédures afin de mettre en évidence les plus efficaces
Des erreurs liées à une charge cognitive trop importante	
Quelques difficultés rencontrées par les élèves : Les élèves rencontrent des difficultés à comprendre et à mémoriser. La capacité de la mémoire de travail est limitée.	*Quelques pistes pour prendre en compte l'erreur :* Décomposer en sous-tâches cognitives ou séquencer la tâche Expliciter mentalement les étapes et se préparer mentalement à la situation Améliorer l'attention et la concentration
Des erreurs ayant leur origine dans une autre discipline	
Difficulté rencontrée par les élèves : L'élève a éprouvé des difficultés à transférer des acquis d'une discipline à une autre.	*Quelques pistes pour prendre en compte l'erreur :* Utiliser des outils (affiches...) Aider l'élève à se projeter dans le réinvestissement possible Favoriser les situations d'essai et de tâtonnement

D'après J.-P. Astolfi, *L'Erreur, un outil pour enseigner*, ESF Sciences humaines, 1997. © DR

CONSEILS DU FORMATEUR

- L'enseignant parvient à comprendre l'erreur en observant et écoutant l'élève.
- C'est en analysant et en comprenant l'erreur qu'il pourra proposer une situation de remédiation adaptée.
- Il est nécessaire de favoriser un climat de classe bienveillant afin de garantir à l'erreur sa place dans le processus d'apprentissage.

Fiche 13 Penser au rythme et à la durée des séances

Définition

La fiche ressource Éduscol « Quels sont les temps forts de l'apprentissage de la lecture et comment évoluent-ils au cours de l'année du CP ? » donne des précisions sur la durée de l'attention des élèves : « Entre 6 et 7 ans l'attention d'un élève fluctue entre 15 minutes et 30 minutes. Pour les séances plus longues, il faut donc prévoir des changements de rythmes au sein de la séance (phase de découverte, d'investissement, d'automatisation…). Pour un enfant entre 5 et 6 ans, la durée utile des activités pédagogiques pour une journée de classe s'élève à 2 ou 3 heures maximum (parfois beaucoup moins selon les environnements et les conditions de vie) : la durée maximale d'attention soutenue est en moyenne de 15 minutes consécutives. »

www.lienmini.fr/11412-apprentissage-lecture

1 Les rythmes et les phases de la séance

Pour la construction de la leçon, vous devez être attentif à l'enchainement et au rythme des phases de la séance.

Voici une série de points d'attention pour relire la fiche de préparation. La séance est construite en tenant compte :

- d'une alternance des modalités de travail : collectives, individuelles, groupes, binômes, etc. ;
- d'une alternance des modes de sollicitation (recherches, découvertes, entraînements, mémorisation, réinvestissement, etc.) ;
- d'une alternance des types d'activité : découverte, exploration, etc. ;
- d'une alternance de phases orales et écrites.

Il est important de comprendre que les différentes phases de la séance représentent un cout cognitif plus ou moins élevé pour l'élève.

Les phases d'apprentissage	
Découverte et recherche	
• situation de recherche ; • synthèse de résultats ; • institutionnalisation ; • élaboration de la trace écrite.	Zone de vigilance élevée
Approbation et consolidation	
• exercices d'entraiement ; • correction ; • analyse des erreurs.	Zone de vigilance faible
Évaluation et réinvestissement	
• remédiation	Zone de vigilance élevée

Fiche ressource Éduscol : « Quels sont les temps forts de l'apprentissage de la lecture et comment évoluent-ils au cours de l'année du CP ? »

2 Étude d'un cas concret

Voici le compte rendu d'une visite de classe observée en classe de CE2 :

14 h 00 : *Espace*

Le titre de la séance est affiché au tableau : « Espace sur un plan ». Mme Fanny questionne les élèves sur ce titre : « qu'est-ce que c'est ? » Réponse : c'est l'espace où l'on vit.

Une carte est affichée au tableau à l'aide du vidéoprojecteur. Elle représente le plan de la commune de XXX.

Mme Fanny interroge les élèves : « que voit-on ? » Les élèves décrivent ce qu'ils voient et citent les villes dont les noms apparaissent.

Un second plan est affiché : il s'agit du quartier de l'école. Les élèves décrivent tous les éléments visibles.

Mme Fanny leur donne deux fiches reprenant les éléments projetés au tableau qui seront collées dans le cahier.

Elle pose ensuite des questions : « où se trouve la salle de sport par rapport à l'école ? » « Il faut regarder la rose des vents et on peut dire que l'école est au sud ».

Mme Fanny leur demande de trouver un titre : les élèves font des propositions.

14 h 50 : Mme Fanny annonce un projet collectif à venir : faire la maquette de l'école.

Analyse de la séance par le formateur :

« Lors de l'entretien, nous revenons sur cette séance pour l'analyser dans sa forme et son contenu. Cette séance se déroule majoritairement à l'oral et en collectif. Elle s'est avérée être un obstacle à la concentration des élèves. Cette séance trop longue n'a pas permis de les rendre acteurs. Il faut veiller au rythme de la séance : alterner l'oral/l'écrit/les manipulations, le collectif/l'individuel, capter l'attention des élèves par le regard, le déplacement, la modulation de la voix, l'utilisation de la projection, etc. La séance du jour était bâtie sur un modèle très transmissif. Je conseille à Mme Fanny de modifier la fiche de préparation qu'elle utilise actuellement et d'ajouter une colonne "Modalités de travail". Cet ajout lui permettra de penser l'alternance des rythmes de travail. »

Par exemple :

Phase	Durée	Déroulement	Modalités de travail	Activités des élèves	Activités de l'enseignant
			– individuelle – collective – groupe – orale – écrite ...		

CONSEILS DU FORMATEUR

Dans la préparation de la séance, le rythme des phases et leur durée sont à anticiper. Il s'agit de dynamiser son enseignement en alternant les modes de sollicitation, les modalités de travail et en modulant les étapes de la séance. Ces points d'attention sont nécessaires pour éviter le décrochage des élèves.

Fiche 14 Passer des consignes

DÉFINITION

La consigne se définit comme un ordre donné pour faire effectuer une tâche.

La forme de la consigne peut varier : orale, écrite, sous forme de dessin, de pictogramme, etc.

1 Les types et les visées des consignes

On distingue différents types de consignes :

- la consigne ouverte : elle ne donne pas de guidage aux élèves. Ils ont une marge de manœuvre plus ou moins importante dans la réalisation. Le résultat attendu n'est pas unique.
- la consigne fermée : elle est explicite et contient toutes les informations qui mèneront à un résultat unique.
- la consigne simple : elle contient une consigne unique.
- la consigne complexe : elle invite à réaliser plusieurs actions.

La consigne simple peut demander une tâche complexe aux élèves et inversement la consigne complexe peut contenir plusieurs tâches simples.

La fiche ressource Éduscol « Ressources d'accompagnement du programme de français au cycle 3 - Travailler la compréhension de consignes » indique que : « Les consignes ne se présentent donc pas uniquement sous différentes formes, mais elles assument également différentes fonctions. En effet, elles peuvent introduire la tâche ou réguler sa réalisation ou bien encore la valider. Ces différentes fonctions correspondent à trois moments clés du déroulement de l'activité : l'avant, le pendant et l'après, et sont, par définition, en interrelation dans la réussite de la tâche. »

On distingue également différents types de visées pour les consignes.

Elles sont également définies dans la fiche ressource Éduscol « Travailler la compréhension des consignes » : « La notion de consigne renvoie à différents types d'instructions dans le milieu scolaire, selon Philippe Meirieu[1]. On peut ainsi classer les consignes selon leur visée :

- les consignes-buts qui définissent un projet à réaliser (par exemple : "Écrire un récit") et renvoient donc à la notion de motivation chez les élèves ;
- les consignes-procédures qui indiquent les stratégies/procédures possibles ou obligatoires pour parvenir au résultat ; elles laissent plus ou moins d'autonomie à l'élève ;
- les consignes-structures sont des auxiliaires qui attirent l'attention sur un point précis, mettent en garde contre des erreurs possibles, balisent une tâche ("Observer", "Veiller à ne pas confondre") ;
- les consignes critères permettent aux élèves de se représenter la tâche à réaliser et de vérifier si la tâche accomplie est conforme aux attentes de l'enseignant. La connaissance des critères de réussite, qui correspondent à une décomposition des critères de qualité du produit fini, oriente ainsi l'activité du sujet qui sait précisément ce qu'on attend de lui. »

www.lienmini.fr/11412-consigne

Exemples :

Les consignes-buts	« Trouve deux arguments pour convaincre la classe de lire ce livre ou de ne pas le lire. » *Pépites français, CM2-Cycle 3*, p. 21, Magnard, 2017
Les consignes-procédures	« Quelles sont les espèces dont les petits, à leur naissance, ne ressemblent pas du tout aux adultes ? Décris comment se passent leurs transformations. Puis recherche dans le texte le nom qu'on donne à ces transformations. » *Odysséo – Questionner le monde, CE2*, p. 109, Magnard, 2017
Les consignes-structures	« Résume en quelques phrases le début de ce conte. Précise bien qui sont les personnages principaux et le problème rencontré. » *Pépites français, CE2-Cycle 2*, p. 95, Magnard, 2017
Les consignes critères	« Raconte en sept lignes ce qui s'est déroulé lorsque Paul a accepté le marché. » *Pépites français, CM2-Cycle 3*, p. 33, Magnard, 2017

2 Comment formuler une consigne

Pour construire votre leçon, vous anticiperez la formulation de vos consignes en les écrivant sur la fiche de préparation. La formulation d'une consigne conditionne la réussite de la tâche. Chaque consigne demande une réflexion approfondie pour assurer son efficacité.

Il vous revient de choisir soigneusement le vocabulaire. Il doit être précis. Il faut éviter l'improvisation. Il faut également éviter des consignes trop longues.

1. P. Meirieu [chercheur en sciences de l'éducation], *Apprendre, oui mais comment ?*, ESF éditeur, 1993.

Voici quelques questions à se poser pour formuler ou analyser une consigne :
- Quel choix de verbe est le plus pertinent en fonction de la tâche à réaliser ?
- Comment la passation de consigne va-t-elle être réalisée ? La reformulation est-elle prévue ?
- La consigne écrite est-elle totalement ou partiellement dite à l'oral ?
- La consigne doit-elle inclure des propositions d'aides, d'utilisation de matériel ou d'outils ?
- La consigne est-elle la même pour tout le monde ou est-elle différenciée ?
- La consigne nécessite-t-elle l'intervention de l'enseignant pendant la réalisation de la tâche ?
- La consigne contient-elle des éléments qui empêcheraient la compréhension des élèves ? Si oui, de quelle nature sont-ils ? (vocabulaire, prérequis, etc.)

CONSEILS DU FORMATEUR

- Il faut éviter de penser qu'il suffit de donner une consigne même avec des mots simples pour qu'elle soit comprise. Il ne faut pas oublier l'explicitation et la reformulation par les élèves.
- Il ne faut pas penser que tous les élèves seront capables de comprendre la même consigne : il faut donc réfléchir à la question de son adaptabilité pour tous les élèves : pour les élèves à besoins éducatifs particuliers (BEP), faut-il la modifier, la reformuler, changer les modalités de passation, etc. ?
- Il faut penser à la fonction que doit remplir la consigne.

Fiche 15 Utiliser une modalité spécifique d'apprentissage : le jeu

DÉFINITION

Extrait du programme d'enseignement de l'école maternelle : annexe-modification ; *BO* n° 25 du 24-06-2021 :

« 2.1. Apprendre en jouant
Le jeu favorise la richesse des expériences vécues par les enfants dans l'ensemble des classes de l'école maternelle et alimente tous les domaines d'apprentissages. Il permet aux enfants d'exercer leur autonomie, d'agir sur le réel, de construire des fictions et de développer leur imaginaire, d'exercer des conduites motrices, d'expérimenter des règles et des rôles sociaux variés. Il favorise la communication avec les autres et la construction de liens forts d'amitié. Il revêt diverses formes : jeux symboliques, jeux d'exploration, jeux de construction et de manipulation, jeux collectifs et jeux de société, jeux fabriqués et inventés, etc. L'enseignant donne à tous les enfants un temps suffisant pour déployer leur activité de jeu. Il les observe dans leur jeu libre afin de mieux les connaître. Il propose aussi des jeux structurés visant explicitement des apprentissages spécifiques. »

Modalité spécifique d'apprentissage à l'école maternelle, l'utilisation du jeu n'est cependant pas réservée au cycle 1.

Pour l'épreuve de la leçon, vous pouvez envisager de mettre en place une situation de jeu. Le corpus de document vous proposera peut-être une situation ludique à analyser.

Nous vous conseillons de prendre connaissance des documents d'accompagnement des programmes, en particulier le dossier Éduscol « Ressources maternelle – Jouer et apprendre – Cadrage général ».

www.lienmini.fr/11412-jouer-apprendre

1 Les types de jeux

Jeux d'exploration	– jeux de manipulation – jeux d'expérimentation – jeux de découverte

Jeux symboliques	- jeux d'imitation - jeux de fiction - jeux de rôles - jeux de mises en scène - jeux dramatiques
Jeux de construction	- jeux d'assemblages - jeux de fabrication
Jeux à règles	- jeux de coopération - jeux de hasard - jeux d'adresse - jeux de compétition

2 Quand et pourquoi utiliser le jeu ?

Quelles sont vos intentions pédagogiques ? Quelles sont les phases de la leçon pour lesquelles le jeu représente la modalité la plus adaptée ? C'est vous qui définirez le rôle et la place du jeu dans votre leçon. Le jeu intervient à un moment précis de l'apprentissage selon l'objectif fixé :

- découvrir ou introduire une notion ;
- rechercher ;
- appliquer ;
- s'entraîner ;
- créer ;
- mémoriser et se remémorer ;
- développer des procédures et des stratégies ;
- consolider ;
- transférer ;
- réinvestir ;
- évaluer ;
- remédier ;
- etc.

La place du langage est essentielle dans les situations de jeu. Votre place et votre rôle durant la séance demandent à être anticipés (voir fiche 6 « Réfléchir à la place de l'enseignant et aux gestes professionnels »). Pendant la leçon, la situation de jeu peut être l'occasion d'observer vos élèves pour identifier leurs réussites et leurs difficultés, les modalités d'actions et les procédures mises en œuvre.

Enfin, notons que pendant la leçon, la situation de jeu peut être l'occasion d'observer les élèves pour identifier leurs réussites et leurs difficultés, les modalités d'actions et les procédures mises en œuvre.

3 L'espace et la durée du jeu

Vous porterez une attention particulière à l'espace de jeu et à son organisation. Il dépendra aussi de l'organisation du groupe. Les joueurs agiront-ils en groupe, en équipe, individuellement ?

La durée du jeu est un paramètre à prendre en compte.

4 Le jeu libre et le jeu structuré

« Dans un jeu libre, l'enfant choisit quand et comment il joue, dans un cadre temporel et spatial imparti. Il prend ses propres décisions. L'enseignant ou l'enseignante n'assure aucun guidage direct, mais peut susciter l'imitation. [...]

Dans le jeu structuré, l'enseignant initie le jeu en vue de faire acquérir explicitement des apprentissages spécifiques à l'enfant. Ce dernier adhère spontanément ou en réponse au processus de dévolution mis en œuvre par l'enseignant.

Tout en conservant son aspect ludique, le jeu structuré comporte des objectifs d'enseignement. Dans les phases de jeu, l'enfant conserve sa liberté d'agir, de prendre des décisions, de faire ses essais, de construire sa propre expérience. »

Dossier Éduscol « Ressources maternelle – Jouer et apprendre – Cadrage général ».

CONSEILS DU FORMATEUR

– La situation de jeu doit mener l'élève à comprendre. Le résultat ou la réussite ne veut pas dire que l'élève a construit des savoirs et a compris. C'est l'activité cognitive qui est l'objectif de l'enseignant.
– Comme les outils et les supports, le jeu fait l'objet d'un choix éclairé de l'enseignant en fonction de son objectif.

Fiche 16 Faire manipuler les élèves

Définition

La manipulation désigne l'activité de l'élève sur un ou des objets.

Si une phase de découverte libre est parfois proposée, si les étapes de tâtonnement et d'essai sont nécessaires, les actions sont guidées par la pensée de l'élève et s'exercent dans un but ou un objectif précis. Les objets ou supports donnés à la manipulation ne contiennent pas le savoir. C'est bien l'explicitation et le langage qui permettent l'émergence de l'apprentissage par la démarche expérimentale.

Thierry Dias, dans son ouvrage *Manipuler et expérimenter en mathématiques* (Magnard, 2017), décrit la démarche expérimentale : « Lors d'une expérience, les gestes provoqués sont guidés par une intention, une organisation, ainsi que par le raisonnement, comme l'illustre le schéma ci-dessous. »

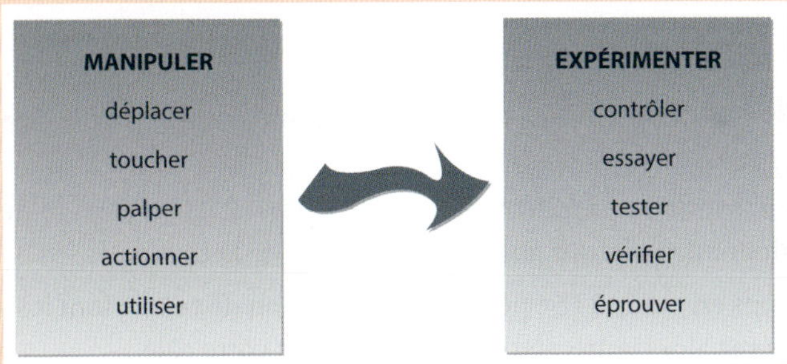

Le corpus documentaire proposé lors de l'épreuve de leçon peut contenir une photo de matériel ou de support de manipulation. Il faudra en tenir compte et l'intégrer à la construction de votre séance. Vous pouvez aussi décider de construire une séance qui sera centrée sur la manipulation d'un matériel ou d'un support par les élèves.

1 Quoi ?

Quels matériels seront disponibles pour les élèves durant la séance ?

Vous allez choisir le matériel ou les objets mis à la disposition des élèves. Dans les classes, on trouve une diversité d'objets. Ces derniers varient d'ailleurs d'une classe à l'autre. Il peut s'agir de matériel spécifiquement prévu pour la manipulation, mais aussi des objets divers du quotidien. Sans faire une liste exhaustive, voici des exemples : jetons, cartes, étiquettes, dés, bûchettes, tangrams, bouchons, pions, cubes, fils, règles, bacs, etc.

2 Pourquoi ?

Quel est votre objectif ?

Vous devez définir précisément quel est l'objectif poursuivi par l'étape de manipulation. Vous pourrez alors identifier le matériel le plus adapté à la situation et le moment le plus propice à la manipulation durant la séance.

Vous pouvez choisir de placer la manipulation en début de séance. Votre objectif peut être d'évaluer les connaissances antérieures des élèves (évaluation diagnostique) ou de réactiver des connaissances prérequises.

En fin de séquence, la manipulation pourra servir d'évaluation.

Mettre les élèves en situation de manipulation les amène à observer et expérimenter pour chercher et comprendre. Vous les amenez à appréhender le sens d'un concept « difficile » (par exemple les fractions).

Quelle que soit la situation mise en place, il est essentiel de rappeler que la manipulation seule ne suffit pas : c'est bien la verbalisation et l'explication, et donc le langage, qui peuvent permettre la construction du savoir.

3 Qui ?

La mise en place de temps de manipulation pose la question de l'organisation du groupe classe.

S'agit-il d'un temps individuel pour tout le groupe classe ? Il faut alors se demander s'il y a suffisamment de matériel pour tous les élèves de la classe.

S'agit-il d'un temps en groupe ? Se pose alors la question de ce que font les autres élèves. Vous anticiperez alors votre place dans la classe et votre rôle.

La manipulation peut aussi être réservée à un groupe en particulier dont les besoins ont été repérés.

4 Où ?

Vous pouvez envisager qu'il existe dans la classe un lieu spécifique ou dédié tel que le laboratoire de mathématiques. Cet espace dédié peut être matérialisé dans un « coin » spécifique de la classe ou être plus modulable et déplaçable dans l'espace, comme une caisse ou un chariot. Cet espace est connu et identifié par les élèves. Il contient toutes sortes de matériels, de supports, d'outils et d'instruments. Il vous faut dans ce cas préciser si les élèves peuvent s'y déplacer et quelle organisation est nécessaire.

5 Quand ?

Vous préciserez dans la préparation à quel moment de la séance les élèves sont amenés à manipuler : pendant l'ensemble de la séance ou à un moment précis ? Est-ce qu'un temps imparti sera donné ?

6 Comment ?

L'une des 21 mesures du rapport Villani-Torrossian indique l'importance de mettre en œuvre un apprentissage des mathématiques fondé sur :

- la manipulation et l'expérimentation (utiliser objets et matériel) ;
- la verbalisation (mettre en mots) ;
- l'abstraction (concevoir).

Thierry Dias identifie quatre phases pour les séances de manipulation et d'expérimentation :

- phase 1 : privilégier l'action des élèves ;
- phase 2 : laisser parler les élèves ;
- phase 3 : mettre en commun et débattre ;
- phase 4 : institutionnaliser les savoirs.

CONSEILS DU FORMATEUR

– La manipulation n'est pas réservée à l'école maternelle.

– Il faut favoriser l'explicitation des démarches des élèves et ne pas se focaliser sur le résultat seul. Pour cela il faut prendre le temps d'observer les procédures et démarches, il faut donc anticiper sa place et sa posture lors de la préparation.

– Il faut mener une réflexion sur l'aménagement de la classe pour permettre de mettre en œuvre plus facilement certaines manipulations.

Fiche 17 Mettre en place des activités ritualisées

Définition

En classe, l'enseignant articule des types de situations différentes : les séances et les activités ritualisées.

Une activité ritualisée est une activité courte, brève, qui vise un objectif spécifique. Elle a pour but de fixer des procédures et des connaissances et d'amener les élèves à la systématisation et à l'automatisation. Elle permet la répétition nécessaire à la mémorisation.

Les programmes des cycles 1, 2 et 3 mentionnent souvent les activités ritualisées en français et en mathématiques : « Des activités ritualisées fixent et accroissent les capacités de raisonnement sur des énoncés et l'application de procédures qui s'automatisent progressivement ». (*BO* n° 31 du 30 juillet 2020)

Vous devez envisager votre leçon dans une séquence d'apprentissage. La séquence d'apprentissage est souvent construite par une alternance de séances longues et de séances courtes. Ces dernières sont aussi appelées « activités ritualisées ».

Vous n'allez pas construire de leçon courte pour l'épreuve du concours. Cependant il est important de comprendre ce qui se joue dans les activités ritualisées. Il s'agit d'une organisation spiralaire des apprentissages qui permet de consolider et stabiliser les connaissances sur le long et moyen terme. Ce qui est privilégié c'est la fréquence des séances et non leur durée.

Ces activités courtes ritualisées pourront être envisagées dans le prolongement de votre leçon.

Elles permettent de :

- varier et multiplier les rencontres des élèves avec des notions ;
- mettre les élèves en situation d'automatisation et donc de les aider à fixer les stratégies et procédures ainsi que les connaissances ;
- prolonger l'entraînement et de bien faire expliciter ;
- mettre les élèves en activité rapidement puisque les situations sont connues, elles leur sont familières ;
- décontextualiser les notions ;
- créer du rythme dans l'activité ;
- etc.

« Le rituel comporte des repères explicites pour l'élève comme l'enseignant :
- un moment collectif de structuration repéré explicitement dans le temps ;
- un lieu connu et reconnu de tous les élèves de la classe ;
- des conditions de travail spécifiques ne nécessitant pas de rappel de consignes du fait de la fréquence de leur répétition ;
- un temps pédagogique permettant la différenciation. »

T. Dias, *Manipuler et expérimenter en mathématiques*, Magnard, 2017.

Exemples d'activités ritualisées citées dans le guide « Pour enseigner la lecture et l'écriture au CE1 » :

◗ **page 47 du guide :** « Travailler la compréhension sur des phrases et de petits textes dans le cadre d'activités ritualisées.

Tout au long de l'année, de très courtes séances ritualisées sont dédiées à la compréhension de l'écrit. Les élèves ont les phrases ou les textes sous les yeux. Ils prennent l'habitude de porter leur attention sur chacun des mots et de prendre des indices éclairant la compréhension. Grâce à un entraînement très régulier et un enseignement très explicite, ils sont vite en mesure de faire des retours en arrière pour vérifier leurs hypothèses quant au sens des mots, des segments de phrase et des phrases. Le professeur entraîne les élèves à exercer leur compréhension tout d'abord à partir de phrases simples très courtes, puis plus longues et complexes, puis de petits textes. [...]

Une phrase est placée sous les yeux des élèves qui la lisent et émettent des hypothèses quant au sens. Ils justifient leurs réponses en mobilisant leurs connaissances lexicales, orthographiques et grammaticales.

Exemples de phrases :

Luc est ami avec Anne. Il a d'autres amis. Elle n'en a qu'un seul.

➔ Les élèves expriment ce qu'ils ont compris de ces trois phrases. On souligne les noms propres et les pronoms et on établit les correspondances. [...] »

◗ **page 83 du guide :** « Entraîner à la rédaction dans des situations variées.

Les écrits très courts ritualisés

Les écrits très courts ritualisés sont proposés quotidiennement. Les élèves en prennent vite l'habitude et le temps consacré à cet exercice se réduit considérablement s'il est très régulier. En début d'année, il est nécessaire de reprendre des exercices pratiqués en classe de CP : un mot ou une phrase sous un dessin, des activités à partir de reproduction puis de transformation de phrases prototypes, des activités à partir de mots ou de groupes de mots inducteurs, la transcription à partir de messages oraux connus des élèves.

Des exemples d'exercices : déplacer, ajouter, remplacer, supprimer à partir d'une phrase de base, à l'oral, puis à l'écrit.

Exemple :

L'élève trace un cercle dans la cour.

➔ Dans la cour, l'élève trace un cercle.

➔ L'élève, dans la cour, trace un grand cercle.

➔ Dans la cour, l'élève dessine un grand cercle.

➔ Sans s'arrêter, dans la cour de l'école, Lucie trace un grand cercle rouge.

➔ Sans s'arrêter, dans la cour de l'école, Lucie trace un grand cercle autour *des bancs.* [...] »

www.lienmini.fr/11412-lecture-ecriture

CONSEILS DU FORMATEUR

Questions à se poser lors de la mise en place d'une activité ritualisée :
- Quelle activité mettre en place ?
- Quel est l'apprentissage visé ?
- À quel moment de la journée ?
- Quelle est sa durée ?
- Quelle est la marge d'initiative des élèves ?
- Quelle est l'organisation de ce rituel ?

Fiche 18 Gérer les interactions et la place de l'oral dans la séance

Définition

Il faut mobiliser le langage dans toutes ses dimensions : « Le mot "langage" désigne un ensemble d'activités mises en œuvre par un individu lorsqu'il parle, écoute, réfléchit, essaie de comprendre et, progressivement, lit et écrit. À l'école maternelle, la stimulation du langage, son intensité et sa qualité sont essentielles à son appropriation par les élèves. L'acquisition de la langue française est favorisée par la tenue et la richesse de la langue parlée par les enseignants et les autres adultes de l'école, mais aussi par la familiarisation progressive avec la langue de l'écrit. En conséquence, les activités proposées aux élèves mobilisent simultanément tout au long du cycle les deux composantes du langage, en relation duelle, en petits groupes ou en situation collective :

- la langue orale : utilisée dans les interactions, en production et en réception, elle permet aux enfants de communiquer, de comprendre, d'apprendre et de réfléchir. C'est le moyen de découvrir les caractéristiques de la langue française et d'écouter d'autres langues parlées ;
- la langue écrite : lue par l'adulte, présentée aux enfants et explicitée progressivement jusqu'à ce qu'ils commencent à l'utiliser, les familiarise avec une forme de communication dont ils découvrent peu à peu les spécificités et le rôle pour garder trace, réfléchir, anticiper, s'adresser à un destinataire absent.

L'ensemble du cycle des apprentissages premiers est mis à profit pour faire progresser tous les élèves, depuis la petite section jusqu'à la grande section, vers la compréhension et l'usage d'une langue française de plus en plus élaborée sur laquelle ils pourront s'appuyer lors de l'apprentissage formel de la lecture et de l'écriture au cycle 2. »
(Programme d'enseignement de l'école maternelle : annexe-modification ; *BO* n° 25 du 24-06-2021)

« Les activités langagières sont constitutives de toutes les séances d'apprentissage et de tous les moments de vie collective qui permettent, par leur répétition, un véritable entraînement si l'attention des élèves est mobilisée sur le versant langagier ou linguistique de la séance. Les activités d'oral, de lecture, d'écriture sont intégrées dans l'ensemble des enseignements quotidiennement. » (*BO* spécial n° 11 du 26 novembre 2015, cycle 2)

« Au cycle 3 comme au cycle 2, les activités langagières sont constitutives de toutes les séances d'apprentissage et de tous les moments de vie collective qui permettent, par leur répétition, un véritable entraînement si l'attention des élèves est mobilisée sur le versant langagier ou linguistique de la séance. Au CM1 et au CM2, l'ensemble de l'enseignement du français revient au professeur des écoles et les horaires d'enseignement prévoient que les activités d'oral, de lecture, d'écriture soient intégrées dans l'ensemble des enseignements, quotidiennement, pour une durée hebdomadaire de 12 heures. [...] Le langage oral trouve à se développer dans les dialogues didactiques, dans l'explicitation des démarches, dans les débats de savoirs ou d'interprétation (à propos de textes, d'images ou d'expériences), dans les comptes rendus, dans les présentations orales, dans les discussions à visée philosophique, en lien avec l'enseignement moral et civique... Il peut également être travaillé en éducation physique et sportive, qui nécessite l'emploi d'un vocabulaire adapté et précis pour décrire les actions réalisées et pour échanger entre partenaires. » (*BO* spécial n° 11 du 26 novembre 2015, cycle 3)

Il vous revient d'être attentif aux interactions et à la place de l'oral tout au long de votre leçon.

1 Quand ?

À quel(s) moment(s) de la leçon prévoyez-vous d'initier des échanges ?

Au début de la séance, les élèves seront-ils amenés à verbaliser leurs représentations initiales ? À reformuler les acquis antérieurs ? À formuler des hypothèses ?

En cours de séance, en fonction de la démarche initiée, les élèves auront-ils à confronter leur point de vue ? À énoncer des résultats ? À énoncer des démarches et procédures ? À débattre ? À mettre en commun ?

À la fin de la séance, lors de la phase d'institutionnalisation, les élèves auront-ils appris à mettre en mots ce qui a été découvert et à expliciter leur démarche ?

En fonction du moment de la séance, les objectifs de prise de parole et d'interactions sont différents et vont donc induire des types de langage différents.

2 Qui ?

Les interactions durant la séance peuvent se décliner comme suit :

- enseignant/élèves ou élèves/enseignant ;
- enseignant/élève ou élève/enseignant ;
- enseignant/groupe ou groupe/enseignant ;
- élève/élève ;
- élève/élèves ou élèves/élève ;
- élèves/élèves.

3 Comment ?

La fiche ressource Éduscol « Recommandations pour l'enseignement du langage oral dans une approche communicationnelle » indique qu'il faut :

« faire varier l'organisation des groupes (hétérogènes, homogènes) et jouer sur la taille du groupe (classe entière, demi-classe, etc.) en fonction de l'enjeu de communication.

Faire varier les conditions de prise de parole :

– la situation d'oral monogéré : plus exigeante pour l'élève du point de vue de la prise de risque et de la gestion de la parole en continu ;

– la situation d'oral polygéré : plus sécurisante et facilitant la prise de parole pour les petits parleurs. »

Cette fiche ressource indique également qu'il faut penser à l'aménagement de l'espace afin de faciliter les interactions :

« – un espace regroupement pour les prises de parole en "plénière" ;

– des îlots de tables ou des espaces de régulation des apprentissages, permettant de favoriser les échanges oraux entre élèves. »

www.lienmini.fr/11412-langage-oral

CONSEILS DU FORMATEUR

Lors de la préparation, il est nécessaire que l'enseignant s'interroge sur les temps et la nature des interactions qu'il va provoquer. Les enseignants débutants ont tendance à indiquer « les élèves vont parler », « je voudrais qu'ils échangent ». Il est nécessaire de préciser la tâche langagière visée : s'agit-il d'argumenter, d'expliquer, de convaincre, de reformuler, de débattre ? Un affichage est proposé par les ressources d'accompagnement des programmes Éduscol :

Fiche 19 Mémoriser et se remémorer

Définition

« Notre cerveau est le siège de plusieurs mémoires :

- La mémoire à court terme, appelée aussi mémoire de travail, permet de retenir une information sur un temps très court. Elle a un empan limité, qui évolue selon l'âge.
- La mémoire à long terme conserve les informations dans la durée et se compose de plusieurs mémoires :
  - la mémoire procédurale : elle permet l'automatisation des tâches du quotidien, comme faire du vélo ;
  - la mémoire épisodique : c'est celle de nos souvenirs, des évènements vécus en un temps précis (la madeleine de Proust par exemple) ;
  - la mémoire sémantique : ce sont toutes les connaissances accumulées au long de notre vie (les dates, les règles de calcul, le sens des mots, des concepts, etc.). »

Sous la direction de Marc Loison, *Guide du professeur des écoles*, Vuibert, octobre 2020.

Il existe trois grandes étapes pour mémoriser une information : l'encodage, le stockage et la récupération.

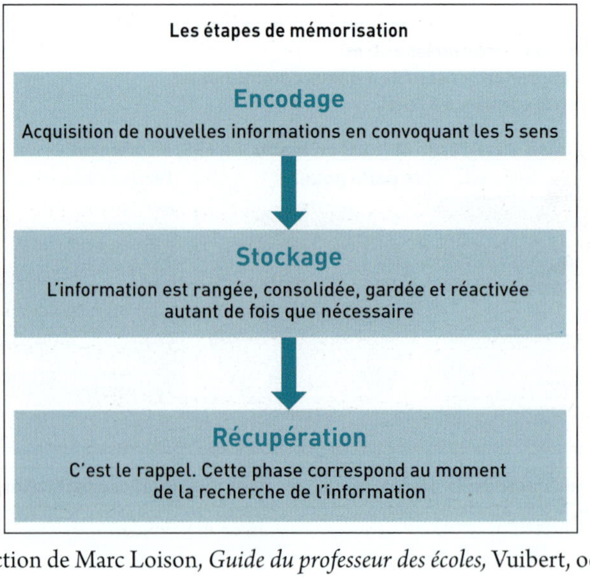

Sous la direction de Marc Loison, *Guide du professeur des écoles*, Vuibert, octobre 2020.

Pour construire votre leçon, vous devez tenir compte des étapes de mémorisation qui guideront la séquence d'apprentissage.

Étape de mémorisation	Moyens à mettre en œuvre
Encodage = acquisition de nouvelles informations	Diversifier les entrées en utilisant les cinq sens Varier les supports : textes écrits, tableaux, dessins, croquis, schémas, vidéos, sons Utiliser le corps et le mouvement Enseigner explicitement : faire travailler activement les élèves sur le sens de ce qu'ils apprennent, mettre en relation les apprentissages (on retient ce qui fait sens)
Stockage	Multiplier les rencontres Proposer des contextes différents Utiliser les activités ritualisées Varier les modalités de rencontres : « lire, répéter à voix haute, à voix basse, s'enregistrer, "photographier" puis fermer les yeux pour "revoir" ce qu'il faut apprendre, épeler, recopier, noter les mots essentiels, colorier les données essentielles, résumer, répondre à des questions, créer des questions, se focaliser sur ce que l'on doit apprendre dès la fin de la séance et ne pas attendre plusieurs jours pour revoir ce qui a été appris, procéder à des répétitions à intervalles réguliers (par exemple, il ne suffit pas de programmer une leçon d'histoire une seule fois par semaine pour qu'elle soit mémorisée). L'élève a besoin de la relire plusieurs fois, de convoquer sa mémoire en début et en fin de chaque séance, de sélectionner des mots clés pour être prêt au moment de l'évaluation ». (*Guide du professeur des école*, sous la direction de Marc Loison, Vuibert, 2020) S'exercer Mettre en réseau Répéter
Récupération	Réactiver l'information Remobiliser les connaissances Mettre en place des outils d'aide à la réactivation Créer des situations de réinvestissement Reformuler

CONSEILS DU FORMATEUR

Les questions à se poser pour relire la préparation de la séquence et de la leçon :

- Le processus de mémorisation a-t-il été pris en compte ?
- La séquence prévoit-elle de multiplier les contextes et les situations de rencontre ?
- La préparation permet-elle de tisser des liens avec les connaissances antérieures (ce que je sais déjà) et/ou des liens avec des connaissances personnelles (le vécu de l'enfant) ?
- Quels sont les supports qui permettront de conserver une trace, de garder en mémoire ?
- Quels sont les supports utilisés ? Sont-ils diversifiés ?
- Quels prolongements à la leçon sont envisagés pour favoriser la récupération ?

Fiche 20 Organiser le groupe pour favoriser les apprentissages

Définition

Il existe différentes modalités d'organisation pédagogique :

- **le travail en collectif :** tous les élèves collaborent avec l'enseignant. Cette modalité de travail est efficace dans le rappel des séances précédentes, la mise en commun pour avoir une confrontation des solutions, la correction d'exercice, la structuration et la formalisation des connaissances ;
- **le travail individuel :** chaque élève effectue une tâche, seul, en silence ;
- **le travail en binôme :** les élèves sont par deux et collaborent, mettent en commun leurs hypothèses et solutions. La phase de travail en binôme est précédée d'une phase de réflexion individuelle pendant laquelle chaque élève s'approprie la tâche demandée ;
- **le travail de groupe :** les élèves sont regroupés par 4 ou 5. Au-delà de ce nombre, la collaboration est moins efficace. La communication entre pairs devient plus complexe et certains élèves risquent de se mettre en retrait.

Pour construire votre leçon, il est nécessaire de faire varier les modalités d'organisation afin de maintenir une ambiance de travail productive, la motivation et l'attention des élèves.

Les modalités de travail doivent être clairement énoncées lors de la leçon.

Le choix de la modalité de travail va dépendre de l'objectif visé.

Lors de la conception de votre leçon, si vous proposez un travail de groupe ou en binôme, vous devez vous interroger sur leur constitution :

- si vous souhaitez regrouper les élèves en fonction de leurs capacités ou remédier à une difficulté repérée chez plusieurs élèves, vous privilégierez alors le **groupe homogène**. Dans ce cas où vous les regroupez pour travailler une compétence qui pose un problème, votre présence est nécessaire ;
- si vous souhaitez garantir la motivation des élèves ou favoriser les échanges, vous privilégierez le **groupe hétérogène** ;
- si vous souhaitez que certains élèves prennent le rôle de tuteur auprès des élèves en difficulté, vous privilégierez les **binômes hétérogènes**, le tutorat.

CONSEILS DU FORMATEUR

– Il est indispensable d'expliciter les buts et les enjeux de l'organisation choisie aux élèves.

– Il est conseillé de ne pas adopter un mode de travail uniquement en collectif au risque d'exclure les élèves en difficulté et d'installer des comportements attentistes. De plus, lors du travail en collectif, les règles de parole doivent être respectées. La validation des réponses des élèves ne se fait pas uniquement par l'enseignant mais aussi par les autres élèves.

– La correction collective doit être effectuée si l'enseignant a repéré une difficulté pour l'ensemble de la classe. Si seulement quelques élèves éprouvent cette difficulté, la constitution d'un groupe de besoin est plus pertinente afin que les autres élèves ne s'ennuient pas.

– Les groupes ne peuvent pas être identiques tout au long de l'année, pour toutes les activités et dans tous les domaines.

– Le travail de groupe s'apprend et ne va pas de soi. Travailler en coopération et en collaboration est un apprentissage que l'on retrouve dans le domaine 2 du socle. Un rôle peut être attribué à chacun des membres du groupe (secrétaire, porte-parole, gardien du temps, gardien de la tâche, médiateur des débats, etc.).

– Dans la mise en place du tutorat, il est nécessaire de définir clairement le rôle de chacun. L'enseignant doit veiller à ne pas toujours solliciter les mêmes élèves pour tenir le rôle de tuteur. Cela permet aussi d'éviter que certains soient toujours tutorés et ainsi d'éviter qu'ils pensent qu'ils ont toujours besoin d'aide. Ces derniers peuvent également posséder des compétences qui peuvent être valorisées à certains moments.

– Une réflexion sur l'aménagement de classe est importante car elle va permettre de mettre en œuvre plus facilement certaines modalités.

Fiche 21 Utiliser et gérer le tableau et les affichages

DÉFINITION

Présents dans toutes les classes, le tableau et les affichages sont des outils pédagogiques au service des apprentissages. Utiles à la transmission et la formalisation des savoirs, leur utilisation doit faire l'objet d'une attention particulière et d'une préparation en amont de la mise en œuvre.

Dans les classes maternelles, l'inspection générale constate que les élèves peuvent parfois dire à quoi sert un affichage ou un panneau et pourquoi il est à leur disposition. Mais ils n'ont que rarement participé à leur élaboration et n'ont pas davantage vu le maître les élaborer ; ils n'ont pas été associés à la décision d'afficher. (Rapport de l'IGEN n° 2011-18, octobre 2011)

Pour construire votre leçon, le corpus documentaire proposé par le jury peut contenir la photo d'un tableau ou d'une affiche.

Si tel est le cas, vous allez peut-être envisager l'utilisation du tableau ou l'élaboration d'une affiche lors de la construction de votre séance. Pour ce faire, vous pourrez utiliser les éléments pédagogiques et didactiques figurant dans le tableau ci-dessous.

	Affichage	Tableau
Quoi ?	Pour la leçon, vous pouvez faire référence à différents types d'affichage : – affichages didactiques ; – affichages liés à la vie de classe et à l'organisation du groupe classe ; – affichages esthétiques (mise en valeur des productions des élèves). (Dans la classe, des affichages institutionnels sont présents aussi mais ne sont pas utiles pour la construction de votre leçon.) Les affichages peuvent être temporaires, permanents et évolutifs. La forme de l'affichage peut prendre plusieurs aspects : cartes mentales, schémas, textes, images, liens numériques, etc.	Dans les classes, sont présents des tableaux dits traditionnels fixes ainsi que des tableaux mobiles. Vous pouvez aussi envisager d'utiliser les tableaux numériques interactifs au cours de votre leçon. Les informations mises sur le tableau pourront être présentes tout au long de la séance ou utiles à un moment précis.

	Affichage	Tableau
Pourquoi ?	Pour : – garder la trace d'un apprentissage ; – garder en mémoire un savoir ou une procédure pour l'utiliser ultérieurement ; – garder trace de travaux de groupe ; – permettre les échanges entre les groupes ; – mettre en valeur une production.	Pour : – garder une trace d'une recherche ; – effectuer un exercice ; – écrire des consignes ; – écrire les propositions des élèves pour les confronter ou les éprouver ; – favoriser les mises en commun.
Où ?	Les espaces de la classe qui peuvent accueillir les affiches sont les murs, le tableau, le coin regroupement, un espace dédié (coin écrivain, coin création, coin lecture, etc.), la porte de la classe, le couloir, etc. Pour faciliter la lecture et le repérage, les affiches peuvent être regroupées et organisées par domaines d'enseignement.	Le tableau mobile peut, comme son nom l'indique, être mobilisé dans un espace particulier et ne concerner qu'un groupe d'élèves par exemple.
Quand ?	En début de séance, l'affichage peut permettre de réactiver une connaissance antérieure, une procédure déjà acquise. Pendant la séance, il permet de récolter les propositions des élèves ou des différents groupes. En fin de séance, il permet d'institutionnaliser le savoir (voir fiche 25 « Institutionnaliser le savoir et concevoir une trace écrite »).	En début de séance, le tableau permet le rappel des informations, l'écriture des consignes, l'énoncé de la situation-problème, etc. Pendant la séance, il permet de récolter les propositions des élèves, de schématiser, d'illustrer, etc. En fin de séance, il pourra être utilisé pour synthétiser les propositions des élèves ou d'institutionnaliser le savoir (voir fiche 25 « Institutionnaliser le savoir et concevoir une trace écrite »).
Comment ?	Il est possible d'utiliser une affiche trouvée sur internet à condition de se l'approprier et qu'elle soit en adéquation avec le savoir à construire. Pour garantir leur efficacité, les affichages seront construits avec les élèves et par les élèves.	Le tableau doit être bien organisé. L'écriture doit être lisible. La forme des traces peut être variée : texte, liste, carte mentale, tableau, etc.

CONSEILS DU FORMATEUR

– Le rôle des affichages et du tableau est multiple : ils sont les témoins d'un apprentissage et représentent des aides pour la mémorisation. Ils explicitent une procédure ou une stratégie. Ils ont une fonction de référence.

– La forme du contenu peut prendre plusieurs aspects : cartes mentales, schémas, textes, images, liens numériques, etc.

– Il est important de considérer l'utilisation du tableau et des affichages comme un élément de la préparation qui relève d'un geste professionnel.

Fiche 22 Intégrer le numérique dans sa pratique pédagogique

Définition

L'utilisation du numérique en classe interroge les pratiques pédagogiques. Il est nécessaire d'identifier l'objectif d'apprentissage pour définir si le numérique est adapté et pertinent dans la situation mise en place.

« La technologie n'est pas en soi un dispositif pédagogique, il s'agit d'outils et uniquement d'outils au service de scénarii pédagogiques. La place de l'enseignant reste centrale pour le suivi des apprentissages. »

Amadieu Franck et Tricot André,
Apprendre avec le numérique : Mythes et réalité,
© Éditions Retz, 2020.

« Intégrer les éléments de la culture numérique nécessaire à l'exercice de son métier » est une compétence présente dans le référentiel de compétences des professeurs de écoles (B0 n° 13 du 26 mars 2015).

Pour préparer votre leçon, pensez à intégrer le numérique lorsque la situation est adaptée.

1 Quoi ?

Quels sont les outils numériques à votre disposition ?

- les logiciels : traitement de texte, image, son, vidéo, etc. ;
- les matériels : ordinateurs, vidéoprojecteur, TBI, TNI, internet, caméra, tablette, appareil photo, téléphone, scanner, robot, etc. ;
- les banques de données : sites internet, etc. ;
- les outils de communication : ENT, blogs, etc.

2 Pourquoi ?

À quoi l'outil numérique va-t-il servir ?

- à varier les supports et les modalités d'apprentissage et d'évaluation ;
- à développer l'autonomie des élèves et à favoriser leur implication ;
- à personnaliser les parcours des élèves ;
- à différencier et individualiser l'apprentissage et à répondre aux besoins éducatifs particuliers des élèves ;

– à favoriser les échanges et interactions entre pairs ;
– à développer les compétences des élèves dans le domaine d'apprentissage, mais aussi les compétences numériques.

3 Qui ?

À qui l'outil numérique va-t-il servir ? Vous pouvez vous appuyer sur la diversité des supports numériques pour gérer les différences ou l'hétérogénéité du groupe classe. Vous pourrez alors proposer des entrées différentes (vidéos, images, sons, textes, etc.) et varier les formes de vos présentations (schémas, textes, dessins, cartes mentales, etc.) pour répondre à la diversité des élèves.

Les outils collaboratifs sont pertinents lors d'un travail de groupe en coopération.

4 Où ?

Les outils sont de plus en plus mobiles et donc utilisables en dehors d'un lieu spécifiquement dédié. Ils peuvent donc intégrer n'importe quelle organisation de classe. Cependant, l'organisation matérielle doit être anticipée. Un espace dédié avec le matériel approprié est à envisager (ex. : coin écoute avec les casques).

La présence d'ordinateurs portables dans une classe ne signifie pas nécessairement que chaque élève dispose d'un poste. En fonction du nombre d'ordinateurs, l'enseignant peut envisager une organisation en ateliers et proposer une tâche ciblée à un groupe d'élèves.

Il faut pensez à la flexibilité des espaces.

5 Quand ?

À quel moment de la séance le numérique sera-t-il le plus adapté ? Tout au long de la séance ou à un moment précis ?

Par exemple, la vidéoprojection peut être adaptée lors d'un moment collectif afin de faciliter l'animation du groupe. Elle peut être particulièrement pertinente au moment de la mise en commun, en affichant des productions d'élèves pour les confronter et en faire des objets d'interactions.

Certains logiciels sont, quant à eux, adaptés à des phases d'entraînement.

6 Comment ?

Le portail « Prim à bord » est un espace consacré au numérique à destination de tous les enseignants du premier degré. Vous pouvez y trouver l'information sur l'actualité numérique et préparer la classe.

www.lienmini.fr/11412-prim-bord

L'enseignant peut retrouver des informations pour être conseillé et accompagné dans la recherche, le choix, l'acquisition et l'utilisation de ces ressources numériques dans le dossier Éduscol « Acquérir des ressources numériques pour l'école » : « Acquérir des ressources numériques pour l'École et les intégrer dans les pratiques pédagogiques deviennent [...] des actes professionnels de plus en plus fréquents. [...] Si le premier réflexe pour les identifier est souvent d'utiliser les moteurs de recherche, il existe cependant d'autres moyens pour trouver des ressources numériques adaptées à des usages pédagogiques dans le cadre professionnel, notamment sur les sites institutionnels ou spécialisés. »

www.lienmini.fr/11412-numerique

CONSEILS DU FORMATEUR

– Utiliser le numérique dans une séance nécessite de s'interroger sur sa plus-value.

– Il faut se documenter sur les sites institutionnels pour connaître les orientations et trouver les outils les plus appropriés (veillez au respect strict de la vie privée en conformité avec le Règlement général européen sur les données personnelles ou RGPD, et la loi du 20 juin 2018 relative à la protection des données).

– Il faut garder à l'esprit que c'est bien la démarche pédagogique qui prévaut.

– L'utilisation des outils numériques peut répondre à la différenciation et à l'adaptation, en particulier pour les élèves à besoins éducatifs particuliers.

Fiche 23 Analyser et choisir les outils des élèves

DÉFINITION

En préparant sa séance, l'enseignant anticipe les outils qui seront mis à disposition des élèves pour les accompagner. Ces outils sont choisis en fonction des intentions pédagogiques et des objectifs fixés.

Les outils pourront concerner l'ensemble des élèves ou seulement certains d'entre eux.

Il est important de se questionner sur les outils et de penser à l'autonomie des élèves dans l'exercice de la tâche.

Un outil n'est utile que si l'élève en connait l'utilité et le fonctionnement.

Lors de la préparation de votre leçon, vous prévoirez la mise à disposition d'outils pour des élèves. Pour cela, les questions suivantes vous permettront de mener une réflexion sur leur utilité.

1 Quoi ?

Quels outils pédagogiques seront disponibles pour les élèves durant la séance ? Ou quel type d'outil sera construit pendant la séance ?

On peut distinguer :

- des outils individuels : cahier, pochette, carnet, classeur, répertoire, ardoise, etc. ;
- des outils collectifs : tableau, affiche, classeur de classe, etc.

Les outils peuvent être de natures différentes : matériel de manipulation, écrit, dessin, vidéo, son, etc.

2 Pourquoi ?

À quoi l'outil va-t-il servir ? Quel est l'objectif de la mise à disposition de l'outil ?

Il peut servir à s'entrainer, à garder trace d'une démarche, à manipuler, à se remémorer une connaissance, une stratégie ou une procédure.

3 Qui ?

À qui l'outil va-t-il servir ? Tous les élèves auront-ils le même ? Ou les élèves auront-ils des outils différents ?

Tous les élèves n'auront pas forcément les mêmes besoins. Les outils pourront être proposés à quelques élèves ciblés selon les besoins repérés. Par exemple, des cubes ou des jetons seront disponibles pour des élèves de CP dans le domaine des mathématiques.

4 Ou ?

Un lieu spécifique ou dédié est-il nécessaire à l'utilisation de l'outil ? C'est le cas par exemple des outils numériques ou des espaces spécifiques à l'école maternelle.

Il faut se demander si les élèves peuvent se déplacer pour utiliser un outil, et quelle organisation est nécessaire. Par exemple, si les élèves ont la possibilité d'utiliser une tablette pour regarder un tutoriel ou une information en vidéo, comment anticiper cette utilisation ?

5 Quand ?

À quel moment de la séance arrive l'outil ? Est-il présent pendant l'ensemble de la séance ou est-il introduit à un moment précis ?

Il faut aussi se demander si un temps imparti sera donné pour la consultation ou l'utilisation de l'outil.

6 Comment ?

Les élèves devront être guidés dans l'utilisation de l'outil. Il faut consacrer du temps à la méthodologie afin que les élèves deviennent progressivement autonomes dans leurs actions. Au début, l'enseignant peut explicitement se montrer en train de l'utiliser.

Voici quelques exemples d'outils à disposition des élèves :

Connaître les propriétés du carré et du rectangle

Le rectangle

- Il a **4 angles droits, 4 sommets et 4 côtés**.
- **Ses côtés opposés** mesurent la **même longueur**.

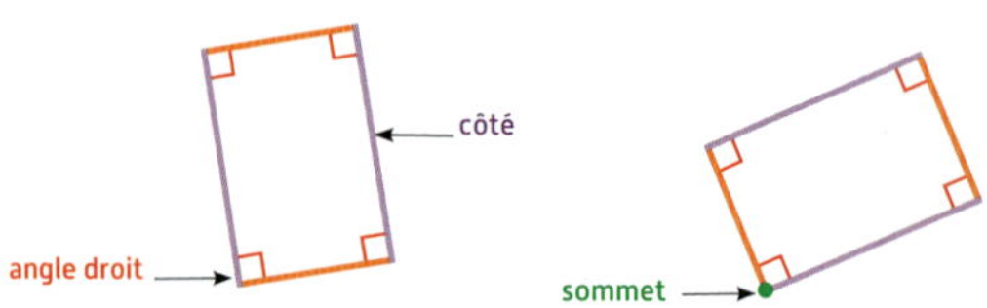

Utiliser l'équerre et connaître l'angle droit

- **Pour vérifier qu'un angle est droit**,
je place l'angle droit de mon équerre dans l'angle.

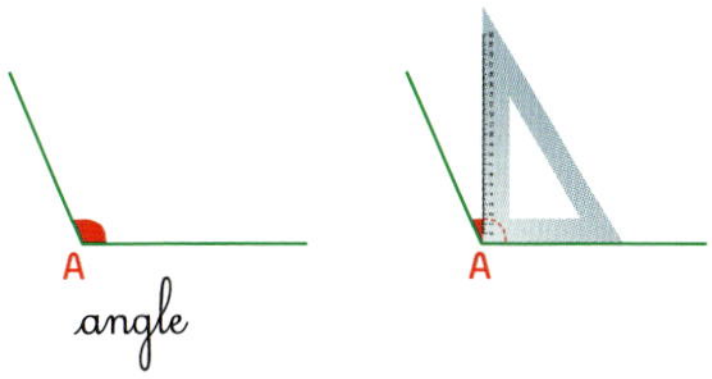

L'angle A n'est pas un angle droit.

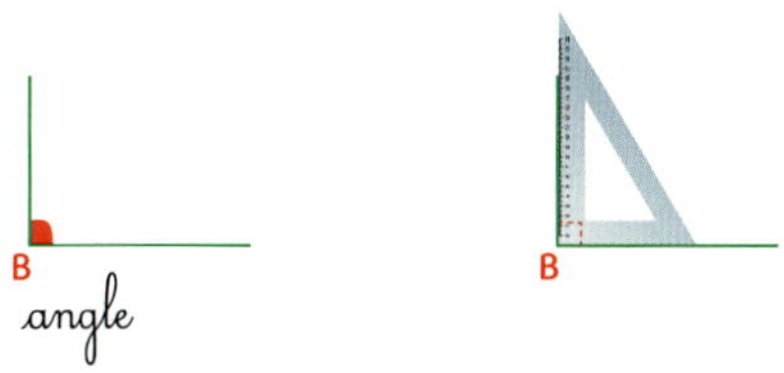

L'angle B est un angle droit.

- **Pour tracer un angle droit :**

Étape 1 : Je pose l'angle droit de l'équerre sur le point et un côté de l'équerre le long de la droite.

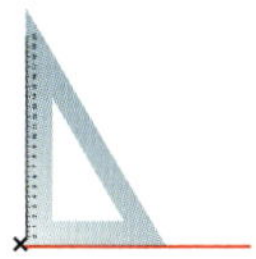

Étape 2 : Puis je trace le deuxième segment en suivant le deuxième côté de l'équerre.

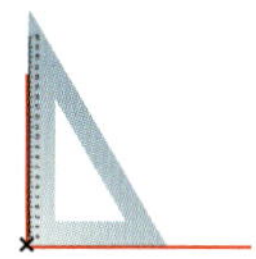

Mémo des maths CE2, Archimaths,
Magnard, 2020.

CONSEILS DU FORMATEUR

- Lors de la préparation de la séance, il faut penser à anticiper les obstacles que peuvent rencontrer les élèves pour prévoir les outils dont ils auront besoin.
- Il ne s'agit pas de multiplier les outils mais d'utiliser les plus adaptés à la situation.
- Les outils les plus efficaces sont ceux qui ont été construits par les élèves ou avec les élèves, qui ont été explicités, qui ont du sens et sont connus des élèves.
- Il ne faut pas oublier que les outils servent l'autonomie, l'initiative et la créativité des élèves.

Fiche 24 Analyser et choisir les supports

Définition

Un support est un outil pédagogique au service de l'enseignement et des apprentissages.

Les supports possibles sont nombreux et variés. Les manuels, les fichiers, les photocopies, les livres sont les supports les plus souvent utilisés dans les classes. Aujourd'hui, de nombreux supports numériques tels que le tableau blanc interactif, la tablette numérique, l'ordinateur, le vidéoprojecteur, les logiciels, etc. sont également proposés aux enseignants pour conduire les leçons.

Un support ne conditionne pas à lui seul la réussite d'une leçon. C'est son utilisation par l'enseignant qui garantit son efficacité. Il a pour objectif de faciliter la compréhension, l'appropriation d'une notion et d'aider à la mémorisation d'un contenu.

Pour l'enseignant, il permet d'illustrer ce qui est exposé et de faciliter l'animation de la séance. Chaque support doit être en adéquation avec le contenu et la démarche pédagogique utilisés.

Pour l'élève, le support doit être une aide à l'appropriation d'un contenu.

Pour construire votre leçon, vous allez disposer d'un corpus de documents proposés par le jury. Il est important de les analyser avant de vous lancer dans l'élaboration de la leçon.

Il vous revient de choisir soigneusement le ou les supports que vous souhaitez utiliser au cours de votre leçon, et de vous questionner quant à leur utilité et leur adéquation à l'objectif ciblé.

Chaque choix de support demande une réflexion approfondie pour s'assurer qu'il sera efficace.

Les questions ci-dessous vous permettront d'analyser chaque support.

– Quels sont les supports proposés dans le corpus ? S'agit-il :
  - d'un écrit institutionnel ?
  - d'un écrit émanant de la recherche ?
  - d'une production d'élève ?
  - d'un exercice de manuel ?
  - etc.

- Quelle est la nature de chaque support ? S'agit-il :
  - d'une photocopie ;
  - d'une photo ;
  - d'une capture d'écran ;
  - etc.
- Quel est le destinataire de ce support ?
  - l'enseignant ;
  - l'élève.
- Comment utiliserez-vous ce support ?
  - vous le distribuerez aux élèves ;
  - vous l'utiliserez pour un temps collectif avec le groupe classe ;
  - vous l'utiliserez au début, au milieu ou à la fin de la séance ;
  - combien de temps laisserez-vous aux élèves pour utiliser le support ?
- Pourquoi utiliserez-vous ce support ?
  - pour présenter un contenu ;
  - pour accompagner vos propos ;
  - pour inciter les élèves à chercher ;
  - pour amener les élèves à s'exercer ;
  - pour que les élèves s'informent, se documentent ;
  - pour évaluer les connaissances des élèves.

CONSEILS DU FORMATEUR

- Il ne faut pas penser qu'un support est forcément aidant pour les élèves. Il peut parfois constituer un obstacle à l'apprentissage plutôt qu'une aide. Il doit être soigneusement choisi et analysé en amont.
- Ne pas perdre de vue que c'est le support lui-même qui est bien souvent la clef de la réussite d'une leçon.
- Il ne faut pas penser que tous les élèves seront capables d'utiliser le support. Il faut penser à la question de son adaptabilité pour tous les élèves : faut-il plusieurs supports pour répondre aux élèves à BEP ? Faut-il ajuster, modifier le support ?
- Ne pas oublier qu'il est nécessaire de multiplier les supports.
- Il faut éviter de penser que l'appropriation et l'utilisation d'un support par les élèves va de soi. Il est parfois plus difficile à utiliser qu'on pourrait le penser. Il est nécessaire d'avoir en tête les compétences que les élèves doivent mobiliser pour lire, s'approprier le support.
- Il faut se questionner quant à la plus-value d'utiliser un support pour qu'il devienne véritablement une aide à l'apprentissage.

Fiche 25 Institutionnaliser le savoir et concevoir une trace écrite

Définition

La trace écrite est le témoin de l'apprentissage et de l'activité des élèves. Elle désigne une mise en mots accompagnée ou non de dessin, schéma, son, etc.

La trace écrite peut être individuelle ou collective.

Elle est présente dès les classes de maternelle.

Placée en début d'apprentissage, elle permet à l'enseignant de relever les représentations des élèves, de faire exprimer aux élèves ce qu'ils savent déjà, de se projeter, d'anticiper les étapes.

Au cours de l'apprentissage, elle permet à l'élève d'organiser sa pensée, d'évaluer l'évolution de ses connaissances, de garder des traces des recherches.

En fin d'apprentissage, les élèves sont amenés à expliquer et à mettre en mots ce qu'il est important de retenir, ce qu'ils ont compris. La trace écrite est également un moyen de communication. Elle permet alors de conserver une mémoire des découvertes, des procédures, des connaissances. Il s'agit d'une **institutionnalisation** du savoir. La trace écrite « synthèse » peut être évolutive et sera complétée lors de prochaines découvertes. Elle peut évoluer sur l'année et sur le cycle.

La trace écrite et l'institutionnalisation du savoir représentent un incontournable dans une séquence. Pour votre épreuve de leçon, il vous faut identifier ce que l'on entend par trace écrite et quelles en sont les fonctions.

1 Quels sont les types de trace écrite ?

La trace écrite, même si son nom semble l'indiquer, ne se résume pas à un écrit. Elle peut prendre une autre forme : dessin, schéma, carte mentale, graphique, son, vidéo, photo, croquis, etc. Les outils numériques offrent de nouvelles possibilités. La mise en place des espaces numériques de travail (ENT) permet d'ailleurs de développer de nouvelles formes de traces.

2 Quand, pourquoi et comment concevoir une trace écrite ?

Quand ?	Pourquoi ?	Comment ?
En début de séance	Pour se remémorer ce qui a déjà été abordé Pour recueillir les représentations initiales Pour exprimer ses questionnements, ses hypothèses Pour se projeter, anticiper des étapes	Individuellement : sur des feuilles, cahiers, etc. Collectivement : au tableau, sur des affiches, etc. Il faut donc anticiper les supports sur lesquels les élèves vont écrire.
Au cours de la séance	Pour organiser sa pensée Pour organiser sa démarche Pour poser des savoirs temporaires Pour garder trace d'une procédure, d'une recherche	Individuellement : sur des feuilles, cahiers, etc. Collectivement : au tableau, sur des affiches, etc.
En fin de séance	Pour institutionnaliser : il s'agit de mettre en mot ce qui a été appris. Cette étape vise à identifier les savoirs, les formuler. Elle amène l'élève à parler de son savoir : on parle alors de métacognition. Cette trace permettra à l'élève de se remémorer ce qu'il a appris.	La trace « synthèse/bilan » doit être claire, lisible et compréhensible par tous. Il est nécessaire d'associer les élèves à sa construction. L'enseignant garantit sa fiabilité. Elle est évolutive. Elle pourra être complétée lorsque de nouveaux savoirs seront abordés. Elle peut aussi évoluer sur l'ensemble du parcours de l'élève. Dans les écoles, il est courant de rencontrer des cahiers ou classeurs de cycle dans lesquels les élèves consignent les traces écrites. La forme de la trace écrite pourra être différente pour répondre aux besoins des élèves (différenciation). Écueils à éviter : – Ne pas proposer une trace écrite plaquée ou élaborée par l'enseignant sans implication des élèves. – Ne pas minimiser l'importance de cette phase d'institutionnalisation du savoir. Elle est parfois écourtée ou copiée rapidement faute de temps à la fin de la séance, lorsque l'attention des élèves baisse.

CONSEILS DU FORMATEUR

Se questionner sur la trace écrite dans la leçon, c'est s'interroger sur :
- la place dans la séance et/ou la séquence ;
- le contenu ;
- la forme ;
- le rôle de l'élève dans la construction et l'appropriation de la trace écrite ;
- l'utilisation ultérieure de cette dernière ;
- la différenciation (certaines formes sont plus adaptées aux élèves à besoins éducatifs particuliers).

PARTIE 2
36 SUJETS CORRIGÉS

S'entraîner à la conception d'une séance d'enseignement 84

Sujets corrigés 87

S'entraîner à la conception d'une séance d'enseignement

1 Modalités organisationnelles de l'épreuve

Afin de construire le déroulé des séances d'enseignement en français et en mathématiques, le candidat dispose pour chaque sujet d'un dossier fourni par le jury. Il comporte au plus quatre documents de nature variée : supports pédagogiques, extraits de manuels scolaires, traces écrites d'élèves, extraits des programmes, etc.

Le candidat présente successivement au jury les composantes pédagogiques et didactiques de chaque leçon et de son déroulement. Chaque exposé est suivi d'un entretien avec le jury qui peut ainsi faire préciser ou approfondir les points qu'il juge utiles, tant sur les connaissances disciplinaires que didactiques.

Durée de préparation : deux heures

Durée de l'épreuve : une heure :

– français : trente minutes : l'exposé, qui dure de dix à quinze minutes, est suivi d'un entretien avec le jury pour la durée restante impartie à cette première partie ;

– mathématiques : trente minutes : l'exposé, qui dure de dix à quinze minutes, est suivi d'un entretien avec le jury pour la durée restante impartie à cette seconde partie.

(d'après l'arrêté CRPE du 25 janvier 2021).

2 Comment s'entraîner ?

Dans cette seconde partie de l'ouvrage, 36 sujets sont proposés. Ils balaient, à parts égales, tous les cycles de l'école primaire et tous les thèmes susceptibles d'être abordés en français et en mathématiques, conformément aux programmes de 2020 et 2021 (*Bulletin officiel*, n° 31, 30 juillet 2020 ; *Bulletin officiel*, n° 25, 24 juin 2021).

A. Répartition des thèmes

Disciplines	Cycle 1	Cycle 2	Cycle 3
Français	- Oral (PS, MS et GS) - Écrit (PS, MS, GS)	- Lecture et compréhension de l'écrit (CP, CE1, CE2) - Écriture (CP) - Étude de la langue (CE1, CE2)	- Étude de la langue (CM1, CM2-2 sujets) - Lecture et compréhension de l'écrit (CM1) - Langage oral (CM1) - Écriture (CM2)

Disciplines	Cycle 1	Cycle 2	Cycle 3
Mathématiques	- Formes et grandeurs (PS, MS, GS) - Nombres et utilisations (PS, MS, GS)	- Nombres et calculs (CP-2 sujets, CE1, CE2) - Grandeurs et mesures (CE1) - Espace et géométrie (CE2)	- Nombres et calculs (CM1-2 sujets, CM2) - Espace et géométrie (CM1, CM2) - Grandeurs et mesures (CM2)

B. Consignes pour l'entraînement

Conformément à l'arrêté CRPE du 25 janvier 2021, vous disposez d'une heure pour analyser le corpus documentaire fourni (soit en français, soit en mathématiques) et l'utiliser pour concevoir une leçon. Pour vous aider dans votre entraînement, nous vous conseillons de **suivre les consignes suivantes, valables pour la totalité des 36 dossiers** :

1. Analysez le corpus documentaire et relevez les points essentiels.

2. Appuyez-vous sur ces points essentiels pour proposer une séquence d'apprentissage (ensemble de séances).

3. À l'intérieur de cette séquence, choisissez une séance que vous détaillerez suivant cette trame (partiellement utilisée dans la proposition de corrigé) :

- Niveau de classe
- Période de l'année
- Domaine
- Référence au socle
- Objectif d'enseignement
- Compétences
- Place de la séance dans la séquence
- Matériel
- Organisation pédagogique
- Différentes étapes (en intégrant l'activité des élèves à la présentation de la séance)
- Variables didactiques, points d'attention
- Bilan/prolongement

4. Pour détailler cette séance, vous pouvez utiliser si nécessaire les repères de progressivité.

5. Consultez la proposition de séance détaillée figurant dans le corrigé et comparez-la avec la vôtre.

6. Tentez de répondre aux questions susceptibles d'être posées par le jury. Trois types de questions vous sont proposées : disciplinaires, didactiques et pédagogiques.

7. Prenez connaissance du corrigé des questions.

8. Pour l'épreuve du CRPE réelle, réfléchissez et mémorisez les points d'attention et les gestes professionnels suggérés.

L'évaluation du jury portera sur la capacité à construire une réflexion d'ordre didactique et pédagogique, à la justifier ou la faire évoluer lors de l'entretien.

FRANÇAIS

Cycle 1

Sujet 1. Annales 2022 : La communication (PS)........ 88
Sujet 2. Le principe alphabétique (PS)........ 95
Sujet 3. La phonologie (MS)........ 102
Sujet 4. La compréhension (MS)........ 111
Sujet 5. L'écriture essayée (GS)........ 120
Sujet 6. L'oral (GS)........ 128

Cycle 2

Sujet 7. L'apprentissage du code (CP)........ 135
Sujet 8. La production d'écrit (CP)........ 143
Sujet 9. La fluence (CE1)........ 150
Sujet 10. L'orthographe (CE1)........ 157
Sujet 11. Le vocabulaire (CE2)........ 164
Sujet 12. La compréhension (CE2)........ 171

Cycle 3

Sujet 13. La grammaire (CM1)........ 179
Sujet 14. La compréhension (CM1)........ 186
Sujet 15. L'expression orale (CM1)........ 193
Sujet 16. La production d'écrit (CM2)........ 202
Sujet 17. L'orthographe lexicale (CM2)........ 209
Sujet 18. L'orthographe grammaticale (CM2)........ 216

Sujet 1 Annales 2022
La communication (PS)

Sujet proposé par le groupement 1.

À l'aide de ces documents, vous présenterez une séance contextualisée en prenant en compte la diversité des élèves. En lien avec le projet de classe, la séance visera à inciter les enfants, et notamment les « petits parleurs », à communiquer avec les adultes et avec les autres enfants par le langage, en se faisant comprendre.

DOSSIER

DOCUMENT 1 : Programme d'enseignement de l'école maternelle, publié au *B.O.* n° 25 du 24 juin 2021 (extrait)

« **Mobiliser le langage dans toutes ses dimensions**

Partie 1. L'oral

[...]

L'enseignant, attentif, accompagne chaque enfant dans ses premiers essais, se montre désireux de mieux le comprendre en posant des questions ouvertes, en demandant des précisions et en l'invitant à reformuler son propos. Il reprend ses productions orales pour lui apporter des mots ou des structures de phrase plus adaptés qui l'aident à progresser.

[...]

Oser entrer en communication

L'objectif est de permettre à chacun de pouvoir dire, exprimer un avis ou un besoin, questionner, annoncer une nouvelle. L'enfant apprend ainsi à entrer en communication avec autrui et à faire des efforts pour que les autres comprennent ce qu'il veut dire. Chacun arrive à l'école maternelle avec des acquis langagiers encore très hésitants. Certains élèves s'expriment souvent par des moyens non verbaux.

Entre deux et quatre ans, les productions des enfants sont de plus en plus longues et complexes, respectant un ordre correct des mots en français. Elles deviennent peu à peu compréhensibles par tout le monde. Ils reprennent des formulations ou des fragments des propos qui leur sont adressés et travaillent ainsi ce matériau qu'est la langue qu'ils entendent. [...] Leurs progrès s'accompagnent d'un accroissement du vocabulaire et d'une organisation de plus en plus complexe des phrases. [...]

En fin d'école maternelle, l'enseignant peut donc avoir avec les enfants des conversations proches de celles qu'il a avec les adultes. [...]

[...]

Ce qui est attendu des enfants en fin d'école maternelle

- Communiquer avec les adultes et avec les autres enfants par le langage, en se faisant comprendre.
- S'exprimer dans un langage oral syntaxiquement correct et précis.
- Utiliser le lexique appris en classe de façon appropriée.
- Reformuler son propos pour se faire comprendre.
- Reformuler le propos d'autrui.
- Pratiquer divers usages de la langue orale : raconter, décrire, évoquer, expliquer, questionner, proposer des solutions, discuter un point de vue.
- Dire de mémoire et de manière expressive plusieurs comptines et poésies. »

DOCUMENT 2 : ***Ressources maternelle. Jouer et apprendre.* « Les jeux symboliques », en ligne sur le site Éduscol (page 13)**

« ***Le jeu symbolique : Pourquoi ? Place des jeux symboliques dans le développement de l'enfant***

Dans les moments où les enfants jouent à des jeux symboliques dans lesquels il est lui-même impliqué, l'enseignant peut en profiter pour se fixer des objectifs d'apprentissage du langage. Il s'agira de dépasser le monologue dans lequel les enfants peuvent s'installer au cours d'une phase de jeu libre, d'aller au-delà des échanges spontanés entre pairs et ainsi de dépasser la dimension sociale du langage, certes importante mais non suffisante. Tout en étant acteur du jeu, l'enseignant pourra orienter les échanges non seulement pour s'assurer de la compréhension par l'enfant de ce qui est dit mais aussi, et surtout, pour aider à une production langagière de plus en plus construite et complexe. Le langage proposé par l'enseignant donne à entendre, en contexte, des formes langagières dont les enfants pourront se saisir au cours du jeu ou plus tard, dans d'autres occasions. »

DOCUMENT 3 : ***Ressources maternelle, Jouer et apprendre,* « Cadrage général », en ligne sur le site Éduscol (pages 6 et 7)**

« ***Une dimension culturelle***

En "favorisant la richesse des expériences vécues", la pratique du jeu à l'école permet à tous les enfants de disposer de représentations initiales partagées à partir desquelles pourront s'ancrer des apprentissages.

Dès l'entrée à l'école maternelle, pré-existent déjà des écarts qui font que certains enfants réussissent mieux que d'autres leur intégration dans ce nouveau milieu et dans les apprentissages qui y sont conduits.

Ces écarts s'enracinent principalement dans les stimulations culturelles dont ils ont bénéficié. Une pratique appropriée du jeu à l'école favorise une réduction des écarts et l'égalité des chances.

Une dimension "sensée"

Quelle que soit sa nature, le jeu lie une action à un contexte. L'enfant agit pour "éprouver" son environnement, pour se mettre en scène, pour construire, pour se faire plaisir, réussir ou gagner. De son point de vue, ses actes revêtent toujours un sens. Il est ainsi en mesure d'établir des liens entre ce qu'il vit et ce qu'il a déjà vécu. Il se construit des premiers savoirs fortement empreints de croyances, à partir desquels pourront se structurer des savoirs "savants".

Une dimension sociale

[...]

Un climat scolaire positif conditionne fortement l'engagement actif de l'enfant dans les apprentissages. Au travers du vécu et des épreuves partagées, le jeu, notamment le jeu coopératif, établit des liens entre pairs et avec les adultes. Une meilleure connaissance de "l'autre" permet d'apprécier les aspects positifs et ses différences.

Une dimension affective

[...]

Par le plaisir suscité, le jeu associe "*la richesse des expériences vécues*" à des émotions positives. Cet ancrage favorise la mémorisation et son réinvestissement au service de nouvelles expériences de jeu ou d'apprentissage. L'intitulé "Jouer et apprendre" positionne clairement le jeu comme une expérience en soi mais aussi comme une des bases sur lesquelles des apprentissages se construiront et auront du sens. »

DOCUMENT 4 : Le projet de classe

« Projet de la classe autour de la confection d'une soupe de légumes.

Les objectifs langagiers visés sont :

- Communiquer avec les adultes et avec les autres enfants par le langage, en se faisant comprendre.
- S'exprimer dans un langage oral syntaxiquement correct et précis.
- Utiliser le lexique appris en classe de façon appropriée ; mémoriser et utiliser le lexique lié à la recette : le nom de quelques légumes (oignons, carotte, poireau, pomme de terre), quelques verbes d'action (couper, mixer, cuire) et quelques ustensiles (couteau, moulin à légumes, cocotte-minute).
- Reformuler son propos pour se faire comprendre.
- Pratiquer divers usages de la langue orale et notamment : raconter, décrire, évoquer.

Ce projet, motivant et proche du vécu des enfants, vise à donner du sens aux apprentissages et à inciter les prises de parole des enfants. »

PROPOSITION DE CORRIGÉ

1 Analyse du corpus

Le **document 1** est un extrait du programme d'enseignement de l'école maternelle. Il présente les attendus de fin de cycle ainsi que des repères de progressivité des compétences orales entre le début et la fin de l'école maternelle où les productions, d'abord hésitantes et courtes, s'allongent et s'enrichissent sur le plan lexical, mais aussi syntaxique. Ce document suppose que l'oral est un enseignement à part entière, qui doit être explicite, régulier et structuré.

Le **document 2** est un extrait d'un document *Ressources maternelle* publié sur Éduscol qui présente la place du jeu dans l'apprentissage de l'oral à l'école maternelle.

Le programme de cycle 1 met en avant des modalités spécifiques d'apprentissage à l'école maternelle (apprendre en jouant, apprendre en réfléchissant et en résolvant des problèmes concrets, apprendre en s'exerçant, apprendre en se remémorant et en mémorisant). Le jeu alimente tous les domaines d'apprentissage. Il permet le développement de l'imaginaire, l'expérimentation de règles et de rôles sociaux variés. Il favorise la communication avec autrui. Le jeu revêt diverses formes : jeux symboliques, jeux d'exploration, jeux de construction et de manipulation, jeux collectifs et jeux de société, jeux fabriqués et inventés, etc. Ce document 2 approfondit la place du jeu symbolique dans le développement de l'enfant et le rôle de l'enseignant pendant ces phases de jeux. Celui-ci doit être acteur dans le jeu, orienter les échanges et aider à l'amélioration des productions langagières. Le jeu d'imitation, ou jeu du « faire semblant », permet aux élèves d'attribuer eux-mêmes des rôles aux objets et aux personnages qu'ils s'inventent ou qu'ils manipulent. Ils assimilent ainsi la réalité.

Le **document 3** est un extrait d'un document *Ressources maternelle* publié sur Éduscol qui présente les différentes dimensions du jeu dans les apprentissages. Le jeu permet de créer un univers commun de références et engage la réduction des écarts culturels qui peuvent exister du fait des différences sociales. La dimension coopérative du jeu à l'école permet une richesse des échanges et favorise un climat scolaire porteur d'apprentissages. L'objectif du jeu proposé doit être explicite et doit permettre un transfert des connaissances apprises.

Le **document 4** présente un projet de classe, motivant, proche du vécu des enfants. Le sujet proposé demande explicitement de s'appuyer sur ce projet de classe.

2 Proposition de séquence

Phase	Matériel	Objectif	Rôle de l'enseignant
Phase 1 : Entrée dans l'activité Découverte et manipulation des légumes	4 légumes de la soupe (oignon, carotte, poireau, pomme de terre).	Partir d'une situation réelle proche du vécu d'un jeune enfant. Présenter les légumes et le projet aux enfants : confection d'une soupe de légumes.	L'enseignant installe les vrais légumes sur une table et laisse les enfants les manipuler librement. Il questionne et incite les enfants à nommer les légumes...
Phase 2 : Confection de la soupe de légumes en groupes restreints	Les ingrédients et les ustensiles de cuisine.	Les enfants sont réellement en activité pour préparer la soupe et la déguster ensemble.	Langage en situation : l'enseignant questionne les enfants pendant l'action pour les inciter à nommer les ingrédients, les ustensiles et les actions.

Phase 3 (séance détaillée ci-dessous) : Aménager l'espace cuisine de la classe avec les enfants	Utilisation du matériel en plastique de l'espace cuisine.	Les enfants sont acteurs de cette installation. Ils sont impliqués. Le but est de reproduire les gestes réalisés lors de la confection de la soupe de légumes et d'inciter les enfants à entrer en communication avec l'enseignant et les autres enfants.	L'enseignant joue avec les enfants à faire semblant de faire une soupe avec les légumes en plastique et le matériel mis à leur disposition. L'enseignant incite les enfants à décrire leurs gestes...
Phase 4 : Fabriquer un album, outil pédagogique de construction du langage	Des photos de chaque élève pendant la confection de la soupe.	Fabriquer un petit livret des actions pour cuisiner la soupe de légumes (de type « album écho », conçu par Philippe Boisseau. Il s'agit d'un outil pédagogique destiné à aider l'enfant à construire son langage oral).	L'enfant décrit la photo et l'enseignant écrit le texte en dessous en reformulant si besoin les paroles de l'enfant.

3 Proposition de leçon

Il ne s'agit pas ici d'une séance de vocabulaire mais d'une séance visant à inciter l'enfant à entrer en communication avec l'adulte et les autres enfants, le but étant que chacun s'exprime pendant la séance. L'enseignant proposera une séance réunissant les conditions nécessaires pour inciter à la prise de parole (sécurité affective, bienveillance, valorisation des essais).

- **Objectif de la leçon :** Inciter les élèves et notamment les « petits parleurs » à oser entrer en communication avec l'adulte et les autres enfants autour d'un projet motivant.
- **Compétences mobilisées par l'élève :** communiquer avec les adultes et avec les autres enfants par le langage, en se faisant comprendre.
- **Matériel utilisé :** légumes et ustensiles en plastique.
- **Organisation :** travail individuel, par binômes ou par groupes puis en collectif.
- **Déroulement de la séance :**

Situation 1 : Les enfants s'installent avec l'enseignant dans l'espace d'imitation « coin cuisine de la classe ». Ils découvrent le matériel de la soupe (légumes en plastique, ustensiles…) et le manipulent d'abord librement. L'utilisation de cet espace offre la possibilité aux élèves de « faire semblant ».

Situation 2 : L'enseignant joue avec les enfants pour les inciter à reproduire les actions réalisées lors de la confection de la soupe. Il propose cette séance en réunissant les conditions nécessaires, notamment la sécurité affective et l'attitude bienveillante, pour inciter les enfants à prendre la parole.

Un scénario est proposé aux enfants : « Nous allons faire une soupe pour les poupées ». Les enfants jouent, font semblant de confectionner la soupe. Ils imitent les gestes réalisés pendant la confection de la soupe. Pendant l'activité, l'enseignant questionne les enfants pour entrer en communication : « Qu'est-ce que c'est ? Qu'est-ce que tu fais ? À quoi ça sert ? ». Les essais et les propositions des enfants sont encouragés et valorisés. La coopération entre enfants est favorisée.

■ **Variables didactiques, points d'attention pédagogique et gestes professionnels :**

- L'enseignant ne pointe pas les erreurs, ne demande pas à l'enfant de répéter mais reformule les propos de l'enfant en insistant sur le mot juste (par exemple, « patate » devient « pomme de terre »).
- L'enseignant observe attentivement ce que dit ou fait l'enfant.
- L'enseignant s'attache à mettre en valeur les paroles de l'enfant.
- L'enseignant adopte un débit de parole ralenti et s'attache à bien articuler.
- L'organisation en groupes restreints favorise les relations enseignant-enfant, sécurisantes pour inciter les élèves « petits parleurs » à oser s'exprimer.

■ **Bilan/prolongement :** Cette trame de séquence doit être proposée très régulièrement aux enfants afin de les amener à oser prendre la parole, à entrer en communication avec leurs pairs mais également avec les adultes de l'école. Le projet sera alors différent selon la séquence mise en place (élaboration d'une salade de fruits, jardinage, etc.), toujours motivant et proche du vécu de l'enfant.

4 Questions possibles du jury

A. Questions disciplinaires

a. Quels sont les différents stades de développement du langage oral entre deux et cinq ans ?

Repères de progressivité (programme maternelle 2021)

- Entre deux et quatre ans, les productions des enfants sont de plus en plus longues et complexes, respectant un ordre correct des mots en français. Elles deviennent peu à peu compréhensibles par tout le monde.
- Après trois-quatre ans, ils progressent sur le plan syntaxique et lexical et produisent des énoncés plus complets organisés entre eux avec cohérence, articulés à des prises de parole plus longues, de plus en plus adaptés aux situations.

b. Que signifie « jeu d'imitation » ?

« Il est appelé jeu d'imitation, de «faire semblant», de fiction, de «faire comme si»...

La fonction symbolique traduit la capacité d'évoquer des objets, des comportements ou des situations non visibles (cachées, hors de portée visuelle, vécues auparavant), au moyen de symboles ou de signes.

Le jeu symbolique est une manifestation de la fonction symbolique. Il apparaît entre dix-huit mois et deux ans, lorsque l'enfant commence à faire semblant d'exécuter une action de sa vie, en dehors de son contexte (faire semblant de dormir, de manger, etc.).

B. Questions didactiques

a. Que signifie « apprendre en jouant » et pourquoi favoriser cette modalité spécifique d'apprentissage ? »

Le jeu favorise la richesse des expériences vécues par les enfants dans l'ensemble des classes de l'école maternelle et alimente tous les domaines d'apprentissages. Il permet aux enfants d'exercer leur autonomie, d'agir sur le réel, de construire des fictions et de développer leur imaginaire, d'exercer des conduites motrices, d'expérimenter des règles et des rôles sociaux variés. Il favorise la communication avec les autres et la construction de liens forts d'amitié. Il revêt diverses formes : jeux symboliques, jeux d'exploration, jeux de construction et de manipulation, jeux collectifs et jeux de société, jeux fabriqués et inventés, etc. L'enseignant donne à tous les enfants un temps suffisant pour déployer leur activité de jeu. Il les observe dans leur jeu libre afin de mieux les connaître. Il propose aussi des jeux structurés visant explicitement des apprentissages spécifiques.

b. Dans quelle mesure l'apprentissage de l'oral en maternelle contribue-t-il à la réussite des élèves dans le second degré ?

Depuis la rentrée 2020, une épreuve de grand oral est mise en place dans l'examen du baccalauréat. « Cette épreuve évalue des compétences essentielles, en particulier la maîtrise d'une parole personnelle, structurée et argumentée, la capacité à déployer avec clarté et conviction une réflexion, à dialoguer et à débattre, à adopter une distance critique par rapport aux savoirs acquis et à son projet de formation. » Cette épreuve a été conçue pour permettre au candidat de montrer sa capacité à prendre la parole en public de façon claire et convaincante. Cela signifie que l'apprentissage de cette prise de parole doit être enseignée et ce, depuis le plus jeune âge, et notamment dès l'entrée à l'école maternelle afin de réduire les écarts liés aux différences intrafamiliales.

C. Questions pédagogiques

a. Quelle est la place de l'utilisation d'un espace d'imitation au sein d'une séquence d'apprentissage et quelle est son utilité ?

L'espace d'imitation peut permettre :

- une observation pour une évaluation diagnostique ;
- un apprentissage ;
- un entraînement, un réinvestissement (reproduire des gestes) ;
- une évaluation sommative à l'issue de la séquence.

b. Quel est le rôle du projet en maternelle et notamment dans un travail sur le langage oral ?

C'est un déclencheur qui s'appuie sur le champ d'intérêts de l'enfant, source de motivation, pour mobiliser les connaissances antérieures, soutenir la concentration et l'inciter à entrer en communication.

Sujet 2 Le principe alphabétique (PS)

Consignes page 85.

DOSSIER

DOCUMENT 1 : Programme d'enseignement de l'école maternelle : annexe-modification ; *BO* n° 25 du 24-06-2021

« **Domaine : Mobiliser le langage dans toutes ses dimensions**

Commencer à réfléchir sur la langue et acquérir une conscience phonologique

Dès leur plus jeune âge, les enfants sont intéressés par la langue ou les langues qu'ils entendent. Ils font spontanément et sans en avoir conscience des tentatives pour en reproduire les sons, les formes et les structures afin d'entrer en communication avec leur entourage. À partir de trois-quatre ans, ils peuvent prendre du recul et avoir conscience des efforts à faire pour maîtriser une langue et accomplir ces efforts intentionnellement. On peut alors centrer leur attention sur l'apprentissage conjoint du vocabulaire et de la syntaxe, ainsi que sur les unités sonores de la langue française, dont la reconnaissance sera indispensable pour apprendre à maîtriser le fonctionnement de l'écriture du français.

Acquérir et développer une conscience phonologique

Pour pouvoir lire et écrire, les enfants devront réaliser deux grandes acquisitions : identifier les unités sonores que l'on emploie lorsqu'on parle français (conscience phonologique) et comprendre que l'écriture du français est un code au moyen duquel on transcrit des sons (principe alphabétique). [...]

L'écrit : Objectifs visés et éléments de progressivité

Il appartient à l'école maternelle de donner à tous une culture commune de l'écrit. Les enfants y sont amenés à comprendre de mieux en mieux des écrits à leur portée, à découvrir la nature et la fonction langagière de ces tracés réalisés par quelqu'un pour quelqu'un, à commencer à participer à la production de textes écrits dont ils explorent les particularités. En fin de cycle 1, les enfants peuvent montrer tous ces acquis dans leurs premières écritures autonomes. Ce seront des tracés tâtonnants sur lesquels s'appuieront les enseignants de cycle 2. [...]

Ce qui est attendu des enfants en fin d'école maternelle [pour cette notion]

- Manifester de la curiosité par rapport à la compréhension et à la production de l'écrit.
- Distinguer et manipuler des syllabes [...]
- Discriminer des sons [...]
- Reconnaître les lettres de l'alphabet, connaître leur nom, savoir que le nom d'une lettre peut être différent du son qu'elle transcrit.

– Connaître les correspondances entre les trois manières d'écrire les lettres : cursive, script, capitales d'imprimerie, et commencer à faire le lien avec le son qu'elles codent. »

DOCUMENT 2 : Extrait de la note de service n° 2019-084 du 28-5-2019 « L'école maternelle, école du langage »

« Le nom des lettres et le son qu'elles produisent
Quand l'élève comprend que le mot est lui-même constitué d'éléments sonores segmentables (syllabes, rimes, attaques éventuellement), l'attention peut se porter sur le repérage des unités plus petites - les lettres - dans leur rapport avec les sons : les phonèmes. Les lettres doivent être reconnues grâce à leurs caractéristiques et indépendamment de la place qu'elles occupent dans l'alphabet. Les élèves apprennent progressivement à identifier chaque lettre par ses trois composantes : nom, valeur sonore et tracé. Le prénom est un support privilégié pour mettre en évidence la permanence des lettres et de leur alignement de gauche à droite. Dans un premier temps, la graphie en lettres capitales permet de mieux prendre conscience de l'individualité de chaque lettre, mais la reconnaissance des lettres de l'alphabet et la connaissance des correspondances entre les graphies en cursive, en script et en capitales d'imprimerie est une compétence attendue des élèves en fin de grande section. »

DOCUMENT 3 : Extraits du guide *Pour préparer l'apprentissage de la lecture et de l'écriture à l'école maternelle*, Éduscol

***« Le rôle de l'écriture du prénom,* p. 53**
L'apprentissage de l'alphabet débute souvent lorsque les élèves apprennent à écrire leur prénom. La distinction dessin/écriture s'opère chez le très jeune élève d'abord sur l'écriture de son prénom. Les élèves de 3 ans qui peuvent épeler leur prénom identifient uniquement les lettres de celui-ci dans une épreuve de reconnaissance alphabétique. Ils reconnaissent, nomment et tracent d'abord la première lettre de leur prénom avant d'étendre leurs connaissances à toutes les lettres le composant. L'initiale du prénom est souvent la première lettre connue phonétiquement par les jeunes élèves. Progressivement, ils attribuent une valeur phonémique à chacune des lettres de leur prénom. Ils développent des connaissances alphabétiques (forme, nom et son des lettres) relatives au prénom et sont capables de reconnaître et nommer les lettres de l'alphabet quand celles-ci correspondent aux lettres de leur prénom.

***Exemples d'activités,* pp. 41, 42**
[...]
– Des activités qui ont pour support le prénom
Dès la petite section, le prénom des élèves est utilisé quotidiennement dans les activités de la classe. Le professeur amène l'élève à identifier son prénom écrit en capitales d'imprimerie en prenant des repères visuels (forme de la majuscule, longueur du mot, nombre de lettres, point sur un I, accent, graphie particulière comme le X ou le H, dernière lettre, trait d'union). Ces repères sont repris pour l'identification d'autres prénoms. Les lettres récurrentes qui composent le prénom des élèves sont tout d'abord identifiées. Les élèves sont progressivement en capacité de les reconnaître toutes. Il ne s'agit pas de viser l'exhaustivité au départ.
– Des activités de catégorisation
Par exemple, classement des prénoms après le repérage de l'initiale de chacun, ou classement de plusieurs prénoms qui ont une lettre commune, de prénoms qui ont deux lettres identiques, des lettres doubles ou espacées dans le mot. Ces activités contribuent à susciter chez les élèves une attention fine portée aux lettres d'un mot.

– Des activités de phonémisation de mots

Par exemple, le professeur place devant l'élève Sarah l'étiquette de son prénom et prononce devant elle le son de chaque lettre en les pointant au fur et à mesure. Le professeur peut y associer simultanément le nom des lettres : "S, /s/, A, /a/, R, /r/, A, /a/ et la lettre H qui ne s'entend pas". Le professeur "étire" le son /s/ ce qui permet à l'élève de mieux appréhender le son de cette consonne. Sarah dit le son des lettres "/s/ /a/ /r/ /a/ et la lettre qui ne s'entend pas". Pour l'élève de petite section, le premier mot travaillé est le prénom mais d'autres mots sont également support de phonémisation lorsque l'orthographe du prénom est complexe et qu'elle met l'élève en difficulté.

– Des activités d'écriture

Faire écrire les élèves en effectuant des allers-retours constants entre l'oral et l'écrit. Par exemple, demander aux élèves de répéter le mot à écrire lentement en essayant de prolonger les phonèmes pour retrouver les lettres auxquelles ils correspondent. Le corpus de mots travaillés nécessite d'être choisi soigneusement pour présenter une transcription de graphèmes-phonèmes simples et renforcer le lien entre lettres et sons sans le complexifier, sans passer sous silence la rencontre avec des graphèmes complexes qui peuvent être présents dans les prénoms (il est important d'expliquer : "dans Chloé on entend /k/, dans ton prénom on écrit /k/ avec un C puis un H"). Cette activité ne peut être menée qu'en petit groupe guidée par l'enseignant. »

Ministère de l'Éducation nationale, de la Jeunesse et des Sports / éduscol : https://eduscol.education.fr/124/deux-guides-pour-les-apprentissages-en-maternelle

DOCUMENT 4 : Des exemples de tableaux des présences

Photos : Sophie Delplace, EMF, école maternelle Camille Carton - Frévin-Capelle

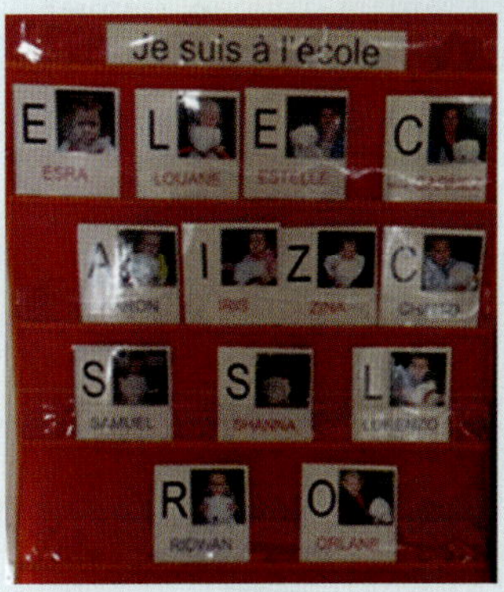

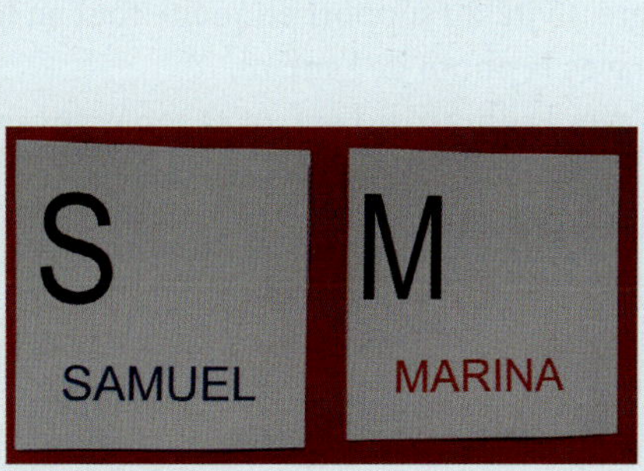

Photos : Mme Carnez, école maternelle Moulin-Prévert - Saint-Omer

PROPOSITION DE CORRIGÉ

1 Analyse du corpus

Le **document 1** est un extrait des programmes en vigueur pour l'école maternelle dans le domaine « Mobiliser le langage dans toutes ses dimensions » qui évoque notamment les compétences prédictives de la lecture : le développement de la conscience phonologique et la connaissance du principe alphabétique de la langue. Il précise également les attendus à la fin de l'école maternelle pour ce domaine.

Le **document 2** est un extrait de la note de service de mai 2019. Il démontre qu'il est important d'enseigner les trois composantes de chaque lettre de l'alphabet : son nom mais aussi le son qu'elle produit et son tracé. Le travail autour du prénom de l'enfant s'avère un support efficace pour cet enseignement.

Le **document 3** est un extrait du guide *Pour préparer l'apprentissage de la lecture et de l'écriture à l'école maternelle*. Il évoque notamment le travail autour du prénom de l'élève. Il précise le rôle de l'écriture du prénom et propose différentes activités telles que la catégorisation et la phonémisation.

Le **document 4** propose des exemples de tableaux des présents dans une classe de petite section, d'abord avec des étiquettes photos (jaune), puis des étiquettes prénoms sans la photo (bleu). Enfin, le tableau vert est un exemple pour une classe de moyenne section avec le prénom inscrit en script et en écriture cursive. Les photos sur les supports rouges mettent en évidence l'initiale du prénom de l'enfant.

2 Présentation de la séquence

- **Niveau de classe :** Petite section
- **Domaine :** Mobiliser le langage dans toutes ses dimensions – l'écrit
- **Place de la séance dans la séquence :** Il s'agit d'une séquence « filée » pendant une période pour construire le tableau des présences. En arrivant dans la classe, les enfants marqueront d'abord leur présence avec une étiquette photo sur le tableau des présences. Puis en individuel, l'enseignant écrira le prénom de l'enfant devant lui et avec lui sur une étiquette en nommant l'initiale dans un premier temps, puis les autres lettres, et cela en produisant les sons.
  Voici la progressivité du support étiquette tout au long de l'année scolaire :
  1. Étiquette avec la photo de l'enfant.
  2. Étiquette avec la photo de l'enfant et son prénom en dessous avec une mise en évidence de l'initiale.
  3. Disparition de la photo.

3 Proposition de leçon

- **Objectif de la leçon :** Reconnaitre puis nommer une ou plusieurs lettres de l'alphabet constituant son prénom.
- **Compétences mobilisées par l'élève :**
  - manifester de la curiosité par rapport à l'écrit ;
  - reconnaitre les lettres de l'alphabet.
- **Matériel utilisé :** Une étiquette et la photo de l'enfant.
- **Organisation :** En individuel.
- **Déroulement de la séance :**

Situation 1 : L'enseignant apporte la photo de l'enfant et l'étiquette à construire. Pour donner du sens à l'activité, l'enseignant aura, au moment du temps de regroupement, apporté l'étiquette de présence de la mascotte de la classe et le tableau des présences. Le projet est de construire pour chacun une étiquette de présence comme celle de la mascotte et ensuite, chaque matin, de marquer sa présence en l'accrochant sur le tableau. Il s'agira ensuite d'une activité ritualisée.

Situation 2 : L'écriture du prénom de l'enfant par l'enseignant devant lui. L'enseignant construit avec l'enfant son étiquette prénom. Il va tracer devant l'enfant les lettres de son prénom en les nommant et en explicitant son action. Par exemple : « tu t'appelles MANON. C'est ton prénom. Je vais l'écrire sur ton étiquette. L'enseignant écrit en capitales d'imprimerie. Quand je dis MANON, on entend MA – NON ». L'enseignant scande les syllabes du prénom de l'enfant en frappant dans ses mains.
Puis il dit à l'enfant « j'écris d'abord MA. Dans MA on entend (mmmm) c'est la première lettre de ton prénom, elle s'appelle M. Puis je vais écrire la lettre A pour faire MA (mmm) et (aaa). J'écris maintenant NON » L'enseignant écrit chaque lettre en les pointant du doigt. Il dit le nom de la lettre et le son qu'elle produit. Il étire le son des lettres.
Parfois, pour certains prénoms, certaines lettres ne s'entendent pas. L'enseignant le fera remarquer à l'enfant.
Cette activité permet à l'enfant de comprendre que la lettre a une valeur sonore.
À la suite de cette phonémisation du prénom, l'enseignant le relit entièrement en montrant avec son doigt les deux syllabes de MA-NON. L'enseignant ne demande pas à l'enfant de reproduire son geste mais uniquement d'écouter et d'être attentif.

- **Variables didactiques, points d'attention pédagogique et gestes professionnels :** Chaque enfant progresse à son rythme. L'enseignant jugera du moment opportun pour mettre en œuvre cette activité.
- **Bilan/prolongement :** Cette activité sera réitérée durant l'année. L'enseignant pourra proposer de fabriquer une nouvelle étiquette pour le casier de l'enfant, pour ranger son doudou, pour accrocher son manteau, etc.
  Il est également possible de mettre en place une activité ritualisée autour de la prononciation des prénoms à la manière d'un robot pour bien détacher chaque syllabe (A-ME-LIE)… (voir Sujet 3 « Phonologie MS »).

4 Questions possibles du jury

A. Questions disciplinaires

a. Qu'est-ce que le principe alphabétique de la langue ?

« L'une des conditions pour apprendre à lire et à écrire est d'avoir découvert le principe alphabétique selon lequel l'écrit code en grande partie, non pas directement le sens, mais l'oral (la sonorité) de ce qu'on dit. Durant les trois années de l'école maternelle, les enfants vont découvrir ce principe (c'est-à-dire comprendre la relation entre lettres et sons) et commencer à le mettre en œuvre. Ce qui est visé à l'école maternelle est la découverte de ce principe et non l'apprentissage systématique des relations entre formes orales et écrites. »

Éduscol : Ressources maternelle – Mobiliser le langage dans toutes ses dimensions – Partie III.2 - L'écrit - Découvrir le principe alphabétique
Ministère de l'Éducation nationale, de la Jeunesse et des Sports / éduscol : https://eduscol.education.fr/105/mobiliser-le-langage-dans-toutes-ses-dimensions

b. Peut-on penser qu'un élève présente des difficultés, voire des troubles, lorsqu'il écrit les lettres en miroir ?

L'écriture en miroir (lettres tracées de manière inversée, comme si on les regardait dans un miroir) est très fréquente jusqu'en grande section. Elle disparait progressivement en CP. En effet, les recherches récentes en neurosciences montrent que les neurones utilisés dans l'apprentissage de la lecture et de l'écriture sont des neurones qui ont été recyclés. Cet apprentissage est récent (à la lumière de l'évolution de l'être humain), et les neurones qui sont utilisés à cet effet sont ceux qui étaient à l'origine utilisés dans la reconnaissance des objets et des visages. Le visage d'une personne reste le même qu'on l'observe selon son profil droit ou son profil gauche. Un apprentissage explicite est nécessaire à l'acquisition progressive des différences entre les lettres qui se ressemblent mais diffèrent selon leur orientation.

B. Questions didactiques

a. Que signifie apprendre les lettres de l'alphabet ?

Il ne s'agit pas d'apprendre les lettres de l'alphabet par cœur, il s'agit de connaître le nom d'une lettre, son tracé et le son qu'elle produit. Les activités autour du prénom des enfants sont très pertinentes et favorisent cet apprentissage. Le lien avec les arts visuels est également intéressant et peut contribuer à la mémorisation de la forme de la lettre.

Une approche multisensorielle favorise l'apprentissage des lettres : les modalités haptiques et graphomotrices couplées aux exercices phonologiques, aident à la compréhension du principe alphabétique et à son utilisation.

La connaissance des lettres et la conscience phonologique sont les deux compétences prédictives à la lecture et à l'écriture. Elles sont travaillées tout au long de l'école maternelle, dès la petite section, et constituent une base solide pour aborder l'apprentissage de la lecture.

b. Doit-on enseigner l'écriture en capitales d'imprimerie ?

Il ne s'agit pas d'enseigner l'écriture en capitales de manière systématique. Cependant, les élèves la pratiquent en petite section. Elle est plus facile à réaliser pour un jeune enfant car elle demande une plus faible dextérité motrice que l'apprentissage de l'écriture cursive. L'enfant réussit assez facilement à tracer les lettres de son prénom en capitales et montre souvent beaucoup de fierté lorsqu'il maîtrise le geste.

L'enseignant l'encouragera et veillera au respect de l'ordre des lettres pour montrer son importance pour la lecture d'un mot. Si un enfant trace une lettre de son prénom à l'envers, l'enseignant l'aidera pour y remédier.

C. Question pédagogique

a. Pourquoi débuter l'apprentissage par le prénom de l'enfant ?

Le prénom est un outil à privilégier pour l'apprentissage des lettres de l'alphabet et pour commencer à percevoir les liens entre l'oral et l'écrit, car il possède une valeur affective forte et suscite l'intérêt chez l'élève. À l'école, le prénom est un écrit très présent au quotidien. Il permet à l'enfant de signer son travail, sa production, en collant son étiquette dans un premier temps, puis, progressivement, en l'écrivant. Il est important que l'enseignant confectionne l'étiquette de présence ou celle du porte-manteau avec lui, en explicitant comment il procède pour écrire ce mot si particulier, qui constitue parfois le premier écrit manipulé par l'enfant à son entrée à l'école maternelle. C'est en apprenant à écrire son prénom en petite section que l'enfant distingue le dessin de l'écriture. Il trace d'abord l'initiale, puis les autres lettres, et ainsi il les mémorise. L'enseignant met en évidence la permanence des lettres et aussi leur alignement de gauche à droite.

Sujet 3 La phonologie (MS)

Consignes page 85.

DOSSIER

DOCUMENT 1 : Extraits du guide *Pour préparer l'apprentissage de la lecture et de l'écriture à l'école maternelle*, Éduscol

« *Que signifie le terme "conscience" pour le traitement des sons de parole ?*, pp. 12-13

Isabelle Yoffe Liberman précise l'emploie de ce terme : "La conscience lexicale, avoir conscience des mots, correspond à la capacité à isoler un mot dans un énoncé et à en comprendre le sens. L'enfant est alors capable d'effectuer des manipulations telles que compter les mots ou les déplacer dans une séquence de parole. La conscience syllabique, avoir conscience des syllabes, c'est être capable de compter le nombre de syllabes orales dans un mot, par exemple, dire que dans /choKola/ (chocolat) il y a trois syllabes. La conscience infra-syllabique est la capacité à segmenter une syllabe en attaque et en rime, par exemple être capable de dire que dans tronc il y a deux parties /tr/ et /on/. La conscience phonémique correspond à la capacité d'analyse phonémique, par exemple dire que dans /Kado/ (cadeau) il y a quatre phonèmes. Le terme conscience phonologique est un terme générique qui désigne la capacité à manipuler de façon intentionnelle les unités phonologiques d'un mot (syllabe, infra-syllabe, phonème)."

Isabelle Yoffe Liberman, "Segmentation of the Spoken Word and Reading Acquisition", Bulletin of the Orton Society, 23, pp. 65-77, 1973.

***La conscience phonémique et l'apprentissage de la lecture,* p. 15**

[...] Les résultats de ces études, par leurs impacts positifs sur l'apprentissage de la lecture et de l'écriture, montrent l'importance d'un entraînement à la conscience phonémique à l'école maternelle. Plusieurs méta-analyses ont synthétisé les conclusions que l'on peut effectivement tirer de ces études. La plus célèbre d'entre elles a été réalisée par le *National Reading Panel* et analysée par Ehri et ses collaborateurs. Cette méta-analyse porte sur cinquante-deux études examinant les effets des entraînements à la conscience phonémique sur la lecture en comparant un groupe entraîné et un groupe non entraîné, sur des élèves scolarisés de la maternelle à la sixième. Elle montre que :

- les effets sont plus importants quand la conscience phonémique est entraînée avec des pré-lecteurs (scolarisés en maternelle) plutôt qu'avec des élèves déjà lecteurs ;
- les entraînements doivent être explicites, intensifs, effectués en petits groupes homogènes lors de séquences de courte durée (20 minutes) proposées plusieurs fois par semaine, pendant un ou deux mois ;

- les entraînements phonémiques sont plus efficaces quand ils portent sur le lien oral-écrit (lettres-sons, par exemple) comparativement aux entraînements effectués uniquement à l'oral ou avec des supports visuels comme des images ;
- les entraînements multi-sensoriels intégrant simultanément des tâches orales, visuelles et kinesthésiques (haptique ou graphomotrice) sont particulièrement efficaces en lecture-décodage pour les élèves les plus fragiles. »

Ministère de l'Éducation nationale, de la Jeunesse et des Sports / éduscol : https://eduscol.education.fr/124/deux-guides-pour-les-apprentissages-en-maternelle

DOCUMENT 2 : Fiche Éduscol : « Je rentre au CP, conscience phonologique, principes pour conduire son enseignement »

Principe 1 : Un enseignement progressif au cycle 1

Les éléments ci-dessous permettent d'envisager une progressivité de cet apprentissage :

- La taille des unités phonologiques (mot puis syllabe puis phonème)
- La position de l'unité (début, fin, milieu pour les syllabes, rime, attaque, milieu du mot pour les phonèmes)
- Le degré de conscience de l'analyse : d'une sensibilité à... (manipulation sans intention particulière) vers une conscience de... (manipulation intentionnelle)
- Les opérations réalisées, certaines sont plus complexes que d'autres : comptage, manipulation (suppression, ajout, substitution, inversion...)

Principe 2 : Des modalités d'enseignement spécifiques

L'enseignement de la conscience phonologique est fondé sur des *activités courtes, fréquentes,* durant lesquelles l'enseignant mobilise fortement l'attention des élèves *dans une écoute active.* Cela nécessite

- Une sensibilisation grâce à des comptines, en amont d'une séance d'apprentissage pourra concerner l'ensemble des élèves.
- L'organisation *de petits groupes d'élèves* aux compétences assez homogènes lors *des activités guidées.*
- Les tâches de consolidation peuvent être réalisées sous forme de jeux, de manière autonome pour favoriser la répétition sous forme ludique. La création d'un espace dédié au sein de la classe favorise cette mise en œuvre.

Principe 3 : Des gestes professionnels à privilégier

Au début de chaque séance, il est nécessaire de rappeler ce qui a été appris précédemment afin de permettre aux élèves d'avoir une idée claire de ce qu'ils doivent activer pour réaliser le nouvel apprentissage ou l'entraînement demandé. En fin de séance un temps court de verbalisation de ce qui a été appris (et non de ce qui a été fait) facilitera la remobilisation durant la séance suivante.
Lorsque des supports imagés sont utilisés, s'assurer que les mots représentés sur les images sont connus des élèves et bien prononcés, ce point est encore plus crucial dans les activités autonomes.
Il est nécessaire de faire comprendre aux élèves que l'activité vise la forme sonore des mots mais pas leur sens (au contraire des activités de compréhension). Ils doivent donc se concentrer sur ce qu'ils vont entendre. L'enseignant veillera à bien articuler les mots pour faciliter cette analyse.
Point de vigilance : les syllabes traitées sont des syllabes orales, il faut donc veiller à ne pas prononcer les E en fin de mot (ex : girafe comprend deux syllabes orales : GI et RAF).

Ministère de l'Éducation nationale, de la Jeunesse et des Sports / éduscol : https://eduscol.education.fr/135/cycle-1-conscience-phonologique

DOCUMENT 3 : Fiche ressource Éduscol « Conscience phonologique, recommandations pédagogiques »

« Le mot

L'entraînement à la décomposition de la parole en unités sonores, stimulé par des activités ludiques, requiert une attention particulière de la part des professeurs. Il fait l'objet d'un travail méthodique depuis la petite section. Pour amener les élèves à développer ces compétences, l'enseignant les conduit à chanter, à jouer avec la voix, à vivre corporellement des comptines et des chants. En moyenne et grande sections, tout énoncé peut devenir prétexte à des jeux vocaux et des jeux de langage : on produit, on écoute, on répète, on imite, on continue une suite de mots ; on répète ou transforme des comptines, des textes courts, des mots isolés.

La syllabe orale

L'unité que les enfants parviennent le mieux à isoler phoniquement est la syllabe orale : ce groupe de sons qui se prononce en une seule émission de voix est une réalité articulatoire naturelle. Ce repérage est possible dès la moyenne section, mais c'est en grande section que la syllabe est véritablement identifiée.

Des tâches diverses sont proposées aux enfants : écoute, manipulation, comptage, segmentation, isolement, suppression et ajout d'unités, fusion, substitution, inversion, détection d'intrus, catégorisation, recherche d'invariant, etc.

En fin d'école maternelle, il est attendu que tous les élèves réussissent cette segmentation et reconnaissent oralement les syllabes constitutives d'un mot.

Le phonème

Quand l'enfant est sensible aux similitudes sonores, qu'il est capable de segmenter la parole en mots et les mots en syllabes, qu'il connaît les lettres et le son qu'elles produisent, on peut envisager la découverte du phonème (développer ma conscience phonémique). *L'enseignant commence par travailler sur des sons voyelles, plus aisés à percevoir que les sons-consonnes, puis propose des consonnes constrictives dont le son est bien perceptible et continu (f, v, s, z, ch, j, r, voire l dans une moindre mesure). Il organise ainsi la progressivité des activités proposées, celles portant sur la rime, par exemple, étant plus faciles que celles qui affectent le début d'un mot.*

Les élèves sont entraînés à :

- répéter, repérer puis isoler un son ;
- trier des mots proposés sur le mode « j'entends, je n'entends pas » ;
- localiser et coder la place d'un phonème dans un mot (première, deuxième syllabe/début, milieu, fin de mot) ;
- comparer des mots pour trouver un phonème commun ;
- distinguer des sons proches (f/v ; s/ch ; s/z ; ch/f).

Il est attendu des enfants en fin d'école maternelle, la capacité de discriminer des syllabes, des sons-voyelles et quelques sons-consonnes (hors des consonnes occlusives comme p, b t, d, k, g, voire m, n, dans une moindre mesure, ces sons étant difficilement perceptibles). »

Ministère de l'Éducation nationale, de la Jeunesse et des Sports / éduscol : https://eduscol.education.fr/135/cycle-1-conscience-phonologique

DOCUMENT 4 : Extraits du guide du département du Pas-de-Calais, *Éléments de programmation des activités visant à développer et entraîner la conscience phonologique et la connaissance des lettres*

4. 1. Extrait 1, p. 37

« ***Pour repérer :***

La boîte à objets : L'élève pioche un objet dans une boîte en contenant plusieurs (une poupée, un ballon, un ourson, un marteau, un cadeau, un bateau). Il le regarde, le nomme en détachant les syllabes (par exemple : "pou / pée /"). L'enseignant lui demande s'il entend une certaine syllabe dans le mot (par exemple : "est-ce que tu entends [pou] dans poupée ?" puis "est-ce que tu entends [ba] dans poupée ?"). Poursuivre le jeu avec d'autres mots de 2 puis 3, puis 4 syllabes et plus.

J'entends / je n'entends pas : Je lève la main si j'entends la syllabe cible dans les mots énoncés par l'enseignant (par exemple, "ra" dans "valise, caramel, caméra, tapis").

La chasse à la syllabe : Proposer oralement une syllabe (par exemple, "to"), puis la faire retrouver dans une suite de syllabes, dans des mots, dans une phrase ou un texte court lu par le professeur. Les élèves émettent un signal, défini en amont, et lèvent la main dès qu'ils l'entendent.

Variante : rechercher une syllabe donnée, entendue dans les prénoms de la classe, dans les mots familiers de la classe.

Loto des syllabes : L'enseignant dit une syllabe (par exemple, "ta"). L'élève doit, sous la carte image du mot contenant la syllabe "ta", mettre un jeton dans la case où se trouve la syllabe énoncée (par exemple, placer le jeton sous l'image du mot "tapis", sous la première segmentation).

Domino des syllabes : À partir d'un jeu de domino-images lier l'image d'un mot qui se termine de la même manière à une autre image comprenant la même syllabe en attaque (par exemple, "micro – crocodile").

Trouver l'intrus : Énoncer des mots (avec ou sans support iconographique) contenant une même syllabe en position initiale ou finale ainsi qu'un intrus (par exemple, "bateau, banane, tapis, ballon").

Point de vigilance : la tâche est plus aisée lorsque la syllabe se situe au début ou à la fin du mot. »

4. 2. Extrait 2, p. 25

Connaissance des lettres et du son qu'elles produisent Conscience phonémique (conscience de l'unité infra-syllabique et du phonème).					
	Période 1	***Période 2***	***Période 3***	***Période 4***	***Période 5***
Développer une conscience phonémique	La sensibilisation au phonème se développe progressivement tout au long de la MS grâce à l'apprentissage de comptines et au bruitage des prénoms et de mots courts. Il ne s'agit pas en MS de réaliser des manipulations phonémiques (GS), mais d'être sensibilisé au fait qu'il existe des unités plus petites que la syllabe, d'être capable d'entendre les sons en les étirant et de répéter les sons entendus dans l'ordre tout comme on pourrait restituer une série d'onomatopées (phonémisation ou bruitage). Les activités sont progressives et fortement différenciées à cet âge. *Exemples d'activités :* L'enseignant bruite les lettres puis progressivement c'est l'élève qui prend en charge le bruitage. Commencer par le bruitage de l'initiale de son prénom, puis l'initiale du prénom d'un autre élève. Reconnaitre et nommer les lettres de son prénom, bruiter plusieurs puis progressivement toutes les lettres de son prénom. Bruiter des prénoms d'autres élèves, proches du sien. Au-delà des prénoms, l'enfant pourra progressivement bruiter des mots courts et dont les phonèmes s'entendent facilement en les étirant : ours, vol, mal, four etc... Produire des mots qui riment (phonèmes voyelles faciles à entendre : tapiiiis, riiiiz, griiiis... ou qui possèdent le même phonème consonne en attaque (fricative) : ffffarine, ffffour, fffil.... Distinguer deux mots qui se différencient à l'oral par un seul phonème (poisson/poison, bain/pain...) Détecter des anomalies : ex : je donne la Nain *Gestes professionnels spécifiques :* Le bruitage doit être exagéré, allongé afin d'aider les élèves à entendre le son des lettres. Les activités sont fréquentes, ritualisées. Avoir une attention particulière aux prénoms à consonance anglo-saxonne qui peuvent être plus difficiles à bruiter : ex. : Kenyan, Kimberley... Proposer le bruitage sur d'autres mots plus simples.				

PROPOSITION DE CORRIGÉ

1 Analyse du corpus

Le **document 1** définit le terme de conscience phonologique. Celle-ci regroupe la conscience lexicale, la conscience syllabique, infra-syllabique et phonémique. Ce document présente également les résultats de plusieurs études démontrant qu'un entraînement à la conscience phonémique précoce est prédicteur de bonnes capacités de lecture. Afin d'être le plus efficace possible, cet entraînement doit porter sur le lien oral-écrit et être réalisé de manière multi-sensorielle.

Le **document 2** présente les différents éléments à prendre en compte afin de réaliser un enseignement progressif de la PS à la GS. Il expose également les modalités d'enseignement spécifiques et les gestes professionnels à privilégier afin de rendre cet enseignement efficace.

Le **document 3** présente les activités qui sont réalisables sur les unités sonores de la parole (les mots, les syllabes, les phonèmes). Ces unités sonores seront abordées dans cet ordre précis, même si l'enseignement est spiralaire.

Le **document 4. 1.** est un extrait présentant des exemples concrets d'activités phonologiques permettant de repérer les syllabes dans les mots.

Le **document 4. 2.** est un exemple de programmation de MS permettant de travailler la conscience phonémique sur cinq périodes.

2 Présentation de la séquence

■ **Niveau de classe :** Moyenne section

■ **Domaine :** Mobiliser le langage dans toutes ses dimensions

■ **Place de la séance dans la séquence :**

▶ **Séances des semaines 1 et 2 :** Scander les syllabes : parler comme un robot, marcher sur des syllabes dans des jeux chantés, sur des comptines, frapper les syllabes des prénoms de la classe, puis sur des mots familiers, en sautant, en frappant sur un instrument de musique.

▶ **Séances des semaines 3 et 4 :** Représenter les syllabes orales par des jetons à partir des prénoms de la classe, puis des mots familiers. L'élève pose autant de jetons sur la table qu'il y a de syllabes dans le mot prononcé à l'oral.

▶ **Séances des semaines 5 et 6 :** Dénombrer les syllabes d'un mot.

▶ **Séances des semaines 7 et 8 :** Localiser une syllabe en début de mot :

- avec le corps. Ex. : pour le mot « parapluie », l'élève pose ses mains sur la tête pour la première syllabe, sur les épaules pour la deuxième, puis sur le ventre pour la troisième ; l'enseignant donne des mots, les élèves doivent identifier la syllabe qui correspond aux mains posées sur la tête ;
- puis avec des jetons : l'enseignant énonce le mot « parapluie », les élèves comptent le nombre de syllabes et dessinent sur une ardoise le nombre d'arcs de cercle correspondant. Ils font une croix dans l'arc de cercle qui correspond à la syllabe PA.

3 Proposition de leçon : séances des semaines 5 et 6 de la séquence

■ **Objectif de la leçon :** Dénombrer les syllabes dans un mot.

■ **Compétences mobilisées par l'élève :**

- écouter activement ;
- développer une conscience syllabique fine et manipuler les syllabes.

■ **Matériel utilisé :** Cartes images pour chaque jeu proposé, un jeu de piste, des pions, boîtes avec des chiffres de 1 à 4, pinces à linge.

■ **Organisation :** Un atelier dirigé par l'enseignant, trois groupes en autonomie.

Situation 1 : Rappel de la séance précédente.
En collectif, l'enseignant revient sur ce qui avait été travaillé lors des séances précédentes, c'est-à-dire scander les syllabes et représenter les syllabes orales par des jetons. Il propose plusieurs prénoms d'élèves de la classe et demande à un élève volontaire de scander les syllabes comme un robot, tout en posant, à chaque syllabe énoncée, un jeton sur la table. Il demande ensuite à l'élève interrogé de dire le nombre de syllabes qui composent le prénom. L'élève devra expliquer sa procédure (il compte dans sa tête, il compte le nombre de jetons...).

Situation 2 : Atelier dirigé et ateliers en autonomie.
Atelier dirigé : jeu de piste : Les élèves jouent par trois ou quatre. Chacun choisit un pion (formes différentes, couleurs différentes). Ils tirent des cartes sur lesquelles les mots utilisés préalablement en atelier dirigé ont été mis en image, et les posent face visible sur la table. Les élèves disent le mot à voix haute, annoncent le nombre de syllabes qui le composent et avancent d'autant de cases sur la piste. Le gagnant est celui qui arrive le premier au bout de la piste du jeu. L'enseignant observe les élèves, aide et relance le jeu si nécessaire.
Atelier en autonomie 1 : bataille des syllabes : Les élèves jouent par deux ou trois. Ils tirent des cartes sur lesquelles les mots utilisés préalablement en atelier dirigé ont été mis en image, et les posent face visible sur la table. Les élèves disent le mot à voix haute et annoncent le nombre de syllabes qui le composent. Celui qui a la carte au plus grand nombre de syllabes gagne toutes les cartes mises sur la table. Le gagnant est celui qui a le plus de cartes à la fin du jeu.
Atelier en autonomie 2 : jeu de classement de mots en fonction du nombre de syllabes : Les élèves jouent seuls ou par groupe de trois, quatre ou cinq. Ils tirent des cartes sur lesquelles les mots utilisés préalablement en atelier dirigé ont été mis en image, et les posent face visible sur la table. Les élèves disent le mot à voix haute, annoncent le nombre de syllabes qui le composent. Ils les placent ensuite dans des boîtes correspondant aux nombres de syllabes (sur le devant de la boîte sera alors indiqué le chiffre correspondant ; une carte image peut déjà être placée dans la boîte ou sur le devant à côté du chiffre).
Atelier en autonomie 3 : Les élèves doivent mettre autant de pinces à linge que de syllabes entendues sur la carte image. Comme les enfants travaillent en groupe, il est nécessaire qu'ils s'accordent au préalable avant de classer leurs cartes images.
L'évaluation s'appuiera sur l'observation attentive des élèves au cours des situations d'apprentissage dans la classe. Elle sera également effectuée de manière différée pour évaluer la stabilité de l'acquisition à l'appui d'une observation fine de l'enseignant qui se place en retrait de l'activité. Il inscrira les réussites dans une grille d'observation. Pour éclaircir la non-réussite d'une activité, il sera intéressant de procéder à un échange avec l'élève de manière à comprendre la nature de l'erreur.

- **Variables didactiques, points d'attention pédagogique et gestes professionnels :** La place des unités phonologiques à analyser (début, fin ou milieu du mot), ainsi que la longueur des mots peuvent être sources de difficultés chez certains élèves. Ces éléments constituent des variables de différenciation. Une des difficultés pour un jeune enfant est d'avoir la capacité à se décentrer du sens du mot pour se concentrer sur sa forme sonore (ex. : analyser OURS comme un mot d'une syllabe et non pas comme un animal). L'écoute active reste difficile à obtenir chez certains élèves ; la fréquence et la courte durée des activités phonologiques permettent un entraînement progressif de cette capacité. Les activités d'écoute musicale constituent également un appui efficace pour contribuer à l'améliorer.

- **Bilan/prolongement :** Chaque élève doit bénéficier d'une séance de phonologie par jour. Les séances de phonologie sont inscrites dans l'emploi du temps et la classe est aménagée pour rendre possible cet enseignement (atelier dirigé et groupes en autonomie).

4 Questions possibles du jury

A. Questions disciplinaires

a. Que sont les phonèmes vocaliques ?

Les voyelles se prononcent isolément en raison de leurs caractéristiques articulatoires puisque, d'un seul geste phonatoire, ces phonèmes s'insèrent dans le nom de la lettre (sauf le Y) : ce sont des phonèmes vocaliques. Les voyelles sont à la fois des sons autonomes et des phonèmes. On notera qu'en français, les phonèmes vocaliques correspondent aussi à des syllabes (de type voyelle) et même à des mots (à, eux, y, eau, eut, ou, un, on).

b. Qu'est-ce qu'un phonème fricatif ?

Est appelé phonème fricatif le son produit quand l'organe mobile se rapproche de l'organe fixe sans le toucher ; l'air est gêné pour sortir et passe par un bruit de friction. Les consonnes ne sont pas des sons qu'on peut isoler ; ce sont des phonèmes encodés de manière complexe dans un son. On les appelle des phonèmes consonantiques. Il est plus difficile de se les représenter. Les consonnes ne se prononcent qu'en coarticulation avec une voyelle. Les phonèmes fricatifs (/f/, /s/, /v/, /z/, etc.) sont toutefois plus faciles à isoler car leur représentation peut être facilitée en prolongeant leur son (/sssss/).

B. Questions didactiques

a. Pouvez-vous donner l'ordre dans lequel il est nécessaire d'aborder les unités sonores de la parole ?

Le mot doit être travaillé en premier lieu, dès la petite section, par l'intermédiaire de dictées à l'adulte (où l'enseignant se montre en train d'écrire et de décomposer le langage oral en mot), de petits jeux (on saute dans un cerceau à chaque mot de la comptine énoncé). L'unité sonore qui sera abordée ensuite est la syllabe, puis viendra le travail sur les phonèmes. Chaque unité sonore pourra être abordée dès la petite section, tout d'abord sous forme d'une sensibilisation, pour aller progressivement vers la conscience de leur existence par un travail systématique et explicite dès que les enfants seront prêts.

b. Doit-on travailler la discrimination de tous les sons en maternelle ?

Les programmes de maternelle stipulent que les élèves doivent discriminer des sons : les syllabes, les sons-voyelles et quelques sons-consonnes hors des consonnes occlusives. Les consonnes occlusives sont les suivantes : b, d, t, p, m, n, k, g, gn.

C. Questions pédagogiques

a. Comment organiser sa classe pour enseigner la conscience phonologique ?

Les modalités d'organisation sont variées et s'adaptent en fonction des besoins repérés chez les élèves et de leur avancée dans l'apprentissage. Les activités dirigées peuvent être menées en grand ou en petit groupe :

- du grand groupe vers le petit groupe : le professeur garde avec lui les élèves qui en ont le plus besoin ;
- du petit groupe vers le grand groupe : à partir d'un nouvel apprentissage introduit en petit groupe, proposer des entraînements collectifs qui tiennent compte également du groupe de besoin.

Le petit groupe est à privilégier pour débuter un nouvel apprentissage ou pour les élèves les plus fragiles.

b. Quelles sont les modalités d'apprentissage de la conscience phonologique ?

Les modalités d'apprentissage de la conscience phonologique sont celles propres à l'école maternelle : apprendre en réfléchissant et en résolvant des problèmes, apprendre en s'exerçant, et apprendre en se remémorant et en mémorisant.

Sujet 4 La compréhension (MS)

Consignes page 85.

DOSSIER

DOCUMENT 1 : Programme d'enseignement de l'école maternelle : annexe-modification ; *BO* n° 25 du 24-06-2021

« Domaine : Mobiliser le langage dans toutes ses dimensions

Comprendre et apprendre

Les discours que tient l'enseignant sont des moyens de comprendre et d'apprendre pour les enfants. En compréhension, ceux-ci « prennent » ce qui est à leur portée dans ce qu'ils entendent, d'abord dans des scènes renvoyant à des expériences personnelles précises, souvent chargées d'affectivité. Ils sont incités à s'intéresser progressivement à ce qu'ils ignoraient, grâce à l'apport de nouvelles notions, de nouveaux objets culturels et même de nouvelles manières d'apprendre.

Les moments de réception où les enfants travaillent mentalement sans parler sont des activités langagières à part entière que l'enseignant doit rechercher et encourager, parce qu'elles permettent de construire des outils cognitifs : reconnaître, rapprocher, catégoriser, contraster, se construire des images mentales à partir d'histoires fictives, relier des événements entendus et/ou vus dans des narrations ou des explications, dans des moments d'apprentissages structurés, traiter des mots renvoyant à l'espace, au temps, etc. Ces activités invisibles aux yeux de tout observateur sont cruciales.

Échanger et réfléchir avec les autres

[...] L'école demande régulièrement aux élèves d'évoquer, c'est-à-dire de parler de ce qui n'est pas présent (récits d'expériences passées, projets de classe, etc.). Ces situations d'évocation entraînent les élèves à mobiliser le langage [...] sans autre appui, elles leur offrent un moyen de s'entraîner à s'exprimer de manière de plus en plus explicite. Cette habileté langagière relève d'un développement continu qui commence tôt et se poursuit pendant toute l'enfance. Le rôle de l'enseignant est d'induire du recul et de la réflexion sur les propos tenus par les uns et les autres.

Ce qui est attendu des enfants en fin d'école maternelle [pour cette notion]

- Pratiquer divers usages de la langue orale : raconter, décrire, évoquer, expliquer, questionner, proposer des solutions, discuter un point de vue.
- Comprendre des textes écrits sans autre aide que le langage entendu. »

DOCUMENT 2 : Extrait de la note de service n° 2019-084 du 28-5-2019 « L'école maternelle, école du langage »

« Développer la compréhension de messages et de textes entendus

La lecture à haute voix par l'enseignant est quotidienne, en particulier d'histoires, de contes, de récits, qui permettent à l'élève « d'entendre du langage écrit », de développer sa capacité à écouter, à se projeter, à se représenter une situation.

Les compétences de compréhension à l'oral et de traitement du langage écrit entretiennent une relation étroite. La connaissance du vocabulaire, la maîtrise morphosyntaxique, les capacités de traitement de l'organisation textuelle, l'élaboration d'inférences mobilisées lors de la compréhension à l'oral joueront un rôle fondamental dans la compréhension des élèves en lecture au cycle 2. Un travail sur la compréhension est d'autant plus nécessaire dès l'école maternelle que cette activité langagière est invisible pour un enfant. Il ne suffit pas d'écouter pour comprendre. L'enseignant conduit un travail spécifique sur la compréhension qui s'élabore dans les échanges autour du texte entendu. La médiation de l'enseignant est essentielle :

- il installe un climat d'écoute et de sécurité en aménageant un espace dédié respectant les codes et usages sociaux (rappeler les règles de l'écoute, éviter d'asseoir tous les élèves par terre) ;
- il sollicite l'attention des élèves et les prépare à être dans une écoute active, notamment en indiquant des points d'attention avant de commencer à lire (par exemple, « dans cette histoire, tu vas rencontrer un ogre et un petit garçon... ») et il précise quelles seront ses attentes après l'écoute (par exemple, « vous devrez me dire ce que vous avez retenu, ce que vous avez aimé... ») ;
- pendant qu'il lit à haute voix, l'enseignant ne s'interrompt pas afin de maintenir l'attention des élèves tout au long de la lecture et d'en maintenir le fil ;
- après l'écoute, il engage les élèves à prendre la parole et il montre de l'attention pour ce qu'ils disent ;
- il favorise les questionnements des élèves sur le personnage principal, les liens avec d'autres personnages, leurs actions, leurs ressentis ; il sollicite l'avis des élèves, leur point de vue, leurs interprétations ;
- il suscite des débats, favorise et étaye l'émergence des représentations ; il sollicite en particulier quelques élèves par séances et prend soin d'assurer une rotation effective, sans oublier les plus réservés ; de séances en séances, tous les élèves prennent la parole sur des temps suffisamment longs ;
- il propose de revenir au livre pour valider les interprétations, les hypothèses, les points de vue ;
- dans ces moments centrés sur la réception et la production orale, il veille à donner le temps nécessaire pour qu'un élève puisse aller au bout de son propos, il stimule la production de phrases complètes et structurées : il invite l'élève à utiliser ses propres mots et reformule ses éventuelles approximations en restant dans l'échange ;
- il prend soin de gérer le temps pour conserver l'attention nécessaire.

Ce type d'enseignement produit rapidement des progrès dans la compréhension des textes entendus. À cette fin, l'enseignant cible des objectifs de plus en plus complexes. En fin d'école maternelle, il est attendu des élèves qu'ils comprennent des textes écrits sans autre aide que le langage entendu. Pour cette raison, il est nécessaire de travailler à partir de textes écrits dans un langage soutenu correspondant à l'univers de référence de la langue écrite. Les contes traditionnels, les contes mythologiques, les textes du

patrimoine permettent d'une part l'accès à la langue écrite de référence et d'autre part, l'entrée dans la culture commune de référence.
À travers la lecture à haute voix par le professeur mais aussi à travers les écrits qu'il produit, les élèves prennent aussi conscience que l'adulte peut dire ce qui est écrit et qu'il peut écrire ce qui est dit, en utilisant un code qu'ils ne connaissent pas.
Ils prennent également conscience de la permanence des signes qui composent l'écrit, parce que les textes lus demeurent identiques de lecture en lecture et qu'il y a une exacte correspondance entre ce qui est dit et ce qui est écrit. Les ressemblances perçues entre l'oral et l'écrit, les explications de l'enseignant sur son activité d'écriture, permettent peu à peu aux enfants de comprendre que les rapports entre oral et écrit sont régis par un système qui code les sons de la langue orale grâce aux lettres. »

DOCUMENT 3 : Les étapes de construction du savoir en lien avec la compréhension et les réussites des élèves

COMPRENDRE ET APPRENDRE		Votre enfant devrait réussir, à la fin de l'école maternelle, à raconter
	Etape 1 :	L'enfant raconte des actions vécues par le personnage central en manipulant le matériel à disposition : marottes + décor ou en tournant les pages de l'album. L'enfant fait parler les personnages en utilisant des marottes.
	Etape 2 :	L'enfant alterne récit et dialogues en introduisant correctement les dialogues et nommant la personne/personnage qu'il fait parler L'enfant utilise des connecteurs simples (et...)
	Etape 3 :	L'enfant utilise le système des temps approprié : imparfait, passé simple (il prendit, il prenda ...) dans le récit.
	Etape 4 :	L'enfant utilise des connecteurs adaptés et variés L'enfant peut inventer un nouvel épisode à l'histoire (nouveau personnage, nouvel élément) L'enfant invente une histoire à partir de quelques éléments (images/objets...) ou à partir des illustrations d'un album non connu.

Document élaboré par les enseignants des écoles V. Hugo et Brassens d'Arras.

DOCUMENT 4 : Exemples d'outils

Photo : Laëtitia Mièze, EMF

Maquette élaborée à partir de l'album *Grosse colère*, M. d'Allancé, École des loisirs, 2001.

Maquette élaborée à partir de l'album *La Chasse au caribou*, C. Claire, S. Chebret, Élan vert, 2016.

Photo : Margot Jacquart, EMF

Maquette élaborée à partir de l'album *À trois, on a moins froid*, E. Devernois, M. Gay, L'École des loisirs, 2013.

Maquette élaborée à partir de l'album *La Sieste de Moussa*, Zémanel, M. Brunelet, Père Castor, 2008.

Photos : Sophie Delplace, EMF

Maquette réalisée à partir de l'album *La Chèvre biscornue*, C. Kiffer, R. Badel, Didier Jeunesse, 2008.

Photo : Johanne Levant, EMF

PROPOSITION DE CORRIGÉ

1 Analyse du corpus

Le **document 1** est un extrait des programmes en vigueur pour l'école maternelle : il souligne l'importance de travailler la compréhension de textes entendus et précise les enjeux de cet enseignement. L'enseignant amène les élèves à construire des outils cognitifs au service de la compréhension. À la fin de l'école maternelle, l'élève doit être capable d'évoquer, de raconter, d'effectuer un rappel de récit.

Le **document 2** est un extrait de la note de service de mai 2019. Ce texte explicite comment développer la compréhension de messages et de textes entendus et le rôle de l'enseignant pour cet enseignement. Il liste les gestes professionnels efficaces qui produisent rapidement des progrès dans la compréhension des textes entendus sans autre aide que le langage. Ce travail est d'autant plus important dès la petite section que cette activité langagière est invisible pour un jeune enfant. Écouter des histoires lues par l'enseignant est important mais pas suffisant pour comprendre. Il est nécessaire de mettre en œuvre un travail spécifique pour développer les compétences des élèves dans ce domaine.

Le **document 3** reprend les étapes de construction du savoir en ce qui concerne la compréhension et les réussites des élèves. Il permet à l'enseignant de situer l'enfant dans l'acquisition de la compétence « apprendre à raconter ».

Le **document 4** propose des exemples d'outils : des maquettes, des tapis pour raconter. Ces outils ont pour objectif de soutenir le rappel de récit, d'aider l'enfant à se remémorer les noms des personnages, les lieux, les dialogues, les actions, la chronologie, etc.

2 Présentation de la séquence

Cette séquence a été construite en s'appuyant sur l'outil « Narramus : apprendre à comprendre et à raconter une histoire en maternelle ! » de Sylvie Cèbe, Roland Goigoux, éditions Retz, 2018.

■ **Niveau de classe :** Moyenne section

■ **Domaine :** Mobiliser le langage dans toutes ses dimensions

■ **Place de la séance dans la séquence :**

◗ **Séance n° 1 :** Lecture et évaluation diagnostique. En groupes restreints.
« Conseils pour la lecture d'un album :
• Veillez, pour la lecture, à ce que tous les mots de l'histoire soient lus pour garantir la pérennisation de l'écrit. Il ne faut donc rien changer au texte écrit.
• Veillez à ne pas interrompre la lecture et ne pas montrer les images pour que l'enfant puisse se construire des images mentales de l'histoire, se faire le film de l'histoire dans sa tête.
• Pour une écoute optimale de la part des enfants, une distance de la longueur d'un bras tendu entre le lecteur et l'enfant doit être assurée.

- La lecture en grand groupe n'est pas adaptée à l'âge des enfants de maternelle.
- Veillez à ce que tous les enfants soient confortablement installés :
  - Prévoir un dossier pour leur confort.
  - Asseoir tous les enfants au même niveau.
  - Éviter les places assises au sol.
  - Permettre à tous les enfants de voir et de se voir si l'on souhaite discuter, par la suite, de l'album à la fin de l'histoire. »

Je prépare ma classe de Moyenne Section, coll. Métier enseignant, Vuibert, 2021, p. 26.

Lecture de l'histoire par l'enseignant sans montrer les illustrations.
À l'issue de cette première lecture, les enfants sont invités à dire ce qu'ils ont compris de l'histoire.

◗ **Séance n° 1 bis :** Séance filée. En parallèle, les enfants fréquentent le coin lecture de la classe pour réécouter l'album au casque.

◗ **Séance n° 2 :** En groupe classe. L'enseignant raconte l'histoire (sans l'album) en multipliant les aides (accessoires, mimes, etc.).
Pour aider les enfants à mieux comprendre l'histoire, il l'enrichira, utilisera des mots de vocabulaire compréhensibles par les enfants, théâtralisera, s'attachera à traduire des tournures syntaxiques complexes, explicitera ce qui n'est pas dit dans l'histoire mais qu'il est important de savoir (implicite).

◗ **Séance n° 3 :** En groupes restreints. Les enfants apprennent à effectuer un rappel de récit à l'aide d'un outil construit dans le cadre des activités artistiques.

3 Proposition de leçon : séance n° 3 de la séquence

■ Objectifs de la leçon :

- pratiquer divers usages du langage oral : raconter ;
- savoir effectuer un rappel de récit pour manifester sa compréhension de l'histoire.

■ Compétences mobilisées par l'élève :

- comprendre des textes écrits sans autre aide que le langage entendu ;
- pratiquer divers usages du langage oral : raconter, décrire, évoquer, expliquer, questionner, proposer des solutions, discuter un point de vue.

■ Matériel utilisé :

- une maquette représentant l'univers de l'album ou une scène en particulier (voir document 4) ;
- des marionnettes fabriquées à partir des photocopies couleur recto-verso des personnages de l'album et collées sur un bâton (voir dernière photo du document 4).

■ Organisation : Groupe de quatre à six enfants hétérogène dans l'espace lecture de la classe. L'enseignant installe la maquette de sorte que tous les enfants puissent se voir et s'entendre.

■ Déroulement de la séance :

◗ **Situation 1 :** Découverte de la maquette et exploration libre du matériel.
L'enseignant apporte la maquette de l'histoire et les marionnettes. Il laisse d'abord les enfants réagir spontanément et leur demande s'ils reconnaissent l'histoire, les personnages, les lieux, les évènements, etc. Il demande ensuite aux enfants de prendre un personnage de leur choix et énonce la consigne : « on va apprendre à raconter l'histoire de… avec les marionnettes. » L'élève est amené à raconter des actions vécues par un personnage. Il le manipule et le fait parler.

◗ **Situation 2 :** Activité de rappel de récit.
L'enseignant prend le rôle du narrateur et énonce le début de l'histoire : il était une fois… alors le renard arrive… se cache… et il dit…
Il aide également les élèves à poursuivre le rappel de récit en posant quelques questions : ex. : que dit le loup ? Que répond le cochon ? Qui arrive alors ? Que se passe-t-il après ? Qui entre maintenant dans la moufle ? Comment est le cochon ? Il a peur ? L'élève doit comprendre que le rappel du récit ne signifie pas réciter le texte par cœur mais le reformuler avec ses propres mots.
L'objectif est d'inciter l'élève à intervenir, à faire parler son personnage, à préciser un propos, à réutiliser les mots de vocabulaire appris. Cette tâche de rappel de récit demande aux enfants :
- une planification du discours ;
- une organisation des idées ;
- une mémorisation des informations importantes ;
- d'assurer la cohérence du texte, notamment la place du narrateur, la désignation du personnage, etc.

Il s'agit également de mettre en évidence les états mentaux des personnages et pourquoi ils agissent de telle façon : pourquoi est-il triste ? Pourquoi a-t-il peur ? Pourquoi se sauve-t-il ? L'enseignant peut proposer de revenir au livre pour valider ou invalider une proposition.
La maquette et les marionnettes sont ensuite déposées dans l'espace lecture de la classe, pour inciter les enfants à les utiliser afin de raconter l'histoire en autonomie.

■ **Variables didactiques, points d'attention pédagogique et gestes professionnels :** Les enfants possèdent des compétences plus ou moins installées pour effectuer ce rappel de récit. Certains répètent les paroles du personnage quand d'autres sont déjà capables d'alterner le récit et les dialogues (voir document 3). L'enseignant se place en observateur dans un premier temps et apporte son aide si besoin en reformulant ou en enrichissant les propos de l'enfant.

■ **Bilan/prolongement :** Cette activité demande à être très fréquemment proposée aux élèves dès la petite section. Les récits en randonnée sont de très bons supports pour débuter cet apprentissage. La répétition de certaines formules facilite la mémorisation, ex. : « Galette, galette, je vais te manger… attrape-moi si tu peux… » dans l'album *Roule galette* (N. Caputo, P. Belvès, Flammarion, 2018).

4 Questions possibles du jury

A. Questions disciplinaires

a. Quel est l'enjeu de l'apprentissage de la compréhension dès l'école maternelle ?

Les situations d'écoute de textes lus par l'enseignant sont nécessaires et doivent être fréquentes car elles garantissent la production d'un langage oral élaboré chez l'élève. Il est nécessaire d'habituer les élèves à la réception du langage écrit pour accéder à sa compréhension. Le but de l'apprentissage de la lecture dès le CP est de comprendre ce qui est écrit. Il n'est pas judicieux d'attendre que les élèves sachent décoder pour travailler la compréhension. Le décodage et la compréhension s'enseignent simultanément.

b. Quelles sont les compétences à développer pour que les élèves puissent accéder à la compréhension des textes écrits ?

Les différentes compétences pour développer la compréhension des textes écrits sont :

- les compétences narratives en réception et en production, c'est-à-dire l'écoute et le rappel de récit ;
- les compétences inférentielles, c'est-à-dire s'interroger sur les états mentaux d'un personnage et les raisons qui le poussent à agir de cette façon ;
- les compétences lexicales et syntaxiques. L'enrichissement du bagage lexical contribue à la compréhension de textes.

B. Questions didactiques

a. Pourquoi ne pas montrer les illustrations d'un album à la première lecture ?

Il est préférable de ne pas montrer les illustrations d'un album à la première lecture pour éviter de distraire les élèves et ainsi favoriser l'écoute. En effet, l'attention des jeunes enfants est toujours plus attirée par les illustrations que par les propos de l'enseignant.

« Si on veut apprendre aux élèves à s'intéresser à l'écrit et à faire un usage analogue des mots et des images, il faut dans un premier temps les empêcher d'utiliser le moyen de représentation le plus à leur portée c'est-à-dire l'image » (Mireille Brigaudiot).

b. Pouvez-vous donner une définition de ce qu'est le rappel de récit ?

« Définition : un rappel de récit est une activité langagière qui consiste pour un enfant de dire, avec ses mots à lui, à l'oral ce qu'il a compris d'une histoire qui lui a été lue » (M. Brigaudiot, *Apprentissages progressifs de l'écrit à l'école maternelle*, Hachette education, 2002, p. 125). L'enseignant lit ou raconte une histoire, mais c'est l'élève qui effectue un rappel de récit.

C. Questions pédagogiques

a. Citez quelques exemples d'outils qui aident l'élève à effectuer un rappel de récit.

Exemples d'outils pour aider l'élève à effectuer un rappel de récit :

- une maquette de l'histoire ;
- un tapis pour raconter ;
- des masques pour prendre le rôle d'un personnage ;
- un castelet pour théâtraliser une scène ;
- des marionnettes ou marottes pour faire parler le personnage.

b. Est-il important d'inciter l'élève à effectuer un rappel de récit en respectant la chronologie de l'histoire ?

Un récit est une narration dans laquelle se succèdent des évènements réels, fictifs, qui sont organisés de façon logique (relation cause/conséquence) ou chronologique. Les élèves ont plus de facilité à rappeler la description d'un personnage, l'évènement déclencheur, ce qui suit et la résolution du problème, ainsi que les évènements liés aux comportements du personnage principal. Il leur est nécessaire de connaître les personnages, leur but, la fin de l'histoire pour la comprendre. Mireille Brigaudiot précise qu'il est préférable de travailler la relation causale alors que les pratiques actuelles privilégient les relations temporelles (chronologie).

Sujet 5 L'écriture essayée (GS)

Consignes page 85.

DOSSIER

DOCUMENT 1 : Extrait du guide *Pour préparer l'apprentissage de la lecture et de l'écriture à l'école maternelle*, Éduscol, pp. 36-38

« ***Pourquoi est-il si important d'apprendre les lettres ?***

La connaissance des lettres est un prédicteur précoce de la réussite en lecture-écriture. [...] Dans cet apprentissage, doivent être distinguées la connaissance du nom des lettres, celle de leur valeur phonémique et enfin celle relative à leur forme graphique. [...]

La connaissance du nom des lettres

Avant l'enseignement formel du principe alphabétique et de la lecture, la connaissance du nom des lettres contribue d'une part, à l'accès au code phonographique et facilite d'autre part, l'accès aux représentations phonémiques. En effet, la connaissance du nom des lettres permet de constituer les premiers liens entre l'oral et l'écrit. Un certain nombre de travaux scientifiques montre que les jeunes élèves dès 4-5 ans sont capables lors d'activités de décodage de séquences de lettres ou d'essai d'écriture de faire le lien entre les lettres qu'ils connaissent et peuvent déjà nommer ce qu'elles peuvent représenter. En d'autres termes, les premières connexions oral-écrit sont effectuées grâce au nom des lettres qui facilite la prise de conscience de la nature phonographique du système d'écriture et de la fonction des lettres dans ce système (par exemple, en connaissant le nom des lettres V, L et O, le jeune élève peut "écrire" vélo). La verbalisation du professeur clarifie les représentations phonémiques de l'élève en rendant explicites les correspondances graphèmes-phonèmes nécessaires à l'écriture de la syllabe [vé]. [...]

La connaissance du nom des lettres facilite également l'accès au son de la lettre. [...]

Dès lors, on comprend l'intérêt d'enseigner conjointement le nom de la lettre et le son qu'elle produit [...].

La connaissance du son des lettres

L'objectif de la maternelle n'est pas d'enseigner systématiquement le principe alphabétique, mais l'élève est capable d'accéder à la connaissance du son des voyelles, en raison de leurs caractéristiques articulatoires puisque, d'un seul geste phonatoire, le phonème vocalique s'insère dans le nom de la lettre (sauf le Y). Cette connaissance peut s'acquérir par apprentissage implicite (l'élève repère par lui-même certaines régularités entre le nom de la lettre et le son qu'elle transcrit) ou par apprentissage explicite : le professeur souligne systématiquement le lien entre le nom de la lettre et le son qu'elle produit, en particulier à l'aide d'images (par exemple, A comme dans "avion").

La connaissance de la forme graphique des lettres

La capacité à connaître et reconnaître la forme graphique des lettres repose sur des composantes visuelles et motrices. »

Ministère de l'Éducation nationale, de la Jeunesse et des Sports / éduscol : https://eduscol.education.fr/124/deux-guides-pour-les-apprentissages-en-maternelle

DOCUMENT 2 : Ressources Éduscol

2. 1. Fiche ressource : « Je rentre au CP, principe alphabétique de la langue, principes pour conduire son enseignement »

Principe 4 : des stratégies à encourager *(cf. Guide de référence page 57)*

La stratégie phonologique et épellative : l'élève écoute le mot, le prononce.

Pour l'écrire, il s'intéresse d'abord à la première syllabe, il étire les sons (par ex : mmmmmmaaaaa). Il cherche les lettres qui codent les sons entendus : /m/ /a/. Il continue avec la deuxième syllabe (par ex : rrrrrriiiiii), etc. Il cherche les lettres qui codent ces sons entendus : /r/i/. À la fin, l'élève demande au professeur de lire ce qu'il a écrit.

Remarque : certains élèves ne s'appuient pas sur la syllabe, il n'est pas recommandé de les y obliger.

La stratégie analogique : « *c'est comme quoi* ? » Il s'agit de recourir à d'autres mots qui contiennent les syllabes dont l'élève a besoin pour écrire un nouveau mot : par exemple, *"Paris, ça commence comme papa (vu dans le poème affiché), alors j'écris un P et un A pour faire « pa », et pour « ri » je me souviens du mot rideau vu dans le projet théâtre. »*

La stratégie lexicale : utilisation de graphies de syllabes et de correspondances graphèmes/phonèmes mémorisées au cours du travail conduit en conscience phonologique puis phonémique.

Mémoriser où trouver les supports d'aide : les prénoms, les mots outils, les référents de la classe.

Ministère de l'Éducation nationale, de la Jeunesse et des Sports / éduscol : https://eduscol.education.fr/133/cycle-1-principe-alphabetique-de-la-langue

2. 2. Dossier « Ressources pour la maternelle – graphisme et écriture – l'écriture à l'école maternelle », p. 14

« Les premières productions autonomes d'écrits

Lorsque les enfants ont compris que l'écrit est un code qui permet de délivrer des messages, il est possible de les inciter à produire des messages écrits. L'enseignant les encourage à écrire en utilisant tout ce qui est à leur portée : ils vont s'appuyer sur les mots affichés dans la classe, les textes connus, les tableaux de correspondance des graphies, les collections de mots... Les élèves doivent formuler oralement le mot ou la phrase puis l'écrire. L'enseignant valorise les essais, il ne cherche pas un résultat orthographique normé, mais réécrit sous les yeux des enfants la forme correcte du mot ou de la phrase. Ces essais autonomes d'écriture permettent aux jeunes élèves d'accéder à la lecture, c'est-à-dire pouvoir dissocier le nom, le mot écrit de l'objet qu'il représente, pour se centrer sur le son. [...]

Des exemples de commandes d'écriture de mots simples

En grande section, les écritures autonomes seront plus fréquentes et parfois réalisées en écriture cursive, selon l'expertise des élèves. En s'appuyant sur les mots affichés dans la classe ou mis à leur disposition, sur leur compréhension des relations entre l'oral et l'écrit, les enfants commencent à produire des phrases ou des courts textes, en relation avec les expériences vécues, les histoires entendues et les activités pratiquées. [...] Pour écrire des nouveaux mots, les enfants vont devoir recourir à des stratégies différentes, recopier des morceaux de mots familiers, attribuer à une lettre la valeur phonique de son nom (ici ke = que), écrire des lettres dont le son se retrouve dans le mot à écrire (on nété = on était).

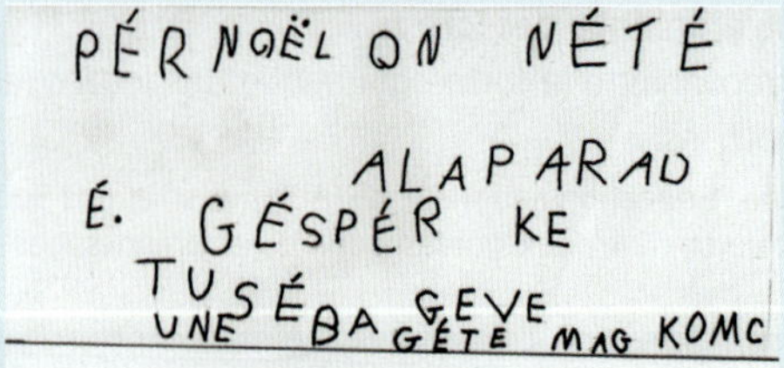

Texte écrit en totale autonomie : "Père Noël, on était à la parade et j'espère que tu sais, je veux une baguette magique comme ça".

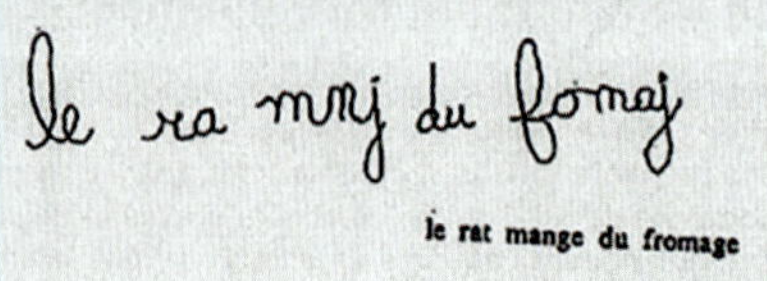

Toutefois, la maîtrise de l'écriture cursive ne garantit en rien la connaissance de l'aspect sonore des lettres. […] »

Ministère de l'Éducation nationale, de la Jeunesse et des Sports / éduscol :
https://eduscol.education.fr/122/graphisme-et-ecriture

DOCUMENT 3 : Extrait de la fiche ressource Éduscol « Les obstacles possibles » : La démarche VIP de Mireille Brigaudiot

« • Favoriser un climat bienveillant et encourager tout essai d'écrit.
• Principe de la démarche "VIP" développée par Mireille Brigaudiot :
V = VALORISER : l'enseignant s'adresse ainsi à l'enfant au regard de ce qu'il a réalisé : "Ton dessin de coq est magnifique et tu as écrit !".
I = INTERPRETER : "Alors je crois que je sais comment tu as fait, tu t'es dit que pour écrire, il fallait…".
P = POSER LES ÉCARTS : "Je vais te montrer comment je l'écris, moi" »

Ministère de l'Éducation nationale, de la Jeunesse et des Sports / éduscol :
https://eduscol.education.fr/149/francais-cycle-2-ecriture

DOCUMENT 4 : Les stades de conceptualisation de l'écrit (d'après les travaux d'Emilia Ferreiro)

Les conceptions que les enfants se constituent de l'écrit suivent une progression assez régulière qui met en lumière plusieurs étapes :
1. Le stade pré-syllabique (vers 4 ans environ) : Le premier niveau de ce stade correspond à des pseudo-lettres, pas très différentes d'un dessin.
Dans le deuxième niveau, l'enfant utilise des lettres différentes pour chaque mot, change l'ordre de celles qu'il connait.

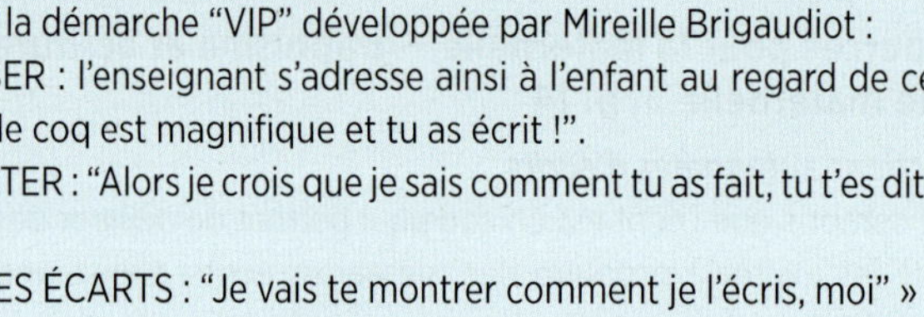

Illustrations : Zoé Merlot

2. Le stade syllabique (vers 5 ans environ) : L'enfant établit une nette correspondance entre l'aspect sonore et l'aspect graphique de sa production. La première valeur qu'il attribue alors aux lettres n'est pas phonétique, mais syllabique : chaque syllabe étant représentée par une graphie.

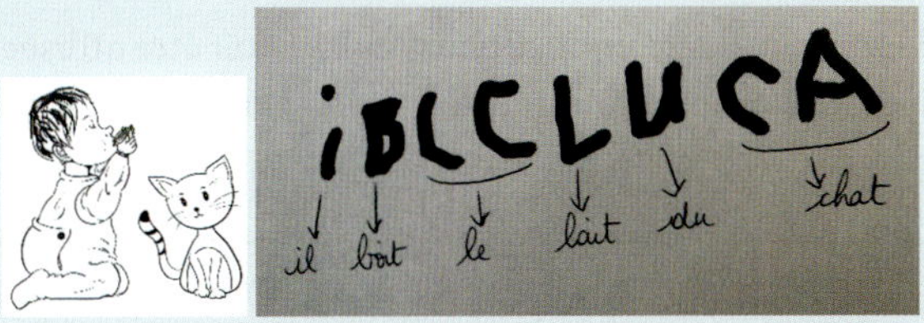

3. Le stade syllabico-alphabétique (entre 5 et 6 ans environ) : C'est un stade intermédiaire où les enfants abandonnent l'hypothèse syllabique au profit d'une analyse plus poussée du mot, qui est alors analysé en termes de syllabes et de phonèmes.

4. Le stade alphabétique (vers 6 ans environ) : Chaque signe graphique représente un phonème de la langue. L'orthographe restera encore à améliorer pour maîtriser le système écrit.

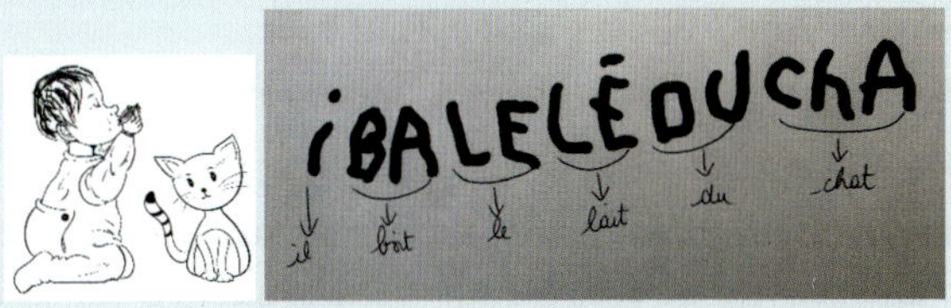

PROPOSITION DE CORRIGÉ

1 Analyse du corpus

L'extrait du guide national (**document 1**) expose les recommandations didactiques liées aux dernières recherches sur l'enseignement de la lecture et de l'écriture. Le rôle de la maternelle est primordial. Il ne s'agit pas d'y enseigner systématiquement les correspondances graphèmes-phonèmes (c'est là l'enseignement spécifique du CP), mais d'amener les élèves à développer les habiletés nécessaires aux apprentissages ultérieurs. Pour cela, dès la petite section, les enfants vont être sensibilisés à la connaissance des lettres, de leur forme, de leur nom et de leur correspondance phonique : ils développeront progressivement la conscience phonologique. Cet enseignement sera mené en parallèle de l'apprentissage du geste d'écriture.

Le **document 2. 1.** présente les quatre stratégies que les enfants peuvent utiliser et que les enseignants encourageront en grande section pour amener les élèves à écrire des mots (en MS) ou des messages (en GS).

Le **document 2. 2.** montre que l'élève doit comprendre que le message oral constitue un outil à analyser pour pouvoir être écrit. Les apports culturels tels que les lectures offertes, le travail autour de la compréhension de textes et l'enseignement du lexique, contribuent également à la conscientisation de ce lien oral-écrit. Les productions d'écrits réalisées seront contextualisées dans la vie de la classe.

Par ailleurs, la maîtrise du geste graphique en lettres cursives ne sous-entend pas que l'élève maîtrise la connaissance des lettres.

La méthode VIP de Mireille Brigaudiot (**document 3**) doit être utilisée à chaque situation d'écriture de mot, avec un retour immédiat par l'enseignant sur la production de l'élève.

Le **document 4** présente les stades progressifs de conceptualisation de l'écrit. Ceux-ci montrent qu'il est nécessaire de respecter le rythme de chaque enfant. Il s'agira pour l'enseignant d'analyser les productions des élèves afin de déterminer leur niveau de conceptualisation.

2 Présentation de la séquence

■ **Niveau de classe :** Grande section

■ **Domaine :** Mobiliser le langage dans toutes ses dimensions – l'écrit

■ **Place de la séance dans la séquence :**

◗ **Séance n° 1 :** La démarche d'écriture essayée s'inscrit dans un projet d'écriture explicite, en lien avec une activité de classe. Dans cette séquence, les enfants sont amenés à raconter à leur famille un fait, un évènement, une activité vécu lors d'une visite à la ferme.
La première séance est consacrée à la présentation du projet, à l'explicitation de la consigne, des critères de réussite, à l'identification des besoins et des ressources pour accomplir la tâche (alphabet, dictionnaire de classe, affichage, boîtes à mots, cahier de poésies, etc.). Cette situation se déroule uniquement à l'oral pour recueillir les propositions des enfants. Pour les aider à élaborer oralement une phrase correcte, l'enseignant peut proposer une trame, par exemple : « à la ferme, j'ai… » ou « à la ferme, j'ai bien aimé… » ou « à la ferme, j'ai préféré… », etc.
L'enseignant prend des notes qu'il conservera pour la séance de production d'écrits.

◗ **Séance n° 2 :** Il s'agit de la séance d'écriture du message par les élèves.

◗ **Séance n° 3 :** Chaque enfant recopie son message final à destination de sa famille et l'illustre par une production plastique ou à l'aide d'un outil numérique.

3 Proposition de leçon : séance n° 2 de la séquence

■ **Objectif de la leçon :** Rédiger un message destiné aux parents racontant ce que l'on a préféré dans la visite à la ferme.

■ **Compétences mobilisées par l'élève :**

- communiquer une information sur un sujet précis ;
- participer verbalement à la production d'un écrit ;
- écrire un message seul en utilisant ses propres connaissances ou les outils disponibles.

■ **Matériel utilisé :** Une feuille de couleur par élève, le cahier d'écrivain, un crayon de bois, une gomme, un stylo.

■ **Organisation :** Atelier dirigé par l'enseignant en groupes restreints.

■ **Déroulement de la séance :**

◗ **Situation 1 :** Rappel de la séance n° 1.
L'enseignant rappelle aux enfants les messages qu'ils avaient proposés d'écrire à leur famille.

◗ **Situation 2 :** Recherche individuelle.
Chaque élève choisit le message qu'il souhaite écrire et l'oralise à nouveau. Il essaye ensuite d'écrire son message. L'enseignant observe et reste à la disposition des élèves : il les invite à écrire le mot comme ils le pensent, à utiliser les référents de la classe, à copier un mot sur un modèle, à frapper les syllabes. Il fait verbaliser les stratégies et les procédures. Il accompagne pas à pas et rend lisible le lien graphie-phonie.

◗ **Situation 3 :** Présentation des productions.
Chacun à leur tour, les élèves présentent à l'enseignant ce qu'ils ont écrit. Celui-ci valorise chaque production. Puis, il interprète ce que l'élève a voulu écrire (« je sais comment tu as fait pour écrire… »). Il centre l'attention sur la correspondance graphophonologique ayant posé une difficulté. Il pose alors l'écart avec l'écrit normé (« mais ce n'est pas tout à fait comme cela qu'il faut l'écrire. Pour écrire… il faut… ») (voir document 3).
L'enseignant écrit sous la production de l'élève le texte correctement orthographié. L'élève va ensuite recopier le message correct pour stabiliser la connaissance.

■ **Variables didactiques, points d'attention pédagogique et gestes professionnels :** L'enseignant se doit d'utiliser un vocabulaire rigoureux et spécifique, qui renvoie aux activités de l'élève (dire, expliquer, écrire, copier), mais aussi pour désigner les objets de travail sur lesquels portent ces activités (une lettre, une syllabe, un mot, une phrase). Il accompagne l'élève en organisant l'espace (organisation et utilisation du coin écrivain) et en veillant également à adopter la bonne posture. L'écriture essayée ne peut être envisagée sans une progression rigoureuse des séances d'apprentissage de la conscience phonologique et du principe alphabétique depuis la petite section.

www.lienmini.fr/11412-cycle1-conscience

■ **Bilan/prolongement :** Ce type de séquence doit être réalisée très régulièrement. C'est en produisant de l'écrit que l'élève percevra le fonctionnement de la langue. Il apprendra alors à lire beaucoup plus facilement.

4 Questions possibles du jury

A. Questions disciplinaires

a. Pouvez-vous donner les différentes fonctions du langage ?

Le langage est le pivot des apprentissages et de la vie de l'école. Le langage est avant tout un instrument de communication. Il complète des systèmes tels que l'expression et les mouvements du visage, les gestes, les postures. Le langage est également un instrument du développement et de la construction de soi : l'enfant peut exprimer ses besoins, ses sentiments, ses émotions ; entrer en relation et exercer un pouvoir sur autrui ; accéder à des connaissances. C'est aussi un instrument de représentation du monde (rôle du lexique ; accéder à la pensée de l'autre).

b. Le graphisme est-il de l'écriture ?

Les exercices graphiques, même s'ils n'ont pas pour première mission de former la main de l'enfant à l'écriture, permettent le développement de fonctions nécessaires à la maîtrise de toute activité graphomotrice. L'enseignant doit veiller à rendre lisible la différence entre ces deux activités. Le graphisme c'est l'étude, la reproduction et la production de lignes, motifs, et formes, l'exploration d'organisations spatiales, pour construire des habiletés perceptives et motrices. L'écriture c'est la reproduction et la production de mots, de textes selon les codes et les règles de la langue écrite, pour produire du sens et communiquer.

B. Questions didactiques

a. Qu'est-ce que le ductus des lettres ?

Le ductus est le sens d'écriture des lettres, l'ordre et la direction selon lesquels on trace les traits qui composent la lettre. Il doit être enseigné explicitement et respecté afin de faciliter le tracé de la lettre mais aussi les ligatures entre elles. Un bon ductus favorise la rapidité d'écriture. Une harmonisation en équipe est nécessaire pour s'accorder sur un ductus commun. Le document ressource Éduscol intitulé « La forme des lettres » peut être utilisé dans ce cadre.

www.lienmini.fr/11412-forme-lettres

b. Est-il pertinent d'utiliser les prénoms de la classe comme support pour l'écriture essayée (dictée de prénoms) ?

Certains prénoms complexes ne seront pas utilisables comme support pour réaliser une séance d'écriture essayée. Ils peuvent être très longs, comporter des lettres complexes ou des correspondances graphème/phonème différentes des correspondances régulières de la langue française : Ashley, Glawdys, John, Kimberley, etc. Pour ces séances, il conviendra de choisir des prénoms faciles à écrire (Léo, Zoé, Manon, etc.).

C. Questions pédagogiques

a. Pourquoi créer un espace écrivain ?

La création d'un espace écrivain permet de donner du sens à cette activité. Les élèves pourront disposer des différents outils et supports qui leur permettront de travailler en autonomie. Cet espace sera aménagé avec une ou plusieurs tables, divers outils d'écriture (stylos-billes de couleur, crayons, portemines, stylos à encre, porteplumes et encre, etc.), différents papiers (feuilles diversifiées quadrillées, lignées, papier calque ou transparent, carnets, petits cahiers, agendas, etc.), mais aussi des ardoises, un tableau noir, des craies. Selon les possibilités, un ordinateur et une imprimante, une tablette numérique, ou simplement une machine à écrire, des boîtes contenant des lettres, des mots, des locutions, des textes, des écrits rencontrés au cours des projets, peuvent également être mis à disposition des élèves. S'y trouvent aussi des affichages : le tableau de correspondance des graphies, différentes écritures (des écrits anciens, des enluminures, des lettrines, des calligraphies, des exemples d'écritures égyptienne, chinoise, des photos de scribes, au gré des découvertes).

b. Dans quel type d'écriture un élève doit-il réaliser ses essais d'écriture ?

L'écriture en capitales est plus facile graphiquement. Les élèves abordent l'écriture cursive en GS, de façon systématisée, lors des séances d'apprentissage dirigé du geste d'écriture. Dans le cadre des séances d'écriture essayée, les élèves doivent être libres de choisir le type d'écriture dans lequel ils se sentent le plus à l'aise. Au même titre que la production d'écrit, le geste d'écriture est un apprentissage complexe. Il n'est pas pertinent de cumuler les difficultés en imposant le tracé des lettres en cursive.

Sujet 6 L'oral (GS)

Consignes page 85.

DOSSIER

DOCUMENT 1 : Extrait des programmes et attendus de fin de cycle

1. 1. Programme d'enseignement de l'école maternelle : annexe-modification ; *BO* n° 25 du 24-06-2021

« ***Échanger et réfléchir avec les autres***

Les moments de langage à plusieurs sont nombreux à l'école maternelle : résolution de problèmes, prises de décisions collectives, compréhension d'histoires entendues, etc. Il y a alors argumentation, explication, questions, intérêt pour ce que les autres croient, pensent et savent. L'enseignant commente alors l'activité qui se déroule pour en faire ressortir l'importance et la finalité.

L'école demande régulièrement aux élèves d'évoquer, c'est-à-dire de parler de ce qui n'est pas présent (récits d'expériences passées, projets de classe, etc.). Ces situations d'évocation entraînent les élèves à mobiliser le langage pour se faire comprendre sans autre appui, elles leur offrent un moyen de s'entraîner à s'exprimer de manière de plus en plus explicite. Cette habileté langagière relève d'un développement continu qui commence tôt et se poursuit pendant toute l'enfance. Le rôle de l'enseignant est d'induire du recul et de la réflexion sur les propos tenus par les uns et les autres.

En complément des situations d'évocation, il est également possible de pratiquer en classe des activités de description, à l'oral, d'un objet, d'une image, d'une action, pour exercer les élèves à l'observation attentive et à l'ajustement du vocabulaire qui sera progressivement enrichi. »

1. 2. Ce qui est attendu des enfants en fin d'école maternelle [pour cette notion]

« – Communiquer avec les adultes et avec les autres enfants par le langage, en se faisant comprendre.
– S'exprimer dans un langage oral syntaxiquement correct et précis.
– Reformuler son propos pour se faire mieux comprendre.
– Pratiquer divers usages de la langue orale : raconter, décrire, évoquer, expliquer, questionner, proposer des solutions, discuter un point de vue. »

DOCUMENT 2 : Extrait de la note de service n° 2019-084 du 28-5-2019 « L'école maternelle, école du langage »

« En situation scolaire, le langage correspond aux activités de compréhension (écouter, lire) et aux activités de production (parler, écrire). L'appropriation par les élèves d'un

langage oral riche, organisé et compréhensible requiert la mise en œuvre d'un enseignement structuré et systématique.
L'enfant apprend à parler principalement avec l'adulte. L'apprentissage par les pairs n'est pas suffisant, et l'échange avec un adulte, attentif au maintien de l'attention de l'enfant, est beaucoup plus efficace. Sollicités et stimulés par les professeurs qui ont à leur égard une exigence adaptée, les élèves affinent leur capacité à parler et à comprendre, dans des situations de jeu, d'action, d'exploration et de vie quotidienne au sein de la classe. [...]
L'appropriation des structures syntaxiques fait l'objet [...] d'une attention quotidienne et structurée. Elle se développe dans le cadre de toutes les activités de la classe, par une approche transversale mais fait aussi l'objet de séances spécifiquement dédiées, avec des objectifs définis et précis. Les élèves sont régulièrement mis en situation fonctionnelle de produire des phrases simples, affirmatives ou négatives, qui relèvent de différents types : déclaratives, interrogatives, exclamatives, impératives. Progressivement, les élèves sont entraînés à effectuer des enchaînements de phrases de plus en plus complexes. »

DOCUMENT 3 : Exemple de phrase-message

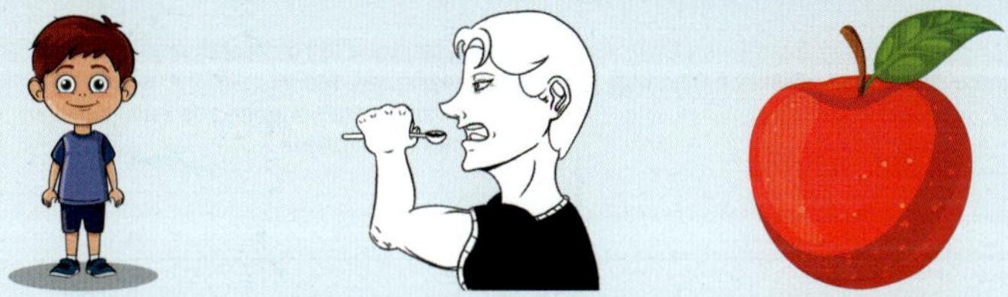

Le petit garçon | mange | une pomme

Illustration centre : Zoé Merlot

DOCUMENT 4 : Ressources Éduscol

4. 1. Dossier « Ressources maternelle – Mobiliser le langage dans toutes ses dimensions – Partie I - L'oral - Ressources pour la classe, Activités ritualisées », p. 15

Activités ritualisées de description : les tracés

Les propositions ci-dessous sont purement illustratives d'exemples d'activités possibles.

Propositions d'activités 1 :

Dictée de tracés à l'enseignant pour dessiner **une forme** ou un **motif** simple.

Matériel :

Fiches plastifiées avec des formes et des motifs simples extraits de dessins d'enfants, de tissus, d'illustrations, etc.

Tâches langagières travaillées :

But de la tâche des élèves : Faire tracer le motif affiché.

Décrire la succession des gestes à réaliser en indiquant :

- le point de départ : en haut, en bas, d'un côté, de l'autre ;
- la forme des lignes à tracer : trait, rond, spirale, arc ;
- l'orientation à donner à chacune de ces lignes.

Ministère de l'Éducation nationale, de la Jeunesse et des Sports / éduscol : https://eduscol.education.fr/105/mobiliser-le-langage-dans-toutes-ses-dimensions

4. 2. Dossier « Ressources maternelle – Mobiliser le langage dans toutes ses dimensions – Partie I - L'oral - Tableaux d'indicateurs », p. 11

	Comportements observables lors de la mise en place d'un apprentissage de l'oral	Indicateurs de progrès dans le cycle L'enfant…
Reconnaissance des conduites	Prégnance de l'agir et utilisation d'un oral pratique	Repère et distingue les différents enjeux : raconter, expliquer, décrire. Anticipe et nomme la conduite : *Je vais raconter …/ C'est moi qui explique…*
Cohésion et cohérence	La syntaxe au niveau phrastique se limite : • à des « mots phrases » (ex : piquer à pour piquer la fourchette dans la pêche) ; • à des juxtapositions de mots ; • à un groupe nominal simple (i pour il) et un groupe verbal simple. • L'enfant ne prend pas en compte ses interlocuteurs dans leur énonciation. • Il relate et raconte sans indiquer celui ou celle dont il relate les paroles. • Il se limite à l'utilisation du présent de narration et du présent progressif pour relater ou raconter un événement, une histoire. • Il juxtapose les informations dans la logique de l'événement mais sans jamais expliciter grammaticalement cette articulation.	Organise la syntaxe au niveau phrastique : • phrases déclaratives avec un groupe nominal et un groupe verbal ; • phrases avec expansion du groupe nominal (adjectif/relative/complément du nom) ; • phrases avec expansion du groupe verbal (COD/COI) ; • phrases avec GN + GV + complément de phrases (compléments circonstanciels : temps, lieu, cause, conséquence …) ; • phrases complexes avec propositions subordonnées. Prend en compte le récepteur dans l'énonciation. Alterne récit et dialogues en introduisant correctement les dialogues et nommant la personne/personnage qu'il fait parler. Utilise le système des temps approprié dans la conduite discursive en jeu. Par exemple, imparfait, passé simple (il prendit, il prenda …) dans le récit. Enchaîne deux ou trois phrases. Emploie des connecteurs en fonction de la nature séquentielle du discours (chronologie, causalité, etc.).
Lexique	Il relate, décrit ou explique à l'aide de phrases très simples avec le minimum de lexique et des verbes peu précis : *faire / mettre / aller* ; *renverser* pour dire *verser…*	Utilise un lexique précis, travaillé en amont, lors de l'apprentissage : nom/verbe/adjectif/mots grammaticaux.

Ministère de l'Éducation nationale, de la Jeunesse et des Sports / éduscol : https://eduscol.education.fr/105/mobiliser-le-langage-dans-toutes-ses-dimensions

PROPOSITION DE CORRIGÉ

1 Analyse du corpus

Le **document 1. 1.** est un extrait du programme de l'école maternelle dans le domaine « Mobiliser le langage dans toutes ses dimensions ». Il montre notamment l'intérêt de pratiquer des activités de description pour amener l'enfant à s'exprimer de manière correcte et précise pour se faire comprendre d'un interlocuteur.

Le **document 1. 2.** indique qu'à la fin de l'école maternelle, un élève doit être capable de décrire une image en construisant une phrase correcte et compréhensible pour un récepteur.

Le **document 2** est un extrait de la note de service de mai 2019. Ce texte indique qu'il est nécessaire de programmer des séances de langage structurées avec des objectifs langagiers précis. Il insiste également sur l'importance d'amener les élèves à construire des phrases de plus en plus élaborées.

Le **document 3** présente un exemple de phrase-message proposée par un élève émetteur, par exemple, « Le petit garçon – mange – une pomme. » dans le cadre d'un jeu.

Le **document 4. 1.** est issu du document Ressources maternelle Éduscol intitulée « L'oral - Ressources pour la classe, Activités ritualisées ». Il présente une activité ritualisée qui amène les élèves à décrire un tracé. Le fait de proposer une activité ritualisée, c'est-à-dire, une situation dont le but, la consigne, les modalités, le déroulement, les exigences sont connus, permet aux élèves de fixer leur attention sur leur production orale : la syntaxe, le lexique, l'expression.

Le **document 4. 2.**, issu du même document Ressources maternelle, précise les indicateurs de progrès d'un élève et les observables dans le cadre de l'enseignement de l'oral.

2 Présentation de la séquence

- **Niveau de classe :** Grande section
- **Domaine :** Mobiliser le langage dans toutes ses dimensions
- **Place de la séance dans la séquence :** Il s'agit d'une séquence filée. À plusieurs reprises, dans l'année scolaire, l'enseignant proposera ce type de jeu aux élèves avec des cartes différentes (photos des élèves, personnages, des images d'actions différentes, des objets, des lieux, etc.). L'objectif est d'amener l'élève à construire des phrases de plus en plus élaborées et précises. Cette activité ritualisée, comme celle présentée dans le document 4. 1., dont l'objectif, les modalités d'organisation, les critères d'évaluation sont connus dès le départ, permet aux élèves de fixer leur attention sur la construction du message oral.

3 Proposition de leçon

- **Objectif de la leçon :** Construire et énoncer une phrase syntaxiquement correcte.
- **Compétences mobilisées par l'élève :** Pratiquer divers usages du langage oral : raconter, décrire, évoquer, expliquer, questionner, proposer des solutions, discuter un point de vue.
- **Matériel utilisé :** Trois jeux de cartes par enfant :
  - un jeu avec des images ou des photos de personnages connus des élèves ;
  - un jeu avec des images ou des photos symbolisant des actions de la vie quotidienne (manger, boire) ;
  - un jeu avec des images ou des photos d'objets, d'aliments, de jouets ;
  - un « paravent » pour cacher l'émetteur.

Il s'agit d'une activité orale. Le nom du personnage, de l'objet n'est pas écrit sous l'image sur la carte.

- **Organisation :** Groupe de cinq à six élèves autour d'une table. Un émetteur et des récepteurs.
- **Déroulement de la séance :**

Situation 1 : Présentation de l'activité : il s'agit du « jeu du message ».
Chaque joueur dispose devant lui de trois jeux de cartes. L'élève émetteur, caché des autres joueurs, pioche trois cartes : un personnage, une action, un objet. Il dispose les trois cartes devant lui dans l'ordre de la lecture et doit construire oralement le message oral. Exemple de phrase simple : « Le petit garçon mange une pomme. » (voir document 3). L'émetteur doit prendre en compte ses interlocuteurs dans son énonciation.

Situation 2 : Écoute et recherche individuelle.
Les élèves récepteurs écoutent le message, cherchent les trois images dans leur jeu de cartes puis reconstituent la phrase de l'émetteur en les plaçant devant eux dans l'ordre de la lecture.

Situation 3 : Validation collective.
L'enseignant demande ensuite à l'élève émetteur d'énoncer à nouveau son message. Les élèves récepteurs vérifient si leur phrase correspond à celle de l'émetteur. La validation s'effectue ensuite par comparaison des productions des récepteurs avec celle de l'émetteur. L'erreur fait partie de la construction du savoir. Lorsque l'émetteur ou les récepteurs ont commis une erreur, l'enseignant amènera le groupe à la corriger. Cette erreur permettra :

- à l'émetteur de prendre conscience qu'il est important d'être précis (syntaxe, lexique) pour que le message soit compris ;
- au récepteur de prendre conscience qu'il est nécessaire d'écouter attentivement le message pour être capable de sélectionner les cartes correspondantes et de reconstituer la phrase.

- **Variables didactiques, points d'attention pédagogique et gestes professionnels :** Les enfants possèdent des compétences plus ou moins installées pour

effectuer cette tâche langagière. L'enseignant se place en observateur dans un premier temps et apporte son aide si besoin en reformulant ou en précisant le message.
Pour les élèves en réussite, il est possible de complexifier le message en y ajoutant un élément. Ex. : le petit garçon mange une pomme et une poire ; Léo donne une poupée et une voiture.

- **Bilan/prolongement :** Cette situation demande à être très fréquemment proposée aux élèves afin de renforcer leurs compétences langagières. D'autres activités de ce type peuvent être proposées. Par exemple, en salle de motricité, un élève énonce une action qu'un autre élève doit réaliser (ex. : « tu dois monter sur le banc », « tu dois aller dans le cerceau »).

4 Questions possibles du jury

A. Question disciplinaire

a. Comment un enfant apprend-il à parler ?

Avant un an, l'enfant apprend à interagir avec son entourage d'abord par des pleurs, des mimiques, puis il va progressivement échanger grâce au langage.

Vers 18 mois, l'enfant va produire beaucoup de nouveaux mots (explosion lexicale). Il connait plus de mots qu'il n'en produit. Il va d'abord combiner deux mots (« doudou tombé »). Vers 3/4 ans, l'enfant utilise le « je » et produit des phrases de plus en plus longues et de plus en plus complexes.

Vers 4/5 ans, l'enfant commence à produire des récits et utilise les pronoms personnels. L'enfant tient des conversations, pose des questions, demande des explications.

Vers 5/6 ans, les récits sont plus structurés avec des phrases de plus en plus complexes. La conscience phonologique s'installe.

B. Questions didactiques

a. Comment enseigner le langage à l'école maternelle ?

Il est important, dans un premier temps, de créer un contexte favorisant le développement du langage chez le jeune enfant en variant les dispositifs qui incitent les élèves à prendre la parole, et en variant également les sujets des échanges : par exemple, effectuer des retours sur une activité vécue (séance de motricité, sortie, lecture d'un album, etc.).

L'aménagement de l'espace classe, et notamment l'installation d'espaces d'imitation, favorisent également les interactions entre pairs et les apprentissages langagiers.

b. Quelle est la différence entre le langage en situation et le langage décontextualisé ?

Le langage en situation, c'est le langage qui accompagne immédiatement l'action. L'enfant agit et s'exprime en même temps. Le langage décontextualisé est quant à lui décroché du faire. Il est plus précis. Il est nommé aussi langage scriptural, c'est-à-dire que c'est un oral dans une forme adaptée pour être écrit. Ce langage recouvre les formes d'oral requises par l'école : raconter, décrire, évoquer, expliquer, questionner, proposer des solutions, discuter un point de vue. Accéder à la maîtrise du langage scriptural nécessite un apprentissage explicite.

C. Question pédagogique

a. Quelles sont les deux approches pour enseigner le langage en classe ?

Les deux approches possibles pour enseigner le langage en classe sont :

- une approche intégrée : ce n'est pas l'objectif prioritaire de la séance. Dans ce cas, le langage est un outil. Par exemple : un enfant lance une balle dans un cerceau. Son enseignant lui demande comment il a fait. L'enfant montre son geste et peut répondre « j'ai fait comme ça ». L'objectif pour l'enseignant est de transformer le « comme ça » en un énoncé qui décrit précisément le geste moteur réalisé pour réussir ;
- la mise en place de moments structurés et programmés : les objectifs langagiers sont développés pour eux-mêmes. Les séances se conduisent en groupes restreints. Les enfants doivent comprendre « qu'apprendre l'oral » demande un effort. Il faut se concentrer et être attentif pour utiliser les mots justes, construire des phrases correctes et être compris par les autres.

Sujet 7 L'apprentissage du code (CP)

Consignes page 85.

DOSSIER

DOCUMENT 1 : Extrait du *BO* n° 31 du 30 juillet 2020

« Lecture et écriture sont deux activités intimement liées dont une pratique bien articulée consolide l'efficacité. [...] Au CP, les élèves pratiquent, de manière concentrée dans le temps, des activités sur le code de l'écrit dont ils ont eu une première expérience en GS. Il s'agit pour les élèves d'associer lettres ou groupes de lettres et sons, d'établir des correspondances entre graphèmes et phonèmes. L'apprentissage systématique de ces correspondances est progressivement automatisé à partir de phrases et de textes que les élèves sont capables de déchiffrer. Ces activités de lecture, menées conjointement aux activités d'écriture, doivent être régulières et structurées. Ce sont des « gammes » indispensables pour parvenir à l'automatisation de l'identification des mots à la fin de l'année. L'automatisation du code alphabétique doit être complète à la fin du CP. [...]

Attendus de fin de cycle :

- Identifier des mots rapidement : décoder aisément des mots inconnus réguliers, reconnaître des mots fréquents et des mots irréguliers mémorisés. [...]

Connaissances et compétences associées :

En lien avec l'écriture : décodage associé à l'encodage, l'analyse de la langue et le vocabulaire

- savoir discriminer de manière auditive et savoir analyser les constituants des mots (conscience phonologique) ;
- savoir discriminer de manière visuelle et connaître le nom des lettres ainsi que le son qu'elles produisent ;
- établir les correspondances graphophonologiques ; combinatoire (produire des syllabes simples et complexes) ;
- mémoriser les composantes du code ;
- mémoriser des mots fréquents (notamment en situation scolaire) et irréguliers. »

DOCUMENT 2 : Ressources Éduscol

2. 1. Extrait du guide *Pour enseigner la lecture et l'écriture au CP*, p. 78

« Focus / La mise en œuvre d'une leçon de lecture-écriture

La démarche présentée est syllabique et le point de départ de l'apprentissage est le graphème. Elle permet aux élèves, par l'apprentissage structuré qui la caractérise, un meilleur accès au sens tout en construisant l'orthographe lexicale et grammaticale.

Le type de séquence présenté est identique tout au long de l'année avec une progression quant au volume de texte à lire. Il est important de rappeler que le principe de déchiffrabilité, capacité des élèves à lire tous les mots sans qu'ils ne soient confrontés à des graphèmes inconnus, est essentiel dans la démarche proposée et représente la condition du succès.
Ce principe aide fortement les élèves les plus fragiles à l'entrée au CP et montre des réussites importantes que formulent les professeurs qui enseignent la démarche syllabique. Ils relèvent une efficacité bien supérieure à la démarche mixte qu'ils utilisaient auparavant.
Nous proposons ici une leçon qui intègre toutes les dimensions utiles à l'apprentissage :

- l'apprentissage des correspondances entre lettres et groupe de lettres (graphèmes) et les sons (phonèmes) ;
- le vocabulaire ;
- la lecture de phrases et de textes ;
- la copie et la dictée pour aider à la lecture et favoriser la mémorisation de l'orthographe lexicale et grammaticale ;
- la compréhension ;
- l'entraînement des élèves pour automatiser.

L'avantage d'un apprentissage de la lecture qui intègre toutes les dimensions au sein d'un même outil, le manuel, est de permettre une cohérence d'ensemble. Un autre avantage est la gestion du temps. En effet, ce fonctionnement allège à la fois le travail des élèves et celui des professeurs. Ceux qui s'engagent dans cette démarche expriment un rythme de travail respectant mieux les élèves.
Le travail doit être régulier et fréquent. Il intègre l'étude du principe alphabétique qui veut qu'à une lettre isolée ou à un groupe de lettres (graphèmes) correspond un son (phonème), la lecture à voix haute et l'écriture. Il suit strictement la progression choisie.
Les dix heures prévues par le programme pour enseigner le français sont à verser intégralement à l'apprentissage de la lecture dans toutes les dimensions exposées ici.
L'apprentissage des correspondances graphèmes-phonèmes suit une progression qui doit être fixée dès le début de l'année, afin que, dans chaque leçon, on ne trouve que des mots entièrement déchiffrables, ce qui exclut forcément les graphèmes non encore étudiés à chaque moment de cette progression. »

Ministère de l'Éducation nationale, de la Jeunesse et des Sports / éduscol : https://eduscol.education.fr/1486/apprentissages-au-cp-et-au-ce1

2. 2. Fiche ressource « La mise en œuvre de l'enseignement de l'écriture cursive », p. 5

« Le rôle de l'enseignant

L'enseignement de l'écriture est régulier, progressif. Au cycle 2, l'enseignant doit viser un apprentissage quotidien et ritualisé pour les élèves en respectant quelques principes :

- présenter la nouvelle lettre, en faire nommer la ou les formes par les élèves ;
- la tracer devant les élèves en renommant la ou les forme(s) ;
- écrire un mot ou une phrase devant les élèves en lisant au fur et à mesure ce qu'il écrit ;
- s'assurer qu'il est bien vu de chacun (se mettre de trois quarts par rapport au tableau ou utiliser le numérique : TBI, tablettes, ordinateur) ;

- ralentir la vitesse d'écriture pour laisser aux élèves le temps de voir naître l'écriture et d'anticiper sur le tracé suivant ;
- se donner les moyens d'observer l'élève en action d'écriture, d'apprentissage, de réinvestissement et d'entraînement ;
- si la forme de la nouvelle lettre n'a pas été comprise, la tracer de nouveau au tableau en la commentant, c'est-à-dire en nommant les formes qui la composent ;
- si l'enfant a de réelles difficultés motrices, lui guider la main pour amorcer, pour placer le bon geste, le bon sens de la trajectoire de la lettre ;
- les élèves devenus experts sont à même de repérer des défauts d'écriture.

L'enseignant peut leur demander d'examiner et de corriger leurs productions. Si des erreurs subsistent, il peut leur demander d'analyser et de commenter la lettre et/ou l'enchaînement inadapté et d'expliquer la bonne formation.

La mise en condition des élèves avant l'écriture est importante et l'enseignant sera attentif à obtenir une bonne écoute (recourir au préalable à des exercices de mise en situation favorisant un retour au calme), une bonne posture, un outil scripteur en bon état et facilitant le geste d'écriture (pas de crayon trop gros, de crayon de papier mal taillé, de stylo gadget...), une bonne tenue du crayon, une bonne inclinaison du support qui sera adapté à la situation proposée (ardoise, plan vertical, lignage adapté, grammage adapté...). »

Ministère de l'Éducation nationale, de la Jeunesse et des Sports / éduscol : https://eduscol.education.fr/149/francais-cycle-2-ecriture

DOCUMENT 3 : Extrait d'une dictée muette pour travailler l'encodage des mots

	J'écris	Je corrige

DOCUMENT 4 : Jeu du bang de la sorcière et jeu de la tapette à mouche

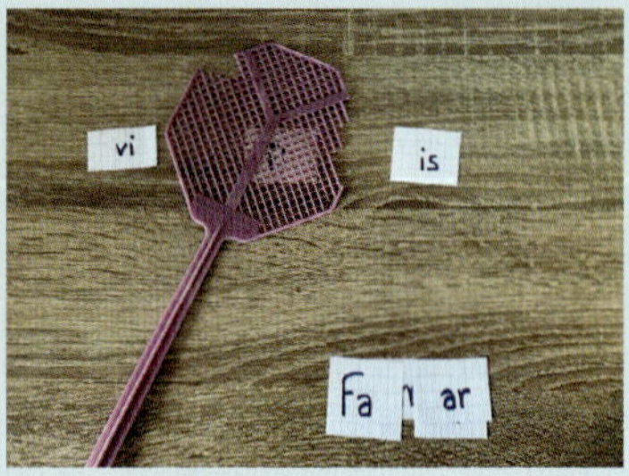

Photos : Jeanne Merlot

PROPOSITION DE CORRIGÉ

1 Analyse du corpus

Le *BO* (**document 1**) montre l'importance du lien entre les activités de lecture et d'écriture. Par ailleurs, il précise le rôle du CP : l'apprentissage systématique des correspondances graphèmes et phonèmes afin de déchiffrer, puis d'automatiser l'identification des mots.

Le guide de lecture et d'écriture (**document 2. 1.**) donne le point de départ de la séquence de code qui est le graphème. L'importance du principe de déchiffrabilité est soulignée, c'est-à-dire faire lire et écrire des syllabes, des mots, des phrases avec des graphèmes connus. Il indique aussi toutes les dimensions à travailler lors d'une séquence de code, notamment l'enseignement de l'écriture. L'importance du rôle de l'enseignant dans cet apprentissage quotidien et ritualisé est explicitée dans le **document 2. 2.**

Le **document 3** est un exemple de support de dictée pour travailler l'encodage de mots.

Le **document 4** présente deux jeux permettant un réinvestissement sur la lecture de syllabes afin d'automatiser.

2 Présentation de la séquence

- **Niveau de classe :** CP
- **Domaine :** Français
- **Référence au socle :** Domaine 1 : Les langages pour penser et communiquer : Comprendre, s'exprimer en utilisant la langue française à l'oral et à l'écrit
- **Place de la séance dans la séquence :**
  Remarque : Séquence « Le graphème F » : par rapport à la progression proposée par le guide *Pour enseigner la lecture et l'écriture au CP*, cette séquence arrive tôt dans l'année (environ en 4e semaine), après l'apprentissage des graphèmes a, é, i, o, u, l et r.

Séance n° 1 : Découverte du graphème, lecture et écriture de syllabes.

Séance n° 2 : Lecture et écriture de mots. L'enseignant fait lire des mots 100 % décodables aux élèves (exemples de mots : la fée – folie – affolé – fuir – affalé). L'utilisation du numérique peut être intéressante pour cette séance. L'enseignant peut préparer un diaporama où le mot est écrit, les élèves lisent. Puis l'image du mot apparaît, c'est l'occasion d'enrichir le vocabulaire des élèves. Pour les élèves qui éprouvent des difficultés, l'enseignant peut segmenter le mot en syllabes en les symbolisant avec des arcs. Il peut également griser les lettres muettes car nous sommes au début de l'apprentissage.
En parallèle, les élèves s'entraînent à copier des mots dans leur cahier.
L'enseignant attire l'attention des élèves sur l'enchainement des lettres dans le mot.
Après la copie, l'enseignant propose une dictée de mots. Afin de faciliter la différenciation pédagogique, on peut proposer des dictées muettes aux élèves (voir document 3). Les élèves avancent à leur rythme.
Même s'il est important de tenir compte du rythme de chaque élève, l'erreur doit être traitée rapidement et individuellement ou collectivement. Par exemple, plusieurs élèves peuvent écrire leur mot au tableau afin de confronter leurs propositions, d'échanger avec le groupe classe, et d'apporter les corrections nécessaires.

Séance n° 3 : Lecture d'une phrase et travail sur la compréhension. Comme nous sommes au début de l'apprentissage, l'enseignant propose une phrase très courte que les élèves sont en capacité de lire eux-mêmes. La lecture de phrases va permettre aux élèves d'apprendre qu'une phrase commence par une majuscule et se termine par un point. Par ailleurs, l'enseignant mènera un travail sur la compréhension de la phrase proposée.

Séance n° 4 : Dictée d'une phrase. Il s'agit de dicter une phrase dont les graphèmes ont été appris et que l'élève est capable d'écrire seul. Avant la dictée, l'enseignant mène une phase explicite pendant laquelle les élèves comptent le nombre de mots dans la phrase, d'espaces entre les mots, de syllabes dans les mots. Puis, ils écrivent la phrase. Lors de la correction, il est intéressant de relever les différentes graphies des mots écrits par les élèves, et de leur demander d'argumenter en expliquant pourquoi ils ne sont pas d'accord avec telle ou telle graphie.

Séance n° 5 : Production d'écrits. L'enseignant demande aux élèves d'inventer une phrase (puis progressivement des petites histoires) à partir d'un mot donné. Ensuite, les élèves dessinent leur histoire.

3 Proposition de leçon : séance n° 1 de la séquence

Objectifs de la leçon :

- connaître la correspondance graphème-phonème de la lettre f ;
- lire et écrire des syllabes simples et inversées.

Compétences mobilisées par l'élève :

- identifier des mots de manière de plus en plus aisée ;
- lire à voix haute ;
- copier ;
- passer de l'oral à l'écrit.

- **Matériel utilisé :** Ardoise lignée, cahier de copie et de dictée, crayon adapté, manuel de lecture, référent du graphème f.
- **Organisation :** Travail en collectif, puis individuel, puis en binôme.
- **Déroulement de la séance :**

Situation 1 : Découverte du graphème et lecture à voix haute de syllabes (collectif, oral).
L'enseignant annonce aux élèves qu'ils vont travailler sur un nouveau graphème. Il lit les syllabes écrites au tableau (100 % décodables). Il interroge les élèves sur le nom de la lettre commune à toutes ces syllabes, puis le son que produit cette lettre, le son [f]. L'enseignant introduit le référent du graphème f. Ensuite, les élèves lisent à l'unisson les syllabes. Puis, l'enseignant propose le « jeu du furet ». Il s'agit de faire lire les élèves à tour de rôle. Ce jeu permet de les faire lire individuellement et de corriger immédiatement les erreurs. Enfin, l'enseignant demande à plusieurs élèves de lire toute une ligne, en prêtant une attention particulière aux élèves en difficulté.

Situation 2 : Geste d'écriture et copie de syllabes (individuel, écrit).
Une fois le graphème découvert, les élèves vont apprendre la graphie de la lettre en minuscule cursive. L'enseignant explicite le tracé de la lettre f, en la réalisant en même temps au tableau. Les élèves peuvent s'entraîner d'abord sur leur ardoise lignée, ce qui permet à l'enseignant de corriger si nécessaire le tracé de la lettre. Ensuite, les élèves s'entraînent à copier des syllabes dans leur cahier de copie et de dictée. Pendant cette phase, l'enseignant est vigilant à la posture du corps et à la tenue du crayon (il est possible de proposer des guide-doigts aux élèves si nécessaire).

Situation 3 : Dictée de syllabes simples et inversées sur ardoise (individuel, puis collectif, écrit).
L'enseignant dicte une syllabe à la fois, les élèves écrivent sur leur ardoise (syllabes qui peuvent être dictées : fo – fi – af – fu – lé – fa). Lorsque les élèves lèvent leur ardoise, l'enseignant prend en compte les erreurs immédiatement.

Situation 4 : Lecture de syllabes dans le manuel (en binôme, oral).
L'enseignant fait relire les syllabes du manuel en binôme. Il peut prendre en charge les élèves les plus fragiles.

- **Variables didactiques, points d'attention pédagogique et gestes professionnels :** L'étude des correspondances graphèmes/phonèmes doit débuter dès la première semaine de CP, et un tempo rapide s'avère bénéfique à l'apprentissage du code et de l'écriture (il est préconisé un tempo de 14 ou 15 correspondances étudiées pendant les neuf premières semaines).
  L'enseignant doit distinguer le nom de la lettre et le son qu'elle produit (« quel bruit fait-elle ? ») : la lettre F a pour nom F et fait le son [f]. Pour épeler un mot, l'enseignant utilise le nom des lettres. De plus, l'enseignant doit être vigilant à la part de déchiffrabilité des mots et des textes à lire et à écrire (100 % déchiffrables en début d'année, 75 % vers le mois de décembre).
  Enfin, il est important de réfléchir à l'organisation pédagogique pour différencier : il est intéressant de mettre en place des ateliers afin de pouvoir travailler avec un nombre plus restreint d'élèves et surtout afin de répondre au besoin de chacun.

La différenciation pédagogique passe aussi par la présence des référents dans la classe et/ou leur mise à disposition des élèves. Sur ces référents, à chaque graphème est associé un mot référent avec son déterminant, le dessin du mot et éventuellement la photo du geste Borel-Maisonny qui lui est associé.

- **Bilan/prolongement :** En prolongement de cette séquence, l'enseignant pourra proposer aux élèves des jeux de réinvestissement : jeu de la tapette à mouche, jeu de loto, jeu du bang de la sorcière (voir document 4).
  Le déroulement de la séquence sera identique pour tous les graphèmes étudiés. Progressivement et en fonction des besoins des élèves, la lecture et l'écriture de syllabes vont diminuer pour laisser plus de temps à la lecture et l'écriture de mots, puis de phrases.

4 Questions possibles du jury

A. Questions disciplinaires

a. Pouvez-vous donner la définition d'un phonème ? D'un graphème ?

Le phonème est un son élémentaire de la langue parlée. Le graphème est une lettre ou une combinaison de lettres représentant par convention un phonème. En français, un phonème est souvent représenté par plusieurs graphèmes : par exemple, le phonème [f] peut s'écrire de deux façons : f ou ph. Certains graphèmes peuvent représenter plusieurs phonèmes : par exemple, la lettre s peut faire [s] ou [z].

b. Pouvez-vous expliquer le principe de déchiffrabilité ?

Le principe de déchiffrabilité indique que l'élève ne doit jamais être confronté au déchiffrage de graphèmes qui ne lui ont pas été enseignés. Pour connaître la part déchiffrable d'un texte, les enseignants peuvent utiliser la plateforme *Anagraph*, issue de l'enquête « Lire et écrire ». Elle permet aux enseignants, après avoir indiqué les graphèmes étudiés et les mots entiers mémorisés, de voir les graphèmes étudiés en rouge, les graphèmes non étudiés en noir et les mots entièrement mémorisés en vert. Un pourcentage de déchiffrabilité est alors donné, ce qui peut aider à prendre en compte cette dimension cruciale de l'apprentissage de la lecture.

B. Question didactique

a. Quel est le point de départ de la séquence : le graphème ou le phonème ?

Le point de départ de la séquence est le graphème : l'enseignant devra être vigilant à l'entrée phonémique de certains manuels. Cette entrée demande un effort de mémorisation beaucoup plus important. De plus, elle demande aux élèves de prendre conscience et d'abstraire les phonèmes alors que certains n'en sont pas encore capables.

C. Questions pédagogiques

a. À votre avis, pourquoi les erreurs des élèves ont une place importante dans l'apprentissage du code ?

L'erreur doit faire partie de l'apprentissage et en constituer une étape. L'enseignant doit veiller à ce qu'elle ne soit pas perçue négativement. De plus, il doit la traiter rapidement pour qu'elle ne s'enracine pas. La démarche « VIP » de Mireille Brigaudiot permet un traitement bienveillant de l'erreur. L'enseignant **V**alorise en donnant de la valeur à une production quelle qu'elle soit. Puis, il **I**nterprète « je vais lire ce que tu as écrit » et enfin, il **P**ose les écarts, « maintenant, je vais te montrer comment on écrit … ». Une fois le mot écrit, l'enseignant propose à l'élève de le réécrire.

b. Quels sont les gestes professionnels de l'enseignant lors des séances d'écriture ?

Lors d'une séance d'écriture, l'enseignant veille à la posture des élèves et à la tenue du crayon. Il observe ses élèves en train d'écrire et régule si besoin. Pour les élèves en difficulté, il peut leur guider la main pour réaliser le bon sens de la trajectoire de la lettre.

Tenue de l'outil

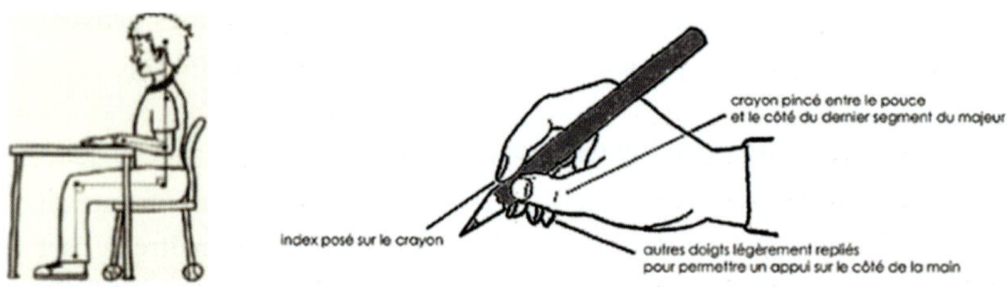

Illustrations tirées de la ressource Éduscol « Le geste d'écriture : principes et points de vigilance ». Elles peuvent être accrochées dans la classe.

Ministère de l'Éducation nationale, de la Jeunesse et des Sports / éduscol : https://eduscol.education.fr/134/cycle-1-ecriture-cursive

c. Combien d'heures sont dédiées au français dans les programmes de cycle 2 ?

Au cycle 2, 10 heures sont consacrées à l'enseignement du français.

Sujet 8 La production d'écrit (CP)

Consignes page 85.

DOSSIER

DOCUMENT 1 : Extrait du guide *Pour enseigner la lecture et l'écriture au CP*, Éduscol, p. 10

« Savoir écrire exige d'abord, de manière symétrique avec l'apprentissage de la lecture, de connaître les correspondances phonèmes-graphèmes pour produire, sous leur forme écrite, les mots connus d'abord oralement : on peut parler d'"encodage" pour l'écriture comme on a appelé "décodage" l'opération inverse qui consiste à aller des signes écrits vers les sons, ou phonèmes, pour retrouver les formes orales des mots. L'encodage suppose d'identifier les phonèmes qui constituent les mots puis de sélectionner les lettres ou graphèmes qui les transcrivent. Cette opération est plus difficile en français que dans d'autres langues où les mots s'écrivent comme ils se prononcent puisqu'un même son (par exemple /o/) peut s'écrire de plusieurs façons différentes (o, au ou eau) et qu'il existe de nombreuses lettres qui ne s'entendent pas (les doubles consonnes, les consonnes finales, et de manière générale, les marques grammaticales). [...]
Savoir écrire suppose donc, [...] la connaissance [...] de l'orthographe : l'orthographe lexicale qui suppose la mémorisation des formes écrites des mots et peut prendre appui sur l'analyse morphologique (radical, préfixe, suffixe, ce qu'on nomme la morphologie dérivationnelle) pour identifier des similarités et des régularités entre les mots ; l'orthographe grammaticale qui permet de savoir quels mots varient et comment, en fonction du contexte (ce qu'on nomme la morphologie flexionnelle). En français, un nombre important de ces variations ne sont pas audibles (un enfant, trois enfants ; un ciel bleu, une mer bleue ; tu joues, ils jouent). Pour appliquer les règles d'accord, il faut en outre reconnaître les catégories grammaticales des mots (l'accord du verbe ne fonctionne pas comme celui du nom et de l'adjectif) et les relations des mots dans la phrase (relations syntaxiques) pour savoir quel mot s'accorde avec quel autre.
Savoir écrire nécessite aussi une maîtrise du geste graphique, c'est-à-dire une capacité à former correctement les lettres en écriture cursive et à enchaîner leur tracé de manière suffisamment fluide et rapide. Cela suppose d'avoir appris à tenir de manière adéquate crayon ou stylo et à tracer les lettres en respectant un certain sens et une disposition spatiale, mais aussi que le geste graphique ait été suffisamment répété pour acquérir régularité, vitesse et fluidité, et développer ainsi des automatismes. C'est la condition pour libérer les ressources de mémoire et d'attention nécessaires à la rédaction. [...]
Savoir écrire c'est donc aussi savoir écrire un texte, savoir rédiger. Ces textes peuvent être de formes variées (récits, descriptions, comptes rendus, textes explicatifs ou argumentatifs, etc.) et relever, à l'école, des différentes disciplines. Cette dimension de l'écriture, qui permet de communiquer par écrit des contenus à un ou des destinataires, a bien sûr une

dimension langagière et linguistique : elle suppose de disposer d'un bagage lexical suffisant, de savoir construire et enchaîner des phrases de manière à produire un énoncé cohérent et compréhensible pour le destinataire, en respectant les normes de la langue écrite. Cela suppose aussi des connaissances sur la forme ou le genre de texte à écrire [...] Mais cette phase rédactionnelle particulièrement complexe doit avoir été préparée et anticipée, et ne peut se faire simplement en écrivant de manière linéaire. Même si la rédaction proprement dite génère et réorganise aussi les idées, elle doit être précédée et accompagnée d'un travail de réflexion sur le texte à produire (dans certaines modélisations de l'activité d'écriture, cette composante est appelée « planification ») [...] Le processus d'écriture comprend enfin une autre dimension qui consiste à revenir sur le texte produit, en cours d'écriture ou à la fin, pour l'évaluer, l'améliorer et le corriger si nécessaire. »

Ministère de l'Éducation nationale, de la Jeunesse et des Sports / éduscol : https://eduscol.education.fr/1486/apprentissages-au-cp-et-au-ce1

DOCUMENT 2 : Extrait des repères annuels de progression, cycle 2

Écriture (suite) – Écrire des textes en commençant à s'approprier une démarche (en lien avec la lecture, le langage oral et l'étude de la langue)

« Dans la continuité du travail de l'école maternelle sur les essais d'écriture, les élèves écrivent dès le début de l'année. Ils écrivent lors d'activités ritualisées : écrire un mot, un groupe de mots, une phrase du jour...
Avec le guidage fort du professeur, ils comprennent la démarche d'écriture de texte (les échanges préparatoires sont importants). Les propos des élèves encore trop peu autonomes peuvent être transcrits par le professeur. Ils apprennent explicitement la planification d'un écrit (réfléchir sur les idées, leur agencement, la chronologie, l'énonciation d'une phrase cohérente au niveau de la syntaxe, les répétitions...).
Les élèves rédigent des écrits courts porteurs de sens d'une à cinq lignes (éventuellement partie d'un écrit long) en articulation avec l'apprentissage de la lecture. Ils s'appuient sur les textes de lecture pour les transformer sur quelques points seulement. Ces textes constituent alors une matrice pour une activité qui articule copie et rédaction d'un texte neuf et cohérent. À l'oral, les élèves énoncent sans erreur les phrases qu'ils veulent écrire et retiennent la cohérence d'un court récit.
Les élèves rédigent des écrits longs (intégrés à des projets plus ambitieux et moins fréquents) sous la forme de dictée à l'adulte. »

Ministère de l'Éducation nationale, de la Jeunesse et des Sports / éduscol : https://eduscol.education.fr/137/attendus-de-fin-d-annee-et-reperes-annuels-de-progression-du-cp-la-3e

DOCUMENT 3 : Exemples de production d'élèves

3. 1. Exemple de production de phrase d'un élève issu de la fiche Éduscol « Des exemples de travaux d'élèves sur le long terme »

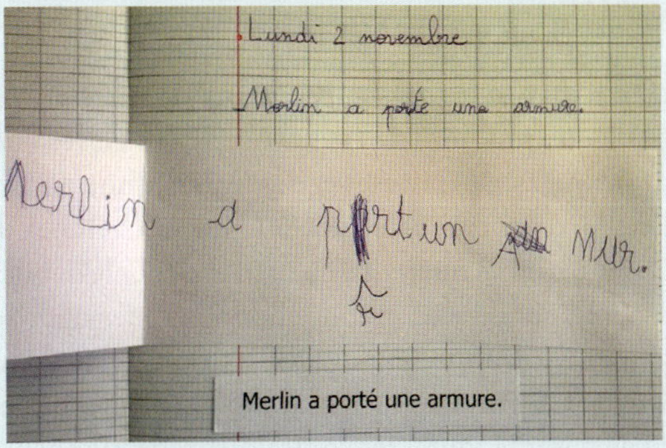

Ministère de l'Éducation nationale, de la Jeunesse et des Sports / éduscol : https://eduscol.education.fr/149/francais-cycle-2-ecriture

3. 2. Exemple de correction d'une production d'écrit

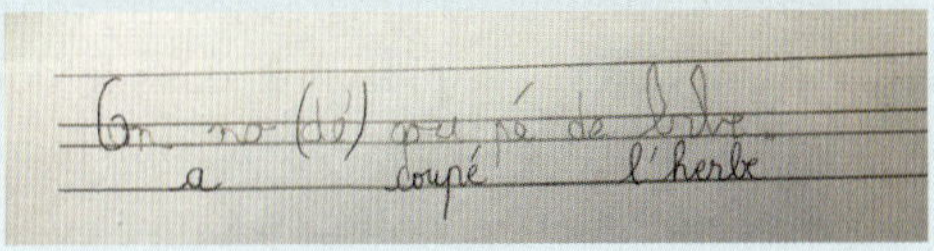

DOCUMENT 4 : Exercice « J'écris », extrait du manuel *À moi de lire ! CP*, Magnard, 2019, p. 19

J'écris

3 **Quel conseil donnerais-tu à Suzette pour qu'elle retrouve sa route ?**

Dictée à l'adulte

PÉRIODE 2 • Pas si bêtes !

PROPOSITION DE CORRIGÉ

1 Analyse du corpus

Le **document 1** est un extrait du *Guide pour l'apprentissage de la lecture et de l'écriture au CP.* Il explicite ce que signifie produire de l'écrit. Au CP, les élèves encodent des syllabes, puis petit à petit des mots, des phrases et des textes. Il ne s'agit pas, comme ils l'ont appris en maternelle, d'écriture tâtonnée où l'on va chercher des « morceaux » de mots à partir d'autres mots référents. Il s'agit, et ce dès le début de l'année, de faire fonctionner les correspondances graphophonologiques apprises lors des séances de lecture (voir Sujet 7 « L'apprentissage du code CP »). La pratique de la dictée à l'adulte se poursuit au CP pour amener les élèves à travailler l'élaboration de textes plus longs, prenant en compte toutes les contraintes rédactionnelles, allant de l'expression écrite à la rédaction organisée. La maîtrise du geste graphique et les connaissances de l'étude de la langue se travaillent en parallèle.

Dans le **document 2**, les repères annuels de progression reprennent les différentes formes d'écrits abordés par les élèves et présentés dans le document 1. Ils mettent en avant la nécessité de faire écrire les élèves quotidiennement.

Le **document 3. 1.** présente une production réalisée par un élève sur une bande de papier. Il l'a ensuite réécrite à partir d'une bande étiquette corrective.

Le **document 3. 2.** présente la correction apportée à la production écrite d'un élève. Dans celle-ci, nous voyons des mots modifiés, ajoutés sous la phrase de l'élève. Or un élève de cet âge n'est pas capable de relire sa phrase en regardant alternativement en haut et en bas. Il est nécessaire d'utiliser la gomme ou de réécrire la phrase dans sa totalité (ou d'utiliser une bande étiquette comme dans le document 3. 1.).

Le **document 4** montre que la dictée à l'adulte est toujours pratiquée en période 2. Elle peut bien entendu être pratiquée si nécessaire ou en fonction des objectifs fixés jusqu'à la fin de l'année.

2 Présentation de la séquence

- **Niveau de classe :** CP
- **Domaine :** Français
- **Référence au socle :** Les langages pour penser et communiquer : comprendre, s'exprimer en utilisant la langue française à l'écrit et à l'oral
- **Place de la séance dans la séquence :**

Séance n° 1 : Élaboration du projet d'écriture : avec l'aide de l'enseignant, les élèves apprennent explicitement la planification de l'écrit choisi : ils trouvent et organisent les idées qui vont être mises à l'écrit par la suite. Ces idées sont notées sur un support qui servira à chaque séance de production de l'écrit, soit pour le compléter, soit pour le modifier s'il ne correspond pas à ce qui avait été décidé au départ. Cette séance se fait en petits groupes homogènes afin de donner la parole à tous.

◗ **Séances n° 2 à 6 :** Mise en mots des idées sous forme de dictée à l'adulte, par petits groupes homogènes (2 séances), révision (2 séances), formalisation (voir Sujet 16 « La production d'écrit CM2 »).

◗ **Séance n° 7 :** Encodage d'une phrase sélectionnée par l'enseignant (ou de certains mots de la phrase selon le niveau des élèves).

3 Proposition de leçon : séance n° 7 de la séquence

■ **Objectif de la leçon :** Écrire un groupe de mots ou une phrase simple.

■ **Compétences mobilisées par l'élève :**
- mobiliser la connaissance des correspondances graphophonologiques ;
- orthographier correctement les mots fréquents et quelques formes verbales ;
- commencer à respecter les accords au sein du groupe nominal.

■ **Matériel utilisé :** Feuilles de papier prédécoupées, règle, crayon de bois, gomme, feutre.

■ **Organisation :** Travail individuel au sein d'un petit groupe.

■ **Déroulement de la séance :**

◗ **Situation 1 :** Recherche.
Les élèves, individuellement, comptent le nombre de mots qu'ils doivent écrire et tracent autant de lignes au feutre que nécessaire (ils doivent tracer de petites lignes lorsqu'il s'agit de petits mots à écrire et des lignes plus grandes pour les plus longs mots). Puis, ils écrivent les mots au crayon de bois sur ces lignes. L'enseignant est présent avec les élèves et aide ceux qui en ont besoin. Les élèves peuvent gommer si une erreur est commise.

◗ **Situation 2 :** Interprétation des résultats.
L'enseignant lit et valorise chaque production. Lorsque celles-ci ne sont pas conformes à l'écriture experte, il explicite à l'élève ce qu'il a réellement écrit et il lui montre ensuite l'écriture experte (méthode VIP de Mireille Brigaudiot, voir Sujet 7 « L'apprentissage du code CP »).

◗ **Situation 3 :** Correction.
Les élèves recopient la phrase correctement orthographiée sous le modèle donné par l'enseignant.

■ **Variables didactiques, points d'attention pédagogique et gestes professionnels :** L'enseignant veillera à favoriser un climat de classe bienveillant pour encourager tout essai d'écrit. Certains élèves peuvent penser ne pas être capables d'écrire car ils ne savent pas encore lire. Il sera nécessaire de leur faire comprendre que les deux activités sont liées et se renforcent l'une l'autre. Progressivement, des outils d'aide à la correction autonome seront créés. Pour les élèves les plus en difficulté, la quantité de mots à écrire sera réduite, mais il est nécessaire de faire écrire tous les élèves quotidiennement.

- **Bilan/prolongement :** Des séances quotidiennes de production d'écrits courts permettront aux élèves de s'entraîner à travailler les correspondances graphophonologiques étudiées en séances de lecture, et à mémoriser l'orthographe des mots. Exemple : la phrase météo du jour :

Des séances courtes de copie et de dictée renforceront également ces compétences.

4 Questions possibles du jury

A. Questions disciplinaires

a. Pouvez-vous expliquer ce qu'est la dictée à l'adulte et comment la pratiquer ?

Pour permettre à tous les enfants de participer, la dictée à l'adulte se pratique par petits groupes d'élèves aux compétences langagières homogènes. La tâche d'écriture doit être clarifiée (pour qui ? pour quoi ? comment ? ...).

« L'enseignant aide les élèves à passer d'une formulation orale à un message écrit, en respectant les règles, comme la non-reprise du pronom, la non-concordance des temps, etc. Ainsi se met progressivement en place un processus de complexification lexicale et syntaxique. [...] L'enseignant leur donne à voir, de façon concrète, le passage du langage oral à l'écrit, en transformant les paroles en signes et en se montrant en train de le faire. » (Dossier Éduscol Ressources maternelle « Mobiliser le langage dans toutes ses dimensions – Partie II .4 – Lien oral-écrit – Les dictées à l'adulte »)

www.lienmini.fr/11412-dictee-adulte

b. Au CP, comment se déroulent les séances d'apprentissage du geste d'écriture ?

« La leçon d'écriture ne peut être une activité autonome : la présence de l'enseignant est nécessaire tout au long de chaque séance tant que l'écriture n'est pas suffisamment maîtrisée. [...] on privilégiera des séances courtes (30 minutes, au moins jusqu'en décembre) mais quotidiennes. Le schéma type d'une séance d'écriture peut se décliner comme suit : l'enseignant présente la lettre, le son ou le mot à écrire et écrit devant les élèves ; les élèves sont invités à reproduire le tracé sur un support imaginaire dans un premier temps, puis sur leur table dans un second temps ; sur l'ardoise, ensuite, pour s'exercer et apprendre le bon geste graphique. » (Fiche ressource Éduscol « Comment conduire une séance d'écriture ? »)

www.lienmini.fr/11412-seance-ecriture

B. Questions didactiques

a. Pensez-vous que la phase de correction des productions des élèves par l'enseignant peut se réaliser le lendemain de la situation d'essai d'encodage ?

Un mot ou une phrase encodée de façon erronée risque d'être mémorisée dans cette forme erronée si l'élève ne la recopie pas juste après l'avoir corrigée avec l'enseignant. Il est donc nécessaire de procéder à la copie juste après la correction orthographique. Dans le cahier, on trouvera l'essai d'écriture de l'enfant, puis en dessous la phrase d'écriture experte de l'enseignant et tout en bas, la copie de l'élève.

b. Pouvez-vous expliquer pourquoi il est important de faire parler l'élève de sa production/sur sa production ?

La dimension métacognitive est incontournable pour permettre à l'élève de continuer à progresser en ayant connaissance de ce qu'il sait, de ce qu'il fait, de pourquoi et à quoi cela lui servira.

C. Questions pédagogiques

a. Travaille-t-on les mêmes compétences en faisant encoder les élèves à partir d'un logiciel ou du clavier de l'ordinateur ?

Le geste d'écriture participe plus efficacement à la mémorisation du mot que l'encodage par utilisation du clavier de l'ordinateur (ou par l'intermédiaire d'un assemblage de lettres mobiles). Il est donc nécessaire de faire écrire très souvent les élèves.

b. Quelles compétences travaillées en maternelle sont prédictives à la lecture et à l'écriture ?

La conscience phonologique et la connaissance des lettres sont les deux compétences prédictives à la lecture et à l'écriture. Elles sont travaillées tout au long de l'école maternelle mais également au CP si elles ne sont pas acquises.

Sujet 9 La fluence (CE1)

Consignes page 85.

DOSSIER

DOCUMENT 1 : Extrait du *BO* n° 31 du 30 juillet 2020

« Attendu de fin de cycle :

- Identifier des mots rapidement : décoder aisément des mots inconnus réguliers, reconnaître des mots fréquents et des mots irréguliers mémorisés.
- Lire et comprendre des textes variés, adaptés à la maturité et à la culture scolaire des élèves.
- Lire à voix haute avec fluidité, après préparation, un texte d'une demi-page (1 400 à 1 500 signes) ; participer à une lecture dialoguée après préparation.
- Lire au moins cinq à dix œuvres en classe par an.

Connaissances et compétences associées :

En lien avec l'écriture : décodage associé à l'encodage, l'analyse de la langue et le vocabulaire :

- savoir discriminer de manière auditive et savoir analyser les constituants des mots (conscience phonologique) ;
- savoir discriminer de manière visuelle et connaître le nom des lettres ainsi que le son qu'elles produisent ;
- établir les correspondances graphophonologiques ; combinatoire (produire des syllabes simples et complexes) ;
- mémoriser les composantes du code ;
- mémoriser des mots fréquents (notamment en situation scolaire) et irréguliers ; [...]
- savoir décoder et comprendre un texte ;
- identifier les marques de ponctuation et les prendre en compte ;
- montrer sa compréhension par une lecture expressive. »

DOCUMENT 2 : Fiche ressource Éduscol « Travailler la fluence »

« Une lecture orale fluide est une lecture précise, assez rapide, réalisée sans effort et avec une prosodie adaptée qui permet de libérer des ressources cognitives pour la compréhension. Elle doit faire l'objet d'un travail régulier et en continu afin d'améliorer sa précision, de conforter la reconnaissance des groupes syntaxiques et d'augmenter sa rapidité. Elle permet aux élèves, au fil de la scolarité, d'être confrontés à des lectures de plus en plus exigeantes.

Les éléments à observer et que le professeur doit viser sont :

- la reconnaissance exacte et rapide des mots : passer d'une lecture avec des pauses fréquentes pour décoder des mots inconnus à la reconnaissance automatique des mots et à leur traitement rapide avec peu de pauses ou de répétitions qui rendent plus difficiles l'accès au sens du texte ;
- l'habileté à grouper les mots en unités syntaxiques de sens : passer d'une lecture du mot à mot à une lecture en groupes syntaxiques ; saisir le rôle de la syntaxe et du rythme ;
- l'usage rapide de la ponctuation ;
- l'expressivité : variations de l'intonation, du ton, du rythme pour souligner le sens. »

Ministère de l'Éducation nationale, de la Jeunesse et des Sports / éduscol : https://eduscol.education.fr/2304/evaluations-de-debut-de-sixieme

DOCUMENT 3 : Extrait de la note de service n° 2018-049 du 25-4-2018 « Lecture : construire le parcours d'un lecteur autonome »

« ***1. Comprendre en maîtrisant le code alphabétique***

L'entrée dans la lecture passe durant la petite enfance par l'écoute de textes lus par les adultes. [...] À l'école maternelle, parallèlement aux activités de découverte de la phonologie et du principe alphabétique, les élèves doivent entendre un récit au moins une fois par jour ; les textes choisis et lus par l'enseignant sont de plus en plus longs. Ils font l'objet d'un questionnement précis afin d'enrichir le vocabulaire des élèves et leur connaissance de la construction des phrases. Ce travail permet de préparer et de faciliter l'apprentissage systématique de la lecture à l'école élémentaire.

Durant le CP, dans le prolongement de la découverte et de la sensibilisation menées à l'école maternelle, les élèves apprennent à déchiffrer les textes par un travail systématique sur les correspondances entre les lettres ou groupes de lettres et phonèmes. [...]

Le travail de lecture, à voix haute et silencieuse, se poursuit tout au long de l'école élémentaire afin que les élèves lisent avec assez d'aisance pour poursuivre leur scolarité au collège. Au CE1 et au CE2, ce travail de lecture est constamment mené en lien avec l'écriture, le vocabulaire, la grammaire, l'orthographe et la compréhension. Comme le soulignent les recommandations issues de la conférence de consensus du Cnesco, *Écrire et rédiger*, les différentes activités d'écriture contribuent à consolider les compétences en lecture.

La lecture à voix haute est une activité centrale pour développer la fluidité et l'efficacité de la lecture, elle fait l'objet de temps réguliers dans les activités de français : à la fin de la classe de CE2, les élèves doivent être capables de lire à voix haute avec fluidité (avec exactitude et avec l'expression appropriée) après préparation, un texte d'une demi-page (soit entre 1 400 et 1 500 signes environ) d'un niveau syntaxique et lexical adapté à leur âge. Cette activité contribue à établir une relation entre l'identification des mots écrits et la compréhension. »

DOCUMENT 4 : Extraits de manuels

4. 1. Manuel *Je lis avec Mona*, CE1, Magnard, 2015, p. 92

3 L'enfant qui défia le tigre

épisode 1

Autrefois, près du grand fleuve Amour, en **Sibérie***, les habitants des villages exerçaient le métier de **trappeur***. Ils prenaient au piège des animaux et vendaient leur fourrure, dont on faisait ensuite des manteaux, des **toques***, des écharpes. Ils avaient un très grand respect pour le tigre. Ils pensaient que c'était le maître tout-puissant de la forêt et qu'il était doué de pouvoirs magiques.

Un jour, dans l'un de ces villages, un trappeur s'apprêtait à partir en forêt avec son fils aîné. Il voulait piéger des **zibelines***, dont la fourrure est chaude, légère et soyeuse. Seuls les rois et les princes en portaient. Mais soudain, l'homme tomba malade. **Le fils aîné*** partit donc sans lui. Le père lui permit d'emmener son jeune frère pour l'aider, à condition que celui-ci obéisse bien à son aîné et ne fasse pas d'imprudences.

Une fois dans la forêt, les deux frères se bâtirent une hutte pour se protéger du froid et des bêtes sauvages pendant la nuit. Puis ils firent du feu et se préparèrent à manger.

Pendant le repas, l'aîné rappela à son **cadet*** :
– Tu sais ce que Papa a dit. Beaucoup de dangers nous guettent dans la forêt.

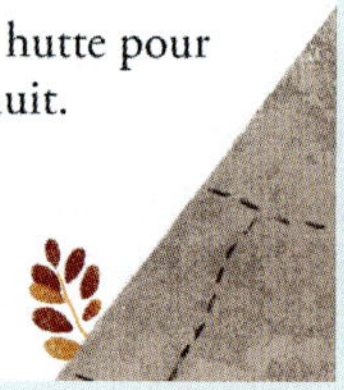

4. 2. Manuel *Je lis avec Mona*, CE1, Magnard, 2015, p. 104

2 Lis les mots. Repère les lettres qui servent à écrire le son [ʒ].
une jupe • un gilet • du maquillage • la joue • la jambe • le genou

3 Lis les mots suivants. Que remarques-tu ?
un pigeon • une nageoire • une orangeade • la rougeole

4 Lis les listes de mots le plus rapidement possible.
a. jaune • un jouet • un jardin • un jour • une journée • le journal
b. une girafe • une girouette • le givre • le gymnase • la gymnastique
c. nager • plonger • ranger • bouger • agiter • gémir • échanger

5 Repère l'intrus dans chaque liste.
a. une cage • un singe • un cygne • une page • sage
b. un magicien • un gamin • l'imagination • la magie

PROPOSITION DE CORRIGÉ

1 Analyse du corpus

D'après le *BO* (**document 1**), la lecture fluide nécessite de maîtriser les correspondances graphophonologiques. Pour cela, l'élève doit avoir acquis le principe alphabétique ainsi qu'une bonne conscience phonologique. La fluence se travaille sur des textes préparés et nécessite une mémorisation des mots (réguliers ou non). Les marques de ponctuation doivent également être enseignées afin de permettre une lecture expressive.

Le document ressource Éduscol (**document 2**) insiste sur la nécessité de travailler régulièrement la fluence en classe. L'expressivité de la lecture pourra être effective si les élèves parviennent à lire les mots en les regroupant en unités syntaxiques de sens.

La note de service (**document 3**) précise l'importance de la lecture à voix haute pour permettre une lecture fluide. Elle met également en avant les liens lecture, écriture et étude de la langue.

L'extrait du manuel de CE1 (**document 4. 1.**) *Je lis avec Mona* présente un texte avec des lignes numérotées. Il est nécessaire de pouvoir compter le nombre de mots lus par minute pour évaluer les progrès des élèves en fluence.

Les exercices issus du manuel de CE1 (**document 4. 2.**) *Je lis avec Mona* permettent de consolider les acquis sur les correspondances graphèmes-phonèmes.

2 Présentation de la séquence

- **Niveau de classe :** CE1
- **Domaine :** Français
- **Référence au socle :** Les langages pour penser et communiquer : comprendre, s'exprimer en utilisant la langue française à l'écrit et à l'oral
- **Place de la séance dans la séquence :**

Séance n° 1 : Lecture à voix haute par l'enseignant d'un texte court. Identification et explication des mots difficiles. Racontage/reformulation par l'enseignant puis par les élèves afin de lever les éventuelles incompréhensions.

Séance n° 2 : Lecture par les élèves du même texte. Les lignes sont numérotées et le nombre de mots par ligne est indiqué au fur et à mesure. Chacun leur tour, les élèves lisent le texte et l'enseignant les chronomètre (évaluation diagnostique). Pendant qu'un élève lit, les autres élèves doivent repérer les erreurs de lecture (ils les soulignent sur le texte sous pochette plastique avec stylo effaçable). L'enseignant doit repérer le premier élève qui lit car il est désavantagé (afin de commencer par un autre élève la fois suivante). Les scores sont donnés aux élèves : ils vont travailler la fluence pour améliorer leur score.

Séance n° 3 : Identification des groupes de souffle, des groupes de sens, en portant attention à la ponctuation afin d'arriver à une lecture expressive.

Séance n° 4 : Lecture en écho (les élèves répètent chaque phrase lue à tour de rôle à mesure que le professeur les lit) suivie d'une copie différée : sur une feuille éloignée des élèves, une phrase du texte est notée. En trois voyages, les élèves doivent réécrire la phrase. Ils peuvent prendre le temps qu'ils veulent. Le choix des mots pour cette copie différée doit se faire en fonction de la fréquence des mots. Il ne s'agit pas d'apprendre des mots difficiles, voire des exceptions. Les élèves verbalisent leur stratégie. Puis la copie est corrigée.

Séance n° 5 : Lecture à l'unisson (les élèves lisent ensemble, en chœur : cette modalité de lecture convient particulièrement aux élèves timides ou en difficulté qui ont besoin de développer leur confiance en eux) suivie d'une copie flash : des mots du texte sont copiés au tableau, cachés, puis doivent être réécrits (mots de la phrase de la séance 4). Nouvelle copie différée avec une autre phrase du texte suivie d'une correction collective négociée.

Séance n° 6 : Lecture en cascade (un élève lit la première ligne, puis quelques élèves se joignent à lui pour lire la deuxième, et d'autres encore s'ajoutent pour lire la suivante jusqu'à ce que la classe lise en chœur) suivie d'une dictée sur les mots copiés.

Séance n° 7 : Lecture orchestrée (les phrases d'un texte à lire sont partagées entre plusieurs groupes d'élèves ; ces phrases sont lues les unes après les autres, de manière à reconstituer le texte) suivie d'une dictée portant sur la phrase analysée en séance 5.

Séance n° 8 : Évaluation finale : chronométrage de tous les élèves. Les séances de révision du code (dans lesquelles les exercices du document 5 seront utilisés), d'étude de la langue (orthographe, grammaire, lexique) et de compréhension permettront aux élèves de progresser en fluidité de lecture. Quotidiennement, de courtes séances de lecture puis d'écriture de listes analogiques, de jeux (tel que le jeu de la tapette à mouche) permettront aux élèves de mémoriser l'orthographe des mots et de lire de façon plus fluide.

3 Proposition de leçon : séance n° 3 de la séquence

Objectif de la leçon : Identifier les groupes de souffle d'un texte pour respecter l'intonation.

Compétences mobilisées par l'élève :
- prendre en compte la ponctuation ;
- prendre en compte les groupes syntaxiques (groupes de mots avec unité de sens) ;
- choisir les moments de pause.

Matériel utilisé : Textes avec les lignes numérotées sous pochette plastique, stylos effaçables.

Organisation : Travail individuel, en binôme, collectif.

Déroulement de la séance :

◗ Situation 1 : Recherche.
Les élèves, seuls dans un premier temps, identifient les signes de ponctuation du texte en les surlignant. Puis, ils écoutent la lecture du maître et identifient les pauses qu'induisent ces marques de ponctuation : ils mettent en évidence les groupes de souffle en les séparant par des barres obliques.

◗ Situation 2 : Nouvelle recherche.
En binôme, les élèves partagent les résultats de leur recherche puis codent l'intonation du maître (avec des flèches qui montent ou descendent).

◗ Situation 3 : Mise en commun.
Le résultat du travail de chaque binôme est présenté et explicité aux autres. Après discussion collective, un codage commun est élaboré. Des exemples de phrases dont la ponctuation est différente peuvent être donnés aux élèves pour leur permettre de comprendre l'importance du respect de la ponctuation (en respectant les groupes de sens de la phrase). Ex. : Et si on mangeait, les enfants ? Et si on mangeait les enfants ?

◗ Situation 4 : Les élèves s'exercent à lire en respectant l'intonation, les groupes de souffle et de sens, soit en binôme, soit individuellement (ils peuvent alors s'enregistrer ou utiliser un carnet de lecture).

- **Variables didactiques, points d'attention pédagogique et gestes professionnels :** Il ne faut surtout pas arrêter de faire lire les élèves à voix haute sous prétexte qu'ils sont peu habiles. L'enseignant doit être particulièrement vigilant lors de la constitution des binômes. Ceux-ci doivent être les plus homogènes possibles afin de permettre aux élèves de se sentir en confiance. Le chronométrage de la fluence de lecture ne s'effectue pas à chaque séance de peur de décourager les élèves.
- **Bilan/prolongement :** De nombreuses séquences similaires seront proposées régulièrement tout au long de l'année, sur une variété de genres de textes à lire. La lecture expressive peut également être théâtralisée.

4 Questions possibles du jury

A. Questions disciplinaires

a. Pouvez-vous donner une définition de ce qu'est une lecture orale fluide ?

Une lecture orale fluide est une lecture précise, assez rapide, réalisée sans effort et avec une prosodie adaptée qui permet de libérer des ressources cognitives pour la compréhension.

b. Combien de mots un élève de CE1 doit-il savoir lire correctement par minute ?

Un élève doit savoir lire correctement 70 mots par minute à la fin du CE1.

B. Questions didactiques

a. Pensez-vous que tout type de texte peut être travaillé en séance de fluence ?

La lecture à voix haute ne garantit pas la bonne compréhension du texte. Il est donc indispensable de faire précéder les séances de lecture d'une séance de compréhension. Le texte proposé aux élèves pour travailler la fluidité de lecture sera choisi en fonction du niveau de lecture des élèves. Les textes proposés aux élèves peuvent concerner d'autres domaines que le français.

b. Pourquoi est-il nécessaire de réaliser régulièrement des tests en fluence ?

Les tests de fluence permettent aux élèves, ainsi qu'aux enseignants, de calculer le nombre de mots lus par minute et de vérifier s'ils progressent au fur et à mesure des séances. Les neurosciences ont prouvé que des tests réguliers favorisent l'engagement actif des élèves.

C. Questions pédagogiques

a. Combien de séances de lecture fluence faut-il réaliser par semaine ?

Il est important que les activités destinées à renforcer la fluidité de la lecture soient conduites de manière régulière et fréquente : deux à trois séances d'une durée de 30 minutes environ par semaine, complétées par des lectures à la maison.

b. Pour des élèves en grande difficulté, à partir de quels supports travailleriez-vous la lecture fluence ?

Pour des élèves en grande difficulté, le texte peut paraitre inabordable. Il convient alors de commencer par de la lecture de mots, de pseudo-mots, puis de phrases avant d'aborder de petits segments de textes simples.

Sujet 10 L'orthographe (CE1)

Consignes page 85.

DOSSIER

DOCUMENT 1 : Extraits des repères annuels de progression, cycle 2 : colonnes correspondant au CE1

ÉTUDE DE LA LANGUE

Passer de l'oral à l'écrit

En lien avec la lecture

Tout au long de l'année, les relations entre l'oral et l'écrit continuent à faire l'objet d'activités de consolidation et de structuration. Les élèves dégagent certaines règles dans les relations entre l'oral et l'écrit à partir des récurrences et des analogies relevées.

Tout au long de l'année, les élèves consolident la distinction des phonèmes proches mais aussi des graphies particulières et plus complexes.

Par des manipulations et des observations répétées de faits de langue, les élèves perfectionnent leurs habilités et les exercent à l'écrit.

Les élèves renforcent leur attention sur certaines lettres dont la valeur sonore varie en fonction du contexte.

Les élèves consolident l'appropriation des graphèmes complexes et prennent en compte le graphème selon la lettre qui suit (*an/am, en/em...*).

Ils commencent à expliquer le rôle des lettres muettes (règles d'accord, étymologie, morphologie).

ÉTUDE DE LA LANGUE (suite)

S'initier à l'orthographe lexicale

Les élèves exercent une vigilance constante dans diverses situations d'écrit (dictée, écrit autonome).

Ils s'appuient sur des corpus de mots (mots de la même famille, mots reliés par des analogies morphologiques) pour en mémoriser l'orthographe et expliciter le choix orthographique *(le « an » de quarante s'écrit « a-n » parce qu'il appartient à la série quarante, cinquante, soixante...).*

Ils automatisent l'orthographe des mots invariables appris au CP. Ils collectent les principaux mots invariables irréguliers rencontrés dans les lectures puis les mémorisent. Ils les mobilisent en situation d'écriture.

Les élèves réactivent le capital construit et l'enrichissent progressivement par des activités de tri, de classement et de catégorisation.

Les corpus de mots constituent une base d'outils individuels ou collectifs que les élèves mobilisent à l'écrit.

ÉTUDE DE LA LANGUE (suite)

Se repérer dans la phrase simple

Dès le début de l'année, les élèves recourent à la cohérence sémantique, à la lecture et à la ponctuation pour repérer la phrase.

Ils observent puis comprennent les propriétés permettant d'identifier le sujet et le verbe afin de mieux comprendre les relations des groupes au sein de la phrase.

Ils reconnaissent un verbe notamment grâce aux variations de celui-ci (personnes, temps).

Les élèves enrichissent les corpus commencés au CP (noms, verbes, déterminants...) et nomment leur classe grammaticale.

Progressivement, les élèves reconnaissent un nom commun (ils en indiquent le genre et le nombre). Ils identifient les noms propres.

Tout au long de l'année, ils consolident leur connaissance des trois types de phrases. En appui sur les textes étudiés en lecture, ils découvrent les formes négatives et exclamatives de la phrase.

Ils marquent la ponctuation de fin de phrase dans leurs écrits.

ÉTUDE DE LA LANGUE (suite)

Maîtriser l'orthographe grammaticale de base

Les élèves renforcent leurs connaissances des régularités audibles ou visibles dans le groupe nominal et les élargissent à l'adjectif. Ils les mobilisent pour en dégager la règle. De nouvelles formes de pluriel sont relevées (ail/aux, al/aux...).

Ministère de l'Éducation nationale, de la Jeunesse et des Sports / éduscol : https://eduscol.education.fr/137/attendus-de-fin-d-annee-et-reperes-annuels-de-progression-du-cp-la-3e

DOCUMENT 2 : Extrait de *Comment enseigner l'orthographe aujourd'hui ?*

« La finalité reconnue de l'orthographe la situe à présent nettement du côté de la production écrite. Il faut tenir les deux bouts : enseigner l'orthographe aujourd'hui, c'est transmettre des connaissances, mais aussi amener les élèves à mobiliser ces connaissances dans leurs écrits. [...]

1. L'orthographe lexicale

En français, peu de mots s'écrivent “comme ils se prononcent” : on ne peut pas les deviner (berso ? berceau ?). Certes, on s'appuie sur la connaissance des correspondances phonèmes-graphèmes, des régularités ou des connaissances morphologiques, mais il faut apprendre quels graphèmes particuliers composent chaque mot. [...]

2. L'orthographe grammaticale

En français, connaître l'orthographe lexicale ne suffit pas, puisque certains mots varient et d'autres pas. Ces variations sont rarement audibles (un chat, deux chats). [...] Quand on écrit, retrouver la forme des mots en mémoire est nécessaire, mais il faut aussi analyser catégories et contextes pour sélectionner la bonne forme. Qu'est-ce qui rend l'analyse difficile ? L'analyse implique des notions grammaticales et repose sur les capacités des élèves à comprendre ces notions. [...]

Les programmes présentent comme devant être acquis dès la fin du CE1 les accords dans le groupe nominal et l'accord sujet-verbe. Or, pour appliquer une règle d'accord et mettre une marque de genre et de nombre au bon endroit, il ne suffit pas de pouvoir réciter la règle, il faut aussi savoir catégoriser les mots et identifier les relations qui les unissent. »

C. Brissaud et D. Cogis, *Comment enseigner l'orthographe aujourd'hui ?*,
Hatier, 2011, pp. 12 et 14. © DR

DOCUMENT 3 : Ressources Éduscol

3. 1. Fiche ressource « Organiser l'étude de la langue au cycle 2 »

« L'étude de la langue est liée aux activités d'oral, de lecture et d'écriture, mais des activités spécifiques sont à mettre en place (environ 170 minutes hebdomadaires) pour réfléchir sur le fonctionnement de la langue (principe phonographique et principe sémiograhique). Chaque semaine, il faut articuler et coordonner un faisceau d'activités :

- des activités de résolution de problèmes pour chercher, manipuler, comparer, observer des éléments et comprendre le fonctionnement de la langue ;
- des activités pour s'entraîner et automatiser (activités régulières mais courtes avec une explicitation forte) ;
- des temps de consolidation et de structuration des connaissances.

Ce modèle prend appui sur des entrées consacrées chaque jour à de la lecture et de l'écriture, rappelant ainsi la finalité de l'enseignement du français. [...] L'étude de la langue spécifique se décompose ici en trois temps :

- des activités d'entraînements régulières de 15, 20 minutes ;
- une séance de recherche longue qui est le levier essentiel pour réfléchir sur la langue et aborder les notions à travailler ;
- et au moins un temps pour des exercices de renforcement et de consolidation en fin de semaine. »

Ministère de l'Éducation nationale, de la Jeunesse et des Sports / éduscol :
https://eduscol.education.fr/248/francais-cycles-2-et-3-etude-de-la-langue

3. 2. Guide *Pour enseigner la lecture et l'écriture au CE1*, p. 96

« La trace écrite du cahier, pour être efficace, devra rappeler certaines manipulations effectuées, indiquer clairement la règle, comporter des éléments qui expliquent ses enjeux en termes d'amélioration de la performance en lecture-compréhension et en écriture-rédaction, comporter des éléments explicites de mise en œuvre. Elle devra être illustrée d'exemples liés à la phase de recherche et gagnera à être enrichie d'exemples recherchés par les élèves eux-mêmes dans les textes qui leur sont familiers. Cette phase d'enrichissement pourra s'effectuer en temps différé, à l'occasion de rencontres effectuées en lecture ou en rédaction et ainsi réaffirmer les relations entre les règles formelles et leur utilisation en situation. »

Ministère de l'Éducation nationale, de la Jeunesse et des Sports / éduscol : https://eduscol.education.fr/1486/apprentissages-au-cp-et-au-ce1

DOCUMENT 4 : Extraits du manuel *Les Nouveaux Outils pour le français, CE1*, Magnard, 2017, pp. 94-95

Je retiens

- Le **féminin d'un nom** se forme souvent en ajoutant un *e* au nom masculin.

un avocat → une avocate

- Mais on trouve aussi :

– des **terminaisons différentes** au féminin.

un musicien → une musicienne — *un coiffeur → une coiffeuse*
un boulanger → une boulangère — *un facteur → une factrice*
un maître → une maîtresse — *un sportif → une sportive*

– des **noms féminins différents** des noms masculins.

un garçon → une fille — *un homme → une femme*

– des **noms féminins qui ne changent pas** du masculin.

un fleuriste → une fleuriste

Défi langue — À l'oral

Cherche le point commun entre les mots en gras. Comment as-tu trouvé la réponse ?
un frère • **un stylo** • un invité • un coiffeur • un jongleur • **un tracteur** • un cheval • **un pas** • un homme

PROPOSITION DE CORRIGÉ

1 Analyse du corpus

Les repères annuels de progression (**document 1**) exposent les compétences à maîtriser dans le domaine de l'étude de la langue, notamment, dans les extraits choisis, en orthographe. Ce document montre le lien entre la lecture et l'orthographe et expose l'utilité de travailler à partir de corpus.

Le **document 2**, extrait de l'ouvrage didactique de Catherine Brissaud et Danièle Cogis, explique ce que sont les deux aspects de l'orthographe.

Le **document 3** est composé de deux ressources Éduscol :

- le **document 3. 1.** expose les démarches à mettre en œuvre pour réaliser des séquences efficientes d'étude de la langue ;
- le **document 3. 2.**, qui est un extrait du *Guide pour enseigner la lecture et l'écriture au CE1*, donne des précisions quant à la manière d'élaborer une trace écrite : celle-ci doit être parlante pour les enfants et doit donc être créée par eux et pour eux, en utilisant des éléments de leurs recherches.

Le **document 4** est composé de deux éléments :
- un exemple de trace écrite finale sur le féminin des noms. Celle-ci sera produite après plusieurs séquences : il est nécessaire de faire découvrir en premier lieu les régularités (c'est-à-dire l'ajout d'un -e au nom masculin, ceci étant abordé en CP) pour arriver progressivement aux irrégularités : les consonnes qui doublent, les noms qui ne changent pas au féminin et les noms qui sont totalement différents au masculin et au féminin, comme par exemple : oncle/tante. À noter qu'il s'agit dans cet exemple d'une compétence liée au lexique et non plus à l'orthographe. L'apprentissage débutera par l'étude de noms où les marques du féminin s'entendent à l'oral ;
- un exemple d'activité ritualisée sous forme de défi langue que l'on peut proposer aux élèves lorsque les différentes possibilités de former le féminin des noms auront été découvertes.

2 Présentation de la séquence

- **Niveau de classe :** CE1
- **Domaine :** Français
- **Référence au socle :** Les langages pour penser et communiquer : comprendre, s'exprimer en utilisant la langue française à l'écrit et à l'oral
- **Place de la séance dans la séquence :**

Séance n° 1 : Il s'agit de la séance longue pour réfléchir et aborder la notion orthographique à travailler. Les élèves vont découvrir cette notion par des activités de tri, de comparaison, de classement à partir d'un corpus élaboré à dessein par l'enseignant. Il s'agit ici, dans la séquence proposée, de travailler sur le féminin des noms. La première séance portera sur les régularités, qui s'entendent à l'oral, qui ont très certainement été préalablement découvertes en classe de CP. Une trace écrite provisoire sera élaborée à partir des recherches des élèves.

Séance n° 2 : Séance de consolidation à partir d'exercices de transformation, de production.

Séance n° 3 : Nouvelles observations sur un corpus contenant des irrégularités. Dès que l'élève aura acquis les régularités, il sera amené à prendre conscience qu'il existe d'autres possibilités de former le féminin des noms. Cette séance sera à nouveau longue et basée sur un tri, un classement à partir d'un corpus élaboré par l'enseignant. La trace écrite élaborée en séance 1 sera complétée par les résultats de ces nouvelles recherches.

Séance n° 4 : Séance d'exercisation : les élèves, s'entraînent, font des gammes pour mémoriser la notion étudiée. Afin d'aider les élèves à mémoriser les notions orthographiques étudiées, il est nécessaire d'organiser des activités ritualisées quotidiennes, telles que :

- la dictée d'une phrase chaque jour, à analyser, commenter et à corriger de façon collective ;
- l'explicitation des règles orthographiques d'une phrase rencontrée en lecture ;
- la production d'un texte court, corrigé de façon collective ;
- etc.

Lors de ces activités ritualisées, les élèves vont progressivement outiller leur réflexion sur la langue en justifiant leurs choix, et renforcer les connaissances acquises.

Séance n° 5 : Évaluation finale différée dans le temps.

3 Proposition de leçon : séance n° 1 de la séquence

Objectif de la leçon : Comprendre et utiliser les marques du féminin dans les noms communs quand elles s'entendent.

Compétences mobilisées par l'élève :

- identifier une règle d'orthographe en analysant et classant des noms issus d'un corpus créé à dessein par l'enseignant ;
- prendre en compte l'avis des autres, argumenter, débattre.

Matériel utilisé : Une feuille par groupe avec un corpus de groupes nominaux, des feuilles vierges.

Organisation : Travail individuel, en binôme, collectif.

Déroulement de la séance :

Situation 1 : Recherche.
Les élèves reçoivent une liste de groupes nominaux, élaborée par l'enseignant. Ils doivent classer ces groupes nominaux en deux colonnes, dans un premier temps de façon individuelle. Exemple de liste : un client – une française – une avocate – une cliente – un candidat – un marchand – une candidate – une marchande – un avocat – un français.

Situation 2 : Confrontation des résultats.
En binôme, les élèves comparent les résultats de leur recherche individuelle et s'accordent sur un classement commun.

Situation 3 : Mise en commun.
Chaque binôme (ou quelques binômes sélectionnés par l'enseignant) présente son classement au tableau. L'enseignant invite les binômes dont le classement est le plus éloigné de la cible à venir présenter leurs résultats en premier. Au fur et à mesure de la présentation, les élèves discutent des critères d'élaboration de leur classement : ces critères permettent d'aboutir à la règle d'orthographe. Celle-ci peut être visualisée

en ayant recours au dessin, aux couleurs, ou tout autre moyen visuel susceptible d'aider les élèves à se représenter concrètement la règle d'orthographe.

Situation 4 : Élaboration de la trace écrite.

Un exemple de classement pertinent peut être photocopié ou pris en photo et collé dans le cahier de leçons. La règle doit être exprimée par les élèves eux-mêmes à l'oral avant d'être copiée.

Situation 5 : Exercices d'application.

Cette phase permet à l'élève de mémoriser la notion enseignée. Les exercices proposés seront de natures différentes mais porteront sur la même notion (nouveau classement, exercices à trous, recherche d'intrus, appariement, etc.).

- **Variables didactiques, points d'attention pédagogique et gestes professionnels :** Pour les élèves les plus en difficulté, il n'est pas judicieux de présenter des irrégularités si les régularités ne sont pas encore acquises. Une programmation des apprentissages par cycle permet de travailler de manière spiralaire afin de consolider les bases. La place de l'erreur et le positionnement de l'enseignant face à celle-ci sont primordiaux : plus les enfants auront la possibilité de formuler librement leurs conceptions orthographiques (même si elles sont erronées) et leurs questionnements, plus ils pourront s'améliorer.
- **Bilan/prolongement :** De nombreuses séquences similaires seront proposées régulièrement tout au long de l'année, sur l'ensemble des notions orthographiques du programme. Lors des séances de production d'écrits, la correction orthographique peut être effectuée uniquement sur une partie du texte produit et pas nécessairement sur la totalité, afin de ne pas décourager les élèves.

4 Questions possibles du jury

A. Questions disciplinaires

a. Pouvez-vous donner une définition de ce qu'est un morphème ?

Un morphème est la plus petite unité de sens. Les morphèmes flexionnels indiquent les marques grammaticales, telles que les terminaisons des verbes (nous mange*ons*, vous buv*ez*) ou les accords au sein du groupe nominal (le*s* jeune*s* enfant*s*, l*a* petit*e* boulangèr*e*).

b. Dans la phrase suivante : « les grands chiens mangent beaucoup de croquettes », qui est le donneur d'accord ?

Le nom est le donneur d'accord. Il donne son accord au déterminant, à l'adjectif et au verbe dont il est le sujet. Dans la phrase proposée, le donneur d'accord est donc « chiens ».

B. Questions didactiques

a. Pouvez-vous expliquer l'importance du métalangage dans ce type de séance ?

Lorsque l'on demande aux élèves d'expliquer, de justifier leurs choix, cela les oblige à réfléchir aux caractéristiques linguistiques travaillées. Le langage joue un rôle déterminant dans la formation des concepts, tout comme les échanges entre pairs : ceux-ci provoquent des réajustements cognitifs chez les élèves. Ils prennent en compte des propriétés qu'ils n'avaient pas perçues.

b. Pourquoi est-il nécessaire de réaliser une trace écrite à la fin de la séance ?

La trace écrite permet d'institutionnaliser le savoir. Elle est construite par les élèves eux-mêmes, avec leurs propres mots. Il est important d'amener les élèves à penser aux futures utilisations de ce qu'ils sont en train d'apprendre, de leur faire prendre conscience que les règles orthographiques enseignées seront mobilisées en lecture et en écriture.

C. Questions pédagogiques

a. Comment organiser l'apprentissage de l'orthographe de manière que les élèves conceptualisent ?

La conceptualisation en orthographe ne va pas de soi. Elle relève d'un mouvement intérieur qui ne se déclenche que lorsque l'élève s'investit dans la réflexion. Il faut qu'il y ait un véritable engagement intellectuel de l'élève. Les activités de classement, sans proposer d'intitulé de catégories, permettent aux élèves de distinguer les attributs qui spécifient les notions.

b. Quelle est la place de la dictée dans l'apprentissage de l'orthographe ?

La dictée n'est pas proposée uniquement en situation d'évaluation finale. Elle peut être proposée, sous différentes formes (dictée négociée, dictée sans erreur, dictée à trous, dictée à choix multiples, dictée frigo, etc.), afin de présenter des situations-problèmes aux élèves, de leur permettre de réfléchir sur la langue et d'automatiser leurs connaissances.

Sujet 11 Le vocabulaire (CE2)

Consignes page 85.

DOSSIER

DOCUMENT 1 : Extrait du *BO* n° 31 du 30 juillet 2020, pp. 47-48

« ***Attendu de fin de cycle :***
Utiliser ses connaissances sur la langue pour mieux s'exprimer à l'oral, pour mieux comprendre des mots et des textes, pour améliorer des textes écrits.
Connaissances et compétences associées :

- mobiliser des mots en fonction des lectures et des activités conduites, pour mieux parler, mieux comprendre, mieux écrire ;
- savoir trouver des synonymes, des antonymes, des mots de la même famille lexicale, sans que ces notions ne constituent des objets d'apprentissage. »

DOCUMENT 2 : Ressources Éduscol

2. 1. Dossier « Le vocabulaire et son enseignement. Le vocabulaire : pour dire et lire », A. Bentolila, 2011

« À l'entrée au cours préparatoire, les enfants au vocabulaire le plus pauvre connaissent une moyenne de 500 mots environ ; ceux moyennement pourvus atteignent 1 000 ; le groupe le mieux pourvu à peu près 2 500. Comme le gain lexical annuel moyen après l'âge de 6 ans peut être estimé à 400 mots par an, il y a déjà, à partir de ce niveau, l'équivalent de 5 ans de différence entre le groupe le plus bas et le groupe le plus élevé. [...] Ne l'oublions pas, apprendre à lire n'est pas apprendre une langue nouvelle, c'est apprendre à coder différemment une langue que l'on connaît déjà à l'oral. Si un enfant se trouve enfermé dans un usage restreint du vocabulaire, il se trouve d'emblée coupé de la langue écrite. La famille et l'école doivent à tous les enfants une sécurité et une richesse de vocabulaire qui leur permettent, une fois élucidés les mécanismes du code écrit, d'interroger leur dictionnaire mental pour accéder au sens de mots qu'ils ont appris à déchiffrer. Si l'on n'y prend garde, un enfant qui souffre d'un déficit sérieux de vocabulaire à l'entrée au cours préparatoire aura beaucoup de difficulté à apprendre à lire, et ce quelle que soit la méthode de lecture qui sera utilisée. [...]
Seuls les élèves les mieux pourvus en vocabulaire sont capables de découvrir par inférence le sens d'un mot peu ou mal connu. Eux seuls sont donc susceptibles d'acquérir (c'est-à-dire de comprendre et de garder en mémoire) des mots nouveaux à la lecture ou à l'écoute d'une histoire. Quand on décide de confier à la seule activité de lecture le soin d'enrichir le vocabulaire de tous les élèves, on prend donc la responsabilité d'agrandir le fossé qui séparait les élèves au vocabulaire réduit de ceux qui avaient la chance qu'on leur ait transmis des mots nombreux et précis.

L'acquisition d'un vocabulaire riche et précis, dont nous avons montré l'importance essentielle pour maîtriser la langue orale et écrite, exige un travail très régulier des enseignants. Prenez donc le temps d'organiser régulièrement des leçons de mots qui permettront une réflexion à la fois ludique et sérieuse sur le sens et la forme des mots et qui déboucheront sur la constitution d'un trésor commun des mots de l'école et de la maison. Une leçon de mots ne se résume ni à une rencontre occasionnelle de quelques mots grappillés dans un texte ni à la mémorisation systématique de listes de mots. C'est le moment où l'on se questionne en profondeur sur un nombre réduit de mots (4 à 5 par séquence). Ce n'est qu'au bout de ce travail de questionnement collectif qui doit mener à un accord sur le sens que l'on accepte d'attribuer ensemble à un mot que l'on fera entrer ces mots élucidés dans la mémoire de chaque enfant. Ces leçons de mots exigent que l'on garde trace individuelle et collective des mots étudiés et de ce que l'on en aura dit. »

Ministère de l'Éducation nationale, de la Jeunesse et des Sports / éduscol : https://eduscol.education.fr/184/enseigner-le-vocabulaire

2. 2. Fiche ressource « En quoi l'enseignement du lexique est-il déterminant pour l'apprentissage de la lecture ? », p. 2

Comment développer le capital lexical ?

Qu'est-ce que le lexique ?

Le lexique est l'ensemble des mots que comprend une langue.

« Il ne faut pas se laisser décourager par l'immensité du lexique », écrit Jacqueline Picoche : « en effet, les mots n'ont rien d'une masse informe. Il y a une hiérarchie parmi eux : des mots indispensables à toutes sortes de discours, des mots plus ou moins utiles dans diverses situations, des mots qu'on n'apprendra que sur le tas, selon l'occasion, et des mots de spécialité connus des seuls spécialistes, bref, beaucoup de mots que le plus cultivé des francophones n'emploiera jamais »[3].

Le lexique doit ainsi être envisagé comme un ensemble structuré et organisé, **constitué de réseaux** auxquels chacun, apprenti-lecteur comme lecteur, peut faire référence pour comprendre un mot nouveau et le mémoriser en le mettant en relation avec les mots déjà connus.

Aucun mot n'est isolé dans la langue. Chaque mot entre dans un réseau, plus ou moins complexe, qu'il faut mettre en évidence pour les élèves et qu'il faut leur apprendre, au fur et à mesure des cycles, à reconstituer eux-mêmes.

Une simple exposition aux mots, sans analyse, ne suffit pas : des listes de mots sans relation entre eux sont difficiles à mémoriser et peu opératoires. Au sujet du mot du jour, Micheline Cellier précise : « offrir un mot quotidien, à partir d'une éphéméride, mot qui n'a pas de résonance dans la vie de la classe, éventuellement interchangeable avec celui de la veille ou du lendemain, qui n'est pas relié à d'autres et autour desquels aucun outil permettant le réemploi n'est créé, semble d'une rentabilité bien médiocre en termes d'apports lexicaux[4].»

De quels réseaux parle-t-on ?

Un réseau de mots est constitué de termes reliés entre eux par des relations de forme et/ou de sens.

Les relations entre les mots peuvent être :

- de sens : synonymie, antonymie, hyperonymie (catégorie) ;
- de forme : dérivation ;
- historiques : étymologie, emprunts divers.

2 B. Hart, T. R. Risley (2003), « The early catastroph : the 30 million word gap », *American Educator*, vol. 27, n°1, p. 4-9. Disponible en ligne : https://www.aft.org/sites/default/files/periodicals/TheEarlyCatastrophe.pdf
3 Jacqueline Picoche (2011), « Lexique et vocabulaire : quelques principes d'enseignement à l'école », Eduscol (https://cache.media.eduscol.education.fr/file/Dossier_vocabulaire/14/4/Jacqueline_Picoche_111202_avec_couv_201144.pdf).
4 « Des outils pour structurer l'apprentissage du vocabulaire », 2011. En ligne sur Eduscol : https://cache.media.eduscol.education.fr/file/Dossier_vocabulaire/57/6/Micheline_Cellier_111202_C_201576.pdf

Ministère de l'Éducation nationale, de la Jeunesse et des Sports / éduscol : https://eduscol.education.fr/154/francais-cycle-2-lecture-et-comprehension-de-l-ecrit

DOCUMENT 3 : Extrait de la note de service n° 2018-050 du 25-4-2018 « Enseignement de la grammaire et du vocabulaire : un enjeu majeur pour la maîtrise de la langue française »

« ***Un enseignement effectif***
La leçon [...] de vocabulaire ne peut se résumer [...] à une série d'observations et d'activités ponctuelles à l'occasion de l'étude d'un texte. [...] Acquérir du vocabulaire au détour d'une activité plus globale de lecture ou d'écriture tend à faire croire que ces notions sont subsidiaires alors même qu'elles sont fondamentales pour écrire comme pour lire, comprendre et interpréter un texte.
À tous les niveaux de la scolarité obligatoire, l'enseignement de la langue est donc mené systématiquement, et la leçon [...] de vocabulaire ([...] découverte d'un mot, de son sens, de son étymologie comme de son histoire et leur appropriation par l'élève) doit être pratiquée conformément aux programmes, qui affirment la place importante des séances qui leur sont consacrées.
Un enseignement régulier et explicite
Comme tout apprentissage, celui [...] du vocabulaire nécessite non seulement observation et réflexion, mais aussi régularité et répétition. L'enseignant veille donc à inscrire ces leçons dédiées à la langue dans l'organisation quotidienne de son enseignement et à les annoncer comme telles aux élèves. [...]
Au cours des leçons de vocabulaire, toute la richesse sémantique des mots et des expressions dans lesquelles ils sont employés doit être explorée et régulièrement révisée.
Un enseignement structuré et progressif
La mise en œuvre de séances spécifiques [...] de vocabulaire, sollicitant observation, manipulation, réflexion, mémorisation et automatisation doit être renforcée. Pour ce faire, il convient de distinguer entre les séances qui ont pour objectif la découverte et la compréhension des textes, les séances destinées à la mise en œuvre des connaissances sur la langue dans la pratique de l'écriture et les séances consacrées plus particulièrement à la structuration des connaissances. [...]
Un enseignement équilibré [...] »

DOCUMENT 4 : *300 activités pour enrichir son vocabulaire, Outils pour le français, CE2*, Magnard, 2010, p. 56

2 Complète le tableau avec des mots sur le thème de la ville.

la ville		
noms	**adjectifs**	**verbes**
le centre	lumineux	circuler
....	....	....
....	....	....
....	....	....
....	....	....

PROPOSITION DE CORRIGÉ

1 Analyse du corpus

D'après l'extrait du *BO* proposé dans le **document 1**, les séances d'enseignement du vocabulaire ne sont pas élaborées autour des notions telles que les synonymes, les antonymes, les mots de la même famille.

Le **document 2** présente deux ressources Éduscol. Dans le **document 2. 1.**, Alain Bentolila explique que le vocabulaire s'enseigne pour lui-même. Il ne s'agit pas de chercher des définitions dans le dictionnaire lorsque l'on rencontre un mot inconnu dans une lecture. Dans le **document 2. 2.**, Jacqueline Picoche, l'auteure, précise que les mots sont reliés entre eux, de manière sémantique et/ou morphologique. Et l'analyse de ces liens permet d'enrichir son vocabulaire.

L'extrait de la note de service présenté dans le **document 3** précise, à cet effet, que l'enseignement doit être quotidien et nécessite observation et réflexion de la part des élèves.

Le **document 4** est un extrait de manuel proposant un tableau de catégorisation.

2 Présentation de la séquence

- **Niveau de classe :** CE2
- **Domaine :** Français
- **Référence au socle :** Les langages pour penser et communiquer : comprendre, s'exprimer en utilisant la langue française à l'écrit et à l'oral
- **Place de la séance dans la séquence :**

Séance n° 1 : Lecture d'un texte qui porte sur le champ lexical de la ville : les élèves listent ensuite tous les mots du texte qui ont un rapport avec la ville (individuellement puis par binôme). Ils enrichissent la liste trouvée avec leurs propres connaissances et/ou avec l'aide de l'enseignant qui peut alors induire des mots en orientant les recherches par des questions : « que fait-on dans une ville ? », « Qui le fait ? », « Que peut-on dire sur une ville ? Sur un village ? ». Cela permet de faire apparaître des verbes et des adjectifs qui manquent à cette collecte.

Séance n° 2 : Catégorisation des mots trouvés.

Séance n° 3 : Travail spécifique sur la morphologie des mots : habiter, habitation, cohabiter, cohabitation, habitable / route, routier, autoroute, routière, routard, dérouter / emménager, déménager, aménager, aménagement, etc.

Séance n° 4 : Travail sur la notion d'antonymie à partir des mots dérivés découverts lors de la séance n° 3 : emménager / déménager ; habitable / inhabitable ; loger / déloger

Séance n° 5 : Travail sur la notion de synonymie à partir du mot « pavillon ».

Séances n° 6 à 12 : Manipulations des mots et des notions du champ lexical de la ville par des jeux quotidiens (loto, mémory, jeu de 7 familles, etc.). Ces jeux seront établis avec la liste des mots que l'enseignant veut faire mémoriser aux élèves.

▶ **Séance n° 13 :** Réinvestissement de ces mots de vocabulaire en production d'écrits. Des activités ritualisées quotidiennes de copie et de dictée des mots enseignés et de leur dérivation permettront une meilleure mémorisation.

3 Proposition de leçon : séance n° 2 de la séquence

■ **Objectif de la leçon :** Catégoriser des mots du même champ lexical selon un critère commun.

■ **Compétences mobilisées par l'élève :**
- savoir identifier des critères communs pour classer des mots ;
- prendre en compte l'avis des autres, argumenter, débattre.

■ **Matériel utilisé :** Grandes feuilles, étiquettes où sont notés les mots trouvés en séance 1, colle, crayon.

■ **Organisation :** En binôme puis en groupe de six élèves maximum.

■ **Déroulement de la séance :**

▶ **Situation 1 :** Recherche.
Les élèves, en binôme, classent les mots et nomment les catégories ainsi définies. Ces catégories ne sont pas forcément grammaticales. Tout classement logique et argumenté doit être accepté. L'enseignant circule dans la classe pour vérifier si les arguments donnés sont recevables en cas de litige. Il est possible, dans cette situation 1, d'utiliser le tableau du document 4, sans les titres dans un premier temps afin de ne pas influencer le choix des catégories.

▶ **Situation 2 :** En groupe de six élèves maximum, les élèves comparent les classements établis en situation 1 et s'accordent sur un classement commun au groupe.

▶ **Situation 3 :** Mise en commun.
Le résultat du travail du groupe est présenté et explicité aux autres groupes. Les élèves doivent présenter leur travail sur une affiche, sous le format de leur choix (un tableau, comme celui du document 4 ; une carte mentale ; une fleur lexicale telle que préconisée dans le *Guide pour enseigner la lecture et l'écriture au CP*).

Exemple de fleur lexicale :

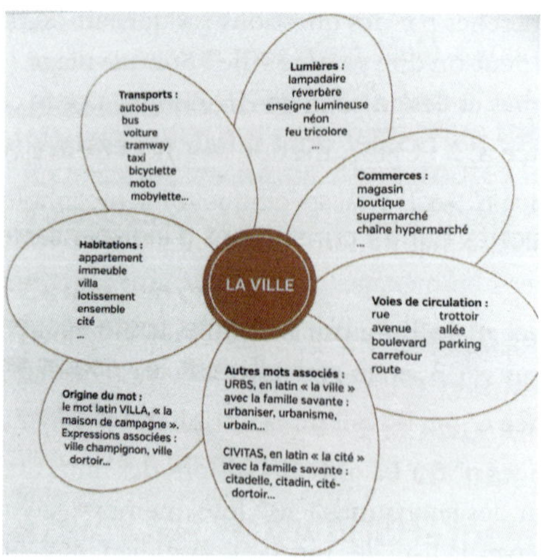

Guide pour enseigner le vocabulaire à l'école maternelle, Micheline Cellier, © Éditions Retz, 2019.

Les traces écrites produites par les différents groupes, qui organisent les découvertes et observations, seront enrichies avec le travail effectué dans les séances 3, 4 et 5.

- **Variables didactiques, points d'attention pédagogique et gestes professionnels :** L'enseignant doit être particulièrement attentif à la constitution des binômes et des groupes. La liste de mots que l'enseignant veut faire mémoriser aux élèves n'est pas choisie au hasard. Elle est définie selon une progression de champs lexicaux élaborée en équipe de cycle/d'école. Cette progression peut être spiralaire, enrichie d'année en année, afin de faciliter la mémorisation. L'enseignant guide les élèves, les accompagne dans leurs recherches et veille à la participation de chacun.
- **Bilan/prolongement :** De nombreuses séquences similaires seront proposées régulièrement tout au long de l'année : les phases d'institutionnalisation des notions découvertes se feront au fur et à mesure que celles-ci seront maîtrisées et automatisées.

4 Questions possibles du jury

A. Questions disciplinaires

a. Pouvez-vous expliquer ce qu'est un antonyme ?

Un antonyme est un mot ayant un sens contraire à celui d'un autre.

b. Pouvez-vous donner la définition de la morphologie des mots ?

La morphologie des mots étudie la forme des mots. Celle-ci recouvre deux aspects : la composition (populaire, avec ou sans trait d'union ou savante) et la dérivation (les mots sont composés d'un radical auquel on ajoute un préfixe et/ou un suffixe).

B. Questions didactiques

a. Pensez-vous que la programmation de l'enseignement du vocabulaire doit être effectuée en fonction des mots inconnus découverts au fil des lectures ?

L'enseignement du vocabulaire ne se fait pas en fonction des mots inconnus découverts au fil des lectures. Il se programme sur l'année, sur le cycle, voire sur l'école. Il s'agit de programmer des champs lexicaux. Certaines catégories du champ lexical peuvent être étudiées dans différents niveaux de classe, en complexifiant. Certains mots de ces champs lexicaux seront travaillés en profondeur. Les notions (synonymie, antonymie, niveaux de langues, etc.) seront découvertes au fur et à mesure de l'étude de ces champs lexicaux.

b. Pouvez-vous expliquer la finalité des leçons de vocabulaire ?

Les leçons de vocabulaire permettent d'accroitre la quantité de mots en réception mais également en production. Cela permettra à l'élève de mieux comprendre les textes qu'il rencontrera et de mieux s'exprimer.

C. Questions pédagogiques

a. En quoi l'organisation pédagogique de la séance proposée est-elle favorable à l'enseignement du vocabulaire ?

La recherche en binôme oblige les élèves à participer activement. Puis le travail de groupe permet aux élèves de justifier, d'argumenter et les échanges entre pairs activent la compréhension et la mémorisation.

b. Pouvez-vous expliquer pourquoi la phase d'institutionnalisation ne termine pas la séance ?

Pour l'enseignement du vocabulaire, la phase d'institutionnalisation d'une notion arrivera au cours de l'année, lorsque de nombreuses séances identiques à celle-ci auront été réalisées et que la notion ciblée aura été comprise par tous (par exemple, la notion d'antonymie). En revanche, il est nécessaire de garder une trace des recherches afin de pouvoir revenir sur les mots identifiés, voire de compléter la liste.

Sujet 12 La compréhension (CE2)

Consignes page 85.

DOSSIER

DOCUMENT 1 : Évaluations PIRLS

« Tous les cinq ans depuis 2001, PIRLS évalue les compétences des élèves de quatrième année d'école obligatoire (CM1, en France) en compréhension de l'écrit, dans près de 50 pays.

PIRLS est conçu pour évaluer la "littératie" définie comme : "l'aptitude à comprendre et à utiliser les formes du langage écrit que requiert la société ou qui sont importants pour l'individu. Les jeunes lecteurs peuvent construire du sens à partir de textes très variés. Ils lisent pour apprendre, pour s'intégrer dans une société où la lecture joue un rôle essentiel et pour leur plaisir".

L'étude pose comme hypothèse que cette littératie est directement liée aux raisons qui incitent le lecteur à lire. C'est pourquoi l'épreuve dans son ensemble a été bâtie sur le croisement de deux aspects : les processus de compréhension et les objectifs du lecteur.

Les épreuves de PIRLS évaluent 4 processus de compréhension :

– *prélever des informations explicites (prélever)*

Exemple d'item "prélever" :

"Marie avait essayé d'attirer la poule rousse en mettant sa nourriture préférée à l'intérieur de la cage le soir, mais la poule ne se laissait pas tromper. Marie avait essayé d'effrayer la poule rousse en tapant des couvercles de casseroles l'un contre l'autre, mais (...)"

6. Marie veut faire entrer la poule rousse dans la cage. Quelles sont les deux choses que Marie fait et qui ne marchent pas ?

– *faire des inférences directes (inférer)*

Exemple d'item "inférer" :

"La chouette descendit (...) avec ses grandes ailes blanches, (...). Cela donna une idée à Marie. Le lendemain, avec du fil et du tissu blanc, elle fabriqua deux grandes ailes au bout d'une longue perche. Elle expliqua son plan à son frère Samuel."

11. Pourquoi Marie fabrique-t-elle des ailes blanches sur une perche ?

A. pour que ça ressemble à des plumes de poule

B. pour prendre une décision

C. pour que ça ressemble à une chouette

D. pour impressionner Samuel

– interpréter et assimiler idées et informations (interpréter)

Exemple d'item "interpréter" :

Ce soir-là, alors que Marie poursuivait la poule rousse à travers la cour, elle vit une chouette qui descendait en vol plané de l'autre côté de la clôture.

La chouette descendit en piqué au-dessus de l'herbe avec ses grandes ailes blanches, attrapa une souris entre ses serres, et remonta en flèche dans l'obscurité. Cela donna une idée à Marie. Le lendemain, avec du fi l et du tissu blanc, elle fabriqua deux grandes ailes au bout d'une longue perche. Elle expliqua son plan à son frère Samuel.

Ce soir-là, pendant que Marie poursuivait la poule rousse comme d'habitude, Samuel entra dans la cour avec la perche préparée par Marie. Il fi t descendre en piqué les ailes vers la poule rousse. Celle-ci cessa de courir et fit gonfler ses plumes, se mit à glousser furieusement et à battre des ailes, prête à faire face à son agresseur, mais les ailes blanches se rapprochaient de plus en plus. Les cris de la poule rousse cessèrent. Elle se tapit sur le sol, son bec pointé vers le haut et prête à donner un coup si elle le pouvait. Soudain, Marie intervint. Marie cria après les ailes blanches. Elle frappa les ailes avec les mains et les repoussa. Son frère souleva les ailes. Puis il les abaissa de nouveau et Marie les repoussa. Tapie aux pieds de Marie, la poule rousse regardait la scène de ses petits yeux perçants. Pour finir, les ailes terrifiantes abandonnèrent et s'envolèrent.

Marie se pencha et tendit les mains. La poule rousse s'y précipita et posa doucement son bec sur le bras de Marie. Marie pouvait sentir le petit cœur de la poule qui battait sous le duvet de sa poitrine pendant qu'elle la ramenait à la cage. Elle câlina la poule jusqu'à ce que son cœur se calme, puis elle la posa délicatement dans la cage et sourit à Samuel.

« Te voilà maintenant tout en haut de l'ordre du poulailler », dit Samuel en riant.

15. D'après toi, que fera la poule rousse la prochaine fois que Marie fera entrer les poules dans leur cage ?

– examiner et évaluer le contenu, la langue et les éléments textuels (apprécier)

Exemple d'item "apprécier" :

16. Pourquoi un titre différent, comme "Marie trouve une solution", pourrait-il aussi être un bon titre pour cette histoire ? Donne une raison. »

www.lienmini.fr/11412-PIRLS

DOCUMENT 2 : Fiche ressource Éduscol « Lecture et compréhension de l'écrit, cycle 2 »

« Comme l'indique Catherine Tauveron [...], le recours systématique au questionnaire de lecture comme outil de vérification de la compréhension des textes est à interroger. En effet, il s'en tient souvent à une compréhension de surface des textes et pose parfois lui-même des problèmes de compréhension. On peut voir que certaines questions n'aident pas à comprendre dans la mesure où elles n'engagent pas le travail interprétatif. Ce n'est pas la question, en tant qu'outil d'investigation qui est en cause, mais bien plutôt la forme qu'elle prend et la nature des réponses qu'elle sollicite. Le danger serait que les élèves adoptent une stratégie leur permettant de répondre aux questions sans lire le texte.

Démarche possible d'enseignement à partir d'un questionnaire :

- centrer les questions sur les éléments essentiels du texte et sur l'articulation chronologique et logique pour permettre de saisir la cohérence de l'ensemble de l'histoire ;
- faire élaborer des questions par les élèves : la confrontation entre élèves permettra de faire le point sur les questions importantes, essentielles pour comprendre l'histoire. »

Ministère de l'Éducation nationale, de la Jeunesse et des Sports / éduscol : https://cache.media.eduscol.education.fr/file/Francais/50/7/EV16_C2_Francais_Lecture_Comprehension_Ecrit_781507.pdf

DOCUMENT 3 : Extrait de « Les textes composites : des exigences de travail peu enseignées ? »

« Contrairement au texte linéaire qui suppose du lecteur qu'il s'appuie sur l'organisation en paragraphes, les connecteurs logiques, les chaines anaphoriques – éventuellement le jeu des titres et des sous-titres, voire les tables de matières et les index – pour en construire une représentation mentale cohérente, la lecture d'un document composite implique de maîtriser aussi les codes propres à chaque composante sémiotique [...] ainsi que les codes permettant de mettre en rapport les différents documents les uns avec les autres – indications verbales (les légendes) ou non verbales (contigüité dans l'espace de la page, flèches, encadrés) des rapports entre ces composantes. À l'image des hypertextes électroniques (Crinon, 2011), ces documents sont fragmentés, composés d'atomes d'information ou "nœuds", reliés plus ou moins explicitement par des "liens" en un réseau où l'utilisateur "navigue" selon des parcours qu'il détermine lui-même parmi un grand nombre de possibles. Une large initiative est ainsi donnée au lecteur pour se constituer des parcours de lecture, dans lesquels il risque d'être désorienté (Rouet, 2006). La souplesse d'utilisation de ces documents fragmentés et non linéaires, qui permet à ses utilisateurs de choisir les informations dont ils ont besoin pour les aider à construire un modèle mental, a pour contrepartie une exigence cognitive plus grande, à la fois parce qu'ils sont moins guidés par une organisation rhétorique du texte et parce que les aspects métacognitifs liés à la régulation de leur lecture et la conscience de l'état de construction du modèle sont ici encore plus décisifs que dans la lecture d'un texte linéaire. »

Élisabeth Bautier, Jacques Crinon, Catherine Delarue-Breton et Brigitte Marin, « Les textes composites : des exigences de travail peu enseignées ? », Repères, 45 | 2012, 63-79.

DOCUMENT 4 : Extrait de manuel scolaire et document sur un thème commun

4. 1. Extrait de *Pépites français, CE2*, Magnard, 2017, pp. 18 et 19

Lecture 5 — Trouver des indices pour comprendre un texte

Interdisciplinarité

Les nuages

Petits ou grands, de formes différentes, ils semblent flotter dans le ciel comme des morceaux de coton. Mais de quoi sont-ils faits ?

Toutes sortes de nuages

Les nuages qui bouchent le ciel **(nimbostratus)** donnent de longues pluies ou de la neige.

Les tout petits nuages **(altocumulus)** passent haut dans le ciel, sans engendrer de pluie.

Les nuages qui ressemblent à du coton ou à du chou-fleur **(cumulus)** peuvent donner de petites pluies.

Les moutons **(cirrocumulus)** passent très haut dans le ciel, sans provoquer de pluie.

De l'eau et encore de l'eau...

Les nuages sont faits d'eau. À la surface du sol, l'eau s'évapore : quand elle chauffe, elle se transforme en vapeur et s'envole comme de la fumée. Mais, comme il fait froid dans le ciel, cette vapeur d'eau refroidit et redevient de l'eau liquide, formant ainsi un nuage. Les nuages contiennent surtout des petites gouttes d'eau, mais aussi de la glace ! Quand les nuages sont trop chargés d'humidité, ils se mettent à déverser de la pluie, de la grêle, ou encore de la neige.

Record
Un seul cumulonimbus peut contenir jusqu'à 100 000 tonnes d'eau, c'est-à-dire 60 piscines de 50 mètres !

Incroyable encyclopédie junior, © Larousse 2015.

Ai-je bien compris le texte ?

12 Résume en cinq lignes ce que tu as compris à propos des nuages.

4. 2. Carte extraite du site futura-sciences.com : Classification des nuages

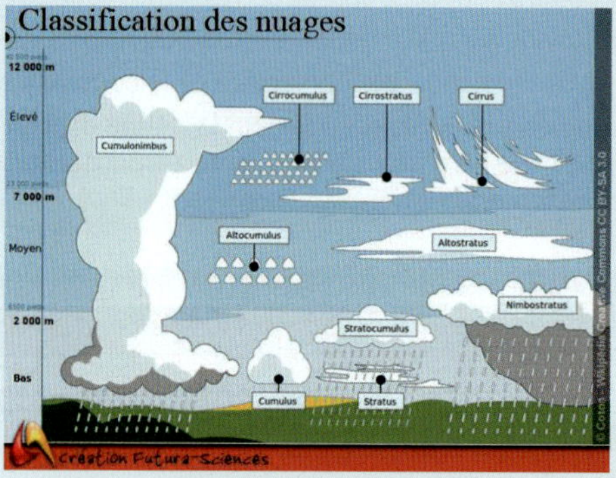

PROPOSITION DE CORRIGÉ

1 Analyse du corpus

Le **document 1** met en avant les compétences de compréhension à développer chez les élèves. Les deux premières sont celles qui sont les plus travaillées dans les classes françaises (prélever et inférer). Les deux dernières le sont insuffisamment (interpréter et apprécier). De plus, l'étude PIRLS montre que les textes documentaires ou informatifs sont insuffisamment travaillés en classe. Lorsqu'ils le sont, c'est souvent en fin de cycle 3. Or ces textes sont complexes (comme le montre le **document 3**) et ils nécessitent d'être abordés plus tôt, de façon progressive afin que les élèves en perçoivent les différents constituants et la manière de les analyser.

Dans le **document 2**, Catherine Tauveron remet en question l'usage du questionnaire en tant qu'outil de vérification de la compréhension d'un texte (que ce soit un texte narratif ou un texte documentaire), excepté si les questions sont créées par les élèves. Le questionnaire peut éventuellement être utilisé à des fins d'évaluation mais après des séances d'échanges pour analyser, interpréter le texte.

Le **document 4. 1.** est un exemple de texte documentaire composite qui peut être proposé à des élèves de CE2. Il est accompagné d'une question qui demande de résumer ce qui a été compris. Réaliser un résumé est un apprentissage complexe et se fera progressivement, tout au long des séances d'appropriation du document.

Le **document 4. 2.** est une carte sur le même thème que ce qui est proposé dans le document 4. 1. Elle peut compléter ce document.

2 Présentation de la séquence

■ **Niveau de classe :** CE2

■ **Domaine :** Français

■ **Référence au socle :** Les langages pour penser et communiquer : comprendre, s'exprimer en utilisant la langue française à l'écrit et à l'oral

■ **Place de la séance dans la séquence :**

◗ **Séance n° 1 :** Découverte des caractéristiques d'un texte composite : les élèves sont amenés à classer différents types de textes et à expliquer leur classement. Création d'un outil récapitulatif sur la constitution d'un texte composite, sur les critères d'identification de ce type d'écrit (titre, sous-titres, articles, schémas, textes, photos, etc.)

◗ **Séance n° 2 :** Création d'un outil qui présente la méthodologie de compréhension de ce type de texte. La forme n'est pas prédéfinie : ce sont les élèves qui vont la définir (carte mentale, annotations, fléchage sur les documents, etc.). Petit à petit les élèves vont élaborer les incontournables pour comprendre ce type de document : faire des prédictions sur le titre, définir les mots difficiles, résumer les idées principales, schématiser certaines idées, préparer des questions de compréhension pour les autres élèves.

◗ **Séance n° 3 :** Analyse d'un autre texte informatif en utilisant les traces écrites des séances 1 et 2. Les élèves seront répartis en petits groupes. Chaque groupe se penchera sur l'étude d'un des incontournables de compréhension de la séance 2. À la fin de la séance, chaque groupe présentera son travail aux autres.

◗ **Séance n° 4 :** Création par demi-classe, de deux textes documentaires (en sciences par exemple, pour illustrer des recherches sur un thème donné). Les élèves choisiront les supports et les outils disponibles : affiche, ordinateur, traitement de texte, photos, vidéos, etc.

◗ **Séance n° 5 :** La participation des élèves tout au long du projet est également un critère d'évaluation, au même titre que l'adéquation du résultat final à l'objectif défini initialement.

3 Proposition de leçon : séance n° 1 de la séquence

■ **Objectif de la leçon :** Créer un outil qui permet d'identifier les caractéristiques d'un texte composite.

■ **Compétences mobilisées par l'élève :**

- identifier et comprendre les caractéristiques d'un texte composite ;
- catégoriser ;
- argumenter un choix.

■ **Matériel utilisé :** Par groupe : deux extraits d'albums (*Petit nuage* de M. Piquemal, J.-M. Payet et *Nuage bleu* de Tomi Ungerer) ; deux poésies (*Le Nuage* de Robert Desnos et *Le Petit Nuage* de Luce Fillol) ; les documents 4. 1. et 4. 2. du corpus, un deuxième documentaire sur les nuages.

■ **Organisation :** Travail en petits groupes puis en collectif.

■ **Déroulement de la séance :**

◗ **Situation 1 :** Recherche.
Les élèves, répartis en groupes restreints, lisent et analysent les documents mis à leur disposition. Ils doivent réaliser un classement de ces documents et être capables de venir expliciter leur choix.

◗ **Situation 2 :** Mise en commun.
Le résultat du travail de chaque groupe est présenté et explicité au groupe classe. L'enseignant aura soin de commencer la présentation collective par les groupes dont les résultats sont éloignés de l'objectif. Les échanges oraux entre élèves mais également avec l'enseignant permettront de mettre progressivement en évidence les caractéristiques d'un texte composite.

◗ **Situation 3 :** Nouvelle recherche.
Les élèves répartis en groupes restreints élaborent un outil de la forme de leur choix. Il récapitulera les différents éléments d'un document composite et notamment la présence de textes, de photos, schémas, articles, titre, sous-titres, etc.

◗ **Situation 4 :** Institutionnalisation.
Les différents groupes présentent leur production afin d'élaborer en collectif et avec l'enseignant une production commune. Cet outil « aide-mémoire » sera ensuite affiché dans la classe. Il peut prendre la forme d'un documentaire annoté, avec des flèches pointant sur les différentes parties du texte composite. Cet outil pourra être photographié et conservé dans les cahiers des élèves. Ceux-ci pourront s'y référer si besoin lors des séances ultérieures.

■ **Variables didactiques, points d'attention pédagogique et gestes professionnels :** L'enseignant compose les groupes afin de garantir la participation de chaque élève et attribue un rôle à chaque membre. Pendant les travaux, l'enseignant prend le rôle d'observateur en circulant dans les rangs et régule les échanges si besoin.

■ **Bilan/prolongement :** De nombreuses séances d'analyse de textes pourront se réaliser de la même manière que celle de la situation n° 3, sur d'autres textes composites. Les groupes devront avoir des rôles différents dans chacune d'entre elles, afin de permettre à tous les élèves d'acquérir toutes les compétences de compréhension de ce type de texte.

4 Questions possibles du jury

A. Questions disciplinaires

a. Quelles sont les spécificités de lecture du texte informatif par rapport au texte narratif ?

Dans un texte narratif, la signification de l'histoire prend souvent forme vers la fin du texte. L'information est traitée au moyen d'une démarche prospective : le lecteur anticipe la suite de l'histoire. Dans un texte informatif, la signification du texte se construit tout au long du texte. L'information est traitée au moyen d'une démarche rétrospective : le lecteur effectue une mise en relation des informations au cours de laquelle chaque information nouvelle est reliée avec celles déjà lues. Les textes documentaires obligent à appréhender la page, non pas du début à la fin, mais comme une globalité qu'il faut décomposer en blocs d'informations.

b. Pouvez-vous indiquer quelques sources où l'on peut trouver des textes informatifs ?

Les textes informatifs et documentaires proviennent de sources variées : il est possible de les rencontrer dans les manuels, les encyclopédies, les articles à portée scientifique, les documents historiques, les guides, les magazines, etc.

B. Questions didactiques

a. Pourquoi doit-on amener les élèves à produire des textes informatifs ?

Produire des textes informatifs permet de mieux comprendre leur structure et de mieux les identifier ensuite. Le fait de rédiger ce type d'écrit contraint en effet à s'interroger sur les critères qui les constituent. L'enjeu des situations proposées aux élèves est de communiquer des connaissances à des destinataires. Cet objectif jouera le rôle de « moteur » de l'apprentissage en donnant du sens à ce que l'élève est en train d'apprendre, et en le confrontant à un véritable problème d'écriture et de lecture. (Fiche ressource « La compréhension des textes informatifs et documentaires »)

www.lienmini.fr/
11412-textes-informatifs

b. Quelles connaissances spécifiques sont nécessaires pour que les élèves créent un texte informatif ?

Les élèves doivent posséder des connaissances référentielles sur le thème traité par le document. Ils doivent également posséder des connaissances pragmatiques sur l'utilité de ce type de texte (à quel type de lecteur il s'adresse, quelle est l'intention du lecteur potentiel, quelles sont les caractéristiques de ce type de document). Des connaissances linguistiques sur le fonctionnement de la langue orale et écrite sont également à mobiliser. Pour créer un texte informatif, les élèves mettront ensuite en œuvre un ensemble de processus qui exploiteront ces connaissances : ils vont planifier leur écrit ; formuler, rédiger, créer les différentes parties du document ; le réviser régulièrement en se basant sur leur planification ; construire la trace finale de leur écrit et l'agencement définitif.

C. Questions pédagogiques

a. En quoi l'interdisciplinarité est utile dans l'apprentissage de la compréhension de textes informatifs ?

L'interdisciplinarité permet de comprendre le sens des apprentissages en les croisant. Travailler à l'analyse ou à la rédaction de textes informatifs en sciences par exemple permet de travailler les compétences du programme de sciences, mais également celles du programme de français, et ainsi de tisser des liens entre les domaines d'apprentissage. Cette démarche de projet permet de mettre en œuvre de nouvelles compétences.

b. En quoi les interactions entre élèves sont-elles bénéfiques dans ce type de séance ?

Selon Marie-Noëlle Simonard « les interactions entre élèves sont indispensables pour installer la "mise à distance" nécessaire entre celui qui apprend et ce qu'il apprend. C'est en comparant leurs essais de productions, en confrontant leurs manières de procéder ou encore en sollicitant la compréhension des destinataires d'un écrit, que les élèves réussiront à questionner leurs connaissances, leurs méthodes de travail, à expliciter en quoi telle production est réussie (critères de réussite) et à verbaliser des conseils à mettre en œuvre pour réussir (critères de réalisation, souvent nommés conseils pour réussir). »

Lire et écrire pour comprendre le monde, Marie-Noëlle Simonard,
La Collection des Dossiers du CEPEC, 2000, p. 18.
https://cepecdoc.cepec.org/Documents/uploads/22-07-2

Sujet 13 La grammaire (CM1)

Consignes page 85.

DOSSIER

DOCUMENT 1 : Extraits des attendus de fin d'année de CM1, français, p. 6

Identifier les constituants d'une phrase simple
Se repérer dans la phrase complexe

Ce que sait faire l'élève

- Il connaît les notions de nature et fonction et ne les confond pas.
- Dans une phrase simple, il identifie le sujet, y compris lorsqu'il est composé de plusieurs noms.
- L'élève identifie les constituants d'une phrase simple : le sujet, le verbe, les compléments d'objet, sans les distinguer, et les compléments circonstanciels, sans les distinguer.
-
- Dans un groupe nominal, il distingue le nom noyau et repère le complément du nom.
- En plus des classes grammaticales déjà connues, il identifie les conjonctions de coordination, les adverbes, les déterminants possessifs et démonstratifs.
- Il identifie et connaît les emplois des trois types de phrases (déclaratives, interrogatives et impératives) et des formes négative et exclamative.

Exemples de réussite

- Dans une phrase courte, il identifie le sujet (placé devant le verbe), le verbe conjugué, les compléments d'objet et les compléments circonstanciels.
- Il transpose un court texte (variation du nombre) en respectant la chaîne des accords.
- Il est capable de substituer un groupe nominal sujet par un autre groupe nominal sujet et observe les modifications que cela entraîne sur le verbe et sur le sens.
- Il repère les variations de sens quand il intervertit des groupes nominaux : *Le loup mange l'agneau./L'agneau mange le loup.*
- Il reconnaît un sujet quelle que soit sa classe (nom propre, pronom, groupe nominal...)
- Il transpose une phrase déclarative en phrase interrogative ; il transforme une phrase positive en négative...
- Il repère dans une phrase les compléments circonstanciels par des opérations de déplacement ou de suppression : *Ce matin, j'ai vu un héron dans le jardin./Dans le jardin, ce matin, j'ai vu un magnifique héron./J'ai vu un héron.*

Ministère de l'Éducation nationale, de la Jeunesse et des Sports / éduscol : https://eduscol.education.fr/137/attendus-de-fin-d-annee-et-reperes-annuels-de-progression-du-cp-la-3e

DOCUMENT 2 : Extrait de la note de service n° 2018-050 du 25-4-2018 « Enseignement de la grammaire et du vocabulaire : un enjeu majeur pour la maîtrise de la langue française »

« Apprendre la grammaire (l'étude de la morphologie et de la syntaxe de la langue française) permet de comprendre les relations entre les mots.

Un enseignement effectif

La leçon de grammaire [...] ne peut se résumer, [...] à une série d'observations et d'activités ponctuelles à l'occasion de l'étude d'un texte. Aborder les notions grammaticales [...] au détour d'une activité plus globale de lecture ou d'écriture tend à faire croire que ces notions sont subsidiaires alors même qu'elles sont fondamentales pour écrire comme pour lire, comprendre et interpréter un texte.

À tous les niveaux de la scolarité obligatoire, l'enseignement de la langue est donc mené systématiquement, et la leçon de grammaire [...] (découverte d'une notion grammaticale [...] et son appropriation par l'élève) doit être pratiquée conformément aux programmes, qui affirment la place importante des séances qui leur sont consacrées.

Un enseignement régulier et explicite

Comme tout apprentissage, celui de la grammaire [...] nécessite non seulement observation et réflexion, mais aussi régularité et répétition. L'enseignant veille donc à inscrire ces leçons dédiées à la langue dans l'organisation quotidienne de son enseignement et à les annoncer comme telles aux élèves. La fréquence de ces leçons spécifiques est détaillée *infra* selon les cycles.

Par ailleurs, cet enseignement ne se réduit ni à une liste de prescriptions, ni à un étiquetage stérile. Afin qu'elles soient comprises et mémorisées de manière efficace, il convient au contraire d'expliciter les normes grammaticales en partant des formes régulières avant de faire place, progressivement, aux exceptions. [...]

Un enseignement structuré et progressif

La mise en œuvre de séances spécifiques de grammaire [...], sollicitant observation, manipulation, réflexion, mémorisation et automatisation doit être renforcée. Pour ce faire, il convient de distinguer entre les séances qui ont pour objectif la découverte et la compréhension des textes, les séances destinées à la mise en œuvre des connaissances sur la langue dans la pratique de l'écriture et les séances consacrées plus particulièrement à la structuration des connaissances. Chacune des séances laissera une place importante à l'oral des élèves avant de procéder à une institutionnalisation des connaissances.

La littérature est essentielle pour que l'enfant découvre le plaisir de la lecture. Cependant, le texte littéraire ne doit pas être conçu comme un prétexte pour aborder une notion grammaticale. Les apprentissages grammaticaux n'ont pas à être soumis à une progression liée à des thématiques ou des enjeux littéraires : une telle progression est trop souvent contraignante et sans rapport avec la construction progressive des éléments constituant la langue, elle peut nuire à la structuration des connaissances des élèves. Il est donc nécessaire de prévoir en amont une progression annuelle globale de l'enseignement de la grammaire, fondée sur la complexité croissante et la complémentarité des notions à assimiler et des compétences à acquérir.

Un enseignement équilibré

[...] Ces connaissances (lexicales et grammaticales) seront réinvesties lors de la lecture et de la production de textes, en classe de littérature et dans toutes les autres disciplines. »

DOCUMENT 3 : Extrait de *Grammaire du français, terminologie grammaticale*, Éduscol

« Cette terminologie est par ailleurs organisée selon un certain nombre de principes d'analyse, dont les principaux sont les suivants :

- la phrase est considérée comme la structure fondamentale, à partir de laquelle les autres structures peuvent être définies ;

- comprendre l'organisation grammaticale d'une langue, et en particulier de la langue française, c'est principalement comprendre comment certaines structures sont incluses ou imbriquées dans d'autres. Par exemple, une proposition subordonnée est incluse dans une proposition principale, un complément du nom est inclus dans un groupe nominal, etc. Cette terminologie s'attache donc à expliciter soigneusement les relations d'inclusion entre structures grammaticales et à analyser non seulement les mots mais aussi les groupes de mots (groupe nominal, groupe verbal, etc.) ;
- toute structure grammaticale est composée d'éléments en relation avec d'autres éléments. Les éléments (mots ou groupes de mots) sont classés selon leur "nature" et les relations entre éléments sont définies par des "fonctions". L'essentiel de l'apprentissage de la grammaire scolaire consiste donc à développer la capacité d'identifier la nature et la fonction de mots ou de groupes de mots, dont la description constitue l'essentiel de cette terminologie ;
- l'analyse se concentre sur les structures canoniques de l'écrit, c'est-à-dire sur les structures les plus simples ou les plus fréquentes dans les textes. Cette terminologie est destinée à permettre un premier niveau d'appréhension du système de la langue française, fondé sur la reconnaissance des structures les plus simples et les plus régulières. Les élèves pourront, plus tard, développer leur esprit critique à partir de ce qui leur a été enseigné ; [...] »

www.lienmini.fr/11412-terminologie-grammaticale

DOCUMENT 4 : Extraits de manuels scolaires

4. 1. Guide pédagogique, *Outils pour le français*, *CM1*, Magnard, 2019, p. 24

Le sujet du verbe

Grammaire
PP. **18-19** DU MANUEL

Rappel sur la notion

Le sujet commande le verbe, quelle que soit sa place dans la phrase. Il peut s'agir d'un seul mot (un **pronom** ou un **nom**) ou d'un groupe de mots (un **groupe nominal**). Il est indispensable de repérer le sujet pour pouvoir écrire le verbe conjugué correctement.

Découverte collective de la notion

Cherchons

• **Repérez tous les verbes conjugués du texte et leurs sujets. Comment faites-vous pour identifier les sujets ?**
Il faut relever : *un grand camion de déménagement* et *s'arrête* ; *Mélodie* et *assiste* ; *un immense piano à queue noir et luisant* et *finit* ; *il* et *va* ; *Mélodie* et *se demande* ; *une femme coiffée d'un chignon et vêtue de façon originale* et *apparaît* ; *elle* et *quitte* ; *elle* et *arrête* ; *il* et *passera*.

Difficultés attendues

• Le sujet peut ne pas être repéré dans sa totalité. L'enseignant demandera alors aux élèves de l'encadrer par « C'est… qui ».
• Le sujet du verbe *finit* est en fait le pronom relatif *qui*. Si un élève pose la question, on pourra préciser qu'il remplace le nom *piano* et donc que c'est bien *un immense piano à queue noir et luisant* qui est le sujet.

Les élèves peuvent identifier le sujet :
– en posant les questions « Qui est-ce qui ? » ou « Qu'est-ce qui ? » suivies du verbe conjugué ;
– en encadrant le sujet par l'expression « C'est… qui » suivie du verbe conjugué.

• **Observez la phrase en rose. Quelle est la particularité de cette phrase ?**
Cette phrase comporte deux verbes pour un seul sujet : les verbes *quitte* et *arrête* ont pour sujet *elle*.
On demandera aux élèves de remplacer *elle* par *nous* pour observer que les deux verbes vont s'accorder avec ce nouveau sujet.

• **Remplacez le sujet de la première phrase par *deux grands camions de déménagement*. Qu'est-ce qui change ?**
Ce jour-là, deux grands camions de déménagement s'arrêtent devant le 13 de la rue Mozart. Le verbe s'écrit au pluriel. Il change car le sujet qui était auparavant au singulier est maintenant au pluriel.
On pourra multiplier les exemples avec d'autres phrases en faisant varier les sujets selon la personne et le nombre. Ces manipulations permettront de conclure que c'est le sujet qui commande l'accord du verbe en personne et en nombre.
La nature (classe grammaticale) du sujet est abordée dans le *Je retiens*. Une recherche collective à l'oral permettra de trouver d'autres exemples.

4. 2. Manuel *Outils pour le français, CM1*, Magnard, 2019, p. 19

Utiliser les pronoms sujets

GRAMMAIRE

5 * **Remplace le sujet en gras par un pronom personnel.**
***Mon frère et ma sœur** vont au collège.*
*→ **Ils** vont au collège.*
a. **Mon père et moi** allons à la piscine.
b. **Léo et toi** êtes de vrais champions !
c. **Djamila et ses frères** ont invité toute la classe à goûter.
d. **Jeanne et moi** prenons le même autobus.

PROPOSITION DE CORRIGÉ

1 Analyse du corpus

Les attendus de fin d'année (**document 1**) précisent que l'élève de CM1 doit être capable d'identifier un sujet, même s'il est constitué de plusieurs noms, mais ceci dans une phrase simple. Le sujet doit être placé devant le verbe. L'élève peut remplacer un groupe nominal sujet par un autre groupe nominal sujet et observer les modifications que cela entraîne sur le verbe et le sens.

La note de service (**document 2**) sur l'enseignement de la grammaire et du vocabulaire précise l'importance de la mise en place de leçons de grammaire, structurées et inscrites à l'emploi du temps. Ces leçons seront construites en respectant une progression élaborée en partant de l'analyse des formes régulières pour aller progressivement vers les exceptions.

La terminologie grammaticale (**document 3**) met en avant les deux grands principes d'analyse de la grammaire française : la phrase est la structure fondamentale à analyser, et toute structure grammaticale s'analyse en fonction de ses relations avec d'autres éléments de la phrase. L'analyse grammaticale se fait dans un premier temps sur des structures canoniques de l'écrit (c'est-à-dire sur des structures simples, en abordant uniquement les régularités au début de l'apprentissage).

L'extrait du guide pédagogique du manuel *Outils pour le français, CM1* (**document 4. 1.**) présente les modalités d'identification du sujet. Celles-ci doivent être communes à l'école et décidées en équipe. Les élèves de CM1 connaissent déjà le sujet du verbe mais ici, il s'agit pour eux d'identifier le sujet unique de deux verbes dans une même phrase. Puis, ils substitueront les groupes nominaux sujets pour identifier les changements que cela entraîne sur le verbe. L'apprentissage est progressif.

Dans l'exercice issu du manuel CM1 (**document 4. 2.**), les élèves sont maintenant amenés à remplacer des groupes nominaux sujets composés de plusieurs noms par un pronom personnel. Cet exercice sera proposé après ceux présentés dans l'extrait du guide pédagogique du document 4. 1., si et seulement si les élèves ont acquis les précédentes connaissances.

2 Présentation de la séquence

■ **Niveau de classe :** CM1

■ **Domaine :** Français

■ **Référence au socle :** Les langages pour penser et communiquer : comprendre, s'exprimer en utilisant la langue française à l'écrit et à l'oral

■ **Place de la séance dans la séquence :**

▶ **Séance n° 1 :** Retour sur les acquis antérieurs : identification du sujet unique dans une phrase simple ; substitution d'un sujet au singulier par un sujet au pluriel (observation de ce qui change dans la phrase : rappel des règles d'accord).

▶ **Séance n° 2 :** Identification du sujet unique de deux verbes dans une phrase simple. Exercisation et production d'écrits.

▶ **Séance n° 3 :** Séance longue de mise en évidence de la règle de grammaire : repérer les sujets doubles d'un même verbe.

▶ **Séance n° 4 :** Exercisation et production d'écrits pour automatiser l'identification du sujet double dans les phrases simples.
Des séances quotidiennes de production d'écrits courts permettront aux élèves de comprendre la nécessité de substituer les sujets doubles par des pronoms afin d'éviter les répétitions. De même, des séances quotidiennes de dictées négociées leur permettront de comprendre et mémoriser les faits de langue, d'automatiser les apprentissages grammaticaux.

3 Proposition de leçon : séance n° 3 de la séquence

■ **Objectif de la leçon :** Identifier le sujet d'une phrase lorsqu'il est constitué de plusieurs noms.

■ **Compétences mobilisées par l'élève :**
- identifier un verbe ;
- connaître la fonction sujet.

■ **Matériel utilisé :** Feuille vierge, règle, crayons, surligneurs.

■ **Organisation :** Travail individuel, en binôme, collectif.

▶ **Situation 1 :** Recherche.
Les élèves, individuellement, observent un corpus de phrases choisies à dessein par l'enseignant. Ils doivent identifier les verbes, retrouver leurs sujets et classer ceux-ci en deux colonnes. Dans ce corpus on trouvera des phrases avec des sujets simples et des phrases avec des sujets constitués de plusieurs noms.

▶ **Situation 2 :** Nouvelle recherche.
En binôme, les élèves partagent les résultats de leur recherche et doivent se mettre d'accord sur un classement commun.

▶ **Situation 3 :** Mise en commun.
Le résultat du travail de chaque binôme est présenté et explicité aux autres. L'enseignant aura soin de commencer la présentation collective par les groupes dont

les résultats sont éloignés de l'objectif attendu, afin de parvenir progressivement à la mise en évidence des critères d'identification du sujet double. Les productions présentées collectivement seront amendées (dessins, flèches, etc.), surlignées, afin de visualiser la règle de grammaire. Les productions pourront être photographiées et servir de trace écrite dans les cahiers des élèves.

- **Situation 4 :** Les élèves s'entraînent à partir d'exercices ciblés.

- **Variables didactiques, points d'attention pédagogique et gestes professionnels :** L'enseignant veillera à ce que les exercices proposés lors des séances d'entraînement respectent la progression présentée dans l'analyse du corpus, en partant des régularités pour aller très progressivement vers les exceptions : il sera attentif à ce que le sujet inversé ne soit pas présent dans ces exercices (celui-ci étant introduit en CM2).
- **Bilan/prolongement :** L'étude de la langue est mise en œuvre à travers l'écriture mais également en lecture, et ce, dans toutes les disciplines. Il est possible de travailler l'identification des sujets doubles d'un verbe dans une phrase par la lecture d'un texte disciplinaire (en sciences par exemple).

4 Questions possibles du jury

A. Questions disciplinaires

a. Pouvez-vous donner les natures des mots ou groupes de mots qui peuvent avoir la fonction sujet ?

La liste des natures des mots ou groupes de mots pour chaque fonction se trouve page 185 de la *Grammaire du français, terminologie grammaticale* (avec des exemples). Pour la fonction sujet, il peut s'agir d'un groupe nominal, d'un pronom, d'un infinitif ou d'une proposition subordonnée.

b. À partir de quel niveau de classe les élèves doivent-ils reconnaitre les principaux constituants de la phrase (sujet, verbe, compléments) ?

Dans les repères annuels de progression du cycle 2, il est écrit qu'au CP, « les élèves identifient peu à peu le sujet et le verbe à partir du travail mené en compréhension (de qui ou de quoi on parle, ce qui en est dit, ce qui se passe) » ; au CE1, les élèves « observent puis comprennent les propriétés permettant d'identifier le sujet et le verbe afin de mieux comprendre les relations des groupes au sein de la phrase » ; au CE2, « ils reconnaissent les principaux constituants de la phrase ».

B. Questions didactiques

a. Pouvez-vous expliquer ce qu'est la grammaire et à quoi elle sert ?

La grammaire permet de comprendre le système de la langue, c'est-à-dire, de connaître et de comprendre les natures et les fonctions des mots ou groupes de mots et leur organisation au sein des phrases. Les élèves doivent être amenés progressivement à considérer la langue comme un objet d'étude et non plus seulement comme un moyen de communication.

b. Peut-on faire une leçon de grammaire à partir d'observations réalisées lors de l'étude d'un texte de lecture ?

La leçon de grammaire ne se résume pas à une série d'observations ponctuelles à l'occasion de l'étude d'un texte. Les notions grammaticales sont fondamentales pour écrire, lire, comprendre et interpréter un texte. Cela nécessite des leçons (découverte d'une notion grammaticale et appropriation par les élèves) programmées dans l'emploi du temps, à partir de corpus de phrases sélectionnées par l'enseignant. Lors de la lecture, on va amener l'élève à exercer une vigilance orthographique en mobilisant ses connaissances grammaticales pour comprendre avec exactitude.

C. Questions pédagogiques

a. Combien de séances de grammaire doit-on réaliser par semaine ?

Dans le document ressource Éduscol intitulé « Organiser l'étude de la langue au cycle 3 », il est indiqué que la durée hebdomadaire spécifique consacrée à l'enseignement du français est de 7 h 15mn, qui peuvent être réparties comme ci-dessous :

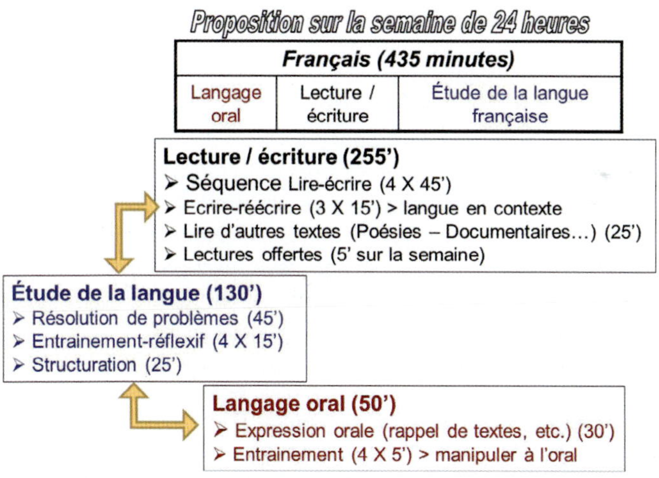

Ministère de l'Éducation nationale, de la Jeunesse et des Sports / éduscol : https://eduscol.education.fr/248/francais-cycles-2-et-3-etude-de-la-langue

b. Quelle forme doivent avoir les outils des élèves en grammaire ?

Les outils des élèves peuvent avoir différentes formes. Ils sont créés par et pour les élèves. Ils doivent être des supports de mémorisation permettant de réactiver et de rebrasser les notions enseignées. Pour cela, ils doivent être structurants et bien organisés, évolutifs et non figés.

Sujet 14 La compréhension (CM1)

Consignes page 85.

DOSSIER

DOCUMENT 1 : Extrait de « Concevoir des communautés de lecteurs : la gestion de la classe dans une dynamique interactionniste »

« Autre type d'activité susceptible de construire dans la classe la culture d'une communauté d'apprenants, le "Cercle de lecture littéraire" convie les élèves à rédiger seuls leurs premières impressions de lecture en vue d'en discuter ensuite avec leurs pairs dans des échanges bien structurés (en termes de durée, de règles d'interaction, et de modes variés d'entrée dans les textes). Après ces échanges ont lieu des systématisations qui peuvent relancer de prochains thèmes pour de nouvelles discussions. La finalité explicite du Cercle est de s'entraider à mieux comprendre des textes. Fondé sur les avis de chacun, le cercle doit aboutir à une compréhension plus large que celle qu'on avait au départ et il n'est donc pas question de simplement juxtaposer les idées des uns et des autres.
[...] les élèves [...] vont apprendre à animer des groupes de lecture autonomes et à entrer dans des processus groupaux de construction de sens ; ils géreront en partie leur propre progression sur la base d'objectifs explicites. En outre, la mémoire de travail même de l'enseignant est relayée par le dispositif : les enfants deviennent producteurs de notes, de synthèses, de présentations visuelles de leurs interprétations ; le local classe aussi fait partie de cette mémoire puisqu'on y engrangera dans des supports disponibles, les productions collectives au fur et à mesure des séances de lecture. »

« Concevoir des communautés de lecteurs : la gestion de la classe dans une dynamique interactionniste », © Revue des sciences de l'éducation, Sabine Vanhulle, 1999.

DOCUMENT 2 : Extrait de la note de service n° 2018-049 du 25-4-2018 « Lecture : construire le parcours d'un lecteur autonome »

« Former à la fois de bons lecteurs et des lecteurs actifs ayant le goût de la lecture fait partie des missions fondamentales de l'École. Accéder au sens des textes, et au plaisir que leur lecture procure, nécessite de conduire durant toute la scolarité obligatoire un travail régulier et structuré qui permette aux élèves d'acquérir des automatismes et de maîtriser les mécanismes de la lecture pour lire de manière fluide et aisée ; de développer de solides compétences de compréhension des textes permettant d'aborder les écrits dans tous les champs disciplinaires ; de découvrir des textes et des œuvres de plus en plus longs et ambitieux. Développer le goût pour la lecture, c'est aussi en faire un acte de partage et d'échange, au sein de la classe et de l'école et au sein des familles. [...]

Face à une œuvre ou un texte nouveau, les élèves apprennent à mener une première lecture d'ensemble, sans s'arrêter sur les éventuelles difficultés lexicales ou syntaxiques, à relire le texte dans son intégralité ou certains passages autant que nécessaire, à rechercher des informations importantes pour la compréhension globale (par exemple les personnages et leurs différentes désignations dans un texte de fiction), à utiliser enfin le contexte et leurs connaissances sur la composition des mots pour rechercher le sens d'un mot inconnu. Le professeur conduit aussi peu à peu les élèves à mobiliser leurs lectures antérieures et leurs connaissances et références littéraires (les personnages-types, les situations récurrentes, etc.) ou encore les caractéristiques des genres littéraires abordés ; il mobilise des outils de la compréhension (inférences, métaphores, causalités, anomalies, etc.). »

DOCUMENT 3 : Extraits de *Les Cercles de lecture, interagir pour développer ensemble des compétences de lecteur*

« Page 7 : Qu'est-ce qu'un cercle de lecture ?

Nous entendons par « cercle de lecture » tout dispositif didactique qui permet aux élèves, rassemblés en petits groupes hétérogènes, d'apprendre ensemble à interpréter et à construire des connaissances à partir de textes de littérature ou d'idées. De telles interactions entre lecteurs favorisent à la fois la construction collective de significations et l'intériorisation par chaque élève de stratégies fines d'interprétation.

Page 43 : Les enjeux des cercles de lecture littéraire

C'est essentiellement dans les "blancs" du texte que s'alimente l'activité affective et cognitive du lecteur d'une œuvre de fiction. [...]

La littérature, au travers des émotions qu'elle nous procure, nous offre la possibilité de comprendre d'autres personnes, différentes de nous, de ressentir avec des personnages des émotions nouvelles, d'imaginer ce que nous ferions dans des situations inhabituelles, de dépasser ou d'assumer ces passages conflictuels inhérents à toute croissance ...

Page 53-54 : Des tableaux de référence

Dès l'introduction des cercles, on pourra se fier aux suggestions des élèves pour dresser deux tableaux de référence :

- les entrées concernant le contenu des semences et des discussions
- les règles de comportement [...] »

De quoi peut-on parler ?	Comment en parler ?
– De l'histoire, de son sujet – Du héros – Des autres personnages – Des moments qu'on a aimés – Des moments qu'on a moins aimés – Des moments qui nous ont rendus tristes – Des films ou des autres histoires qu'on connaît sur le même sujet – Des illustrations – De la couverture – Du titre que l'auteur a choisi ...	– Parler doucement – Ne pas dire n'importe quoi – Respecter l'avis des autres – Écouter chacun jusqu'au bout sans l'interrompre ...

A. Lafontaine, S. Terwagne, S. Vanhulle, *Les Cercles de lecture*, De Boeck, 2006.

DOCUMENT 4 : Ressources Éduscol

4. 1 . Fiche ressource « Organiser la classe pour aborder les textes littéraires »

« Pendant les séances de lecture :

[...]

• *Soulager la mémoire des élèves dès que l'information est abondante* : leur permettre de synthétiser ce qu'ils ont déjà lu ou entendu pour qu'ils puissent lire ou écouter efficacement ce qui leur reste à lire ou lorsque la structure des phrases ou de leur enchainement devient inhabituelle : inviter à la paraphrase, faire proposer des titres, faire choisir entre des titres ou entre des résumés.

• *Faciliter des représentations mentales* : dans le choix du texte, vérifier que ce qui est relaté appartient à l'expérience réelle ou imaginaire des élèves ou à un univers de référence connu par eux ; les inviter à "se représenter" les passages lus, mentalement (les yeux fermés), éventuellement par le mime ou le dessin.

• *Organiser les échanges et les réguler*. En particulier dans les débats : ramener au centre de la discussion, solliciter une interaction serrée avec le texte, engager les élèves dans des procédures de validation, avancer des contre-arguments à une compréhension erronée, organiser la confrontation et l'évaluation des interprétations complémentaires ou divergentes, reformuler, engager un travail de synthèse. Faire valider ou invalider les propositions des élèves en référence au texte.

• *Se donner les moyens d'accéder au processus de lecture des élèves* : comment as-tu fait pour comprendre ainsi ? sur quoi t'es-tu appuyé ? ou comment as-tu d'abord compris ? qu'est-ce qui t'a fait changer d'avis ?

• *Organiser des groupes pour différencier le travail sur la lecture*, ce qui permet à l'enseignant de faire travailler en atelier la lecture à haute voix. »

Ministère de l'Éducation nationale, de la Jeunesse et des Sports / éduscol :
https://eduscol.education.fr/247/francais-cycle-3-pour-une-culture-litteraire-et-artistique

4. 2. Fiche ressource « Lire en réseaux »

« Qu'est-ce qu'une lecture en réseaux ?

[...] On peut parler de lectures en réseaux quand, à force de pratique, de rencontres, de tentatives d'explicitation, chaque élève exprime "une relation perçue entre tel livre et d'autres livres précédemment rencontrés" [...]. Ainsi chaque lecteur crée ses propres réseaux, en fonction des relations qu'il établit entre ses références personnelles et son audace à créer des liens, une audace de lecteur-interprète.

Mais ces réseaux doivent être aussi conçus par l'enseignant afin de programmer un certain nombre de rencontres avec des œuvres qui vont constituer une culture commune. [...] Avec la lecture en réseau, le principe à l'œuvre est l'activité de comparaison au sein du regroupement proposé par le maître : comparaison d'un texte source à des adaptations ou des réécritures (*Pierre et le Loup*, *La Petite Marchande d'allumettes*, etc.), d'un personnage avec son représentant archétypal (le diable, l'ogre, etc.), des œuvres d'un même auteur [...], de plusieurs œuvres pour découvrir une configuration commune (motif, symbolique, mythe, etc.) comme l'île dans les robinsonnades [...].

Comme le précise Catherine Tauveron dans sa contribution au Conseil supérieur des programmes, la lecture en réseau ne doit pas être confondue avec un regroupement thématique : "[Elle] a d'abord été conçue comme une aide à la résolution de problèmes de lecture : les problèmes de compréhension ou d'interprétation rencontrés lors de la lecture d'un texte donné peuvent trouver leur solution par l'examen d'autres textes présentant les mêmes problèmes (éventuellement plus aisément surmontables). La lecture en réseau a été secondairement conçue comme un moyen de construire chez l'élève une culture proprement littéraire (culture d'un auteur, culture des genres, culture des stéréotypes, culture des coups narratifs) qui joue dans la lecture le rôle de cadre cognitif d'accueil et permet de traiter l'information avec plus d'efficacité". La lecture en réseau n'est pas la programmation d'une succession de lectures simplement juxtaposées mais suppose de travailler sur les relations entre les œuvres et de faire retour sur la ou les œuvres à l'origine du réseau. »

Ministère de l'Éducation nationale, de la Jeunesse et des Sports / éduscol : https://eduscol.education.fr/247/francais-cycle-3-pour-une-culture-litteraire-et-artistique

PROPOSITION DE CORRIGÉ

1 Analyse du corpus

Le **document 1** explique que la finalité des cercles de lecture est d'aider les élèves à comprendre des textes narratifs et notamment grâce à l'échange de points de vue. La production écrite de différents types de textes (textes, schémas, dessins, etc.) et la production orale (exposé, mime, etc.) contribuent à une meilleure compréhension des textes lus.

L'extrait de la note de service du *BO* spécial présenté dans le **document 2** rappelle l'importance d'amener les élèves à comprendre les textes afin de leur permettre de prendre plaisir à lire. L'automatisation en lecture nécessite un travail structuré, régulier, explicite. Pour comprendre un texte, l'élève doit s'appuyer sur ses connaissances acquises.

Le **document 3** définit le cercle de lecture et ses enjeux didactiques et pédagogiques. Il présente également les discussions possibles autour du texte afin d'accéder à une compréhension plus fine de l'histoire.

Le **document 4. 1.** explique les modalités d'organisation de séances efficientes pour aborder, analyser et comprendre les textes littéraires : il met en évidence l'utilité du résumé, des dessins ou schémas, des débats, du métalangage et du travail différencié par groupe dans l'apprentissage de la lecture à voix haute.

Le **document 4. 2.** présente la lecture en réseaux et son efficacité pour la compréhension. Il s'agit d'une modalité de travail particulière et efficace, car elle amène l'élève à tisser des liens entre différentes œuvres étudiées en les comparant les unes aux autres.

2 Présentation de la séquence

- **Niveau de classe :** CM1
- **Domaine :** Français
- **Référence au socle :** Les langages pour penser et communiquer : comprendre, s'exprimer en utilisant la langue française à l'écrit et à l'oral

Place de la séance dans la séquence :

Séance n° 1 : Appropriation du fonctionnement du cercle de lecture : le cercle de lecture est l'objet de l'apprentissage de cette première séance. L'enseignant demande aux élèves : « de quoi peut-on parler quand on discute d'une histoire ? ». Puis il pose la question suivante : « quelles règles faut-il respecter dans un groupe pour qu'il y ait une véritable discussion entre tous les élèves ? ». Après échanges et débats, un tableau tel que celui présenté dans le document 3 se construira collectivement.

Séance n° 2 : Cercle 1 : le livre étudié est le même pour tous les cercles. Le cercle de lecture est maintenant devenu un outil d'apprentissage.

Séances n° 3, 4 et 5 : Cercles 2, 3 et 4 : dans ces trois séances, les élèves étudient un livre par cercle. Ces séances se déroulent en suivant la même démarche que celle proposée en séance 2.

Séance n° 6 : Cercle 5 : les élèves étudient plusieurs livres dans le même cercle, toujours en suivant la même démarche qu'en séance 2.

3 Proposition de leçon : séance n° 2 de la séquence

Objectif de la leçon : Comprendre un texte littéraire en pratiquant un cercle de lecture.

Compétences mobilisées par l'élève :

- émettre des hypothèses ;
- présenter et justifier son point de vue, ses sentiments ou émotions ;
- être capable de résumer, de faire des prédictions ;
- établir des rapprochements avec ses connaissances antérieures et avec sa propre vie ;
- échanger avec les autres.

Matériel utilisé : Plusieurs exemplaires du même texte (en fonction du nombre de cercles).

Organisation : Travail individuel dans un premier temps puis en petits groupes hétérogènes.

Déroulement de la séance :

Situation 1 : Recherche individuelle.

Les élèves lisent seuls le texte. Ils choisissent ensuite le thème qu'ils souhaitent traiter dans le cercle et rédigent seuls les éléments qu'ils souhaitent aborder (sous forme de texte, de schéma, de dessin ou d'une combinaison de tout cela). Voici ci-dessous les différents thèmes qu'il est possible d'approfondir :

- les personnages : leurs caractéristiques : description, actions et ce qui plait ou déplait dans ce personnage ;
- les titres : qu'évoquent-ils chez moi ? Sont-ils en lien avec les propos du texte ? Résonnent-ils avec mon expérience personnelle ?
- les passages préférés : lesquels et pourquoi ?
- la fin de l'histoire : l'expliquer, dire si on l'a aimée et pourquoi ;

– les mots étonnants : quels sont-ils ? Pourquoi je les ai trouvés étonnants ?
– le thème ou le message de l'auteur : quel est-il ? Suis-je d'accord avec celui-ci et pourquoi ?

Situation 2 : Discussion.

Les élèves qui ont choisi le même thème se regroupent dans un endroit de la salle. Les règles d'interactions à respecter sont reformulées par les élèves. Puis, ceux-ci discutent, échangent, débattent sur leurs écrits. L'enseignant circule entre les petits groupes et relance et/ou régule les échanges si besoin.

Situation 3 : Mise en commun.

Chaque rapporteur expose le fruit de la discussion du groupe. Le reste de la classe peut intervenir à tout moment pour apporter des précisions, poser des questions, etc. L'enseignant peut rectifier certains contresens, approfondir les réflexions, confronter certains points de vue, etc. Il peut également expliquer comment et pourquoi il a éprouvé tel ou tel sentiment à la lecture d'un passage, comment il est parvenu à telle conclusion, etc.

Situation 4 : L'évaluation est ici formative et conclut la mise en commun. Il s'agit de mener une analyse des difficultés rencontrées tant au niveau interprétatif qu'au niveau des interactions, et de se fixer de nouveaux objectifs.

- **Variables didactiques, points d'attention pédagogique et gestes professionnels :** L'enseignant s'attache à gérer l'espace, le temps, les règles de fonctionnement et les conditions d'efficacité dans lesquelles se déroulent les interactions. Pour cela, il guide l'activité en proposant des outils (référentiels, carnets de lecture), des dispositifs de travail adaptés, des consignes claires, et encourage les procédures et les comportements favorisant l'apprentissage.
- **Bilan/prolongement :** Il est possible de créer un groupe de spectateurs du cercle de lecture. Les élèves noteront leurs observations dans une grille élaborée préalablement en collectif, et exposeront leurs constats à la fin de la séance.

4 Questions possibles du jury

A. Questions disciplinaires

a. Qu'est-ce qu'un personnage archétypal ?

C'est un type de personnage qui, au cours de l'histoire de la littérature, s'est constitué un certain nombre de caractéristiques et de rôles. L'enjeu de l'identification des personnages archétypaux réside dans l'horizon d'attente qu'il crée, mais aussi dans le plaisir que procure la découverte des variations et détournements qui déjouent l'attente légitime du lecteur initié. Par exemple : le loup féroce, qui mange ou essaye de manger ses victimes (Mère-grand dans *Le Petit Chaperon rouge*, ou les trois petits cochons), puis qui devient docile comme un agneau (comme dans *Le Loup qui s'aimait beaucoup trop*, O. Lallemand, E. Thuillier, Auzou, 2010).

b. Qu'appelle-t-on les « transactions » en lecture ?

« La lecture est d'abord un dialogue entre un lecteur et un texte. Elle comporte des moments où le lecteur se met à l'écoute du texte pour en percevoir le sens littéral et faire les inférences qu'il lui suggère. Et il existe des moments où il convient que le lecteur lui réponde ou l'interroge de manière personnelle. Les transactions en lecture comportent donc deux mouvements : l'un qui va du texte au lecteur et l'autre qui va du lecteur au texte ».

A. Lafontaine, S. Terwagne, S. Vanhulle, *Les Cercles de lecture*, De Boeck, 2006, p. 19-20.

B. Questions didactiques

a. Le dispositif des cercles de lecture permet aux élèves de réaliser des activités dans leur ZPD. Pouvez-vous expliquer ce sigle et sa signification ?

La ZPD est la zone proximale de développement définie par Lev Vygotski (1985). Grâce à la collaboration entre pairs mais également avec l'enseignant, l'élève peut dépasser un stade de développement déjà atteint pour accéder à un niveau supérieur. Ce qu'il peut faire aujourd'hui avec l'aide d'autrui, il pourra le faire de manière autonome demain.

b. La compréhension de textes informatifs peut-elle se faire avec le même dispositif ?

Il existe un dispositif semblable pour travailler la compréhension des textes informatifs. Il s'agit des cercles d'idées. L'objectif est identique : un enseignement explicite des stratégies de compréhension en favorisant les interactions.

C. Questions pédagogiques

a. Dans la leçon proposée, un des élèves du groupe a le rôle de rapporteur lors de la mise en commun. Quels autres rôles peuvent être proposés au sein du groupe ?

Il est possible de désigner un secrétaire de la séance, un maître du temps, un responsable des interactions qui veille au bon déroulement des échanges, un animateur de la discussion, etc.

b. Quel type de texte ou d'œuvre choisir dans ce genre de dispositif ?

Les œuvres choisies doivent être riches d'implicites pour que l'élève puisse exercer des stratégies de questionnement et d'inférence. Les personnages vivront des situations difficiles, surmonteront des obstacles. Les œuvres choisies doivent favoriser des discussions basées sur des transactions multiples (émotions, identification, distance, imagination, etc.). Le texte comportera des effets de rupture, des écarts par rapport à ce que l'on savait, ce que l'on croyait sur soi ou sur un aspect du réel.

Sujet 15 L'expression orale (CM1)

Consignes page 85.

DOSSIER

DOCUMENT 1 : Ressources Éduscol

1. 1. Fiche ressource « Où en est la didactique de l'oral, quelles sont ses avancées, quelles questions la traversent actuellement ? »

« Pourquoi cette insistance sur l'oral ?

L'importance donnée à l'oral relève d'une demande scolaire et sociale en même temps. Sociale, parce que l'école a aussi pour ambition de préparer les élèves à la "vraie vie" où la parole bien utilisée contribue de façon irremplaçable à des relations harmonieuses et constructives et au plein exercice de leur citoyenneté.

Scolaire, parce que les élèves sont inégalement munis par leur environnement et leur histoire personnels des compétences requises pour des prises de parole à la fois acceptables selon les critères scolaires et bénéfiques pour leurs apprentissages. Toutes les matières, à des degrés divers, mettent en jeu la dimension langagière et symbolique de leurs apprentissages, le rôle des controverses, des procédures de problématisation, de validation et de preuve dans la construction des savoirs. [...]

Comment enseigner efficacement l'oral dans le cadre contraint de la classe ?

Pour donner toute sa place à un travail sur l'oral, il y a bien sûr la contrainte évidente du nombre : souci de "faire participer" tous les élèves sans peser sur le temps du groupe, souci de ne pas confondre l'évaluation de l'activité observée, qui relève d'une logique collective (les élèves participent, sont actifs, marquent des avancées dans la discussion...) et la réalité des apprentissages, qui relève de l'appropriation de chacun... Face aux malentendus, aux décalages, aux erreurs, aux silences qu'il peut repérer chez certains élèves, l'enseignant ne peut complètement arrêter ou parasiter l'avancée collective. Inversement, il ne peut se contenter de la satisfaction légitime d'une classe qui est vivante, qui avance dans la discussion, sachant bien que certains élèves ne font que se conformer au "contrat de communication" (écouter, participer) quand d'autres entrent dans l'explication et l'analyse, donc l'apprentissage.

D'autre part, l'oral rend publiques les différences entre élèves et expose ceux qui auraient le plus à apprendre au regard et au jugement des autres, ce qui nécessite de la part de l'enseignant un travail de régulation et d'éducation très important pour ne pas les mettre en danger, et l'invention de situations de partage de la parole où les inégalités des apports n'engendrent pas l'intolérance entre élèves. Les enseignants savent bien que, sans mise en place de correctifs efficaces, ce sont les plus avancés qui profitent le plus des situations didactiques, et que l'appel systématique à la parole des élèves comporte le risque que ceux qui ont déjà le plus d'acquis capitalisent aussi le plus les bénéfices des

situations proposées. Ainsi le travail sur l'oral est-il inséparable d'une réflexion plus large sur l'usage et le partage de la parole en classe.
La question du temps est également une contrainte lourde. Pour progresser, il faudrait que chacun ait l'occasion de développer régulièrement une parole personnelle. La répétition, la régularité, même la ritualisation sont indispensables pour qu'il y ait apprentissage et évaluation d'une progression, sur des objectifs ciblés. Sans doute a-t-on intérêt à opter pour des situations de prise de parole organisée, directement en phase avec les tâches ordinaires mais brèves et régulières (rappels en début de séances, présentation construite d'un travail individuel ou en groupe, résumé en fin de séance, élaboration orale de la trace écrite...). Cela pose aussi la question de l'évaluation des évolutions des élèves, difficile pour l'oral, dès qu'on sort du réinvestissement immédiat d'entraînements à des tâches précises et de critères formels de type rhétorique. »

Ministère de l'Éducation nationale, de la Jeunesse et des Sports / éduscol :
https://eduscol.education.fr/226/francais-cycle-3-le-langage-oral

1. 2. Fiche ressource « Les trois entrées didactiques »

1. Approche communicationnelle

A. Pratiques de l'oral dans la classe

L'école et la classe comme microsociétés

B. Fonctions – buts

• Respect des règles de communication (conversationnelles) et efficience d'une situation de communication (immédiate ou non).

• Responsabilisation des élèves - Compréhension des propos (en réception, en production).

C. Types d'activités – situations – dispositifs

Activités autour de la vie collective : élaboration de projets pédagogiques, conseils de classe...

Ateliers conversationnels.

Situations pour s'approprier les enjeux de la communication.

Situations pour apprendre à se faire comprendre (voix, prononciation).

D. Conditions de réussite

• Respect des règles de communication.

• Organisation **spatiale** pour faciliter la prise de parole et la communication / identifier l'activité par le repérage d'un espace.

• Gestion du **groupe** : part laissée à l'autonomie (expression, participation, déplacements...), modalités de circulation de la parole (temps pour s'exprimer, place aux petits parleurs), le parler en tant que sujet « je ».

• **Rôles de l'enseignant :** laisser parler les élèves / éviter d'interrompre / accepter les silences / distribuer la parole / cadrer la prise de parole en demandant à l'élève locuteur de tenir compte de ce qui vient d'être dit / faire préciser, compléter... / favoriser les échanges entre élèves / poser un cadre favorable aux échanges langagiers (climat, respect, posture, modulation de la voix...).

• **Rôles de l'élève :** se positionne comme co-locuteur ou interlocuteur pour construire son statut de preneur de parole en tenant compte de la situation / tient des rôles explicites.

2. Approche discursive

A. Pratiques de l'oral dans la classe

La classe comme lieu de construction des savoirs

L'oral pour apprendre

B. Fonctions - buts

• Verbalisations et interactions dans toutes les disciplines (participer à une tâche langagière collaborative).

• D'un oral pratique vers un oral scriptural : pensée et langage (brouillage entre expérience de vie quotidienne et savoirs, entre activité et travail cognitif).

• L'oral, la partie liée à la construction des séquences d'apprentissage : place de l'erreur, de la confrontation, de l'institutionnalisation (point d'attention).

C. Types d'activités - situations - dispositifs

Conduites discursives : Raconter, décrire, expliquer, justifier, argumenter... et mini conduites langagières : catégoriser, caractériser, exposer, rapprocher, décomposer...

Vocabulaire :

Deux types de vocabulaire à enseigner :

• Le vocabulaire comme ressource pour construire le monde (on fait du vélo).

• Le vocabulaire comme objet de connaissances à partir de l'expérience (comment fonctionne le vélo) pour aller vers le lexique des savoirs, vers des opérations cognitives.

D. Conditions de réussite

• Qualité de la langue de l'enseignant : élocution, clarté / correction et niveau de langue / capacité à reformuler, expliquer les termes ou les situations.

• Qualité de la langue des élèves.

• Des échanges dans un cadre didactique institué : moments d'ouverture et de fermeture monologaux par l'enseignant / locuteurs autorisés / enseignant régulateur de la parole / capacité à faire parler tous les élèves / médiations pour soutenir le scénario pédagogique (reformulations, relances...).

• Clarification des enjeux et des objectifs (élève, maître).

• Parler **sur** et non parler **de** (parler la langue des savoirs). Vers des dialogues cognitifs.

• Des objectifs à deux niveaux : discipline et oral (outil pour).

• Pertinence et rôle de l'écrit par rapport à l'oral : l'écrit support de l'oral, l'oral support de l'écrit, transposition de l'un à l'autre.

• Connaissances préalables et culture commune.

• Mise en commun et institutionnalisation : revenir sur ce qu'on a fait pour construire les savoirs pour tous (« voilà ce qu'il fallait apprendre aujourd'hui »).

3. Approche intégrée

A. Pratiques de l'oral dans la classe

L'oral comme objet d'apprentissage

L'oral à apprendre

B. Fonctions - buts

• Lieu de travail sur le langage et les discours.

• Oral monogéré.

• Oral polygéré.

C. Types d'activités - situations - dispositifs

Genres réglés :

• Débat littéraire avec la trilogie : débat relié au réseau de lectures, débat qui arrive au milieu (débat interprétatif pour faire verbaliser ce qui n'est pas explicite dans les textes (inférence, états mentaux), carnet de lecteur qui étaye.

• Débat en EMC

• Délibération

• Démonstration

• Exposé
• Récit oral
• Dialogue
• Interview
• Enquête

Oraux en classe :

• Oraux publics en classe : des écrits à oraliser (lecture : travail sur la compréhension, travail sur l'expressivité (dire et redire, théâtraliser), expression théâtrale (saynètes, dialogues),
• Situations de présentation organisées : compte-rendu de visite, de travaux, présentation de lectures.

D. Conditions de réussite

• Identifier les genres oraux scolaires intégrés aux activités : où est l'oral dans une séquence ordinaire ?
• Connaître les conditions pour que l'oral soit travaillé dans un groupe : une conversation continue, des interventions réparties, un degré d'engagement dans l'échange, des traces résultant des échanges (notes, matériel), des retours réflexifs sur cet oral.
• La contextualisation de la situation : donner un nom aux genres travaillés, confier des rôles explicites aux élèves.
• Le rôle de médiateur de l'enseignant (conduites d'étayage pour prendre en charge la difficulté : reformulation, questionnement, relances, reprises, introduction de structures langagières élaborées).
• Le lexique : connecteurs spécifiques au genre discursif.
• La posture : gestuelle, articulation...
• Des supports pour enregistrer permettant des analyses collectives de productions orales, des corrections, des modifications : s'écouter, s'évaluer, diffuser, publier.
• Rendre visibles les apprentissages, permettre l'autoévaluation : traces résultant des échanges (notes, matériel), retours réflexifs sur cet oral.

Ministère de l'Éducation nationale, de la Jeunesse et des Sports / éduscol : https://eduscol.education.fr/152/francais-cycle-2-le-langage-oral

DOCUMENT 2 : Dossier de veille de l'IFE « Je parle, tu dis, nous écoutons : apprendre avec l'oral »

« Les conceptions didactiques de l'enseignement de l'oral

L'oral peut être enseigné de façon explicite au même titre que l'écrit. Ancré dans les activités des élèves dans ces situations, quelles que soient les disciplines, l'élève est amené à débattre, expliquer, commenter, exposer (Hassan & Bertot, 2015). L'enseignement de l'oral relève à la fois d'une approche linguistique et pragmatique. La maîtrise des différentes composantes de la communication orale est primordiale pour la réussite scolaire. Ces composantes sont réparties selon deux dimensions : une dimension structurale et une dimension pragmatique. Le volet structural inclut la phonétique, la morphologie, la syntaxe et la sémantique et s'acquiert de façon implicite avant l'âge de cinq ans via un mode de socialisation essentiellement. Le volet pragmatique se rapporte aux relations entre le locuteur et le contexte de locution, les aspects socio-culturels, les émotions, la gestion du corps et de la voix, les aspects discursifs. Cette dimension se développe de manière implicite au fur et à mesure que l'enfant maîtrise les éléments de la dimension structurale (De Grandpré, Lafontaine & Plessis-Bélair, 2016). [...]

Conception autonomiste et conception intégrée

Deux conceptions majeures autour de la question de l'enseignement de l'oral se dégagent à partir des travaux de didactique, du français notamment, et continuent de faire débat. La première est une conception spécifique ou autonomiste (représentées principalement par les travaux de Dolz et Schneuwly), la deuxième est une conception intégrée.

Selon la conception autonomiste, l'enseignement de l'oral est organisé autour de séquences spécifiques sur les genres oraux formels, prises en charge par l'enseignant.e. Ici, l'oral est un objet disciplinaire qui doit être maîtrisé par les élèves. Il s'agit du débat, de l'exposé, de l'interview et de la lecture à autrui. La conception intégrée est, comme son nom l'indique, intégrée aux séquences habituelles, quelles que soient les disciplines selon des activités ou dispositifs axés sur l'oral. »

M. Gaussel, « Je parle, tu dis, nous écoutons : apprendre avec l'oral », Dossier de veille de l'IFE, n° 17, avril 2017, p. 18. © DR

DOCUMENT 3 : Extrait du manuel *Pépites français, CM1*, Magnard, 2017, p. 125

EXPRESSION ORALE Lire un roman policier

Présenter un exposé sur Sherlock Holmes

A Raymond Gérôme dans la pièce de théâtre *Le Chien des Baskerville*, le 20 avril 1974.

B Basil Rathbone dans le film *Le Chien des Baskerville*, 1939.

Étape 1 Observons les documents pour les comprendre

1. Faites des recherches sur Sir Arthur Conan Doyle : ses dates de naissance et de mort, son pays d'origine, ses œuvres.
2. Qui est Sherlock Holmes ? Comparez les photographies des acteurs jouant Sherlock Holmes (Documents A et B) : listez leurs points communs. Pourquoi tiennent-ils une loupe ou une lampe torche ?
3. Connaissez-vous d'autres détectives célèbres ? Comparez-les à Sherlock Holmes.

Étape 2 Je me prépare à prendre la parole

- Présente ton exposé en donnant des titres à chaque partie.
- Présente Sir Conan Doyle.
- Décris le détective Sherlock Holmes en insistant sur les accessoires qui le caractérisent.
- Termine en parlant d'autres détectives célèbres que tu présenteras.

Pense à...

- illustrer tes propos à l'aide des documents proposés sur la page ;
- regarder ton public quand tu parles ;
- parler clairement et suffisamment fort pour être entendu ;
- t'entraîner pour prononcer correctement les mots anglais.

Chapitre 8 125

DOCUMENT 4 : Exemple de grille d'évaluation de la présentation d'un exposé

	Acquis	En cours d'acquisition	À renforcer	Non acquis
Ce que je dis				
Je connais bien mon sujet				
Mon plan est clair et annoncé				
Mon exposé présente une introduction et une conclusion				
Les mots difficiles sont expliqués				
Je sais répondre aux questions de mes camarades				
La façon dont je le dis				
Mon regard se porte sur mes camarades				
Ma voix est suffisamment forte				
J'articule correctement				
Je ne parle ni trop vite ni trop lentement				
J'ai une posture correcte				
Quel effet sur mes camarades ?				
Mes camarades sont attentifs, comprennent ce que je dis et posent des questions				

PROPOSITION DE CORRIGÉ

1 Analyse du corpus

Le **document 1. 1.** explique que l'enseignement de l'oral est indispensable. Sans celui-ci, les différences de milieux sociaux, culturels creuseront obligatoirement des écarts. Cependant, pour garantir l'efficacité de cet enseignement, il est important de réduire le nombre d'élèves et de favoriser un climat de classe serein et bienveillant. La question du temps de parole et de l'évaluation est également interrogée dans ce document.

Le **document 1. 2.** présente les trois entrées didactiques de l'oral (l'approche communicationnelle, l'approche discursive et l'approche intégrée) avec des exemples de situations pédagogiques et des critères de réussite.

Le **document 2** met en avant les critères d'enseignement de l'oral en classe : il convient d'enseigner la dimension structurale et la dimension pragmatique de l'écrit de manière explicite. En classe, l'oral s'enseigne pour lui-même dans des activités d'exposé, d'interview ou de débat, mais aussi de manière intégrée dans d'autres séances.

Le **document 3** est un extrait de manuel qui propose une structure par étapes, à suivre pour rédiger un exposé. La rédaction d'un exposé se prépare en classe. Il s'agit d'un apprentissage difficile qui ne peut reposer sur les parents ou sur l'élève lui-même sans aucun appui.

Le **document 4** est un exemple de grille d'évaluation (ou d'autoévaluation) qui peut être proposée à la suite de la présentation d'un exposé en classe. Elle demande à être élaborée avec et par les élèves afin qu'ils puissent s'approprier la démarche de présentation d'un exposé.

2 Présentation de la séquence

- **Niveau de classe :** CM1
- **Domaine :** Français
- **Référence au socle :** Les langages pour penser et communiquer : comprendre, s'exprimer en utilisant la langue française à l'écrit et à l'oral
- **Place de la séance dans la séquence :**

Séance n° 1 : Présentation du projet, explicitation : une discussion est organisée afin de prendre conscience de l'objectif de ce type d'activité : pourquoi réaliser un exposé ? Analyse collective des caractéristiques d'un exposé « expert » présenté par l'enseignant. Élaboration collective d'une trace écrite récapitulative qui reste accessible tout au long de la séquence. Elle sera amendée au fur et à mesure que la pratique de l'exposé s'affinera.

Séances n° 2, 3, 4, 5 : Préparation des exposés : chaque élève (ou groupe d'élèves : cette activité peut être réalisée par deux si les élèves ont peur) a choisi le thème de son exposé en amont de cette séance. L'enseignant fournit les documents nécessaires (cela peut être aussi un accès à internet). Les élèves peuvent amener des documents de chez eux. L'enseignant peut vérifier la validité du contenu qui va être présenté, donner des conseils, relancer l'activité si nécessaire. Il est possible de proposer aux élèves de s'enregistrer pour s'entraîner.

Séances n° 6 (puis 7, 8, 9...) : Présentation des exposés : elle s'effectue de manière progressive sur une période suffisamment longue pour que tous les élèves puissent présenter leur travail. Après le passage des premiers élèves volontaires, un débat suit pour proposer les grandes lignes à respecter pour réussir son exposé : d'une part la préparation et d'autre part la présentation. Chaque point permet l'élaboration de critères de réussite. Ceux-ci sont ajoutés sur la trace écrite de la séance 1. Un temps d'évaluation après chaque exposé vérifie le respect des critères de réussite élaborés en groupe.

3 Proposition de leçon : séance n° 6 de la séquence

- **Objectif de la leçon :** Présenter le résumé d'une recherche sur un sujet donné.
- **Compétences mobilisées par l'élève :**
  - communiquer une information sur un sujet précis ;
  - expliquer, argumenter, justifier, questionner, répondre.
- **Matériel utilisé :** Par élève : des documents ressources sur le thème choisi, des feuilles, des crayons, des ciseaux, de la colle, un ordinateur si possible avec un accès à internet, une imprimante.
- **Organisation :** Les élèves qui le souhaitent peuvent se regrouper en binôme, les autres travaillent individuellement.
- **Déroulement de la séance :**

Situation 1 : Présentation orale des premiers élèves volontaires.

Situation 2 : Débat.
Après ces présentations, un débat s'instaure pour définir les critères de réussite de l'exposé. Il s'agit pour l'enseignant d'amener les élèves à prendre conscience que pour réussir un exposé, il faut travailler la préparation mais aussi la présentation.

Situation 3 : Trace écrite.
La trace écrite de la séance 1 sera complétée à la suite du débat. Un tableau tel que celui présenté dans le document 4 pourra être élaboré.

- **Variables didactiques, points d'attention pédagogique et gestes professionnels :** La préparation des exposés demande une grande présence de l'enseignant. Il est donc souhaitable, lors de la séance de préparation, de répartir les élèves par groupes, en favorisant des activités autonomes pour les groupes qui ne travaillent pas sur l'exposé. L'enseignant guide les questionnements pour faire émerger les caractéristiques de l'exposé. Il s'efface progressivement au moment de la réalisation.
- **Bilan/prolongement :** Le choix libre du thème du premier exposé engage la motivation de l'élève. Pour le second, l'enseignant pourra restreindre ce choix, jusqu'à arriver à un thème imposé.

4 Questions possibles du jury

A. Questions disciplinaires

a. Pouvez-vous proposer une méthodologie de rédaction d'un exposé (séances 2 à 5) ?

Lorsque le thème est choisi, les questions qui ? quoi ? quand ? pourquoi ? comment ? permettent l'émergence des représentations des élèves. Ils chercheront les réponses à ces questions dans la documentation scientifique et structureront le plan de leur exposé par rapport à ces questions. Après la rédaction de celui-ci au brouillon, puis la vérification par l'enseignant, les élèves choisiront la forme de leur exposé et s'attacheront à l'élaboration de la structure finale. Ils termineront par l'élaboration d'un questionnaire pour les auditeurs.

b. Pouvez-vous expliquer ce qu'est l'oral scriptural ?

L'oral scriptural est un oral élaboré et proche de l'écrit. La culture écrite contribue à l'apprentissage du langage scriptural. Des enfants qui auront été confrontés à de nombreuses lectures recevront comme modèles langagiers et linguistiques ces formes scripturales et les réinvestiront plus facilement. C'est le rôle de l'école de viser à réduire les inégalités sociales en multipliant les occasions de rencontre avec l'écrit.

B. Questions didactiques

a. Quelles grandes réformes récentes obligent à une continuité des apprentissages de l'oral, de la maternelle à la fin du cycle 4 ?

Il s'agit de la réforme du DNB de fin de 3e avec la mise en place d'une épreuve orale (à compter de la session 2018), et la réforme du baccalauréat et la mise en place du grand oral (à compter de la session 2021).

b. L'écoute fait-elle partie de l'apprentissage du langage oral ?

« Écouter pour comprendre un message oral, un propos, un discours, un texte lu » est l'une des quatre grandes rubriques de l'enseignement du langage oral dans les programmes de cycle 3. En écoutant, les élèves identifient, mémorisent et s'approprient progressivement les structures de l'oral.

C. Questions pédagogiques

a. Dans le dialogue pédagogique ordinaire, les interventions du maître occupent 60 % du temps d'échange avec les élèves (Pierre Peroz). Quelles propositions pédagogiques peuvent être envisagées pour diminuer le temps de parole de l'enseignant ?

L'enseignant doit poser des questions ouvertes et laisser le temps aux élèves d'y répondre. Il ne s'agit pas de donner les réponses à ses propres questions mais de favoriser un travail collectif et collaboratif. Et comme le préconise Pierre Peroz, il faut laisser les élèves répéter ce que les camarades ont déjà dit, ce qui permet aux petits parleurs de prendre plus facilement la parole. Le climat de classe doit également être serein afin que l'erreur ait toute sa place dans les apprentissages. L'enseignant incitera également les élèves à parler « sur » et non pas parler « de » afin de les engager vers des dialogues cognitifs.

b. En quoi un travail sur les règles de vie peut-il contribuer au développement du langage oral ?

Cette activité relève du débat (approche intégrée) et engagera les élèves sur la voie de l'élaboration et du respect des règles de communication tout au long de l'année.

Sujet 16 La production d'écrit (CM2)

Consignes page 85.

DOSSIER

DOCUMENT 1 : Extraits des attendus de fin d'année de CM2, français

Recourir à l'écriture pour réfléchir et pour apprendre

Ce que sait faire l'élève

- Il utilise un cahier de brouillon pour noter ce qu'il retient à l'écoute d'un exposé, à l'occasion d'une sortie, d'une rencontre.
- Il reformule par écrit l'essentiel d'un texte, d'une leçon écrite.
- Il résume par un titre les paragraphes d'un message oral ou écrit.
- Il introduit ses réponses à des questions de compréhension en utilisant les mots de la question et justifie son choix.

Exemples de réussite

- Il rédige à partir d'une liste d'informations qu'il a collectées dans des textes documentaires, et notées dans le cahier de brouillon, une courte synthèse.
- À partir de notes prises, il élabore un compte-rendu des débats et des requêtes dans le cadre du conseil d'élèves.
- Il utilise une trame élaborée avec le professeur et validée par le groupe classe pour rédiger une courte synthèse.

Rédiger des écrits variés

Ce que sait faire l'élève

- En respectant les principales caractéristiques des genres littéraires, préalablement déterminées, il écrit régulièrement des textes variés : récits, textes poétiques, saynètes.
- Pour écrire un texte, il mobilise ce qu'il a précédemment appris sur la langue (syntaxe, lexique, conjugaison…).
- Il organise l'écriture de son texte en planifiant et respectant des étapes nécessaires : premier jet, relecture, révision…

Exemples de réussite

- L'élève rédige un texte de quelques phrases durant une séance d'apprentissage pour la conclure.
- Selon les domaines disciplinaires, il légende une carte, explicite des règles de jeu, rédige un cartel d'une œuvre d'art.
- Il rédige des réponses en reprenant les mots de la question, et en prenant appui sur le texte.
- Sur la base d'une « grille d'écriture » évolutive et adaptée, élaborée avec ses pairs et le soutien du professeur, l'élève rédige des textes de natures diverses en plusieurs étapes.
- Il restitue sous la forme d'un article de journal une sortie scolaire (exposition…) en respectant les codes de cet écrit (titraille, chapeau…).
- Il rédige un texte narratif court qui s'insère dans un texte lu.

Réécrire à partir de nouvelles consignes ou faire évoluer son texte

Ce que sait faire l'élève

- Il révise son texte à l'aide de grilles de critères et y apporte des améliorations ou des corrections.
- Il fait évoluer son texte au fur et à mesure des différentes relectures guidées. Son écriture relève d'un processus.

Exemples de réussite

- L'élève retravaille un court texte selon trois axes donnés par le professeur (cohérence textuelle, concordance des temps et chaîne d'accords) et en améliore le fond et la forme.
- Il enrichit des passages ciblés de son texte (introduction de nouveaux personnages, de descriptions, de cadre, d'époque...).

Prendre en compte les normes de l'écrit pour formuler, transcrire et réviser

Ce que sait faire l'élève

- Il s'appuie sur ses connaissances de la ponctuation, de la syntaxe pour écrire.
- Il réinvestit les notions abordées en étude de la langue (complémentarité des notions abordées et de certains énoncés proposés en production d'écrits).
- Il structure ses textes en paragraphes.

Exemples de réussite

- L'élève écrit un court texte en utilisant à bon escient 3 connecteurs logiques et 3 connecteurs temporels.
- Il interroge sa production pour la reprendre (quel est le sujet abordé, ce qu'on en dit, dans quel but, pour qui).
- Il parvient à découper son texte en paragraphes pour structurer les étapes de son travail/récit.
- Il se réfère à un corpus de textes variés pour observer, comparer, réfléchir, afin de gagner en efficacité et en précision dans les choix qui guident la transcription de son message à l'écrit.

Ministère de l'Éducation nationale, de la Jeunesse et des Sports / éduscol : https://eduscol.education.fr/137/attendus-de-fin-d-annee-et-reperes-annuels-de-progression-du-cp-la-3e

DOCUMENT 2 : Ressources Éduscol

2. 1. Fiche ressource « Enseigner l'écriture au cycle 3 : quelques principes »

« ***Plusieurs principes guident l'enseignement de l'écriture au cycle 3 :***

– le fait que les élèves ne maîtrisent pas parfaitement les usages de la langue écrite ne doit pas empêcher l'exercice quotidien de l'écriture, la mise en place d'une habitude qui doit être à la fois rassurante et formatrice ;

– la fréquence des situations d'écriture conduit à des échanges réguliers entre les élèves sur les productions qui sont partagées et discutées ;

– l'apprentissage de l'écriture privilégie l'expérimentation des formes, des genres et des fonctions de la communication écrite : l'étude approfondie de quelques formes très structurées est exceptionnelle ;

– la confrontation entre les écrits de la classe, entre les productions d'élèves et les textes d'auteurs permet peu à peu à chaque élève de prendre du recul par rapport à ses propres textes, c'est-à-dire d'endosser la responsabilité de ses écrits et d'en mesurer les effets ;

– enfin, la fréquence des écrits suppose un rapport particulier à la correction, qu'il s'agisse des attentes exigibles ou des interventions didactiques pour les rapprocher de la norme en particulier orthographique. »

Ministère de l'Éducation nationale, de la Jeunesse et des Sports / éduscol : https://eduscol.education.fr/246/francais-cycle-3-enseigner-l-ecriture

2. 2. Fiche ressource « L'écriture au cycle 2 :

« Un programme qui prend en compte, dès le cycle 2, l'écriture en tant que processus et qui lie étude de la langue (orthographe notamment) et écriture

LA PLANIFICATION	LA MISE EN TEXTE	LA RÉVISION
C'est se construire une vue d'ensemble du texte : – le but du texte ; – le genre du texte ; – son destinataire ; – son contenu.	C'est structurer l'ensemble du texte : – organiser les informations ; – assurer la liaison et la continuité entre les phrases ; – rédiger les phrases (dont maîtrise de l'orthographe et de la graphie).	C'est savoir repérer les dysfonctionnements et réécrire le texte : – correspondance avec le projet d'écriture ; – acceptabilité sémantique ; – grammaticalité des formes et des structures.

Toutefois, l'écriture ne peut pas être réduite à ces opérations successives de planification, de formulation ou mise en mots et de réécriture. D'abord, parce qu'encore une fois le schéma n'est pas linéaire mais aussi parce que l'écriture est un engagement, une implication. Écrire pose ainsi la question du sujet avec son identité, ses affects, ses connaissances du monde et de la langue, la représentation qu'il se fait de lui-même comme sujet écrivant et de l'autre comme destinataire... Et puisque nous sommes dans le cadre scolaire, écrire interroge aussi les modalités d'intervention du professeur. »

Ministère de l'Éducation nationale, de la Jeunesse et des Sports / éduscol : https://eduscol.education.fr/149/francais-cycle-2-ecriture

DOCUMENT 3 : Exemple de grille d'aide à la réécriture

Consigne : Raconte une grosse bêtise que tu as commise

Écriture de soi : situation d'écriture n° 2

Prénom	Sujet respecté	Entrée et clôture du récit	Expression émotions / sensations	Explication bêtise + peu détaillée +++ très détaillée	Emprunts	Répartition Regrets	Trouvailles
	oui	Classique	+	+++		Non	Il nous a mis une baffe, ça faisait bizarre jétais tout rouge
	oui	Classique	++	++		Non	Du coup j'ai pleuré de toutes mes forces
	oui	Classique Ouverte	+	+		Non	C'était la cata !
	oui	Originale	++	+		Non	J'avais la marque de la main sur la joue
	oui	Chute	+	+	OUI / ça fait vraiment mais vraiment mal	Un peu de regret	Ça fait vraiment mais vraiment mal les fessées
	oui	Classique	+	+		Non	Et là c'est le drame
	oui	Classique	+	+	Oui : on jouait et on jouait	Non	On s'est dit ce n'est pas grave mais !
	oui	surprenante	++	++		Non	Maman a dit : « Oh ! »

DOCUMENT 4 : Exercice d'expression écrite, extrait du manuel *Pépites français, CM2,* Magnard, 2017, p. 22

Je réfléchis à ce que je veux écrire

1. Relève dans le texte tous les indices donnés sur le paquet : d'après toi, que peut-il vraiment contenir ?
2. En ouvrant le carton, que voit Aristide, à ton avis ?
3. Ce cadeau plait-il à Aristide ou le déçoit-il ? Pourquoi ?
4. Sur ton brouillon, fais la liste des sentiments ressentis par Aristide et décris ses réactions.

BOÎTE À MOTS
déçu • surpris • effrayé • rassuré • désespéré • affolé • ravi • excité

J'écris mon texte

- Commence ton texte en rédigeant deux phrases qui indiquent comment Aristide va ouvrir le carton.
- Écris ensuite une phrase qui précise ce qu'est le cadeau.
- Décris ce cadeau en un paragraphe.
- Termine enfin ton texte par un paragraphe dans lequel tu préciseras comment Aristide réagit face à ce cadeau et ce qu'il ressent.

PROPOSITION DE CORRIGÉ

1 Analyse du corpus

Les extraits des attendus de fin d'année (**document 1**) montrent qu'il existe différents types d'écrits qui nécessitent un apprentissage en CM2 : les reformulations, les résumés, les prises de notes sur un brouillon, les écrits de travail, les écrits portant sur les différents genres littéraires. Pour ces derniers, ce document précise également les différentes étapes de rédaction et leurs modalités.

Le **document 2. 1.** met en avant l'importance de faire produire des écrits quotidiennement aux élèves, ainsi que le besoin d'instaurer un climat de classe bienveillant pour accepter et comprendre la nécessité de réécriture, d'amélioration de ces écrits (tant au niveau orthographique qu'au niveau structurel). Une forte acculturation à différents types d'écrits est nécessaire.

Le **document 2. 2.** présente les grandes étapes nécessaires dans la production d'un écrit long, étapes qui ne sont pas forcément linéaires et qui nécessitent un enseignement efficace.

Le **document 3** présente un outil utilisé par et pour les élèves et l'enseignant, autant pour l'évaluation que pour aider à la réécriture. Cet outil permet un enseignement explicite.

Le **document 4** est un extrait d'exercice de production d'écrit (début de CM2). Une aide à la planification est proposée. L'enseignant peut choisir de donner les deux parties de cet exercice ou uniquement la seconde partie si l'élève est plus à l'aise.

2 Présentation de la séquence

- **Niveau de classe :** CM2
- **Domaine :** Français
- **Référence au socle :** Les langages pour penser et communiquer : comprendre, s'exprimer en utilisant la langue française à l'écrit et à l'oral
- **Place de la séance dans la séquence :**

Séance n° 1 : Projet d'écriture : création d'un jeu pour les CP. Ce jeu consiste à associer une carte représentant une photographie de paysage à sa description. Lecture de l'album de Claude Ponti, *Ma vallée* (L'École des loisirs, 1998) dans lequel l'auteur décrit sa vallée, la plus belle du monde. Les élèves analysent cette description (oral collectif).

Séance n° 2 : Pour réaliser le jeu, les élèves élaborent des cartes descriptions de chaque photo de paysage proposée par l'enseignant. Dans cette séance, ils analysent une première photo et utilisent leurs observations de la séance précédente pour identifier les différentes étapes de la description. Celles-ci sont réfléchies entre élèves, planifiées sous forme d'étapes à réaliser dans un ordre précis, et inscrites sur un support mémoire (ex. : type de paysage, 1er plan, 2nd plan, etc.). Il s'agit de la planification. Les élèves peuvent revenir sur celle-ci autant de fois que nécessaire et ajuster, adapter ce qu'ils sont en train de produire.

Séance n° 3 : Rédaction des textes qui seront sur les cartes descriptions : cette séance est la mise en mots du texte. Elle se réalise en ateliers afin de permettre à l'enseignant d'être présent et d'aider les élèves si besoin.

Séance n° 4 : Séance de révision du texte : il s'agit de la mise en conformité orthographique et du repérage des dysfonctionnements dans le texte produit (omission, incohérence, redite). Cette séance se déroule en ateliers, afin que l'enseignant puisse guider l'élève dans la correction de ses erreurs. Il n'est pas nécessaire de demander aux élèves de corriger l'intégralité de leur texte pour éviter de les décourager.

Séance n° 5 : Formalisation du texte : les élèves recopient leur description sur la carte et la décorent.

Séance n° 6 : Évaluation : cette phase d'évaluation est proposée lorsque les élèves présentent leur jeu aux élèves de la classe de CP. Si les élèves réussissent à jouer avec ce jeu, cela signifie que les descriptions sont suffisamment précises pour que les élèves retrouvent les paysages associés.
Des séances quotidiennes de production d'écrits courts, de copie et de dictées permettront aux élèves de s'entraîner à produire des textes cohérents et à travailler les faits de langue étudiés en grammaire et en orthographe.

3 Proposition de leçon : séance n° 2 de la séquence

- **Objectif de la leçon :** Réaliser la planification de la description d'un paysage.
- **Compétences mobilisées par l'élève :**
  - analyser visuellement un paysage ;
  - inscrire les étapes de cette analyse de façon organisée.

■ **Matériel utilisé :** Plusieurs photos d'un même paysage.

■ **Organisation :** Travail en petits groupes puis en collectif.

■ **Déroulement de la séance :**

▶ **Situation 1 :** Recherche.

Les élèves, par petits groupes, échangent sur la manière de décrire le paysage qui se trouve sur la photo. Ils écrivent le résultat de leur analyse sous forme d'étapes successives, à suivre dans un ordre précis (sous forme de texte, de carte mentale ou autre).

▶ **Situation 2 :** Mise en commun.

Le résultat du travail de chaque groupe est présenté et explicité aux autres. L'enseignant aura soin de commencer la présentation collective par les groupes dont les résultats sont éloignés de l'objectif attendu, afin de parvenir progressivement à la mise en évidence des étapes indispensables et de l'ordre dans lequel il convient de les écrire.

▶ **Situation 3 :** Institutionnalisation : Les productions présentées collectivement seront amendées (dessins, flèches, etc.), surlignées. Une production commune, qui reprend les points les plus pertinents de celles qui ont été présentées, sera réalisée par l'enseignant (devant et avec les élèves) et affichée dans la classe. Elle pourra être photographiée et servir de trace écrite dans les cahiers des élèves. Ceux-ci pourront s'y référer autant de fois que nécessaire lors de l'élaboration des textes de description des autres paysages.

■ **Variables didactiques, points d'attention pédagogique et gestes professionnels :** L'enseignant doit être vigilant dans l'élaboration des groupes de recherche de cette séance n° 2 : ceux-ci doivent être homogènes. L'enseignant accompagnera le groupe d'élèves les plus en difficulté. L'enseignant ne doit pas hésiter, même en CM2, à faire relire la description produite lors de la séance n° 3 (ou la relire lui-même) à voix haute pour vérifier si celle-ci est cohérente. La lecture à voix haute permet aux élèves de se rendre compte de leurs erreurs de syntaxe, de cohérence des idées.

■ **Bilan/prolongement :** Cette séance peut se réaliser une deuxième fois, en demi-classe, avec deux photos de paysages très proches, afin de vérifier si les élèves qui n'ont pas réalisé les écrits de description réussissent à retrouver quel est le paysage décrit.

4 Questions possibles du jury

A. Questions disciplinaires

a. Pouvez-vous indiquer quelques fonctions de l'écrit ?

Écrire permet de donner accès à la parole de quelqu'un, de s'adresser à quelqu'un qui est absent, de garder trace de ce qui ne saurait être oublié. L'écrit transmet, donne, rappelle des informations et fait imaginer. L'écrit aide à mémoriser, comprendre et organiser notre pensée.

b. Quels types de connaissances sont nécessaires pour pouvoir produire des écrits ?

Produire un écrit nécessite de connaître les caractéristiques de celui-ci et de maîtriser le contenu. Il s'agit là de connaissances référentielles. Mais cela nécessite également des connaissances linguistiques qui permettent de comprendre et de maîtriser le fonctionnement de la langue orale et écrite. De bonnes connaissances pragmatiques sont également indispensables : le rédacteur doit avoir une vision claire de ce qu'attend le lecteur et doit tout mettre en œuvre pour le satisfaire.

B. Questions didactiques

a. Quelles sont les compétences à développer en maternelle pour permettre aux élèves de réussir en production d'écrits ?

Les élèves de maternelle doivent être habitués à entendre du langage écrit (lecture d'albums par l'enseignant). Ils ont également besoin de comprendre comment la parole se transforme en écrit (dictée à l'adulte). Ils vont développer progressivement le langage scriptural (rappel de récit). De plus, ils doivent développer une bonne conscience phonologique et découvrir le principe alphabétique pour pouvoir, dès que possible, produire des écrits de façon autonome.

b. Pouvez-vous expliquer la place de la copie dans l'apprentissage de la production d'écrit ?

La copie est importante pour développer les connaissances linguistiques et la fluidité de l'écriture.

C. Questions pédagogiques

a. Pouvez-vous rappeler les grandes étapes d'une production d'un écrit long ?

La production d'un écrit long nécessite plusieurs étapes : la planification, la formulation (la mise en mots), la révision, la formalisation. La dernière étape consiste à évaluer l'effet produit par le texte sur le lecteur, par rapport à ce qui en était attendu.

b. Distinguer écrits courts et écrits longs.

Les différentes phases de rédaction d'un écrit long permettent aux élèves d'organiser leurs idées en fonction des objectifs fixés. Rédiger des écrits longs nécessite un temps d'apprentissage conséquent. Ils sont souvent élaborés à la suite d'un projet de classe collectif. Il convient de faire écrire les élèves très souvent. Pour cela, les écrits courts permettent, de manière individuelle, d'automatiser le geste, les compétences de rédaction, de favoriser l'élaboration de stratégies et de démarches.

Sujet 17 L'orthographe lexicale (CM2)

Consignes page 85.

DOSSIER

DOCUMENT 1 : Ressource Éduscol « L'orthographe et son enseignement »

« ***L'orthographe : outil majeur de la maîtrise de la langue***

– **L'enseignement de l'orthographe pour écrire :**

L'orthographe est mise en œuvre lors de la production d'écrits. [...] Automatisée, elle permet l'accès, immédiat et sans effort excessif, à la forme orthographique de chaque mot. L'automatisation permet de ne pas focaliser l'attention sur la forme (par exemple, lors de l'usage d'homophones) pour se concentrer sur le sens. En cas d'hésitation, le temps passé à choisir une forme acceptable ralentit, gêne, voire modifie, l'expression et la cohérence de la pensée.

– **L'enseignement de l'orthographe pour lire :**

La connaissance de la forme orthographique participe à l'automatisation de l'identification des mots lors de l'apprentissage de la lecture. C'est une nécessité pour devenir et rester autonome en lecture. L'orthographe est fortement impliquée dans la compréhension. Elle renseigne sur le sens des mots et permet donc de construire une représentation plus sûre du texte en n'utilisant que ce qui est strictement contenu dans le texte.

– **L'enseignement de l'orthographe pour mieux maîtriser le vocabulaire :**

Le travail sur l'orthographe facilite le développement du vocabulaire et de son organisation, et réciproquement. Il permet l'enrichissement autonome du vocabulaire par la reconnaissance, dans les mots, de traces qui permettent de regrouper des mots, de fabriquer des mots nouveaux, d'approcher le sens des mots et de leur histoire. L'orthographe est bien souvent en jeu dans la construction du principe analogique qui permet des regroupements. Le développement de l'orthographe lexicale [...] nécessite une mémorisation précise et autonome puisqu'il s'agit de la graphie des mots en dehors des textes. Certains mots outils, invariables et très fréquents dans la langue, méritent une mémorisation rapide dès le cours préparatoire.

– **L'enseignement de l'orthographe pour mieux maîtriser la grammaire** [...] »

www.lienmini.fr/11412-orthographe-enseignement

DOCUMENT 2 : Ressources Éduscol : « Le vocabulaire et son enseignement. Pour favoriser l'enrichissement autonome du vocabulaire en lecture : installer les bases de l'orthographe lexicale au cycle 2 », A. Ouzoulias, 2011

« Les connaissances orthographiques facilitent l'enrichissement du vocabulaire en lecture

[...] La familiarité avec l'orthographe lexicale rend possible l'identification directe des mots écrits. L'accès à leur signification étant quasi immédiat, la lecture est moins séquentielle et plus véloce que par la voie indirecte (le décodage). Du coup, [...] dans une même durée, les élèves qui ont de bonnes connaissances orthographiques peuvent aussi lire une plus grande quantité de textes que leurs camarades moins avancés en orthographe et plus dépendants du décodage et les comprendre plus facilement. Ils peuvent alors bénéficier d'une plus grande fréquence des rencontres avec des mots nouveaux à l'écrit, ce qui augmente d'autant le nombre d'occasions d'enrichir leur vocabulaire, entretenant ainsi une spirale d'autoperfectionnement : plus les élèves ont une pratique aisée de la lecture, plus ils augmentent les occasions de découvrir des mots nouveaux et plus ils améliorent leurs habiletés de lecteurs. [...]

De plus, de bonnes connaissances orthographiques permettent un meilleur contrôle sur les phénomènes d'homophonie. Soit un élève qui connait l'orthographe (et la signification) des mots *seau* et *saut* et qui rencontre pour la première fois le mot *sot* en lecture : il sait aussitôt que ce *sot* porte une signification spécifique (ce n'est ni le récipient, ni le bond).

S'il connait déjà *sot* à l'oral, il lui est facile de l'intégrer à son lexique orthographique (son "dictionnaire mental"). Mais s'il n'en dispose pas à l'oral (dans son lexique phonologique), cela l'aide tout de même à le traiter comme un nouveau mot et à l'interpréter : outre le contexte syntaxique (c'est un adjectif) et le contexte sémantique (idée d'un défaut de jugement), il peut écarter d'emblée des significations parasites portées par les homophones plus fréquents (ce n'est ni le récipient, ni le bond).

Soit, en revanche, un élève qui ne connait pas l'orthographe des mots *seau* et *saut*. Ceux-ci, de même que *sot*, étant visuellement indistincts pour lui, tout se passe comme s'ils étaient homographes, ce qui favorise la survenue de faux-sens ou de contresens. Seul le contexte permet de saisir les significations différentes. En l'occurrence, il faut donc à l'élève un contrôle renforcé sur l'élaboration du sens de la phrase orale correspondante pour écarter les significations parasites. On est en droit de penser que ce cout cognitif plus élevé rend aussi plus difficile l'assimilation de ce nouveau mot.

En outre, de bonnes connaissances orthographiques facilitent le repérage des dérivés morphologiques en lecture. L'élève qui sait orthographier un radical donné (*client*, par exemple, et non *clillan*, *clillent*, *clyant*, etc.) est capable de décoder aisément un mot de la même famille qu'il rencontre pour la première fois (*clientèle*, par exemple) et d'en comprendre la signification. Dès que la construction est transparente, il peut même réaliser cette tâche sur le mot isolé, sans appui sur le contexte.

Comme la grande majorité des nouveaux mots découverts en lecture sont des dérivés morphologiques, il s'agit là de la voie la plus féconde d'enrichissement du vocabulaire en lecture. »

Ministère de l'Éducation nationale, de la Jeunesse et des Sports / éduscol : https://cache.media.eduscol.education.fr/file/Dossier_vocabulaire/94/9/Andre_Ouzoulias_111209_C_201949.pdf

DOCUMENT 3 : Dossier Éduscol « Le vocabulaire et son enseignement : le vocabulaire pour dire et lire », A. Bentolila, 2011

« De même qu'il faut accompagner un élève dans sa quête heureuse de mots nouveaux, de même faut-il l'aider à les ranger dans sa mémoire d'après leur forme et d'après leur sens. Refusez que, dans sa mémoire, s'entassent en désordre des mots dont il ne sait identifier la famille, définir la lignée, percevoir les affinités sémantiques. Imaginez ce capharnaüm lexical dans lequel il serait condamné à choisir chaque mot pour lui-même en l'absence de toute relation morphologique ou sémantique. L'appétit du mot nouveau lui viendra d'autant mieux qu'il saura lui trouver sa juste place sur les étagères bien rangées de son stock lexical. Cela signifie que l'on doit aider l'élève-enfant, de la maternelle au collège, à tisser des liens entre les mots de son vocabulaire : liens formels, liens sémantiques et liens historiques. Ne soyez pas effrayés ! Pour engager ce compagnonnage, point n'est besoin d'être agrégé de lettres classiques. Bon sens, bienveillance, curiosité suffiront à faire de vous un guide passionnant et amusant. Quelques exemples :

– *Cherchez ensemble des mots de mêmes familles des plus simples au plus complexe. Par exemple, que peut-on faire avec "charge" ? Charger, chargeur, décharge, recharger, décharger, déchargement… Et avec "branche" ? Brancher, débrancher, rebrancher, branchage, branchies, branchement, branchée… Et avec "route" ? Routier, routine, autoroute, dérouter…*

– *D'où vient le mot "estival" et "cordial" ? Et "dominical" ?*

– *Que trouve-t-on de semblable dans "agricole", "agronomie" et "agraire" ? Qu'ont-ils en commun ?*

– *Et qu'en est-il de "rhinocéros", "rhinite" et "oto-rhino-laryngologiste" ? Et de "cardiaque", "cardiologie" et "électrocardiogramme" ? Ou encore de "patriarche", "patronyme", "patrie" et "patron" ?* »

Ministère de l'Éducation nationale, de la Jeunesse et des Sports / éduscol : https://eduscol.education.fr/184/enseigner-le-vocabulaire

DOCUMENT 4 : Extrait du manuel *Outils pour le français, CM2*, Magnard, 2019, p. 104

Je retiens

- De nombreux **adverbes** terminés par le suffixe ***-ment*** sont formés à partir d'**adjectifs**.
- Si **l'adjectif se termine par une consonne**, en général, on le met au **féminin** et on ajoute le suffixe ***-ment***.

  exact → exacte → exactement *ancien → ancienne → anciennement*

  vif → vive → vivement *franc → franche → franchement*

  Sauf : *gentil → gentiment* *profond → profondément*
- Si **l'adjectif se termine par une voyelle**, on ajoute le suffixe ***-ment***.

  vrai → vraiment *rapide → rapidement*

  Sauf : *gai → gaiement* *assidu → assidûment*

PROPOSITION DE CORRIGÉ

1 Analyse du corpus

Le **document 1** met en évidence les bénéfices de l'enseignement de l'orthographe sur les compétences en lecture et en écriture. Celui-ci permet également de développer le vocabulaire des enfants, mais la réciproque est également valable.

C'est ce qu'explique également André Ouzoulias dans le **document 2**. Plus l'élève connait de mots, plus il va pouvoir utiliser ses connaissances lexicales pour différencier les homophones. Il aura moins de difficultés à mémoriser l'orthographe des mots d'autant qu'il en connait déjà la signification. De plus, de bonnes connaissances orthographiques et lexicales permettent de comprendre plus facilement les mots dérivés (de la même famille).

Dans le **document 3**, Alain Bentolila expose également le lien entre connaissances lexicales et mémorisation orthographique : les mots doivent être enseignés d'après leur forme et leur sens afin d'être rangés dans la mémoire de l'enfant et plus facilement récupérables.

Le **document 4** est un exemple de trace d'institutionnalisation portant sur les mots invariables étudiés en grammaire (les adverbes).

2 Présentation de la séquence

- **Niveau de classe :** CM2
- **Domaine :** Français
- **Référence au socle :** Les langages pour penser et communiquer : comprendre, s'exprimer en utilisant la langue française à l'écrit et à l'oral
- **Place de la séance dans la séquence :**

▶ **Séance n° 1 :** Séance longue de recherche : les élèves découvrent la formation des adverbes en -ment par des activités de tri, de comparaison, de classement à partir d'un corpus élaboré à dessein par l'enseignant. La première séance porte sur les régularités (la formation de l'adverbe en ajoutant -ment au féminin de l'adjectif). Une trace écrite provisoire est élaborée à partir des recherches des élèves.

▶ **Séance n° 2 :** Séance de consolidation (et/ou séances ritualisées) à partir d'exercices de transformation, de lecture de listes analogiques, de copie et de dictée.

▶ **Séance n° 3 :** Nouvelles observations sur un corpus contenant des irrégularités. Dès que l'élève aura acquis les régularités, il sera amené à prendre conscience qu'il existe quelques irrégularités. Il s'agit d'une séance longue basée sur un tri, un classement à partir d'un corpus élaboré par l'enseignant. La trace écrite élaborée en séance n° 1 est complétée par les résultats de ces nouvelles recherches.

▶ **Séance n° 4 :** Séance d'exercisation : les élèves s'entraînent, effectuent des gammes pour mémoriser la notion étudiée.

Séance n° 5 : Évaluation finale différée dans le temps sous forme d'un quizz orthographique.

3 Proposition de leçon : séance n° 2 de la séquence

■ **Objectif de la leçon :** Comprendre comment se forment les adverbes en -ment et les orthographier correctement.

■ **Compétence mobilisée par l'élève :** S'entraîner à mémoriser une règle d'orthographe lexicale.

■ **Matériel utilisé :** Par élève : une feuille d'exercices portant sur la formation des adverbes en -ment en ajoutant le suffixe au féminin de l'adjectif, une liste d'adverbes en -ment écrits les uns en dessous des autres (qui se forment en ajoutant le suffixe au féminin de l'adjectif) qui servira pour la lecture, la copie et la dictée, des chronomètres et des feuilles vierges.

■ **Organisation :** Les élèves sont répartis en quatre groupes. Ils vont participer aux quatre activités proposées dans chaque situation.

■ **Déroulement de la séance :**

Situation 1 : Lecture.

Les élèves reçoivent une liste d'adverbes élaborée par l'enseignant. Ils sont formés en ajoutant -ment à l'adjectif au féminin (exemple de liste : généralement – joyeusement – seulement – artificiellement – cruellement – définitivement – longuement – jalousement – discrètement – etc.). Pour élaborer cette liste, l'enseignant peut utiliser les listes de fréquence lexicale qui se trouvent sur Éduscol. Ces adverbes sont écrits les uns en dessous des autres. Le « e » du féminin de l'adjectif est inscrit en rouge. Cette présentation facilite la mémorisation orthographique lors de la lecture.

Les élèves s'entraînent à lire la liste de mots de plus en plus rapidement. Ils utilisent les chronomètres pour mesurer leurs temps de lecture et les notent sur une feuille.

www.lienmini.fr/11412-frequence-lexicale

Situation 2 : Copie.

Une liste d'adverbes telle qu'utilisée précédemment sera accrochée au fond de la classe. Les élèves la recopient en se déplaçant le moins de fois possible. Ils noteront sur leur feuille le nombre de leurs déplacements.

Situation 3 : Exercices.

Les élèves résolvent des exercices systématiques d'imprégnation et de consolidation : des adjectifs masculins sont proposés. Les élèves écrivent les adjectifs au féminin à côté, puis l'adverbe correspondant.

Situation 4 : Dictée négociée.

Cette activité sera dirigée par l'enseignant. L'enseignant proposera plusieurs adverbes à écrire. Les élèves commenceront seuls, sur leur feuille, puis échangeront entre eux pour aboutir à l'élaboration d'une proposition commune.

- **Variables didactiques, points d'attention pédagogique et gestes professionnels :** Afin de favoriser l'autonomie intellectuelle des élèves, il est possible de leur proposer de choisir l'ordre dans lequel ils souhaitent réaliser ces quatre activités. La longueur de la liste d'adverbes proposés pour ces activités peut varier en fonction des compétences et des réussites des élèves.
- **Bilan/prolongement :** Les différentes activités de cette séance de consolidation peuvent également être proposées sous forme de séances courtes, quotidiennes, ritualisées, à partir d'autres listes d'adverbes. Elles permettront la mémorisation orthographique.
  Dans les attendus de fin d'année de CM2, il est question « d'acquisitions d'automatismes » : les activités menées en classe visent cet objectif.

Attendus de fin d'année de CM2, p. 8.

ÉTUDE DE LA LANGUE (GRAMMAIRE, ORTHOGRAPHE, LEXIQUE)

Acquérir l'orthographe lexicale

Ce que sait faire l'élève

- Il orthographie correctement les mots invariables appris en grammaire grâce à l'acquisition d'automatismes.

Exemples de réussite

- Il orthographie correctement un nombre croissant de mots invariables étudiés et regroupés par liens sémantiques : les adverbes de temps, de lieux, de manière..., les connecteurs logiques (puisque, ainsi, alors...)
- Il écrit sans erreur des phrases présentant des cas d'homophonie grammaticale : ce/se ; c'est/s'est...

4 Questions possibles du jury

A. Questions disciplinaires

a. Pouvez-vous donner quelques formes particulières de formation des adverbes en -ment ?

Certains adjectifs se terminant par un -e au féminin vont voir ce -e se transformer en -é pour former l'adverbe (ex. : confuse / confusément). Si l'adjectif au masculin se termine par -é, -i, -u, -un, on ne passera pas par le féminin de l'adjectif mais on ajoutera directement -ment au masculin (ex. : aisément, vraiment, absolument). Pour certains adjectifs se terminant par -ant ou -ent, on ajoutera le suffixe -amment ou -emment (ex. : suffisamment, fréquemment).

b. Pouvez-vous donner une définition de ce qu'est un adverbe ?

Un adverbe est un mot invariable qui précise ou change le sens d'un verbe, d'un adjectif ou d'un autre adverbe (ex. : Elle court rapidement. Il n'est pas très grand. Nous jouons assez bien).

B. Questions didactiques

a. Pouvez-vous expliquer ce qu'est la morphologie flexionnelle et la morphologie dérivationnelle ?

La morphologie flexionnelle concerne toutes les modifications du nom liées au genre et au nombre, ainsi que les modifications verbales liées au temps, au mode et à la personne. Il s'agit de l'orthographe grammaticale. La morphologie dérivationnelle ou lexicale concerne la formation et la construction des mots. Il s'agit de l'orthographe lexicale.

b. Pourquoi ne pas enseigner les irrégularités en même temps que les régularités ?

La complexité de notre système d'écriture est en partie responsable des difficultés d'apprentissage de l'orthographe lexicale (Fayol et Jaffré, 2014). Pour aider les élèves les plus fragiles, il est nécessaire d'avoir un enseignement explicite sur les régularités, d'entraîner à la mémorisation de ces régularités, avant de présenter les irrégularités. Pour les élèves les plus en difficultés, cette présentation pourra être différée dans le temps si nécessaire. Un enseignement programmé de manière spiralaire aidera également à la mémorisation.

C. Questions pédagogiques

a. Pouvez-vous expliquer la différence entre l'organisation pédagogique des activités d'exercices, de copie et de lecture, et celle de l'activité de dictée ?

Dans les activités de lecture, de copie et d'exercices, il ne s'agit pas de travail de groupe mais de travail individuel en groupe. En revanche, dans l'activité dictée, il s'agit bien d'un travail de groupe où les élèves collaborent pour arriver à une solution commune.

b. En quoi l'activité de copie de cette séance permet-elle l'apprentissage de l'orthographe des mots ?

Dans cette activité, l'élève est placé à la fois en situation de lecture et d'écriture. La copie avec disparition du modèle nécessite le développement de stratégies de mémorisation. La mémoire orthographique assimile chaque mot écrit grâce à son identité alphabétique, c'est-à-dire grâce à toutes les lettres qui le composent et à l'ordre dans lequel elles sont écrites. La mémorisation des mots écrits est d'autant plus facile que le matériau a été analysé lors de la séance précédente.

Sujet 18 L'orthographe grammaticale (CM2)

Consignes page 85.

DOSSIER

DOCUMENT 1 : Extraits des repères annuels de progression, cycle 3

CM1	CM2	6^{e}
ÉTUDE DE LA LANGUE (suite)		
Acquérir l'orthographe grammaticale		
Parmi les classes de mots déjà connues, les élèves distinguent celles qui subissent des variations : le déterminant, le nom et le verbe.	Les élèves poursuivent le travail sur l'identification des classes de mots subissant des variations en s'intéressant à l'adjectif et au pronom.	
Les élèves consolident leur connaissance du groupe nominal, ils repèrent le noyau et font les accords au sein de celui-ci dans des situations simples : déterminant + nom + adjectif(s).	Ils comprennent la notion de participe passé et travaillent sur son accord quand il est employé avec le verbe être.	Ils maîtrisent les propriétés de l'attribut du sujet et le distinguent du COD.
Ils approfondissent la reconnaissance d'un verbe conjugué.		Ils maîtrisent l'accord du participe passé employé avec être.
Ils accordent le sujet avec le verbe. Ils reconnaissent les verbes du 2e groupe.	Ils maîtrisent l'accord du verbe avec le sujet, même quand celui-ci est inversé.	
Les élèves distinguent temps simples et temps composés.	En s'appuyant sur leur connaissance du passé composé, ils comprennent la formation du plus-que-parfait de l'indicatif.	
Ils consolident leur mémorisation, pour les 4 temps appris au cycle 2, des verbes être et avoir, des verbes du 1er groupe et des 8 verbes irréguliers du 3e groupe. Ils mémorisent pour ces mêmes 4 temps (présent, imparfait, futur et passé composé) les verbes du 2e groupe.	En plus des temps déjà appris, ils mémorisent, **au cours de l'année**, le passé simple et le plus-que-parfait pour : - être et avoir ; - les verbes du 1er et du 2e groupe ; - les verbes irréguliers du 3e groupe : faire, aller, dire, venir, pouvoir, voir, vouloir, prendre.	Ils poursuivent la mémorisation des temps déjà appris et mémorisent, au cours de l'année, le conditionnel présent et l'impératif présent pour : - être et avoir ; - les verbes du 1er et du 2e groupe ; - les verbes irréguliers du 3e groupe : faire, aller, dire, venir, pouvoir, voir, vouloir, prendre.
Ils connaissent les marques de temps de l'imparfait et du futur de l'indicatif.	Ils identifient les marques de temps du passé simple.	Les élèves identifient les marques de temps pour le conditionnel présent et l'impératif présent. Ils connaissent, **en fin d'année**, les régularités des marques de temps et de personne.

Ministère de l'Éducation nationale, de la Jeunesse et des Sports / éduscol : https://eduscol.education.fr/137/attendus-de-fin-d-annee-et-reperes-annuels-de-progression-du-cp-la-3e

DOCUMENT 2 : Programmes du cycle 3, d'après le *BO* n° 31 du 30 juillet 2020

« ***Étude de la langue (grammaire, orthographe, lexique)***

Après le cycle 2 qui a permis une première structuration des connaissances sur la langue, le cycle 3 marque une entrée dans une étude de la langue explicite, réflexive, qui est mise au service de la compréhension de textes et de l'écriture de textes. Il s'agit d'assurer des savoirs solides en grammaire autour des notions centrales et de susciter l'intérêt des élèves pour l'étude de la langue. Cette étude prend appui sur des corpus, des éléments collectés, des écrits ou des prises de parole d'élèves.

Dans des séances spécifiques, elle doit permettre un éclairage des textes lus, des propos entendus et un accompagnement des textes écrits. Son objectif est de mettre en évidence les régularités et de commencer à envisager le système de la langue.

L'acquisition de l'orthographe (orthographe lexicale et grammaticale) est privilégiée et son apprentissage est conduit de manière à mettre d'abord en évidence les régularités du système de la langue. De la même façon, l'étude de la morphologie verbale prend appui sur les régularités des marques de personne et de temps.
La découverte progressive du fonctionnement de la phrase (syntaxe et sens) permet une compréhension simple et claire de ses principaux constituants, qui feront l'objet d'analyses plus approfondies au cycle 4.
L'étude de la langue s'appuie, comme au cycle 2, sur des corpus permettant la comparaison, la transformation (substitution, déplacement, ajout, suppression), le tri et le classement afin d'identifier des régularités. Les phénomènes irréguliers ou exceptionnels ne relèvent pas d'un enseignement mais, s'ils sont fréquents dans l'usage, d'un effort de mémorisation. Le lexique est pris explicitement comme objet d'observation et d'analyse dans des moments spécifiquement dédiés à son étude, et il fait aussi l'objet d'un travail en contexte, à l'occasion des différentes activités de lecture et d'expression écrite ou orale, et dans les différents enseignements. Son étude est également reliée à celle de l'orthographe lexicale et à celle de la syntaxe, en particulier pour l'étude des constructions verbales. »

DOCUMENT 3 : Fiche ressource Éduscol « Principes généraux pour l'étude de la langue », cycle 2 et cycle 3

« ***Organisation des apprentissages et activités***
L'apprentissage de la langue se construit en articulant des temps d'activités intégrées aux activités d'oral, de lecture et d'écriture et des activités spécifiques pour réfléchir sur le fonctionnement de la langue, structurer, vérifier et consolider les connaissances travaillées. Le travail à partir de corpus constitués en fonction du point de langue étudié tient une place importante dans ces activités.
Un faisceau d'activités est à coordonner chaque semaine ; elles peuvent être catégorisées selon le but visé :

- Pour chercher, manipuler, comparer, observer des éléments et comprendre un fonctionnement par l'analogie, il faut valoriser des activités de recherche basées sur le classement et le tri (de graphies, de formes verbales, de mots, de groupes de mots, etc.) avec justification de la part des élèves. Il est crucial de bien sélectionner et étoffer les éléments linguistiques en fonction du fait de langue à observer, pour permettre de dégager une règle de fonctionnement construite sur les régularités.
- Pour s'entraîner et automatiser, il faut mettre en place des activités collectives courtes et régulières de réinvestissement des règles de fonctionnement (par exemple écrire sous la dictée et analyser les graphies proposées, erronées ou non, et argumenter pour proposer des solutions alternatives plausibles).
- Pour consolider les connaissances de chacun, il peut être pertinent de proposer des situations de structuration en regroupant, en groupes restreints, les élèves ayant les mêmes besoins.

Ces activités permettent d'observer, de réfléchir, d'automatiser et d'appliquer des règles de fonctionnement basées sur les régularités. Ces apprentissages orthographiques, lexicaux et syntaxiques doivent être également intégrés à la lecture et surtout à l'écriture autonome des élèves. Donner sa place au raisonnement en toute occasion est primordial pour permettre et faciliter la mémorisation de normes stables, qui est incontournable. De plus, travailler la capacité d'analyser ses propres productions écrites pour pouvoir y repérer les erreurs doit faire partie intégrante de l'apprentissage de la langue en contexte dès le

début du cycle des apprentissages fondamentaux. Pour cela, l'enseignant doit apprendre aux élèves quotidiennement à faire preuve d'une vigilance orthographique. Par ailleurs, les élèves doivent pouvoir proposer des solutions alternatives plausibles et justifier leurs choix en utilisant le métalangage grammatical fourni dans la terminologie des programmes.
Le principe essentiel poursuivi au cycle des apprentissages fondamentaux et au cycle de consolidation est de mettre en relation les connaissances acquises lors des séances d'étude de la langue et de les mobiliser à bon escient à l'oral, en lecture et en écriture. »

Ministère de l'Éducation nationale, de la Jeunesse et des Sports / éduscol : https://eduscol.education.fr/248/francais-cycles-2-et-3-etude-de-la-langue

DOCUMENT 4 : Extraits de manuels scolaires

4. 1. Manuel *Outils pour le français, CM2*, Magnard, 2019, p. 92

Reconnaître le plus-que-parfait

1 * Classe les verbes dans le tableau.

imparfait	passé composé	plus-que-parfait

il avait voulu • nous avions • j'ai aimé • il était • vous étiez allés • tu es venu • nous sommes tombés • j'avais vu • elles grimpaient • ils avaient fini • il a vu • elles se lavaient

4. 2. Manuel *Outils pour le français, CM2*, Magnard, 2019, p. 93

Conjuguer les verbes au plus-que-parfait

4 * **Complète avec l'auxiliaire *avoir* ou *être* à l'imparfait pour écrire les verbes au plus-que-parfait.**

a. Vous ... enfilé vos bottes.
b. Tu ... arrivé après lui.
c. Ils ... vu votre exposition de peinture.
d. Nous ... parties plus tôt que prévu.
e. Elle s'... réveillée toute seule.
f. J'... entendu un drôle de bruit.

Défi langue

Laquelle de ces phrases contenant un verbe conjugué au plus-que-parfait est correcte ? Justifie ta réponse.

a. Quand nous marchions toute la journée, nous avions dormi tard le lendemain matin.
b. Quand nous avions marché toute la journée, nous dormions tard le lendemain matin.

PROPOSITION DE CORRIGÉ

1 Analyse du corpus

Dans les repères annuels de progression (**document 1**), il est stipulé que les élèves « distinguent », « reconnaissent », « identifient », « connaissent », « comprennent » et « mémorisent » les marques de temps des verbes. On remarque que l'apprentissage est progressif : il s'appuie obligatoirement sur les connaissances antérieures.

Dans les programmes d'enseignement du cycle 3 (**document 2**), il n'est nullement question de conjugaison. Ce terme n'apparait pas non plus dans le document

1. Les marques de temps des verbes sont étudiées en orthographe grammaticale. Cet enseignement est progressif et se construit à partir de l'étude des régularités. Les élèves travaillent à partir de corpus qu'ils vont comparer, trier, classer pour en identifier des régularités et mettre en évidence une règle.

Le document Éduscol (**document 3**) explique l'organisation des différentes séances d'étude de la langue : des séances longues pour chercher, manipuler, comprendre ; des séances courtes, quotidiennes, pour s'entraîner, consolider, automatiser. Le lien entre la lecture, l'écriture et l'étude de la langue y est également mis en avant.

Le **document 4. 1.** présente un exemple de corpus qui pourrait être proposé lors d'une séance longue de découverte du plus-que-parfait. Dans ce cas, le tableau qui accompagne ce corpus ne serait pas donné aux élèves. Cet exercice peut également être proposé lors d'une séance courte, pour s'entraîner (avec le tableau cette fois-ci). Le premier exercice du **document 4. 2.** peut également être proposé lors d'une séance courte d'exercisation pour permettre l'automatisation. Le deuxième exercice peut prendre la forme d'une activité ritualisée en début de matinée.

2 Présentation de la séquence

- **Niveau de classe :** CM2
- **Domaine :** Français
- **Référence au socle :** Les langages pour penser et communiquer : comprendre, s'exprimer en utilisant la langue française à l'écrit et à l'oral
- **Place de la séance dans la séquence :**

Séance n° 1 : Retour sur les acquis antérieurs : identification de verbes au passé composé et à l'imparfait dans un texte de lecture. Rappel de la formation des formes verbales de ces temps de l'indicatif et de l'accord du participe passé avec l'auxiliaire être. Production de phrases à l'imparfait et au passé composé.

Séance n° 2 : Séance longue de manipulation : comprendre la formation du plus-que-parfait de l'indicatif.

Séance n° 3 : Identification des modalités d'utilisation du plus-que-parfait (voir question disciplinaire a.).

Séance n° 4 : Exercisation et production d'écrits pour automatiser l'identification et la formation du plus-que-parfait

Des séances quotidiennes de production d'écrits courts et de dictées permettront également aux élèves de comprendre et de mémoriser les faits de langue, d'automatiser les apprentissages grammaticaux.

3 Proposition de leçon : séance n° 2 de la séquence

- **Objectif de la leçon :** Comprendre la formation du plus-que-parfait.
- **Compétence mobilisée par l'élève :** Identifier le participe passé d'un verbe, identifier un auxiliaire conjugué.

- **Matériel utilisé :** Feuilles photocopiées avec le tableau du premier corpus de phrases préalablement classées, photocopie des phrases à trier en exemples oui ou non, feuilles vierges, ciseaux, colle, crayons, feutres.
- **Organisation :** Travail collectif, individuel, en binôme.
- **Déroulement de la séance :**

Situation 1 : Recherche.
L'enseignant énonce clairement l'objectif de la séance : « aujourd'hui, nous allons chercher à comprendre comment se forme le plus-que-parfait ». Individuellement, les élèves observent un corpus de phrases choisies à dessein par l'enseignant. Celles-ci sont classées dans un tableau de deux colonnes, avec pour entête de la première colonne « Exemples oui » et pour entête de la deuxième colonne « Exemples non ».
Exemple :

Exemples oui	Exemples non
J'avais dansé Nous nous étions engagés Ils avaient dit Vous aviez voulu	Tu as mangé Il recevait Vous avez dansé Elles promettaient

Les échanges élèves-élèves et élèves-enseignant en collectif vont permettre de mettre en évidence les premières règles de formation du plus-que-parfait (par exemple : dans les exemples oui, on remarque des verbes conjugués à un temps composé ; il y a des auxiliaires conjugués à l'imparfait et des participes passés).

Situation 2 : Nouvelle recherche.
Individuellement, les élèves doivent classer en exemples oui et non un autre corpus de verbes. Puis ils confrontent leur classement en binôme.

Situation 3 : Mise en commun.
Le résultat du travail de chaque binôme est présenté et explicité au groupe classe. L'enseignant a soin de commencer la présentation collective par les groupes dont les résultats sont éloignés de l'objectif attendu, afin de parvenir progressivement à la mise en évidence des critères d'identification du plus-que-parfait. Les productions présentées collectivement sont surlignées afin de visualiser la règle de conjugaison du verbe au plus-que-parfait. Celles-ci peuvent être photographiées et servir de trace écrite dans les cahiers des élèves.

Situation 4 : Les élèves s'entraînent à partir d'exercices ciblés.
Retrouver les verbes au plus-que-parfait dans un texte, conjuguer des verbes à la personne donnée et au plus-que-parfait, transposer un texte au plus-que-parfait, etc.

- **Variables didactiques, points d'attention pédagogique et gestes professionnels :** L'enseignant veillera à instaurer un climat de classe bienveillant : les élèves doivent savoir qu'ils ont le droit à l'erreur. Les choix des exemples, des contrexemples, l'ordre de présentation de ces exemples aux élèves ainsi que leur variété sont très importants. La complexité de certains concepts nécessite parfois, lorsque les attributs sont difficilement observables, un questionnement. Il est parfois difficile pour les élèves de choisir les questions pertinentes. C'est donc à l'enseignant de les aider à se poser les bonnes questions, celles qui permettront de se focaliser sur les attributs du concept.

- **Bilan/prolongement :** Les démarches d'apprentissage des marques de temps des verbes remettent en question l'apprentissage par cœur des tableaux de conjugaison. Il est en effet nécessaire d'en comprendre le fonctionnement avant de les mémoriser progressivement.

4 Questions possibles du jury

A. Questions disciplinaires

a. Quand utilise-t-on le plus-que-parfait ?

Le plus-que-parfait est un temps du passé qui permet d'exprimer des faits accomplis dont la durée est indéterminée et qui se situent avant une autre action en général exprimée à l'imparfait, au passé composé ou au passé simple.

b. À partir de quel niveau de classe les élèves doivent-ils distinguer les temps simples des temps composés ?

C'est au CE2 que les élèves apprennent à distinguer les temps simples des temps composés. Un verbe est conjugué à un temps simple lorsqu'il est seul. Un verbe est conjugué à un temps composé lorsqu'il est au participe passé accompagné par un auxiliaire conjugué.

B. Questions didactiques

a. Est-il important de faire de la grammaire pour comprendre comment se conjuguent les verbes ?

Les élèves doivent comprendre le système de la langue (la nature des mots, la constitution des phrases, les relations des mots entre eux) afin de comprendre les marques d'accord (dont les flexions liées au verbe).

b. Grammaire et compréhension sont-elles liées ?

Les élèves doivent comprendre la phrase avant de l'analyser grammaticalement. Par exemple : dans la phrase « Jean est médecin », l'élève doit comprendre que « Jean » et « médecin » sont la même personne. De cette analyse va découler le concept d'attribut.

C. Questions pédagogiques

a. La séance proposée repose sur la mise en évidence de la notion de concept. Pouvez-vous dire quelle pédagogue est à l'origine de l'approche basée sur l'apprentissage de concepts ?

Britt-Mari Barth est à l'origine de l'approche pédagogique connue sous le nom de « l'apprentissage de concepts ». Selon elle, apprendre un concept revient à distinguer ses attributs essentiels, à les mettre en relation et à nommer cette combinaison d'attributs par une étiquette, un symbole arbitraire (la dénomination du concept). Sous cette dénomination on peut regrouper les exemples possédant la même combinaison d'attributs. Pour guider les élèves dans la recherche des attributs, l'enseignant propose de façon progressive des exemples et des contrexemples du concept. Les élèves ont comme consigne de comparer les exemples entre eux pour distinguer ce qu'ils ont en commun, malgré leurs différences. Des contrexemples permettent de limiter le sens donné.

b. Quelle différenciation mettre en place pour ce type de séance ?

Le corpus de verbes proposé peut être simplifié. Il est également possible de créer un groupe de besoin dirigé par l'enseignant lors de la deuxième activité de recherche.

MATHÉMATIQUES

Cycle 1

Sujet 19. Les solides (PS) 224
Sujet 20. Le dénombrement (PS) 230
Sujet 21. La longueur (MS) 237
Sujet 22. Les nombres (MS) 243
Sujet 23. Le dénombrement de quantités (GS) 249
Sujet 24. Le repérage sur un quadrillage (GS) 257

Cycle 2

Sujet 25. La notion de dizaine (CP) 264
Sujet 26. Les compléments à 10 (CP) 271
Sujet 27. La soustraction posée (CE1) 277
Sujet 28. La longueur (CE1) 285
Sujet 29. La division (CE2) 292
Sujet 30. Annales 2022 : La symétrie (CE2) 299

Cycle 3

Sujet 31. Les solides (CM1) 307
Sujet 32. Les grands nombres (CM1) 314
Sujet 33. Les fractions et les nombres décimaux (CM1) 321
Sujet 34. La proportionnalité (CM2) 329
Sujet 35. Le programme de construction (CM2) 336
Sujet 36. Les aires (CM2) 344

Sujet 19 Les solides (PS)

Consignes page 85.

DOSSIER

DOCUMENT 1 : Programme d'enseignement de l'école maternelle : annexe-modification ; *BO* n° 25 du 24-06-2021

« **Domaine : Acquérir les premiers outils mathématiques**

Explorer des formes, des grandeurs, des suites organisées

Très tôt, les jeunes enfants discernent intuitivement des formes (carré, triangle, etc.) et des grandeurs (longueur, contenance, masse, aire, etc.). À l'école maternelle, ils construisent des connaissances et des repères sur quelques formes et grandeurs. L'approche des formes planes, des objets de l'espace, des grandeurs, se fait par **la perception visuelle, la manipulation** et la **coordination d'actions** sur des objets. Cette approche est soutenue par le langage : il permet de décrire ces objets et ces actions et favorise l'identification de premières caractéristiques descriptives. Ces connaissances qui resteront limitées constituent une première approche de la géométrie et de la mesure qui seront enseignées aux cycles 2 et 3.

Objectifs visés et éléments de progressivité

Très tôt, les enfants regroupent les objets, soit en fonction de leur aspect, soit en fonction de leur utilisation familière ou de leurs effets. À l'école, ils sont incités à "mettre ensemble ce qui va ensemble" pour comprendre que tout objet peut appartenir à plusieurs catégories et que certains objets ne peuvent pas appartenir à celles-ci.

Par des observations, des comparaisons, des tris, les enfants sont amenés à mieux distinguer différents types de critères : forme, longueur, masse, contenance essentiellement. Ils apprennent progressivement à reconnaître, distinguer, "décrire" des solides puis des formes planes. Ils commencent à appréhender la notion d'alignement qu'ils peuvent aussi expérimenter dans les séances d'activités physiques. L'enseignant est attentif au fait que l'appréhension des formes planes est plus abstraite que celle des solides et que certains termes prêtent à confusion (carré/cube). L'enseignant utilise un vocabulaire précis (cube, boule, pyramide, cylindre, carré, rectangle, triangle, cercle ou disque (à préférer à "rond") que les enfants sont entraînés ainsi à comprendre d'abord puis amenés progressivement à utiliser.

Par ailleurs, dès la petite section, les enfants sont invités à organiser des suites d'objets en fonction de critères de formes et de couleurs ; les premiers algorithmes qui leur sont proposés sont constitués d'alternances simples. Dans les années suivantes, progressivement, ils sont amenés à reconnaître un rythme dans une suite organisée et à continuer cette suite, à inventer des "rythmes" de plus en plus compliqués, à compléter des manques dans une suite organisée. »

DOCUMENT 2 : Extrait des repères annuels de progression, cycle 2

CP	CE1	CE2
Reconnaître, nommer, décrire, reproduire quelques solides		
Les élèves fréquentent régulièrement les solides, en passant d'une approche perceptive à une approche analytique.	Les élèves apprennent à nommer ces solides (cube, pavé droit, boule, cône, cylindre, pyramide) et à les décrire en utilisant le vocabulaire adapté (face, sommet, arête).	Les élèves nomment et décrivent les solides découverts aux CP et CE1.
Ils reconnaissent des solides variés (cube, pavé droit, boule, cône, cylindre, pyramide), dans un ensemble de solides fournis par le professeur ou dans leur environnement proche. Ils décrivent le cube et le pavé droit en utilisant les termes face et sommet et en décrivant leurs faces (carré ; rectangle).	Ils construisent un cube avec des carrés ou avec des tiges que l'on peut assembler.	Ils approchent la notion de patron du cube (par exemple, déplier une boîte cartonnée).

Ministère de l'Éducation nationale, de la Jeunesse et des Sports / éduscol : https://eduscol.education.fr/137/attendus-de-fin-d-annee-et-reperes-annuels-de-progression-du-cp-la-3e

DOCUMENT 3 : L'attendu à la fin de l'école maternelle et du CP pour la notion de solide

3. 1. Programme d'enseignement de l'école maternelle : annexe-modification ; *BO* n° 25 du 24-06-2021

« Classer des objets en fonction de caractéristiques liées à leur forme. Savoir nommer quelques formes planes (carré, triangle, cercle ou disque, rectangle) et reconnaître quelques solides (cube, pyramide, boule, cylindre). »

3. 2. Attendus de fin d'année CP, p. 10-11

Reconnaître, nommer, décrire, reproduire quelques solides

Ce que sait faire l'élève

- Il reconnaît les solides usuels suivants : cube, boule, cône, pyramide, cylindre, pavé droit.
- Il repère des solides simples dans son environnement proche.
- Il nomme le cube, la boule et le pavé droit.
- Il décrit le cube et le pavé droit en utilisant les termes face et sommet.
- Il sait que les faces d'un cube sont des carrés et que les faces d'un pavé droit sont des carrés ou des rectangles.

Exemples de réussite

- Un ensemble de solides lui étant donnés, il sait identifier lesquels sont des pyramides, des boules, des cubes, des cylindres, des pavés droits ou des cônes.
- Il associe les noms des solides qu'il connaît à des objets qui lui sont présentés : boîte à chaussures ; boîte de conserve ; cornet à glace ; etc.
- Un pavé ou un cube lui étant donné, il sait le nommer et le décrire en parlant de ses faces : nombre de faces ; forme des faces (carré ou rectangle).
- Il construit des assemblages de cubes et de pavés à partir d'un modèle physique ou d'une représentation.
- Il établit une relation entre un assemblage de cubes et de pavés droits et une représentation de cet assemblage.
- À partir d'un modèle, il assemble les différentes faces d'un solide pour le construire.

Ministère de l'Éducation nationale, de la Jeunesse et des Sports / éduscol https://eduscol.education.fr/137/attendus-de-fin-d-annee-et-reperes-annuels-de-progression-du-cp-la-3e

DOCUMENT 4 : Exemples d'exercices proposés au CP

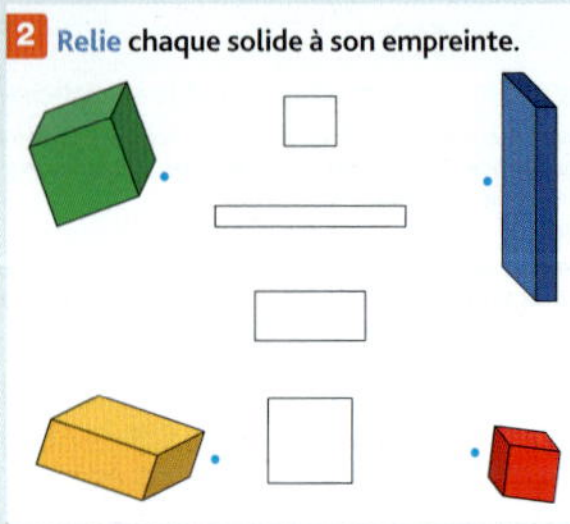

Outils pour les maths, CP, Magnard, 2019, p. 142.

Archimaths, CP, Magnard, 2019, p. 75.

Archimaths, CP, Magnard, 2019, p. 75.

PROPOSITION DE CORRIGÉ

1 Analyse du corpus

Le **document 1** est un extrait du programme de l'école maternelle. Il précise la construction des connaissances chez l'enfant dans le domaine « explorer des formes, des grandeurs, des suites organisées ». L'apprentissage débute par l'exploration tactile des solides. C'est une première approche perceptive. L'enseignant proposera de nombreuses manipulations soutenues par le langage.

Le **document 2** précise les repères de progressivité du CP au CE2 pour reconnaitre, nommer, décrire, et reproduire quelques solides.

Le **document 3** reprend les attendus à la fin de l'école maternelle (**document 3. 1.**) et à la fin du CP (**document 3. 2.**), et propose des exemples de réussite concernant l'apprentissage des solides.

Le **document 4** compile trois exercices de niveau CP. Le premier exercice consiste à relier un solide à son empreinte. C'est le prolongement des nombreuses manipulations proposées à l'école maternelle. Il s'agit de passer d'une situation concrète (ex : faire des empreintes de solide à la peinture) à une situation abstraite. L'exercice qui consiste à ranger les solides illustre bien la nécessaire progressivité de l'apprentissage de la maternelle au cycle 2, en manipulant, en explorant et en observant d'abord les objets de la vie quotidienne. Il s'agit d'utiliser un matériel riche et varié afin de permettre aux élèves de reconnaitre et d'apprendre à nommer les solides usuels. L'enseignant utilise un vocabulaire précis pour les désigner : cube, boule, pyramide, cylindre même si la maîtrise de ce vocabulaire n'est pas l'objectif prioritaire de l'école maternelle. Par ailleurs, l'enseignant utilise les termes « cercles » ou « disques » plutôt que le terme « rond ».

2 Présentation de la séquence

- **Niveau de classe :** Petite section
- **Domaine :** Acquérir les premiers outils mathématiques : explorer des formes, des grandeurs, des suites organisées
- **Place de la séance dans la séquence :**

Cette séquence comporte trois séances pour garantir la progressivité de l'apprentissage.

Séance	Matériel	Objectif	Situation
Séance n° 1 : Dans la salle de motricité	Des ballons, balles, sacs lestés, cubes, cylindres, pyramides, briques, balles de jonglage, corde, lattes, etc.	Découvrir les solides et se construire une image mentale	Exploration et manipulation libre des objets. L'enseignant peut proposer des jeux pour manipuler le matériel. Les enfants vont faire rouler les objets qui roulent.
Séance n° 2	- Des objets de la vie quotidienne : petites balles, grosses perles, boîtes de médicaments de toutes sortes, boîtes d'allumettes, prismes, balles, billes, bouchons, tubes vides, boîtes de toutes tailles, boules de cotillons, boîtes de soda, de lait, de mouchoirs, un dé, etc. - Une boîte pour le tri	Effectuer un tri en fonction d'un critère	Mettre ensemble les objets qui roulent et ceux qui ne roulent pas.
Séance n° 3	- Un sac à toucher - Différents solides	Reconnaitre de manière tactile les solides en jouant	L'enseignant montre un solide. Les enfants vont essayer de le retrouver à l'aveugle.

3 Proposition de leçon : séance n° 2 de la séquence

- **Objectif de la leçon :** Trier les objets qui roulent et ceux qui ne roulent pas.
- **Objectif langagier :** Utiliser le vocabulaire qui permet de nommer l'objet et l'action : boule, forme ronde, rouler.
- **Compétences mobilisées par l'élève :** Classer des objets en fonction de caractéristiques liées à leur forme ; reconnaitre quelques solides.
- **Matériel utilisé :** Des objets de la vie quotidienne (voir tableau des séances).
- **Organisation :** Groupe de quatre enfants.
- **Déroulement de la séance :**

Situation 1 : Découverte du matériel.
L'enseignant regroupe les enfants et leur présente le matériel. Il leur demande de décrire ce qu'ils voient et de manipuler les objets.

Situation 2 : Effectuer un tri.
L'enseignant demande aux enfants de mettre dans une boîte les objets qui roulent et de laisser de côté les objets qui ne roulent pas. Pendant que les enfants agissent, l'enseignant observe, valorise et verbalise leurs actions. Il les incite parfois à l'imiter en faisant rouler des objets. Il leur demande également de décrire ce qu'ils voient et ce qu'ils font. L'utilisation du langage vient en appui de l'action et la complète. L'enseignant incite les élèves à justifier leur choix : « pourquoi as-tu mis cet objet dans la boîte ? » La mise en mots de l'action et des intentions est nécessaire pour construire du sens et pour fixer la connaissance.

Situation 3 : Synthèse et institutionnalisation du savoir.
L'enseignant effectue un bilan de la séance pour rappeler le but de la tâche et revient sur le tri initial et sur les objets mis de côté. Pendant cette phase de structuration du savoir, l'enseignant s'attache à laisser les enfants s'exprimer et argumenter leur choix. Il propose de vérifier les réponses en manipulant l'objet afin de faire prendre conscience aux enfants de la nécessité des expériences pour avoir la bonne réponse.

- **Variables didactiques, points d'attention pédagogique et gestes professionnels :** Demander aux enfants de collecter des solides qui roulent dans les espaces de vie de l'école (couloir, hall, salle de motricité…).
- **Bilan/prolongement :** Les enfants vont passer progressivement d'une reconnaissance intuitive à une reconnaissance analysée grâce à la verbalisation.

4 Questions possibles du jury

A. Questions disciplinaires

a. Quelle progressivité envisager en maternelle pour l'apprentissage des solides ?

En maternelle, les enfants découvrent les solides de manière perceptive en les observant et en les manipulant, et notamment pendant les séances de motricité. Ils sont amenés à transporter, à utiliser des cubes, des cylindres, des ballons, des cônes, etc.

Des situations de tri et de classement d'objets sont proposées pour catégoriser les objets en fonction de leurs caractéristiques (ex. : ceux qui roulent / ceux qui ne roulent pas).

Pour construire le savoir, il s'agit de passer d'une approche perceptive à une approche analytique.

Même si l'objectif n'est pas de mémoriser tous les noms, les enfants vont être capables de dire que la boule est ronde, que le cube laisse des empreintes carrées, etc.

b. Donnez une définition d'un solide et citez-en quelques-uns.

Le solide est un « objet géométrique » à trois dimensions que l'on obtient à partir de figures planes. Parmi les solides se trouvent le cube, le pavé droit, la boule, la pyramide, le cylindre, le cône, etc.

B. Questions didactiques

a. Pourquoi propose-t-on une approche perceptive des solides à l'école maternelle ?

L'approche haptique est un point de départ intéressant pour l'apprentissage des solides. L'exploration tactile constitue une première approche, un prérequis nécessaire pour poursuivre l'apprentissage. Le sac à forme, la boîte à toucher sont des outils intéressants pour découvrir les propriétés des solides : le nombre de faces, les angles, les faces arrondies, les faces planes, etc.

b. Dans la séance n° 3 proposée, comment les élèves doivent-ils utiliser le sac à toucher ?

L'utilisation du sac à toucher doit permettre à l'élève de prendre connaissance de l'objet avec les deux mains. C'est un paramètre essentiel. En effet, une prise d'information par une seule main ne permet pas de prendre conscience de la forme globale de l'objet et amène les élèves à confondre, par exemple, une pyramide et un cube.

C. Questions pédagogiques

a. Quel est l'intérêt d'utiliser des objets de la vie quotidienne comme point de départ de l'apprentissage ?

Les objets de la vie quotidienne sont un point de départ de l'apprentissage motivant. Les élèves pourront observer des boîtes et objets qu'ils utilisent au quotidien : boîtes de lait, de mouchoirs, dé, chapeau pointu, petite balle, etc. Il est nécessaire de proposer un matériel riche et varié afin de permettre aux élèves de reconnaitre puis de désigner les solides usuels.

L'enseignant s'attachera également à utiliser un vocabulaire précis pour désigner les solides : boule, cube, pyramide, cylindre, cercle, disque (plutôt que rond).

b. Par quelle séance pourriez-vous prolonger cette séquence ?

Dans une séance n° 4, les élèves pourraient communiquer sur un objet caché (jeu du portrait) : ils décriraient un solide que les autres devraient découvrir.

Sujet 20 Le dénombrement (PS)

Consignes page 85.

DOSSIER

DOCUMENT 1 : Programme d'enseignement de l'école maternelle : annexe-modification ; *BO* n° 25 du 24-06-2021

« **Domaine : Acquérir les premiers outils mathématiques**

Découvrir les nombres et leurs utilisations

Depuis leur naissance, les enfants ont une intuition des grandeurs qui leur permet de comparer et d'évaluer de manière approximative les longueurs (les tailles), les volumes, mais aussi les collections d'objets divers (« il y en a beaucoup », « pas beaucoup », etc.). À leur arrivée à l'école maternelle, ils commencent à discriminer les petites quantités, un, deux et parfois trois. Enfin, s'ils savent énoncer les débuts de la suite numérique, cette récitation ne traduit pas une véritable compréhension des quantités et des nombres.

L'école maternelle doit conduire progressivement chacun à comprendre que les nombres permettent à la fois d'exprimer des quantités (usage cardinal) et d'exprimer un rang ou une position dans une liste (usage ordinal). Cet apprentissage demande du temps et la confrontation à de nombreuses situations impliquant des activités pré-numériques puis numériques.

Objectifs visés et éléments de progressivité

La construction du nombre s'appuie sur la notion de quantité, sa codification orale et écrite, l'acquisition de la suite orale des nombres et l'usage du dénombrement. Chez les jeunes enfants, ces apprentissages se développent en parallèle avant de pouvoir se coordonner : l'enfant peut, par exemple, savoir réciter assez loin la comptine numérique sans savoir l'utiliser pour dénombrer une collection.

Outre l'usage du nombre pour exprimer des quantités, pour désigner un rang ou une position, il convient de construire et de stabiliser la connaissance des petits nombres. L'enseignant favorise le développement très progressif de la construction de la notion de nombre dès la petite section et tout au long du cycle 1, en proposant de manière fréquente et régulière des situations de résolution de problèmes mettant en jeu des nombres. Cette construction ne saurait se confondre avec celle de la numération et des opérations qui relèvent des apprentissages de l'école élémentaire.

Construire le nombre pour exprimer les quantités

Si les enfants peuvent appréhender la quantité par la perception (plus, moins, pareil, beaucoup, pas beaucoup), il leur faut aussi progressivement comprendre que les nombres servent à décrire et mémoriser les quantités. De plus, il leur faut comprendre que les nombres obéissent à une logique particulière : le nombre change lorsqu'on ajoute ou retire un objet, il ne change pas lorsqu'on remplace un objet par un autre.

La comparaison des collections et la production d'une collection de même cardinal qu'une autre sont des activités essentielles pour l'apprentissage du nombre. L'apprentissage de la notion de nombre se fait progressivement, l'enfant commençant par être en mesure de produire une collection d'un ou deux éléments lorsque cela lui est demandé, avant de pouvoir produire une collection de trois puis quatre éléments. Vers l'âge de quatre ans, les enfants commencent à comprendre et utiliser des nombres plus grands. Le nombre en tant qu'outil de mesure de la quantité est stabilisé quand l'enfant peut l'associer à une collection, quels qu'en soient la nature, la taille des éléments et l'espace occupé : cinq permet indistinctement de désigner cinq fourmis, cinq cubes ou cinq éléphants ou une collection de cinq objets différents les uns des autres.
Les trois années de l'école maternelle sont nécessaires mais parfois non suffisantes pour stabiliser ces connaissances en veillant à ce que les nombres travaillés soient composés et décomposés. La maîtrise de la décomposition des nombres est une condition nécessaire à la construction du nombre.

Stabiliser la connaissance des petits nombres

Au cycle 1, la construction des quantités jusqu'à dix est essentielle. Cela n'exclut pas le travail de comparaison sur de grandes collections. Avoir stabilisé la connaissance d'un nombre, par exemple trois, c'est être capable de donner, montrer ou prendre un, deux ou trois et composer et décomposer deux et trois. Entre deux et quatre ans, stabiliser la connaissance des petits nombres (jusqu'à cinq) demande des activités nombreuses et variées portant sur la décomposition et recomposition des petites quantités (trois c'est deux et encore un ; un et encore deux ; quatre c'est deux et encore deux ; trois et encore un ; un et encore trois), la reconnaissance et l'observation des constellations du dé, la reconnaissance et l'expression d'une quantité avec les doigts de la main, la correspondance terme à terme avec une collection de cardinal connu. Ultérieurement, au-delà de cinq, la même attention doit être portée à l'élaboration progressive des quantités.
Grâce à la pratique régulière d'exercices de passage d'un nombre à un autre, (dans des jeux), les enseignants encouragent les élèves à comprendre que les nombres consécutifs sont liés par l'itération de l'unité (trois, c'est deux et encore un). Au départ, l'accent est mis sur les tout petits nombres de 1 à 4. Après quatre ans, les activités de décomposition et recomposition s'exercent sur des quantités jusqu'à dix.
Au-delà des activités spécifiques concernant le nombre, menées sur des temps dédiés, il convient de rendre explicites les usages du nombre tout au long de la journée, dans toutes les occasions : "Nous allons constituer des groupes de quatre enfants", "j'ai déposé cinq étiquettes sur la table", "Il y a deux élèves dans le coin cuisine", etc. »

DOCUMENT 2 : Programme d'enseignement de l'école maternelle : annexe-modification ; *BO* n° 25 du 24-06-2021

« Domaine : Acquérir les premiers outils mathématiques

Ce qui est attendu des enfants en fin d'école maternelle

– Évaluer et comparer des collections d'objets avec des procédures numériques ou non (perception immédiate, correspondance terme à terme, etc.).
– Réaliser une collection dont le cardinal est compris entre 1 et 10.
– Utiliser le dénombrement pour comparer deux quantités ou pour réaliser une collection de quantité égale à la collection proposée (quantités inférieures ou égales à 10).
– Avoir compris que le cardinal ne change pas si on modifie la disposition spatiale ou la nature des éléments.
– Avoir compris que tout nombre s'obtient en ajoutant un au nombre précédent et que cela correspond à l'ajout d'une unité à la quantité précédente.

– Quantifier des collections jusqu'à dix au moins ; les composer et les décomposer par manipulations effectives puis mentales.
– Dire combien il faut ajouter ou enlever pour obtenir des quantités ne dépassant pas dix.
– Parler des nombres à l'aide de leur décomposition.
– Dire la suite des nombres jusqu'à trente. Dire la suite des nombres à partir d'un nombre donné (entre 1 et 30).
– Lire les nombres écrits en chiffres jusqu'à 10. »

DOCUMENT 3 : Extrait de la note de service n° 2019-085 du 28-5-2019 « Recommandations pédagogiques »

« Des situations pédagogiques spécifiquement organisées pour donner sens aux nombres
À l'école maternelle, les élèves rencontrent les nombres dans de nombreuses activités et situations de vie de la classe (jeux divers, utilisation d'objets, préparation de matériel, affichages, etc.). Ces usages donnent sens aux nombres et concourent à leur apprentissage, en le renforçant ou en le préparant, mais ne suffisent pas pour que les élèves construisent les compétences numériques visées par le programme. Dès la petite section et tout au long du cycle, des temps spécifiques d'enseignement doivent être organisés et planifiés quotidiennement, avec des objectifs précis, pour un apprentissage approfondi des nombres.
Le jeu, essentiel au développement de l'enfant, est un appui pédagogiquement efficace et pertinent pour l'enseignement, notamment celui des nombres. En vue de l'acquisition d'un savoir précis, l'enseignant initie des jeux comportant des règles en lien avec les objectifs d'enseignement définis. Dans les phases de jeu, l'élève conserve sa liberté d'agir, de prendre des décisions, de faire ses essais, de construire sa propre expérience. L'usage en classe, en petits groupes, de jeux structurés faisant intervenir des nombres doit être quotidien : jeux avec des dés divers, jeux de lotos, de dominos, de bataille, jeux sur plateaux ou pistes numériques, etc.
Les dés, notamment, sont des outils facilement adaptables aux objectifs visés : différents nombres peuvent être identifiés sur leurs faces, ainsi que différentes écritures des nombres (constellations, chiffres, doigts, etc.). Il est important de privilégier les jeux à deux dés (ou trois) plutôt qu'avec un seul dé, pour conduire les élèves à devoir ajouter les deux nombres.
L'enseignant propose aussi très fréquemment aux élèves des situations problèmes dans lesquelles la réponse n'est pas d'emblée disponible : trouver une quantité donnée d'objets, le nombre nécessaire d'objets pour compléter une boîte dont le nombre de cases est donné ou connu (j'en veux 6 et pour l'instant j'en ai 2). L'activité donne lieu à des questionnements qui invitent à anticiper, choisir, décider, essayer, recommencer, se demander si la réponse obtenue convient et comment le vérifier. Ces situations d'apprentissages sont répétées autant que nécessaire, dans des contextes très variés, pour que les élèves, en particulier les plus jeunes, qui ne saisissent pas tout de suite l'ensemble des contraintes liées à une situation, puissent s'en emparer. La répétition des situations leur permet de mieux en comprendre les enjeux, d'y investir et réinvestir des procédures dont ils pourront éprouver l'efficacité.
Les activités d'apprentissage proposées s'appuient sur un matériel varié (cubes, gobelets, boîtes, jetons, petites voitures, etc.). Il s'agit de situations réelles (jeux, situations élaborées par l'enseignant, situations tirées des activités de la classe) permettant la manipulation de quantités tangibles. Le dénombrement répété de collections d'objets physiques est essentiel pour la construction de la notion de nombre.
Les activités quotidiennes d'apprentissage et d'entraînement qui y concourent ne sont pas compatibles avec un travail sur fiches, sur des dessins de collections. »

DOCUMENT 4 : Exemples de productions d'élèves

Petite section

« Le jeu des oursons et des lits »

« Le jeu des garages et des camions »

Moyenne section

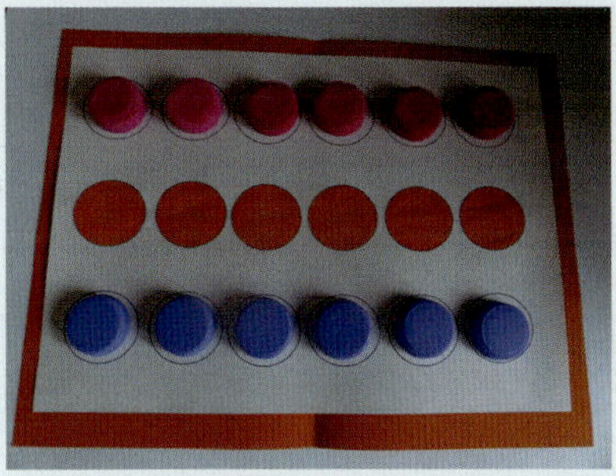

« Le jeu des voyageurs dans le train »

Les cercles bleus symbolisent les places déjà occupées. Les cercles vides symbolisent les places vides.

PROPOSITION DE CORRIGÉ

1 Analyse du corpus

Le **document 1** est un extrait du Programme d'enseignement de l'école maternelle : annexe-modification ; *BO* n° 25 du 24-06-2021. L'école maternelle conduit les enfants à comprendre que les nombres permettent d'exprimer des quantités. C'est un apprentissage long et progressif. L'enseignement consiste à confronter les enfants à de nombreuses situations impliquant des activités pré-numériques puis numériques.
Il s'agit de travailler sur des petits nombres et de montrer aux élèves que la quantité n'est pas la caractéristique d'un objet mais d'une collection d'objets. L'enfant va comprendre que le nombre exprime la quantité. Les situations de composition et de décomposition des nombres sont nécessaires pour fixer la connaissance.

Le **document 2** précise les attendus à la fin de l'école maternelle en ce qui concerne l'étude et l'utilisation des nombres. L'enfant doit être capable d'utiliser le dénombrement pour comparer deux quantités, pour constituer une collection d'une taille donnée, ou pour réaliser une collection de quantité égale à la collection proposée. Il doit comprendre également que cinq oursons, c'est comme cinq éléphants… et que cinq oursons, c'est quatre et encore un.

Le **document 3** est un extrait de la note de service du 28 mai 2019. Cette note donne des recommandations pédagogiques dans le domaine de la connaissance du nombre. Elle mentionne notamment l'importance de la manipulation, de l'utilisation d'objets concrets, et de la mise en place de situations-problèmes liées à la vie quotidienne. Elle précise également que l'utilisation des fiches n'est pas appropriée pour la construction du savoir.

Le **document 4** présente des productions d'élèves qui ont réussi à prendre juste ce qu'il faut d'éléments pour remplir leur planche de jeu et un élève qui a pris trop de camions pour remplir les garages.

2 Présentation de la séquence

- **Niveau de classe :** Petite section
- **Domaine :** Acquérir les premiers outils mathématiques : découvrir les nombres et leurs utilisations
- **Place de la séance dans la séquence :**

Il s'agit d'une séquence filée avec la progressivité suivante :
1. Le nombre d'objets à dénombrer est plus important.
2. Les objets sont éloignés dans l'espace (l'enfant ne peut plus poser directement les voitures sur les garages).
3. La seconde étape de la séance est différée dans le temps. Il s'agit d'amener l'enfant à conserver une trace du nombre de garages, par exemple en dessinant sur une feuille un bâton par garage, ou en posant dans une boîte un jeton par garage, ou encore en utilisant l'écriture chiffrée. Le lendemain il ira chercher le nombre de voitures correspondant.

3 Proposition de leçon

- **Objectif de la leçon :** Reconnaitre une collection de même quantité qu'une collection donnée par correspondance terme à terme ou par perception globale des quantités.
- **Objectif langagier :** Comprendre et utiliser un vocabulaire approprié : « juste ce qu'il faut », « beaucoup et pas beaucoup », « un peu » « assez, pas assez »…
- **Matériel utilisé :** Des petites voitures sur une table dans la classe, un peu éloignée de la table des enfants, une boîte vide par élève, des morceaux de carton pour symboliser les garages.
- **Compétences mobilisées par l'élève :** Évaluer et comparer des collections d'objets avec des procédures numériques ou non numériques ; avoir compris que le cardinal ne change pas si on modifie la disposition spatiale ou la nature des éléments.
- **Organisation :** Un groupe de quatre élèves.
- **Déroulement de la séance :**

Situation 1 : Présentation du jeu et de la consigne.
L'enseignant place devant chaque élève des morceaux de cartons symbolisant les garages (de 1 à 3 dans un premier temps) et précise la consigne : « en une seule fois tu dois rapporter dans ta boîte juste ce qu'il faut de voitures pour les mettre dans les garages ». Les enfants doivent mémoriser la quantité avant d'aller chercher les voitures (voir photo document n° 4).

Situation 2 : Dénombrer la quantité.

L'objectif est d'amener les enfants à utiliser le dénombrement mais sans leur demander de compter. Ils utilisent la stratégie de leur choix (notamment le subitizing). L'enfant se déplace ensuite pour aller chercher le nombre de voitures correspondant. Pendant l'activité, la verbalisation est nécessaire. L'enseignant aide l'enfant à mettre en mots sa stratégie. Par exemple, il dit « tu as deux voitures pour mettre dans tes garages, une et encore une, deux voitures. C'est juste ce qu'il faut ». Les expressions « beaucoup, pas assez, trop, il manque, etc. » sont également utilisées.

Pendant l'activité, l'enseignant observe si l'enfant sait prendre une collection d'objets de même quantité qu'une collection donnée d'objets, et s'il sait dire la quantité d'objets en regardant, en comptant de un en un ou en utilisant ses doigts.

- **Variables didactiques, points d'attention pédagogique et gestes professionnels :** Le nombre de garages peut varier (augmentation ou diminution) en fonction des compétences des enfants et des difficultés rencontrées. La disposition spatiale des garages peut également constituer une variable. L'enseignant rappellera la consigne si besoin et aidera l'enfant à mettre en mots sa procédure.
- **Bilan/prolongement :** Cette activité va être proposée tout au long de l'année avec du matériel différent, afin de réactiver la connaissance et d'aider chaque élève à progresser en fonction de son niveau d'acquisition de la compétence ciblée.

4 Questions possibles du jury

A. Questions disciplinaires

a. La quantité peut-elle se définir sans utiliser les mots-nombres ?

La quantité peut se définir sans utiliser les mots-nombres. Nous pouvons faire référence aux cailloux du berger. Ce dernier, ne sachant pas compter, constitue, lors de son départ le matin, une collection de cailloux de même quantité que le troupeau de moutons. Pour vérifier le soir qu'il ne manque pas de moutons, il effectue la même action, puis compare les deux quantités.

b. Pouvez-vous expliquer ce qu'est le subitizing ?

Le subitizing est une stratégie pour définir la quantité. Il s'agit de la reconnaissance visuelle immédiate d'une petite quantité grâce à son organisation.

B. Questions didactiques

a. Enseigne-t-on les opérations à l'école maternelle ?

À l'école maternelle, l'enseignement des opérations n'est pas un objectif. Cependant, les enfants seront confrontés à des situations qui préparent cet apprentissage et notamment à résoudre des problèmes liés aux quantités. Ils vont manipuler les nombres, les recomposer et les décomposer dès la petite section, d'abord sur des petites quantités. L'enfant va comprendre progressivement, grâce à la manipulation, que deux, c'est un et encore un ; que cinq, c'est trois et encore deux. Les mots de vocabulaire « plus que », « moins que » et « autant que » sont utilisés lors de situations vécues, par exemple, lorsque les élèves sont amenés à compter les présents et les absents ou le nombre de garçons et de filles dans la classe. Ils effectuent des comparaisons : il y a plus ou moins de filles, il y a plus de garçons, il y a moins d'absents que de présents, etc. Ces moments vécus ont pour objectif de donner du sens aux apprentissages.

b. Comment aborde-t-on les opérations en maternelle ?

À l'école maternelle il s'agit d'une utilisation implicite des opérations (addition et soustraction). Elles seront abordées afin de déterminer, par exemple, le nombre d'objets que contiendra une collection après une augmentation ou une diminution. On pourra également trouver le nombre d'objets qu'il faut ajouter ou enlever d'une collection pour obtenir la quantité désirée, ou encore le nombre d'objets que contenait une collection avant qu'elle n'augmente ou qu'elle ne diminue.

C. Questions pédagogiques

a. Un enfant qui sait réciter la comptine numérique par cœur est-il capable de dénombrer une quantité ?

Les enseignants demandent fréquemment aux enfants de compter les présents au moment des rituels. Il s'agit d'une pratique de comptage-numérotage. L'enfant peut pointer chaque présent en récitant la comptine numérique sans comprendre que lorsqu'il dit 22, cela signifie le nombre d'élèves présents. En effet, l'éclairage théorique montre que cette démarche ne permet pas d'apprendre à dénombrer. Un élève peut connaître la procédure de comptage-numérotage mais peut ne pas avoir construit le concept de nombre comme mémoire de la quantité. Dénombrer est une compétence complexe qui demande la mobilisation de plusieurs connaissances. Il faut connaître la suite orale des nombres mais cela ne suffit pas. L'enfant doit connaître le principe du cardinal, c'est-à-dire comprendre que le dernier nombre énoncé représente la quantité.

Le mathématicien Rémi Brissiaud montre qu'il est préférable d'enseigner le comptage-dénombrement plutôt que le comptage-numérotage. Ainsi, il est plus judicieux de compter les absents que les présents pour travailler l'itération de l'unité et la décomposition des petits nombres.

b. Quel jeu mathématique peut être proposé aux élèves pour leur faire prendre conscience de l'aspect ordinal du nombre ?

L'aspect ordinal du nombre permet de désigner un rang, une position. Il est possible de l'aborder en demandant aux élèves, par exemple, de ranger les étiquettes prénoms sur une ligne fléchée du premier arrivé au dernier arrivé dans la classe le matin. Il sera alors possible de travailler sur l'élève arrivé avant tel élève ? Sur l'élève qui est arrivé en troisième position aujourd'hui ? Hier ?... Il est possible également de verbaliser le premier, le deuxième, le troisième... lorsque les élèves se rangent ou lors d'un jeu.

Sujet 21 La longueur (MS)

Consignes page 85.

DOSSIER

DOCUMENT 1 : Ressources institutionnelles

1. 1. Programme d'enseignement de l'école maternelle : annexe-modification ; *BO* n° 25 du 24-06-2021

« Domaine : Acquérir les premiers outils mathématiques

Explorer des formes, des grandeurs, des suites organisées

Très tôt, les jeunes enfants discernent intuitivement des formes (carré, triangle, etc.) et des grandeurs (longueur, contenance, masse, aire, etc.). À l'école maternelle, ils construisent des connaissances et des repères sur quelques formes et grandeurs. L'approche des formes planes, des objets de l'espace, des grandeurs, se fait par la perception visuelle, la manipulation et la coordination d'actions sur des objets. Cette approche est soutenue par le langage : il permet de décrire ces objets et ces actions et favorise l'identification de premières caractéristiques descriptives. Ces connaissances qui resteront limitées constituent une première approche de la géométrie et de la mesure qui seront enseignées aux cycles 2 et 3.

Objectifs visés et éléments de progressivité

Très tôt, les enfants regroupent les objets, soit en fonction de leur aspect, soit en fonction de leur utilisation familière ou de leurs effets. À l'école, ils sont incités à "mettre ensemble ce qui va ensemble" pour comprendre que tout objet peut appartenir à plusieurs catégories et que certains objets ne peuvent pas appartenir à celles-ci.

Par des observations, des comparaisons, des tris, les enfants sont amenés à mieux distinguer différents types de critères : forme, longueur, masse, contenance essentiellement. Ils apprennent progressivement à reconnaître, distinguer, décrire des solides puis des formes planes. Ils commencent à appréhender la notion d'alignement qu'ils peuvent aussi expérimenter dans les séances d'activités physiques. L'enseignant est attentif au fait que l'appréhension des formes planes est plus abstraite que celle des solides et que certains termes prêtent à confusion (carré/cube). L'enseignant utilise un vocabulaire précis (cube, boule, pyramide, cylindre, carré, rectangle, triangle, cercle ou disque – à préférer à "rond") que les enfants sont entraînés ainsi à comprendre d'abord puis amenés progressivement à utiliser.

Par ailleurs, dès la petite section, les enfants sont invités à organiser des suites d'objets en fonction de critères de formes et de couleurs ; les premiers algorithmes qui leur sont proposés sont constitués d'alternances simples. Dans les années suivantes, progressivement, ils sont amenés à reconnaître un rythme dans une suite organisée et à continuer cette suite, à inventer des "rythmes" de plus en plus compliqués, à compléter des manques dans une suite organisée.

Ce qui est attendu des enfants en fin d'école maternelle

– Classer ou ranger des objets selon un critère de longueur ou de masse ou de contenance. »

1. 2. Extrait des repères annuels de progression, cycle 2

CP	CE1	CE2
la longueur		
Les élèves comparent des objets, des segments selon leur longueur, d'abord en les estimant. Ils donnent du sens aux expressions « plus long que », « plus court que », « aussi long que », « moins long que », et aussi « double » et « moitié ». Ils mesurent des segments en utilisant des unités de référence puis en utilisant la règle graduée pour des mesures en centimètres entiers. Ils appréhendent le mètre (100 cm) à travers par exemple la règle du professeur.	Les élèves consolident les comparaisons, les estimations et les mesures de longueur en cm. Puis le travail se poursuit en utilisant les unités m, dm et km. Ces unités sont mises en relation. Les élèves continuent à comparer des objets, des segments selon leur longueur en utilisant les unités cm, m, dm et km. Ils mettent ces unités en relation cm, dm, m et m, km.	Les élèves consolident les comparaisons, les estimations et les mesures de longueur en cm, m, dm et km. Le travail se poursuit en utilisant le mm. Les élèves mettent ces unités en relation : m, dm, cm et mm.

Ministère de l'Éducation nationale, de la Jeunesse et des Sports / éduscol : https://eduscol.education.fr/137/attendus-de-fin-d-annee-et-reperes-annuels-de-progression-du-cp-la-3e

DOCUMENT 2 : Fiche ressource Éduscol « Grandeurs et mesures au cycle 2 »

« Les grandeurs et les mesures de grandeurs sont enseignées du cycle 1 au cycle 4. Elles font l'objet d'un thème d'étude spécifique des programmes de mathématiques pendant toute la scolarité obligatoire. Au cycle 2, dans la poursuite des premiers apprentissages réalisés en maternelle à partir de manipulations et d'observations sur la longueur, la masse et la contenance, les connaissances sur ces grandeurs commencent à se structurer en même temps que sont progressivement introduites quelques unités de mesure du système international d'unités. [...]

L'enseignement des grandeurs et de leurs mesures doit permettre aux élèves de comprendre le sens des mesures de grandeurs qu'ils rencontrent à l'école ou dans leur vie quotidienne et qu'ils rencontreront dans un cadre professionnel. Pour cela, ils doivent, d'une part, comprendre à quoi correspond la grandeur dont on leur parle, et d'autre part, avoir une représentation la plus précise possible de ce à quoi correspond une mesure donnée. Pour ce faire, l'acquisition de connaissances et la construction des compétences visées à la fin de chacun des cycles doit s'appuyer sur des situations concrètes, en abordant les apprentissages au travers de situations problèmes le plus souvent empruntées à la vie courante ou issues d'autres disciplines. [...]

Stratégies d'enseignement

Le travail mené gagne à s'appuyer en priorité sur la **manipulation d'objets réels** pour "percevoir" les différentes grandeurs étudiées :

- de simples baguettes, ficelles ou encore bandelettes de papier permettent de donner du sens à la notion de longueur ;
- les objets du quotidien de l'élève (crayon, trousse, manuel, cartable, etc.) ou de la vie courante (téléphone portable, paquet de céréales, paquet de sucre, bouteille d'eau, lot de six bouteilles d'eau, voiture, etc.) peuvent aider à donner du sens à la notion de masse, en particulier en manipulant des matériaux de densités différentes et donc permettant de bien dissocier masse et volume : le paquet de céréales a un volume supérieur à celui de la bouteille d'un demi litre, mais sa masse est inférieure. »

Ministère de l'Éducation nationale, de la Jeunesse et des Sports / éduscol : https://eduscol.education.fr/177/mathematiques-cycle-2

DOCUMENT 3 : Les différentes modalités de comparaison

Situation	Modalités de comparaison
Dans la salle de motricité, avec de gros cubes, l'enfant doit construire une tour plus grande ou plus petite que lui.	Comparaison directe : l'élève se place à côté de la tour pour la comparer.
L'élève dispose d'une tour de référence. Il doit construire une tour plus petite ou plus grande que cette tour de référence.	Comparaison directe : mettre côte à côte les deux tours.
Situation en groupes de quatre enfants. Chaque enfant va construire une tour avec des petits cubes et va ensuite mesurer sa tour à l'aide d'une bande découpée dans du carton. Les enfants compareront les tours pour les ranger de la plus grande à la plus petite.	Comparaison indirecte : utilisation d'un objet intermédiaire (un étalon).

Concours de Professeur des écoles, Mathématiques, Vuibert, 2020, p. 403.

DOCUMENT 4 : Exemples de réalisation d'élèves

Activité en petite section : construire une tour plus grande ou plus petite qu'un autre enfant dans la salle de motricité.

Photos : Virginie Duquenoy, EMF

PROPOSITION DE CORRIGÉ

1 Analyse du corpus

Le **document 1. 1.** est un extrait du *Bulletin officiel* de juin 2021. Il précise qu'à l'école maternelle, l'apprentissage des grandeurs débute par l'exploration et la manipulation d'objets soutenues par le langage. Les enfants doivent être capables à la fin de la grande section de classer ou de ranger des objets selon un critère de longueur, de masse ou de contenance. La place du langage dans cet enseignement est également affirmée.

Le **document 1. 2.** est issu du livret des repères de progression en mathématiques. Il indique les capacités qu'un élève doit posséder pour l'apprentissage de la longueur au cycle 2. Au CP, en s'appuyant sur ses acquis construits à l'école maternelle, l'élève doit être capable de comparer les longueurs et d'utiliser le vocabulaire approprié.

Le **document 2** est un extrait du document ressource Éduscol dans le domaine « Grandeurs et mesures au cycle 2 ». Il insiste sur la nécessité pour les élèves de comprendre le sens des mesures et grandeurs et notamment en manipulant des objets de la vie quotidienne.

Le **document 3** montre les différentes stratégies pour comparer des grandeurs et notamment la comparaison directe et la comparaison indirecte.

Le **document 4** propose des exemples de productions d'élèves dès la petite section pour illustrer la pratique pédagogique.

2 Présentation de la séquence

- **Niveau de classe :** Moyenne section
- **Domaine :** Acquérir les premiers outils mathématiques : explorer des formes, des grandeurs, des suites organisées
- **Place de la séance dans la séquence :**

La séquence comporte trois séances pour garantir la progressivité des apprentissages.

- **Séance n° 1 :** Construire une tour plus grande ou plus petite que soi.
- **Séance n° 2 :** Construire une tour plus grande ou plus petite qu'une tour témoin.
- **Séance n° 3 :** Construire une tour, la mesurer et la ranger en fonction de sa longueur.

Séance	Matériel	Objectif	Consigne
Séance n° 1 : Vécu dans la salle de motricité	Gros blocs de mousse ou briques en plastique de la salle de motricité, ou cylindres, gros cubes	Comparaison directe (objets déplaçables)	Tu construis une tour plus grande ou plus petite que toi.
Séance n° 2 : Manipulation en classe	Petits cubes	Comparaison directe	Tu construis une tour plus grande ou plus petite que la tour modèle.
Séance n° 3 : Manipulation en classe	Petits cubes Bandes de papier	Comparaison indirecte (objets déplaçables)	Tu construis une tour, tu la mesures et tu la compares à d'autres.

3 Proposition de leçon : séance n° 3 de la séquence

- **Objectif de la leçon :** Comparer des longueurs et utiliser un vocabulaire mathématique (petit, grand, plus petit que, plus grand que, de la même taille, etc.).

Cette séance se déroule à la suite des deux activités suivantes :
– En salle de motricité, les enfants sont amenés à construire des tours (avec des gros cubes) plus grandes ou plus petites qu'eux ou qu'un autre enfant. Cette première

activité vise à construire le sens de la grandeur indépendamment de la mesure et avant même que celle-ci n'intervienne. Cette situation est un réinvestissement des activités de ce type vécues en classe de petite section. Ce concept s'acquiert progressivement en résolvant des problèmes de comparaisons posés à partir de situations vécues.
– En classe, les enfants sont amenés à construire une tour avec des petits cubes plus petite, plus grande ou de même taille qu'une tour de référence.

La leçon proposée permet de consolider la première approche concrète des grandeurs en introduisant un objet intermédiaire (bande de référence).

- **Objectif langagier :** Pendant la séquence, le vocabulaire spécifique est utilisé : grand, petit, long, court, plus… que, moins… que, de la même longueur que…
- **Compétences mobilisées par l'élève :** Classer ou ranger des objets selon un critère de longueur, de masse ou de contenance.
- **Matériel utilisé :**
  - des petits cubes emboitables ;
  - des bandes de papier ;
  - des feutres, des ciseaux.
- **Organisation :** Un groupe de huit élèves divisé en deux groupes de quatre.
- **Déroulement de la séance :**

Situation 1 : Construction des tours en équipe.
Chaque élève du groupe construit une tour de taille différente. Chaque groupe propose donc quatre tours.
Chaque élève construit un étalon de la longueur de sa tour avec une bande découpée dans du papier épais.

Situation 2 : Échange des étalons.
Les deux groupes échangent les étalons. Avec l'étalon, chaque enfant du groupe construit une nouvelle tour. La vérification s'effectue ensuite par comparaison. L'élève compare la tour construite à l'aide de l'étalon avec la tour de référence.

Situation 3 : Rangement des tours.
Les élèves mesurent et comparent les longueurs pour ranger les tours de la plus petite à la plus grande.

- **Variables didactiques, points d'attention pédagogique et gestes professionnels :** Pendant le rangement des quatre tours, l'enseignant procède à un étayage si besoin. Il accompagne les enfants dans l'organisation du rangement et les amène à expliciter leurs stratégies.
  Pendant la recherche individuelle, l'enseignant prend le rôle d'observateur attentif afin de repérer les enfants qui éprouvent des difficultés à résoudre cette situation-problème.
  L'enseignant observe si l'enfant procède par essai/erreur pour construire sa tour. Il peut également évaluer si l'enfant est capable de comparer deux objets selon la longueur.
- **Bilan/prolongement :** De manière spiralaire, l'enseignant proposera d'autres situations de comparaison de longueurs avec d'autres objets.

4 Questions possibles du jury

A. Question disciplinaire

a. Quelle est la différence entre une grandeur et une mesure ?

La mesure est un nombre, elle dépend de l'unité choisie. La grandeur est un caractère d'un objet, susceptible de variation (longueur, aire, volume, durée, prix, etc.). Pour éviter les confusions chez les élèves, l'enseignant doit être vigilant quant au vocabulaire qu'il utilise. De plus, il doit attirer l'attention sur le concept de « longueur » : celui-ci concerne aussi bien la taille d'une personne, que la distance entre deux villes ou encore la largeur d'un rectangle, le périmètre d'un triangle ou le tour de taille d'une personne.

B. Questions didactiques

a. Pouvez-vous expliciter la démarche qui consiste à partir du vécu : Vécu – Perçu – Conçu ?

Les apprentissages chez le jeune enfant débutent toujours par un vécu, une exploration, une manipulation. Cette première approche est nécessaire pour passer du concret à l'abstrait.

b. Donnez un exemple en vous appuyant sur cette démarche dans un autre domaine.

La même démarche qui consiste à passer du vécu au perçu puis au conçu s'appliquera également pour l'apprentissage d'un geste graphique. En effet, avant de pouvoir tracer un cercle, l'enfant va d'abord « vivre » la forme dans la salle de motricité en tournant autour d'un cerceau, en réalisant des cercles avec un ruban, etc. Il sera ensuite amené à collecter des objets ronds dans la classe, puis, en arts visuels, à observer des cercles sur un tableau, une tapisserie, des photos, etc. Ces activités ont pour objectif d'aider l'enfant à se constituer une image mentale de la forme avant de pouvoir la tracer.

C. Question pédagogique

a. Pourquoi la première situation de cette séquence se déroule-t-elle en salle de motricité ?

Le vécu en salle de motricité constitue un point de départ nécessaire pour construire l'apprentissage. L'enfant découvre son environnement par un vécu corporel, une exploration sensorielle et une manipulation d'objets concrets. Cette première approche est nécessaire pour accéder aux étapes du perçu (cycle 2) puis du conçu (cycle 3), c'est-à-dire pour passer du concret à l'abstrait.

Sujet 22 Les nombres (MS)

Consignes page 85.

DOSSIER

DOCUMENT 1 : Programme d'enseignement de l'école maternelle : annexe-modification ; *BO* n° 25 du 24-06-2021

« Domaine : Acquérir les premiers outils mathématiques

Construire le nombre pour exprimer les quantités

Si les enfants peuvent appréhender la quantité par la perception (plus, moins, pareil, beaucoup, pas beaucoup), il leur faut aussi progressivement comprendre que les nombres servent à décrire et mémoriser les quantités. De plus, il leur faut comprendre que les nombres obéissent à une logique particulière : le nombre change lorsqu'on ajoute ou retire un objet, il ne change pas lorsqu'on remplace un objet par un autre.

La comparaison des collections et la production d'une collection de même cardinal qu'une autre sont des activités essentielles pour l'apprentissage du nombre. L'apprentissage de la notion de nombre se fait progressivement, l'enfant commençant par être en mesure de produire une collection d'un ou deux éléments lorsque cela lui est demandé, avant de pouvoir produire une collection de trois puis quatre éléments. Vers l'âge de quatre ans, les enfants commencent à comprendre et utiliser des nombres plus grands. Le nombre en tant qu'outil de mesure de la quantité est stabilisé quand l'enfant peut l'associer à une collection, quels qu'en soient la nature, la taille des éléments et l'espace occupé : cinq permet indistinctement de désigner cinq fourmis, cinq cubes ou cinq éléphants ou une collection de cinq objets différents les uns des autres.

Les trois années de l'école maternelle sont nécessaires mais parfois non suffisantes pour stabiliser ces connaissances en veillant à ce que les nombres travaillés soient composés et décomposés. La maîtrise de la décomposition des nombres est une condition nécessaire à la construction du nombre.

Stabiliser la connaissance des petits nombres

Au cycle 1, la construction des quantités jusqu'à dix est essentielle. Cela n'exclut pas le travail de comparaison sur de grandes collections. Avoir stabilisé la connaissance d'un nombre, par exemple trois, c'est être capable de donner, montrer ou prendre un, deux ou trois et composer et décomposer deux et trois. Entre deux et quatre ans, stabiliser la connaissance des petits nombres (jusqu'à cinq) demande des activités nombreuses et variées portant sur la décomposition et recomposition des petites quantités (trois c'est deux et encore un ; un et encore deux ; quatre c'est deux et encore deux ; trois et encore un ; un et encore trois), la reconnaissance et l'observation des constellations du dé, la reconnaissance et l'expression d'une quantité avec les doigts de la main, la

correspondance terme à terme avec une collection de cardinal connu. Ultérieurement, au-delà de cinq, la même attention doit être portée à l'élaboration progressive des quantités.
Grâce à la pratique régulière d'exercices de passage d'un nombre à un autre, (dans des jeux), les enseignants encouragent les élèves à comprendre que les nombres consécutifs sont liés par l'itération de l'unité (trois, c'est deux et encore un). Au départ, l'accent est mis sur les tout petits nombres de 1 à 4. Après quatre ans, les activités de décomposition et recomposition s'exercent sur des quantités jusqu'à dix.
Au-delà des activités spécifiques concernant le nombre, menées sur des temps dédiés, il convient de rendre explicites les usages du nombre tout au long de la journée, dans toutes les occasions : "Nous allons constituer des groupes de quatre enfants", "j'ai déposé cinq étiquettes sur la table", "Il y a deux élèves dans le coin cuisine", etc.

Ce qui est attendu des enfants en fin d'école maternelle

- Évaluer et comparer des collections d'objets avec des procédures numériques ou non numériques (perception immédiate, correspondance terme à terme, etc.).
- Réaliser une collection dont le cardinal est compris entre 1 et 10.
- Utiliser le dénombrement pour comparer deux quantités ou pour réaliser une collection de quantité égale à la collection proposée (quantités inférieures ou égales à 10).
- Utiliser le nombre pour exprimer la position d'un objet ou d'une personne dans un jeu, dans une situation organisée, sur un rang ou pour comparer des positions.
- Mobiliser des symboles analogiques (constellations, doigts), verbaux (mots-nombres) ou écrits (en chiffres), pour communiquer des informations orales et écrites sur une quantité, jusqu'à 10 au moins.
- Avoir compris que le cardinal ne change pas si on modifie la disposition spatiale ou la nature des éléments.
- Avoir compris que tout nombre s'obtient en ajoutant un au nombre précédent et que cela correspond à l'ajout d'une unité à la quantité précédente.
- Quantifier des collections jusqu'à dix au moins ; les composer et les décomposer par manipulations effectives puis mentales.
- Dire combien il faut ajouter ou enlever pour obtenir des quantités ne dépassant pas dix.
- Parler des nombres à l'aide de leur décomposition.
- Dire la suite des nombres jusqu'à trente. Dire la suite des nombres à partir d'un nombre donné (entre 1 et 30).
- Lire les nombres écrits en chiffres jusqu'à 10.
- Commencer à écrire les nombres en chiffres jusqu'à 10.
- Commencer à comparer deux nombres inférieurs ou égaux à 10 écrits en chiffres.
- Commencer à positionner des nombres les uns par rapport aux autres et à compléter une bande numérique lacunaire (les nombres en jeu sont inférieurs ou égaux à 10).
- Commencer à résoudre des problèmes de composition de deux collections, d'ajout ou de retrait, de produit ou de partage (les nombres en jeu sont tous inférieurs ou égaux à 10).

DOCUMENT 2 : Extrait de la note de service n° 2019-085 du 28-5-2019 « Recommandations pédagogiques »

« Une priorité : stabiliser la connaissance des petits nombres jusqu'à dix
[...] Les activités ayant pour but la construction de l'aspect cardinal des nombres visent la construction progressive des quantités jusqu'à cinq puis jusqu'à dix, en s'attachant à travailler la composition, la décomposition et la recomposition de ces petites quantités (trois, c'est deux et encore un ; un et encore deux ; quatre, c'est deux et encore deux ; trois et encore un ; un et

encore trois). Composer/décomposer les nombres est une première étape vers la mémorisation des résultats additifs et multiplicatifs qui sera développée à l'école élémentaire.
Ces activités, réitérées, installent les liens entre le nom des nombres, l'écriture chiffrée, la reconnaissance des constellations du dé et d'autres constellations liées à la décomposition des nombres (par exemple un domino 4 et 2 pour le nombre 6), la reconnaissance et l'expression d'une quantité avec les doigts de la main, la correspondance terme à terme avec une collection de cardinal connu. Une bonne connaissance des symboles des nombres, à l'écrit comme à l'oral, et la capacité à passer rapidement des symboles à la quantité correspondante, sous diverses formes, nécessitent des répétitions quotidiennes et seront des compétences clés pour calculer de façon efficace.
Des activités mettant en œuvre le processus d'itération de l'unité (7 c'est 6+1), qui donnent sens à la relation d'ordre entre les nombres (7 c'est plus petit que 8, ou 7 c'est moins que 8), sont aussi proposées. En complément, on développe la connaissance de la suite orale des noms de nombres (a minima jusqu'à trente à la fin de la grande section). »

DOCUMENT 3 : Comment dénombrer en comptant un par un ?

« L'apprentissage du dénombrement par comptage se trouve facilité s'il ne relève pas seulement de l'imitation de ce que fait un adulte qui compte, mais s'il s'appuie, de plus, sur une compréhension de son fonctionnement. Cette compréhension comporte trois éléments essentiels :

- la prise de conscience que tous les objets de la collection dénombrée doivent être énumérés ;
- la prise de conscience du fait que, au terme de l'énumération, le mot-nombre sur le dernier objet est celui qui permet d'exprimer la quantité tout entière (principe du cardinal) ;
- la prise de conscience que le comptage n'est pas un simple étiquetage des objets, mais que chaque nouveau mot-nombre (par exemple six) énoncé pour un objet indique à la fois qu'on vient de compter un objet de plus (six c'est un de plus que cinq) et la quantité d'objets déjà dénombrée (les objets déjà pointés sont au nombre de six). [...]

Toujours reposer la question "alors combien y a-t-il de cubes / jetons / de châtaignes... ?" à l'issue du comptage, de façon à attirer l'attention sur le fait que le but n'est pas le comptage (ce n'est que l'outil) mais qu'il s'agit de savoir combien il y a d'éléments dans la collection. »

R. Charnay, *Comment enseigner les nombres entiers et la numération décimale ? De la PS au CM2*, Hatier, 2018 (pp. 91 et 92). © DR

DOCUMENT 4 : De la manipulation vers l'abstraction

4. 1. Le « jeu des oursons cachés »

Photos : Johanne Levant, EMF

4. 2. Manuel *Archimaths CP, Mémo des maths*, Magnard, 2019, p. 15

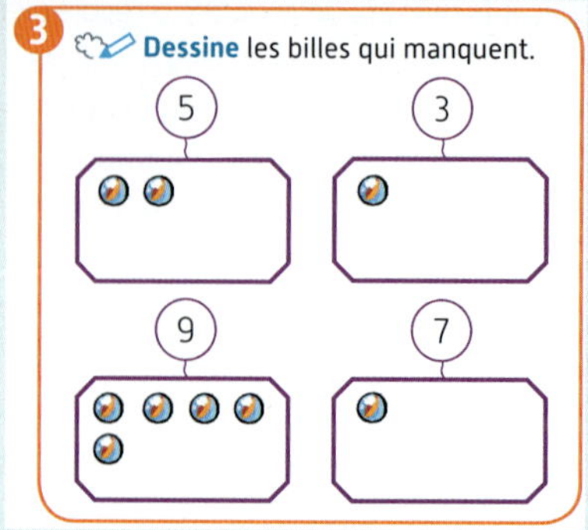

PROPOSITION DE CORRIGÉ

1 Analyse du corpus

Le **document 1** est un extrait du programme d'enseignement de l'école maternelle (Programme d'enseignement de l'école maternelle : annexe-modification ; *BO* n° 25 du 24-06-2021). L'école maternelle conduit les enfants à comprendre que les nombres permettent d'exprimer des quantités. C'est un apprentissage long et progressif. L'enseignement consiste à confronter les enfants à de nombreuses situations impliquant des activités pré-numériques puis numériques. Il s'agit de travailler sur des petits nombres et de montrer aux élèves que la quantité n'est pas la caractéristique d'un objet mais d'une collection d'objets. L'enfant va comprendre que le nombre exprime la quantité. Les situations de composition et de décomposition des nombres sont nécessaires pour fixer la connaissance.

Le document 1 précise aussi les attendus à la fin de l'école maternelle en ce qui concerne l'étude et l'utilisation des nombres.

Le **document 2** est un extrait de la note de service du 28 mai 2019. Cette note met en évidence l'importance d'amener les élèves à composer et à décomposer les nombres dès la petite section de l'école maternelle.

Le **document 3**, « Comment dénombrer en comptant un par un ? », est un extrait de l'ouvrage de Roland Charnay. Il expose les éléments essentiels pour comprendre le fonctionnement du dénombrement.

Le **document 4. 1.** présente des photos illustrant un jeu permettant de travailler la composition et la décomposition du nombre 5. Le **document 4. 2.** est un exercice issu d'un manuel de CP qui propose une situation plus abstraite.

2 Présentation de la séquence

- **Niveau de classe :** Moyenne section
- **Domaine :** Acquérir les premiers outils mathématiques : découvrir les nombres et leurs utilisations

- **Place de la séance dans la séquence :** Il s'agit d'une séquence filée, c'est-à-dire, proposée tout au long de l'année. L'enseignant proposera du matériel différent pour stabiliser la connaissance. Le nombre d'objets peut varier et augmenter ou diminuer en fonction des réussites des élèves.

3 Proposition de leçon

- **Objectif de la leçon :** Composer et décomposer des quantités.
- **Objectif langagier :** Comprendre et utiliser un vocabulaire approprié.
- **Compétences mobilisées par l'élève :**
  – quantifier des collections jusqu'à dix au moins ; les composer et les décomposer par manipulations effectives puis mentales ;
  – dire combien il faut ajouter ou enlever pour obtenir des quantités ne dépassant pas dix.
- **Matériel utilisé :** Un bol opaque, cinq objets identiques de la même couleur (par exemple cinq oursons rouges (voir document 4.1).
- **Organisation :** Un groupe de quatre élèves.
- **Déroulement de la séance :**

Situation 1 : Découverte du matériel et explication de la règle du jeu.
L'enseignant apporte un récipient en plastique opaque et cinq objets identiques (jetons, bouchons, billes petits oursons en plastique, etc.). L'enseignant présente le matériel aux enfants et explique la règle du jeu. Il dénombre d'abord les objets placés dans le récipient en verbalisant « un et encore un… deux, deux et encore un… trois… Il y en a cinq… Je vais cacher les oursons en dessous du bol, vous cachez vos yeux et ensuite vous allez regarder les oursons restés sur la table et deviner combien j'ai caché d'oursons en dessous du bol. »

Situation 2 : Activité de décomposition et recomposition des nombres.
Les élèves jouent à dénombrer les objets cachés et visibles. L'enseignant s'attache à faire expliciter la stratégie : « comment as-tu fait pour savoir le nombre d'oursons cachés ? »

- **Variables didactiques, points d'attention pédagogique et gestes professionnels :** Le nombre d'oursons peut varier en fonction des compétences des enfants. Il est également important d'inciter les enfants à verbaliser leur procédure et de les y aider. L'enseignant laissera un temps suffisant aux enfants pour chercher, essayer, se tromper, recommencer. Il relancera l'activité si besoin, apportera son aide à la demande. Il s'agit aussi de guider et d'orienter les élèves par un questionnement.
- **Bilan/prolongement :** Cette activité va être proposée tout au long de l'année avec du matériel différent afin de réactiver la connaissance.

4 Questions possibles du jury

A. Question disciplinaire

a. Qu'est-ce que l'énumération ?

L'énumération est une stratégie mathématique qui consiste à organiser une collection pour la dénombrer.

« Énumérer est un terme qui, dans la langue commune, signifie "énoncer un à un les éléments d'un ensemble" ; en observant les objets qui sont présents sur mon bureau, je peux les énumérer : un stylo, une gomme, etc. Le terme d'énumération a été choisi par Guy Brousseau (1984) pour désigner une connaissance qui intervient dans toutes les situations, depuis les plus simples, dès l'école maternelle, jusqu'aux plus complexes, à l'université, dans lesquelles il s'agit de dénombrer, c'est-à-dire de déterminer le cardinal d'un ensemble. Le terme scientifique d'énumération généralise donc l'acceptation courante : il ne s'agit pas toujours d'énoncer un à un, mais chaque élément doit bien être considéré *une fois et une seule*. [...] Pour dénombrer, il faut en effet énumérer puisque l'oubli d'un élément ou le comptage d'un élément en double conduit à une erreur dans le résultat. »

M. Lappara, C. Margolinas, *Les Premiers Apprentissages à la loupe*, De Boeck, 2016.

B. Question didactique

a. Pourquoi faut-il éviter d'enseigner le comptage-numérotage ?

Il est essentiel de privilégier le « comptage-dénombrement » au « comptage-numérotage ». La première fonction du nombre est de mémoriser les quantités. Comprendre la notion de quantité implique pour l'enfant de concevoir que la quantité n'est pas la caractéristique d'un objet mais d'une collection d'objets, que les nombres sont utiles pour résoudre des problèmes de la vie quotidienne. Il est également important d'amener les élèves à comprendre qu'un nombre a plusieurs représentations et qu'il faut savoir passer d'une représentation à une autre (les doigts, les constellations du dé).

C. Question pédagogique

a. Quelle est la question à poser aux enfants ? « Combien y a-t-il d'objets ? » ou « Compte le nombre d'objets. » ?

Il est préférable de demander aux élèves « combien il y a de... » plutôt que de leur dire « compte combien... ». En effet, un élève peut savoir compter un nombre d'objets en disant « un, deux, trois... » et en pointant correctement chaque objet. Mais lorsque son enseignant lui demande combien il y a d'objets, il peut ne pas être capable de donner le nombre et recommencer à compter les objets. Cet élève n'a pas compris que le dernier nombre qu'il prononce représente la quantité d'objets.

Sujet 23 Le dénombrement de quantités (GS)

Consignes page 85.

DOSSIER

DOCUMENT 1 : Extrait du dossier Éduscol « Ressources maternelle - Évaluation - Quelques points de vigilance »

« ***Concernant l'apprentissage du nombre et des quantités***

Comprendre la notion de quantité implique pour l'enfant de concevoir que la quantité n'est pas la caractéristique d'un objet mais d'une collection d'objets. L'enfant fait d'abord appel à une estimation perceptive et globale. Progressivement, il passe de l'apparence des collections à la prise en compte des quantités. La comparaison des collections et la production d'une collection de même cardinal qu'une autre sont des activités essentielles pour l'apprentissage du nombre... Stabiliser la connaissance des petits nombres demande des activités nombreuses et variées portant sur la décomposition et recomposition des petites quantités. [...]

Les compétences visées vont ainsi se structurer à partir de l'élaboration progressive des procédures et de leur stabilisation, de la mise en mots de ces procédures à travers un accompagnement langagier du maître rigoureux et exigeant et de l'entraînement systématique et régulier au travers d'activités et de jeux. Assez vite les enfants vont être capables d'estimer des quantités, puis ils vont progressivement les comparer, les décomposer et les recomposer, les énumérer pour enfin les dénombrer. L'élaboration et la mise en œuvre de ces procédures sont des étapes de la construction du nombre qui témoignent du parcours de progrès de l'enfant. Ce parcours n'est ni linéaire ni identique pour tous. Aussi, l'accompagnement de l'enfant sur le chemin du nombre nécessite une observation attentive de son activité dans les situations proposées par le maître et l'adaptation de ces propositions. »

Ministère de l'Éducation nationale, de la Jeunesse et des Sports / éduscol : https://eduscol.education.fr/107/suivi-et-evaluation-des-apprentissages-des-eleves-l-ecole-maternelle

DOCUMENT 2 : Extrait de la note de service n° 2019-085 du 28-5-2019 « Recommandations pédagogiques »

« ***Un apprentissage progressif, qui s'appuie sur le langage oral et écrit***

La découverte du nombre et de ses utilisations est liée à la construction d'un langage oral et écrit précis qui contribue à structurer les connaissances et à les fixer en mémoire. La verbalisation par l'enseignant et par l'élève des actions réalisées et de leurs résultats constitue une aide importante à la prise de conscience des procédures utilisées et de

leurs effets. L'enseignant est attentif à organiser les échanges oraux pour aider à structurer les apprentissages des élèves : il aide à décrire les situations, les relations, à justifier et commencer à argumenter ; il attire l'attention sur certaines procédures et connaissances utilisées en situation ; il introduit le vocabulaire spécifique (noms des nombres, adverbes de quantité) pour que les enfants se l'approprient et l'utilisent.
L'usage des chiffres est une partie importante de la découverte du nombre. Il soutient l'élaboration de sa représentation mentale. Les premières écritures chiffrées des nombres sont introduites progressivement, en lien avec l'appropriation de la quantité correspondante et la résolution de situations concrètes. En ajoutant une contrainte d'éloignement dans l'espace et dans le temps dans l'organisation d'une situation, ou en demandant de transmettre une information sans parler, on rend nécessaire l'utilisation d'une trace écrite pour garder des informations en mémoire. Cet usage de l'écrit pour se souvenir est une découverte importante. L'enseignant aide à comprendre que la conservation de l'information de quantité passe par l'élaboration d'un code commun (les nombres) et mobilise rapidement cette connaissance.
L'apprentissage de l'écriture chiffrée des nombres s'appuie sur la compréhension du sens de ce code commun. La progression de la capacité de lecture et d'écriture des nombres en chiffres s'organise sur l'ensemble du cycle, notamment à partir de quatre ans. Parallèlement, l'enseignant veille à ce que l'apprentissage du tracé des chiffres se fasse avec rigueur. À la fin de l'école maternelle, il est attendu des élèves qu'ils lisent, écrivent et ordonnent les nombres écrits en chiffres jusqu'à dix. L'apprentissage des nombres se poursuivra au début de l'école élémentaire en prenant appui sur ces compétences et ces savoirs acquis.

Un enseignement différencié et régulé par l'observation des progrès des élèves

Les jeux, ateliers en groupe ou séances collectives permettent de repérer les progrès et les difficultés des élèves. Ces observations orientent la suite des activités et situations pédagogiques à leur proposer. L'enseignant planifie, régule et différencie les activités qu'il propose aux groupes d'élèves en variant notamment la taille des collections, le fait de pouvoir agir ou non sur les objets (les déplacer ou non), le fait d'avoir à anticiper la réponse lorsque les objets sont éloignés ou dissimulés. Ces variables importantes amènent progressivement les élèves à faire évoluer leurs procédures et à construire les savoirs attendus.
Quand une évaluation individuelle s'avère nécessaire pour mieux cerner les besoins particuliers d'un élève, elle prend appui sur des collections d'objets et du matériel, concrets et manipulables. De manière générale, le travail sur fiches doit être exceptionnel. Il est notamment déconseillé d'utiliser des fiches pour une évaluation individuelle des compétences des élèves avant la grande section, certains d'entre eux pouvant être mis en difficulté parce que la situation est représentée et non vécue. En tout état de cause, le travail sur fiche ne saurait être proposé aux élèves sans un vécu préalable de la même activité en classe et pas avant la dernière partie de l'année scolaire de grande section. »

DOCUMENT 3 : Extrait de « Le nombre dans le nouveau programme maternelle : Deuxième partie »

« Les décompositions à privilégier en GS : 5 +* n*, doubles et itération de l'unité

Si l'on fait le calcul du nombre de décompositions qu'il faut savoir utiliser pour connaître de manière approfondie les 10 premiers nombres, on en trouve 45, toujours en se cantonnant aux décompositions en deux nombres seulement. Aussi n'est-il guère raisonnable d'espérer que l'ensemble des enfants se soit approprié les 10 premiers nombres en fin de GS. Comme 45 décompositions sont en nombre trop élevé, la question se pose de savoir lesquelles il convient de privilégier pour l'étude des nombres après 5. La réponse va pratiquement de soi : les décompositions qui ont partie liée avec l'itération de l'unité, évidemment, ainsi que celles qui sont privilégiées par les deux grands systèmes de constellations que l'école utilise depuis bien longtemps [...] : en premier, celles du type 5 + n et, en second, les décompositions des nombres pairs en doubles et celles des nombres impairs en doubles + 1. L'accès aux décompositions suivantes, par exemple, doit être considéré comme prioritaire : 6 = 5 + 1 (itération de l'unité), 6 = 3 + 3 (double), 7 = 6 + 1 (itération de l'unité), 7 = 5 + 2 (repère 5), 7 = 3 + 3 + 1 (double +1), 8 = 7 + 1 (itération de l'unité), etc. »

Rémi Brissiaud : « Le nombre dans le nouveau programme maternelle : Deuxième partie »,
 www.cafepedagogique.net

DOCUMENT 4 : Extrait de « La synthèse des acquis scolaires à la fin de l'école maternelle »

	4. Construire les premiers outils pour structurer sa pensée			
Utilisation des nombres				
Première compréhension du nombre				
Petits problèmes de composition et de décomposition de nombres (ex : 3 c'est 2 et encore 1 ; 1 et encore 2)				
Tris, classements, rangements, algorithmes				

Ministère de l'Éducation nationale, de la Jeunesse et des Sports / éduscol :
https://eduscol.education.fr/107/suivi-et-evaluation-des-apprentissages-des-eleves-l-ecole-maternelle

PROPOSITION DE CORRIGÉ

1 Analyse du corpus

Le **document 1** réaffirme l'importance d'une progression dans les apprentissages tout au long du cycle, avec des compétences mathématiques spécifiques visées. L'importance de la verbalisation des stratégies de résolution de problèmes est mise en évidence, ainsi que l'adaptation des propositions pédagogiques pour répondre aux besoins des élèves.

Le **document 2** évoque la nécessité du travail autour de l'écrit pour comprendre et utiliser ce code commun. La place et les modalités de l'évaluation continue y sont aussi soulevées. En effet, elle doit permettre de noter les progrès des élèves ou leurs difficultés et ainsi proposer des remédiations.

Dans le **document 3**, Rémi Brissiaud nous rappelle l'importance de travailler l'itération de l'unité dès le plus jeune âge.

La synthèse des acquis (**document 4**), renseignée tout au long du cycle, permet de garantir la continuité du parcours scolaire d'un élève. Elle mentionne ses acquis, ses points forts et, le cas échéant, ses besoins à prendre en compte pour l'aider au mieux dans l'acquisition des savoirs.

2 Présentation de la séquence

- **Niveau de classe :** Grande section
- **Domaine :** Acquérir les premiers outils mathématiques : découvrir les nombres et leurs utilisations
- **Séquence :** Cette séquence s'imbriquera dans le travail régulier (lors d'ateliers ou de séances ritualisées) réalisé en classe tout au long de l'année. Ici, il s'agit de manipuler les quantités jusqu'à dix et de se familiariser avec les décompositions du nombre 10.

Séance n° 1 : Présentation et lecture de l'album *Dix petits amis déménagent* de Mitsumasa Anno lors d'une séance en collectif : les petits amis déménagent chacun leur tour, vidant petit à petit la maison de gauche pour remplir la maison de droite. Ils sont 10, mais certains ne sont pas « visibles » car l'intérieur d'une des deux maisons est caché par la façade. Au fil de la lecture, les élèves doivent trouver combien de petits amis sont dans la maison cachée. Les élèves dépassent ainsi la procédure habituelle de chercher avec les yeux. Parfois, on peut apercevoir quelques personnages par les fenêtres, mais d'autres restent cachés.
À la fin de l'album, le lecteur est invité à tourner les pages et à revenir en arrière afin que les 10 petits amis déménagent de nouveau, mais dans l'autre sens.

Dix petits amis déménagent, Mitsumasa Anno, © L'École des loisirs, 2021 (1982).

Séance n° 2 : Rappel de l'album, extraction des maisons et des personnages en atelier dirigé (manipulation) : 2 maisons sont posées sur la table. Elles sont amovibles et peuvent s'ouvrir et se fermer de manière que les personnages à l'intérieur ne se voient pas. L'enseignant demande aux élèves de rappeler l'album lu précédemment. Les élèves ferment ensuite les yeux pendant que l'enseignant dispose les personnages dans les maisons. Le maître interroge ensuite le groupe : « combien de personnages sont dans la maison cachée ? » Les élèves doivent justifier par la verbalisation leurs procédures. Cette séance sera développée par la suite.

Séance n° 3 : Manipulation des maisons et des personnages en atelier autonome (travail en binôme) : les élèves sont par deux, avec le même matériel. L'un des élèves cache les personnages dans les maisons et interroge son camarade sur la quantité de personnages cachés. Ils vérifient ensemble par la suite. Les rôles s'inversent et le jeu continue.

Séance n° 4 : Manipulation individuelle en atelier dirigé : compléter l'autre maison pour qu'il y ait 10 personnages au total. Chaque élève a en sa possession les 2 maisons amovibles extraites du livre et un récipient qui contient plusieurs personnages (plus que 10 pour que ce ne soit pas simplement déductif). L'enseignant demande de positionner 4 personnages dans la maison de gauche en piochant dans leur récipient le nombre exact. Il souhaite ensuite que les élèves complètent la maison de droite de manière qu'il y ait 10 personnages en tout dans les 2 maisons. Les élèves doivent justifier par la verbalisation leurs procédures.

Séance n° 5 : Manipulation individuelle en atelier dirigé : compléter l'autre maison pour qu'il y ait 10 personnages au total avec association de l'écriture chiffrée. Même procédure que la séance n° 4, mais après chaque décomposition, les élèves associent la quantité à l'écriture chiffrée et construisent ainsi la maison du 10.

Séance n° 6 : Compléter l'autre maison pour qu'il y ait 10 personnages au total en utilisant uniquement l'écriture chiffrée. L'enseignant énonce un nombre de personnages présents dans la première maison. Les élèves choisissent l'écriture chiffrée correspondante et doivent ensuite mettre en face le nombre associé du complément à 10.

3 Proposition de leçon : séance n° 2 de la séquence

Objectifs de la leçon :

- dénombrer une quantité ;
- décomposer/composer un nombre.

Objectif langagier :

- comprendre et utiliser un vocabulaire approprié ;
- verbaliser une procédure.

Compétence mobilisée par l'élève : Dire combien il faut ajouter pour obtenir des quantités ne dépassant pas dix.

■ **Matériel utilisé :** Deux maisons amovibles que l'on peut ouvrir et fermer extraites de l'album, un petit paravent ou un carton, les dix personnages de l'album.

■ **Organisation :** Atelier dirigé de quatre élèves.

■ **Déroulement de la séance :**

Durée : 20 minutes

▸ **Situation 1 :** (5 min.) : Rappel de l'album lu précédemment, présentation des supports et explicitation de la consigne : « je vais positionner des personnages dans les maisons, vous devrez me dire combien il y en a dans celle-ci et ensuite m'indiquer le nombre de personnages cachés dans l'autre. Cela doit faire 10 en tout. »

▸ **Situation 2 :** (15 min.) : L'enseignant demande aux élèves de cacher leurs yeux ou positionne un cache entre lui et le groupe d'élèves (paravent ou carton), afin qu'ils ne visualisent pas les manipulations effectuées et qu'ils ne puissent pas dénombrer en même temps. L'enseignant positionne donc les personnages dans les deux maisons, l'une est ouverte et l'autre fermée.
Suppression du cache, le groupe d'élèves doit dénombrer la quantité visible (7 par exemple) puis indiquer combien de personnages sont cachés dans l'autre maison (3). Chaque élève émet son hypothèse, la verbalise et explicite sa démarche.
Vérification avec ouverture de la seconde maison. Dénombrement de la quantité visible.
L'enseignant formalise ensuite la composition du nombre 10 en détachant les personnages : « il y a 7 personnages dans cette maison, il en manque 3 pour en avoir 10 en tout. 7 et encore 3 cela fait 10 ».
Cette phase sera réalisée plusieurs fois avec des données différentes.

▸ **Situation 3 :** (5 min.) : Bilan de la séance : « nous avons appris qu'on pouvait dénombrer les personnages cachés sans les voir puisqu'on sait qu'il y en a 10 en tout. »

■ **Variables didactiques, points d'attention pédagogique et gestes professionnels :** Il est possible de travailler avec des supports différents : on peut proposer de vraies petites maisons avec de vrais personnages que les élèves peuvent manipuler en autonomie, des parkings avec des voitures à garer, etc.
Cette séance peut également s'adapter en étant au plus près des besoins des élèves. En effet, il est possible de moduler par exemple le nombre de personnages de départ, en proposer moins, puis en augmenter le nombre petit à petit.

■ **Bilan/prolongement :** À la suite de cette séquence, il est possible de proposer à certains élèves, en atelier dirigé puis autonome, un travail sur les compléments à 10, par exemple, ajouter le nombre de bougies sur un gâteau pour qu'il y en ait 10 (les bougies ajoutées seront de couleurs différentes).
On peut aussi travailler les comparaisons en comparant les 2 maisons : « dans quelle maison y-a-t-il plus de personnages ? Moins ? »

4 Questions possibles du jury

A. Questions disciplinaires

a. Pouvez-vous donner une définition de ce qu'est le dénombrement ?

Le comptage désigne l'énumération des objets à l'aide de la comptine numérique sans réelle notion de totalisation de tous les objets. Le dénombrement va plus loin : il désigne toute procédure permettant d'accéder au nombre d'objets. La notion de totalisation est ici effective. Dénombrer signifie donc utiliser simultanément plusieurs gestes mentaux :

- énumérer tous les objets, sans en oublier un, sans compter deux fois le même élément ;
- dire la suite des mots nombres, sans se tromper, en associant bien à chaque objet un mot nombre et en s'arrêtant correctement.

b. Quelles sont les propriétés de l'addition ?

– La commutativité : dans le calcul d'une somme de 2 nombres, on peut échanger la place des 2 nombres : a et b étant deux nombres : a + b = b + a.
– L'associativité : dans le calcul d'une somme de 3 nombres par exemple, on peut associer de différentes façons les 3 nombres 2 par 2 : a, b et c étant 3 nombres : (a + b) + c = a + (b +c).
– L'élément neutre : ajouter zéro à n'importe quel nombre ne le change pas : a étant un nombre : a + 0 = 0 + a = a. 7 = 0 + 7 = 7 + 0.

B. Questions didactiques

a. Quelle est la place de l'utilisation des doigts ?

Stella Baruk indique que c'est un « formidable outil pour fonder notre système de numération » et qu'il ne faut pas s'en passer. Elle précise que si aujourd'hui nous comptons en base dix c'est parce que nous avons 10 doigts. C'est un excellent outil que les élèves peuvent très simplement manipuler à n'importe quel moment.

Cependant, Rémi Brissiaud expose les points de vigilance de cette utilisation. Selon lui il ne faut pas compter sur les doigts car en faisant cela, les doigts sont numérotés. En revanche, si on construit une collection-témoin de doigts par correspondance terme à terme, c'est un usage très différent car dans ce cas les doigts deviennent un symbole numérique. Pour dénombrer 3 personnages du livre je lève un doigt pour le premier personnage, un deuxième doigt pour le second et un troisième pour le dernier personnage. En totalité j'ai 3 doigts levés donc 3 personnages (1 + 1 + 1). Cela peut être 2 doigts sur 1 main et 1 doigt sur l'autre main.

b. La file numérique chiffrée doit-elle faire figurer le zéro ?

Le zéro ne sert pas à dénombrer, c'est la raison pour laquelle la bande numérique ne commence pas à 0. Il peut cependant être utilisé pour marquer l'absence d'éléments d'une collection, en le symbolisant par le poing fermé par exemple. Pour que les élèves le comprennent, on dira « il n'y a plus de personnages dans la maison », « il ne reste plus de personnages dans la maison », « il ne reste plus aucun personnages dans la maison » ou « il reste zéro personnage dans la maison ». Zéro indique l'absence de quelque chose de précis : « zéro personnage » signifie qu'il n'y en a aucun.

C. Questions pédagogiques

a. La manipulation doit-elle perdurer à chaque séance ?

La manipulation est fondamentale pour l'enfant. Elle répond à un besoin de sensorialité. Elle permet d'essayer, de structurer sa pensée, de réussir ou de se tromper en testant des hypothèses, de se rendre compte de son erreur ou de valider sa réponse. Elle est indispensable pour permettre aux élèves de s'approprier et de se représenter les problèmes comme celui des personnages cachés. Cependant, il est important de dépasser cette manipulation pour accéder au nombre qui est un concept très abstrait. Pour cela, il est nécessaire de l'empêcher, à un moment donné, pour ne pas qu'elle devienne un obstacle aux apprentissages en rendant les élèves dépendants, au lieu de les conduire au raisonnement.

b. Quel jeu pourrait être proposé en motricité pour travailler le dénombrement et la composition/recomposition du nombre ?

Les élèves sont par équipes. Différents cerceaux sont installés pour chacune des équipes, un cerceau contenant des objets face à un autre vide. Les élèves doivent dénombrer les objets mis à l'intérieur du premier cerceau, puis ajouter le plus vite possible le complément à 10, soit en écriture chiffrée soit en déposant dans le cerceau associé un nombre d'objets. L'équipe la plus rapide qui aura rempli les cerceaux vides avec des résultats corrects (après confrontation avec l'autre équipe) aura gagné.

On peut également proposer une situation-problème par équipe. Chaque cerceau fait 10. Les élèves ont à leur disposition des étiquettes de nombres chiffrés en plusieurs quantités. Sous forme de relais, les élèves doivent positionner les nombres souhaités à tour de rôle sous le contour du cerceau jusqu'à arriver à 10. L'équipe la plus rapide et avec un résultat correct a gagné.

Sujet 24 Le repérage sur un quadrillage (GS)

Consignes page 85.

DOSSIER

DOCUMENT 1 : Programme d'enseignement de l'école maternelle : annexe-modification ; *BO* n° 25 du 24-06-2021

« Domaine : Acquérir les premiers outils mathématiques

Explorer des formes, des grandeurs, des suites organisées

[...] L'approche des formes planes, des objets de l'espace, des grandeurs, se fait par la perception visuelle, la manipulation et la coordination d'actions sur des objets. Cette approche est soutenue par le langage : il permet de décrire ces objets et ces actions et favorise l'identification de premières caractéristiques descriptives. Ces connaissances qui resteront limitées constituent une première approche de la géométrie et de la mesure qui seront enseignées aux cycles 2 et 3.

Objectifs visés et éléments de progressivité

[...] Par ailleurs, dès la petite section, les enfants sont invités à organiser des suites d'objets en fonction de critères de formes et de couleurs ; les premiers algorithmes qui leur sont proposés sont constitués d'alternances simples. Dans les années suivantes, progressivement, ils sont amenés à reconnaître un rythme dans une suite organisée et à continuer cette suite, à inventer des "rythmes" de plus en plus compliqués, à compléter des manques dans une suite organisée.

Ce qui est attendu des enfants en fin d'école maternelle [pour cette notion]

[...] Reproduire un assemblage à partir d'un modèle (puzzle, pavage, assemblage de solides). [...] »

DOCUMENT 2 : Extrait du dossier Éduscol « Ressources maternelle – Jouer et apprendre – Les jeux de construction »

« Dans un jeu de construction :

• l'enfant utilise du matériel pour construire ou créer des objets (pâte à modeler, briques, planchettes, blocs à assembler sans ou avec emboîtement ou dispositif de liaison, puzzles, dessins, productions...). Il "réalise" (au sens de rendre réel) selon ses propres choix ou selon des directives, au moyen de matériel diversifié tant dans la forme que la matière ou les propriétés ;

• l'enfant est un "découvreur" qui passe par des essais / erreurs pour aller de ce qu'il sait déjà faire à ce qu'il ne sait pas encore faire.

Dans le jeu de construction libre, l'enfant puise dans ses savoir-faire pour atteindre le but qu'il s'est fixé. Dans un jeu de construction structuré par l'enseignant, ce dernier doit

veiller à proposer à l'enfant un jeu de construction dans sa zone proximale de développement. L'enfant y trouvera ainsi stimulation et plaisir. En deçà de cette zone, l'enfant s'ennuie, au-delà de celle-ci, il se décourage et est positionné en situation d'échec. [...]
Au cours des premiers jeux de construction, J. Château parle de "jeu à règle arbitraire" car la règle et le but sont décidés par l'enfant et ne se répèteront peut-être pas. Ces jeux intègrent progressivement des contraintes :
• respecter un modèle et éventuellement son programme de fabrication (faire comme) ;
• réaliser une construction conforme à la fonction qui lui est destinée (maison, route, grue, pour abriter des personnages, faire rouler des objets, soulever des charges, etc.).
Les jeux de construction évoluent ainsi vers des jeux à règles. La règle est stable dans le temps. Dans les jeux de construction avec modèles, l'enfant apprend à planifier sa construction et à suivre des étapes dans un ordre logique. Dans les jeux de construction sans modèle, il développe sa créativité. L'expérience acquise dans la réalisation de jeux avec modèles et gammes de fabrication apporte à la créativité de nouveaux moyens pour s'exprimer. Comme dans de nombreux apprentissages, les gammes et les exercices ne sont pas des objectifs, mais des moyens qui permettent de les atteindre. Ils consistent le plus souvent à réaliser et réussir une construction. [...]

Mobiliser le langage dans toutes ses dimensions

Le langage peut être fortement sollicité dans les jeux de construction, dans les cas de jeu en parallèle ou de jeu en coopération. Un enfant observe un pair et lui demande comment il procède. L'autre explique en montrant et en décrivant les objets et les gestes. Lorsque la construction est achevée, une présentation donne lieu à des échanges. C'est donc à l'enseignant de favoriser les interactions en proposant des modalités pédagogiques adaptées. Le jeu libre comme le jeu structuré stimulent le langage en contexte et hors contexte. »

Ministère de l'Éducation nationale, de la Jeunesse et des Sports / éduscol :
https://eduscol.education.fr/120/jouer-et-apprendre

DOCUMENT 3 : Jeu de repérage sur un quadrillage

3. 1. Illustration du jeu

Illustrations : Zoé Merlot

3. 2. Feuille de route pour un atelier autonome

Prends les jetons de couleur et prépare-toi un modèle.
Colorie le tableau ci-dessous comme sur le modèle :

DOCUMENT 4 : Différentes stratégies d'élèves

L'élève a commencé par la première colonne.

L'élève a commencé par la première ligne.

L'élève a commencé par les jetons de couleur orange.

PROPOSITION DE CORRIGÉ

1 Analyse du corpus

Le **document 1** est un extrait du programme de maternelle 2021. Il précise l'attendu concernant le repérage sur quadrillage : reproduire un assemblage à partir d'un modèle.

L'extrait du document Ressources maternelle Éduscol (**document 2**) rappelle l'importance du jeu pour apprendre, notamment les jeux de construction. Il souligne que l'enseignant doit veiller à proposer des jeux dans la zone proximale de développement (cf. les travaux de Lev Vygotski), d'où la nécessité de réfléchir lors de la préparation aux différentes variables à proposer aux élèves. Par ailleurs, cet extrait montre que le langage peut être fortement sollicité dans les jeux de construction. Pour cela, l'enseignant doit réfléchir aux modalités d'organisation.

Le **document 3. 1.** présente un jeu permettant de travailler la reproduction d'un quadrillage.

Le **document 3. 2.** est un prolongement des séances en dirigé du jeu présenté dans le document 3. 1. Il s'agit d'une « feuille de route » proposée aux élèves dans le cadre d'un travail en autonomie.

Le **document 4** illustre trois stratégies différentes d'élèves.

2 Présentation de la séquence

- **Niveau de classe :** Grande section
- **Domaine :** Acquérir les premiers outils mathématiques : explorer des formes, des grandeurs, des suites organisées
- **Place de la séance dans la séquence :**

Séance n° 1 : Découverte du jeu de repérage sur un quadrillage en mousse (document 3. 1.). L'enseignant donne un modèle avec un jeton de chaque couleur. Chaque élève doit reproduire sur sa planche le quadrillage qu'il a sous les yeux. Lors de cette séance de découverte, la variable de rapidité n'est pas utilisée. Après une phase de recherche et de manipulation, l'enseignant demande aux élèves comment ils ont fait pour reproduire le même quadrillage. Les mots « colonnes » et « lignes » sont introduits.

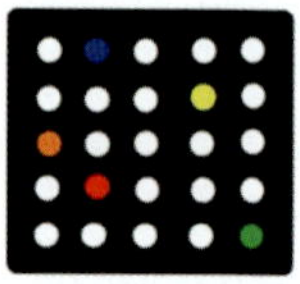

Séance n° 2 : Reprise du jeu. L'enseignant place au milieu un modèle avec deux jetons de chaque couleur. Pendant la phase de recherche et de manipulation, l'enseignant observe ses élèves, note les difficultés rencontrées. Une phase de verbalisation des stratégies est menée ensuite. Enfin, les élèves doivent reproduire le modèle sur une feuille de papier de la même taille que le quadrillage en mousse (document 3. 2.)

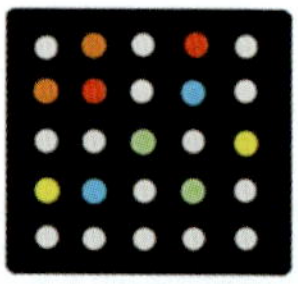

Séance n° 3 : Reprise du jeu. L'enseignant constitue des groupes homogènes en fonction des difficultés repérées lors des deux premières séances. Il propose aux élèves un modèle avec 3 jetons de chaque couleur. Pour les élèves en réussite, la variable « temps » peut être proposée : le premier qui a reproduit le modèle a gagné. Après une phase de verbalisation des élèves et de vérification, les élèves reproduisent le modèle sur une feuille de papier (nouvelle variable à introduire : réduction du quadrillage à compléter).

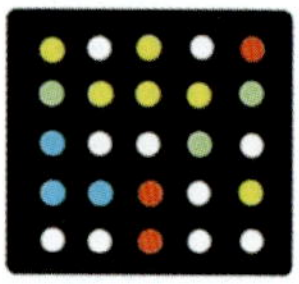

Séance n° 4 : Reprise du jeu avec la matrice.

Séance n° 5 : Reprise du jeu. L'enseignant propose une nouvelle variable aux élèves : le modèle est placé à un autre endroit dans la classe.

Séance n° 6 : Les élèves sont en binôme. Un élève remplit un quadrillage, l'autre ne le voit pas. Puis, le premier élève donner des indications à son camarade pour que ce dernier reproduise le même quadrillage. Exemples de production orale : « la deuxième case de la première ligne est bleue. La quatrième case de la quatrième ligne est verte, etc. ».

3 Proposition de leçon : séance n° 4 de la séquence

■ **Objectif de la leçon :** Reproduire un quadrillage à partir d'un modèle réduit.

■ **Objectifs langagiers :** Ligne, colonne, case, les nombres ordinaux.

■ **Compétences mobilisées par l'élève :**

- reproduire un assemblage à partir d'un modèle (puzzle, pavage, assemblage de solides) ;
- utiliser le nombre pour exprimer la position d'un objet ou d'une personne dans un jeu, dans une situation organisée, sur un rang ou pour comparer des positions.

■ **Matériel utilisé :** Jeu de repérage sur un quadrillage (document 3. 1.), fiches à compléter (taille identique au matériel ou taille réduite), crayons de couleur, feuille de route.

■ **Organisation :** Des groupes de quatre à cinq élèves en dirigé avec l'enseignant, groupes homogènes.

■ **Déroulement de la séance :**

◗ **Situation 1 :** L'enseignant fait rappeler la règle du jeu aux élèves.

◗ **Situation 2 :** Il présente la matrice aux élèves, fait compter les jetons de chaque couleur. Les élèves préparent donc le nombre de jetons nécessaires.

◗ **Situation 3 :** Phase de recherche individuelle : les élèves reproduisent avec les jetons le quadrillage modèle.

◗ **Situation 4 :** Phase de verbalisation des erreurs des camarades : la justification des élèves permet à l'enseignant de réguler, vérifier l'utilisation du vocabulaire.

◗ **Situation 5 :** Une fois toutes les erreurs relevées et corrigées, les élèves remplissent un quadrillage sur une feuille de papier (en fonction des élèves, le quadrillage peut être réduit ou de même taille).

◗ **Situation 6 :** À la fin de l'atelier, l'enseignant présente le nouvel atelier autonome qui sera mis à disposition des élèves dans l'espace mathématiques. Il explique la feuille de route aux élèves (voir document 3. 2.).

■ **Variables didactiques, points d'attention pédagogique et gestes professionnels :** Pendant les phases de jeu, l'enseignant prend le rôle d'observateur attentif afin de repérer les élèves qui éprouvent des difficultés à reproduire leur quadrillage. De plus, il observe les différentes stratégies mises en œuvre par les élèves, afin de les mettre en avant lors de la phase de mise en commun (voir document 4).

Au moment de sa préparation, il est important que l'enseignant réfléchisse aux différentes variables qu'il pourra proposer aux élèves et à comment rester dans la zone proximale de développement de l'élève (voir document 2 et questions susceptibles d'être posées au point 4).

■ **Bilan/prolongement :** À la suite de cette séquence, un travail sur le repérage dans l'espace est à mener. Les élèves apprendront à se déplacer sur un quadrillage en utilisant des marqueurs spatiaux adaptés (devant, derrière, droite, gauche, dessus, dessous, etc.). L'utilisation d'un robot Blue-bot a toute sa place pour travailler cette compétence (voir séquence dans l'ouvrage *Je prépare ma classe de grande section* aux éditions Vuibert).

4 Questions possibles du jury

A. Questions disciplinaires

a. Quelles activités sont à mener dès la petite section ?

Dès la petite section, les enfants sont amenés à vivre des « jeux de places », d'abord en salle de motricité. Ils vont par exemple être amenés à effectuer des jeux de placements en utilisant le matériel. Voici un exemple de jeu à réaliser en petite section : l'enseignant a pris des photos d'une marionnette à différents endroits dans la classe (à côté du garage, en dessous du banc, au-dessus de...). Un élève pioche une photo, la décrit pour qu'un autre joueur aille placer la marionnette au bon endroit dans la classe. La validation s'effectue par comparaison.

b. Quelles sont les compétences travaillées aux cycles 2 et 3 concernant l'utilisation du quadrillage ?

Dès l'école maternelle, dans de nombreuses situations de jeux, les enfants vont découvrir le support quadrillage et s'y repérer. Puis au cycle 2, les élèves vont apprendre à repérer les cases, les nœuds d'un quadrillage pour déplacer un objet. Progressivement, ils sauront déplacer un objet, décoder et coder son déplacement. Les diverses situations vécues permettront d'amener le vocabulaire lié au positionnement (droite, gauche, sur, en dessous, devant, derrière, etc.) et au déplacement (avancer, reculer, tourner, monter, descendre, etc.). Les enseignants de cycle 3 utiliseront également ce support quadrillage pour aborder d'autres notions géométriques, l'agrandissement ou la réduction de figures, la symétrie axiale, les aires.

B. Question didactique

a. Citez quelques variables à appliquer au jeu proposé dans cette séquence.

Les variables sont :
- le nombre de cases d'un quadrillage ;
- le nombre de cases à compléter ;
- les modèle et support à compléter de même taille ou de taille différente ;
- la position du modèle : est-il sous les yeux des élèves ou à distance ?
- le temps (les élèves sont-ils limités dans la durée pour reproduire leur quadrillage ?) ;
- le matériel : des jetons, des crayons de couleur, etc.

Toutes ses variables permettent de répondre aux besoins de chaque élève et permettent de faire évoluer le jeu.

C. Questions pédagogiques

a. Quel est l'intérêt du jeu dans cette séquence ?

Comme l'indiquent les programmes, jouer permet d'apprendre. « Le jeu favorise la richesse des expériences vécues par les enfants dans l'ensemble des classes de l'école maternelle et alimente tous les domaines d'apprentissages. Il permet aux enfants d'exercer leur autonomie, d'agir sur le réel, de construire des fictions et de développer leur imaginaire, d'exercer des conduites motrices, d'expérimenter des règles et des rôles sociaux variés. Il favorise la communication avec les autres et la construction de liens forts d'amitié. Il revêt diverses formes : jeux symboliques, jeux d'exploration, jeux de construction et de manipulation, jeux collectifs et jeux de société, jeux fabriqués et inventés, etc. L'enseignant donne à tous les enfants un temps suffisant pour déployer leur activité de jeu. Il les observe dans leur jeu libre afin de mieux les connaître. Il propose aussi des jeux structurés visant explicitement des apprentissages spécifiques. » (Programme d'enseignement de l'école maternelle : annexe-modification ; *BO* n° 25 du 24-06-2021)

b. Pourquoi l'enseignant propose-t-il une feuille de route ?

La feuille de route permet à l'enseignant de suivre le travail réalisé en autonomie par l'élève et d'observer ses progrès. Cet outil peut être utilisé à différents moments de la journée : à l'accueil, en atelier dans le centre de mathématiques, etc.

Sujet 25 La notion de dizaine (CP)

Consignes page 85.

DOSSIER

DOCUMENT 1 : Références institutionnelles

1. 1. Extrait des repères annuels de progression cycle 2, CP

« Dès la période 2, ils réalisent des groupements par 10. Ils s'exercent à échanger 10 unités pour une dizaine, et inversement.
Le travail de groupements par 10 permet d'aborder rapidement les nombres supérieurs à 20 (jusqu'à 60 au moins) pour travailler sur les aspects positionnel et décimal de la numération écrite. »

1. 2. Attendus de fin d'année de CP

Comprendre et utiliser des nombres entiers pour dénombrer, ordonner, repérer, comparer

Pour des nombres inférieurs ou égaux à 100

Ce que sait faire l'élève

- Il dénombre des collections en les organisant.
- Il compare, encadre, intercale des nombres entiers en utilisant les symboles =, < et >.
- Il ordonne des nombres dans l'ordre croissant ou décroissant.
- Il comprend et sait utiliser à bon escient les expressions : égal à, autant que, plus que, plus grand que, moins que, plus petit que...
- Il repère un rang ou une position dans une file ou dans une liste d'objets ou de personnes, le nombre d'objets ou de personnes étant inférieur à 30.
- Il fait le lien entre le rang dans une liste et le nombre d'éléments qui le précèdent pour des nombres inférieurs à 20.

Exemples de réussite

- Il dénombre des collections en utilisant des groupements par 10.
- À partir d'un cardinal donné, il constitue des collections en utilisant des groupements par 10.
- Il est capable à l'oral et sans étayage, de donner dans l'ordre les 15 nombres qui suivent un nombre donné (inférieur ou égal à 85).
- Il est capable à l'écrit et sans étayage, de donner dans l'ordre les 15 nombres qui précèdent un nombre donné (supérieur à 15).
- Il ordonne un ensemble de cinq nombres dans l'ordre croissant ou décroissant.
- Il donne à l'oral comme à l'écrit le nombre qui suit et le nombre qui précède un nombre donné entre 1 et 99.
- Sur une frise numérique ou sur une demi-droite graduée de 1 en 1, il intercale et positionne des nombres manquants.

- Deux collections étant données, il comprend le sens de questions comme : « Dans quelle collection y-a-t-il le plus d'éléments ? » ou « Y-a-t-il autant d'éléments dans les deux collections ? ».
- Dans une liste de 30 éléments maximum il sait repérer lequel est le 7e.
- Lors d'une course en EPS, il classe les coureurs (dont le nombre est inférieur à 30), se situe et situe les autres par rapport à lui ; il sait dire qu'il y a 6 coureurs arrivés avant le 7e.

Ministère de l'Éducation nationale, de la Jeunesse et des Sports / éduscol : https://eduscol.education.fr/137/attendus-de-fin-d-annee-et-reperes-annuels-de-progression-du-cp-la-3e

DOCUMENT 2 : Extrait du guide *Pour enseigner les nombres, le calcul et la résolution de problèmes au CP*, Éduscol, p. 34

« ***La dizaine : comment la travailler ?***
Une des difficultés est de faire percevoir aux élèves qu'une dizaine et dix désignent le même nombre. Le matériel qui permet de dissocier et d'associer des éléments est donc à favoriser au CP, par exemple des cubes emboîtables [...]. En outre, il est souhaitable de ne pas parler de dizaines uniquement quand les objets sont assemblés. Par exemple, si une collection de 68 objets (68 est écrit au tableau) se présente sous la forme de 5 dizaines identifiables et d'éléments restants, les élèves doivent pouvoir indiquer qu'il y a plus de 6 dizaines (et moins de 7 dizaines) en se fiant à l'écriture chiffrée "68", sans avoir besoin de "voir" la 6e dizaine et donc d'organiser la collection. La vérification, souvent nécessaire au début des apprentissages, peut se faire ensuite matériellement. Par ailleurs, des représentations diverses de la dizaine peuvent être convoquées (figure 4, certaines faisant apparaître des décompositions de manière explicite). »

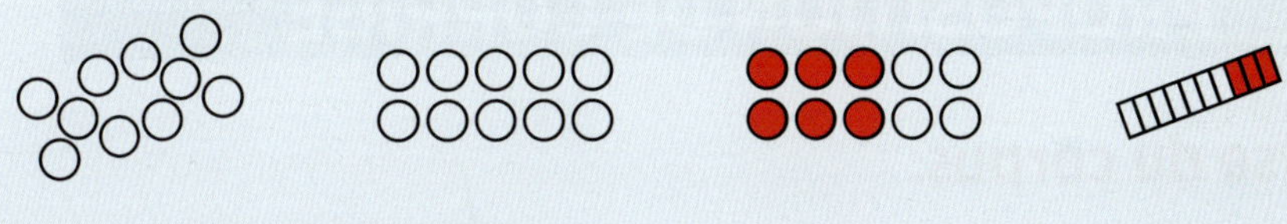

Figure 4. Différentes représentations de la dizaine.

Ministère de l'Éducation nationale, de la Jeunesse et des Sports / éduscol : https://eduscol.education.fr/1486/apprentissages-au-cp-et-au-ce1

DOCUMENT 3 : Extrait du guide *Pour enseigner les nombres, le calcul et la résolution de problèmes au CP*, Éduscol, p. 34

« Un jeu de comparaison de deux quantités "proches", le plus souvent ayant au maximum une ou deux unités d'écart. Deux collections sont présentées aux élèves au tableau, en utilisant la vidéoprojection ou des jetons manipulables (aimantés) de deux couleurs (une pour chaque collection), de manière suffisamment rapide pour que les élèves n'aient pas le temps de les dénombrer par un comptage un à un. Une fois les deux collections cachées, chaque élève indique celle qui lui semble comporter le plus de jetons (ou bien s'il y en a autant dans les deux). La validation se fait ensuite via la mise en correspondance un à un des jetons ou par groupements de jetons. »

Ministère de l'Éducation nationale, de la Jeunesse et des Sports / éduscol : https://eduscol.education.fr/1486/apprentissages-au-cp-et-au-ce1

DOCUMENT 4 : Extraits de manuels scolaires

4. 1. Manuel *Outils pour les maths, CP*, Magnard, 2019, p. 52

4. 2. Manuel *Archimaths, CP*, Magnard, 2019, p. 50

PROPOSITION DE CORRIGÉ

1 Analyse du corpus

Les repères annuels de progression et les attendus de fin d'année de CP (**document 1. 1.** et **document 1. 2.**) nous indiquent que les élèves doivent dénombrer des collections en utilisant les groupements par 10 dès la période 2 au CP. Ils soulignent aussi l'importance du travail sur les échanges (10 unités = 1 dizaine et inversement). Le guide *Pour enseigner les nombres, le calcul et la résolution de problèmes au CP* (**document 2**) montre la nécessité de présenter aux élèves diverses représentations de la dizaine, et de « ne pas parler de dizaines uniquement quand les objets sont assemblés ». De plus, il précise que les élèves éprouvent des difficultés à percevoir qu'une dizaine et dix désignent le même nombre.

Le **document 3** propose un jeu de comparaison de deux quantités « proches » pour montrer la nécessité du groupement par 10.

Le **document 4. 1.** est un exemple d'exercice permettant de comparer deux quantités proches. Le **document 4. 2.** est une activité de dénombrement nécessitant de faire des groupements par 10.

2 Présentation de la séquence

■ **Niveau de classe :** CP

■ **Domaine :** Mathématiques

■ **Référence au socle :** Les langages pour penser et communiquer : comprendre, s'exprimer en utilisant les langages mathématiques, scientifiques et informatiques

■ **Place de la séance dans la séquence :**

◗ **Séance n° 1 :** Le jeu de comparaison décrit dans le document 3 est proposé aux élèves. Dans un premier temps, afin de s'assurer de la compréhension du fonctionnement du jeu, l'enseignant propose un nombre de jetons inférieur à 4. Puis, il propose deux collections non organisées avec chacune 9 jetons et précise qu'il faut trouver une solution pour que tous les camarades réussissent. Le groupement par 5 est mis en avant. Il s'agit ensuite d'un entraînement à la comparaison de deux collections inférieures à 10.

◗ **Séances n° 2 à 4 :** Le jeu de comparaison de la séance n° 1 est repris en activité ritualisée. Les séances sont courtes.

◗ **Séance n° 5 :** Dénombrement d'objets de la vie quotidienne (<100). En binôme, les élèves dénombrent une quantité d'objets (feutres, bouchons, bâtonnets de glace, jetons, etc.). Après une première phase de recherche, l'enseignant réalise une mise en commun des différentes procédures : la moins experte est le dénombrement un par un car cette procédure est longue et source d'erreurs. La nécessité de s'organiser en faisant des paquets de 10 est mise en valeur. Une deuxième phase de recherche est alors lancée avec d'autres objets.

◗ **Séances n° 6 à 9 :** Dénombrement d'objets de la vie quotidienne en binôme permettant de travailler le groupement par 10. Les mots « dizaine » et « unité » sont introduits lors de ces séances.

◗ **Séance n° 10 :** L'enseignant reprend la situation-problème de la séance n° 1 en augmentant le nombre de jetons : 42 et 43, organisés en groupements de 5. Après une phase d'échanges en groupe classe, la nécessité du groupement par 10 est soulignée. L'enseignant propose ensuite un entraînement à la comparaison de deux collections inférieures à 99.

◗ **Séances n° 11 à 14 (voire plus si nécessaire) :** Le jeu de comparaison est repris en activité ritualisée. Les séances sont courtes. Au fur et à mesure des séances, les collections ne sont plus organisées. Un enseignement explicite sur la nécessité de faire des paquets de 10 avec des éléments proches est à mener. Par ailleurs, le tableau de numération est présenté aux élèves : après avoir réalisé les paquets de 10, les élèves le complètent.

◗ **Séance n° 15 :** Le jeu du banquier est proposé aux élèves. Il va permettre de travailler sur les échanges entre unités et dizaines.

◗ **Séances n° 16 et 17 :** Reprise du jeu par groupes homogènes afin d'apporter des variables didactiques aux élèves en réussite.

3 Proposition de leçon : séance n° 15 de la séquence

Objectifs de la leçon :
- comprendre qu'il faut donner 10 unités pour obtenir une dizaine et inversement (atelier 1) ;
- s'entraîner en sollicitant les compétences travaillées des séances 1 à 14 (ateliers 2, 3 et 4).

Compétences mobilisées par l'élève :
- comprendre et utiliser des nombres pour dénombrer et comparer ;
- nommer, lire, écrire et représenter des nombres entiers.

Matériel utilisé : Deux dés, des cubes unités et des barres dizaines, des tableaux de numération plastifiés pour chaque élève (atelier 1) ; plusieurs sacs avec une quantité d'objets < 99, un tableau de numération dans chaque sac (atelier 2) ; fiche d'exercices (ateliers 3 et 4).

Organisation : Quatre ateliers tournants. Par groupe de quatre ou cinq élèves.

Déroulement de la séance :

Atelier 1 (en dirigé avec l'enseignant) : Au début du jeu, l'enseignant énonce la règle d'échange « 10 cubes bleus (unités) contre 1 barre rouge (dizaine) ». L'enseignant montre aux élèves la correspondance des 10 cubes bleus avec la dizaine rouge.

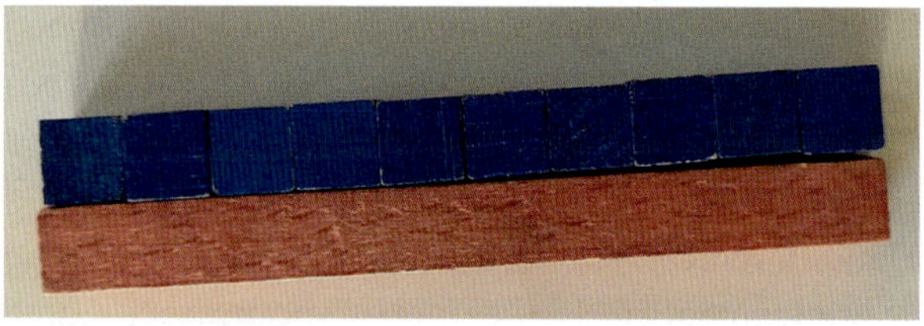

Chaque joueur, à tour de rôle, lance 2 dés et gagne autant de cubes (unités) que le total des 2 dés. Si l'élève a 10 cubes bleus ou plus, il doit les échanger contre une dizaine en verbalisant : « tu m'échanges 10 unités contre 1 dizaine ».

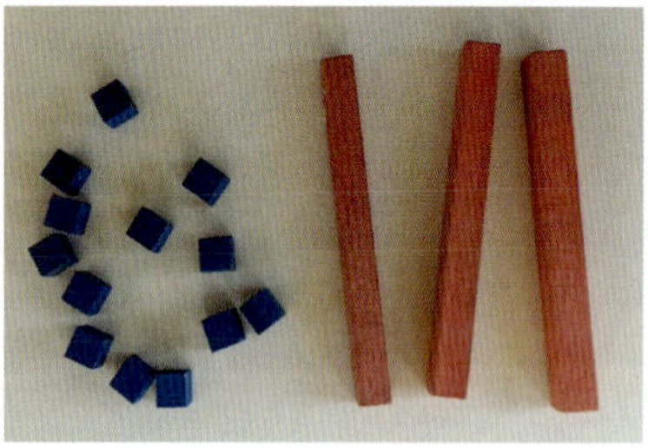

Avant échange

Après échange

Au fur et à mesure, les joueurs procèdent à des échanges si besoin. Lorsque plusieurs tours sont achevés, l'enseignant demande aux élèves de comparer leur nombre de cubes pour connaître le gagnant. Les dizaines sont d'abord comparées : faire comprendre que si le nombre de dizaines est supérieur, le nombre total est plus grand. Cependant, si le nombre de dizaines est identique, il faut alors comparer les unités. Enfin, les élèves complètent leur tableau de numération.

◗ **Atelier 2 (en binôme) :** Les élèves possèdent une quantité d'objets (bouchons, bâtonnets de glace, etc.). Ils doivent trouver le nombre d'objets et l'écrire dans le tableau de numération. L'enseignant précise que le résultat doit être visualisé facilement sans avoir besoin de procéder au dénombrement un à un.

◗ **Atelier 3 (en autonomie) :** Les élèves s'entraînent à comparer deux collections comme dans les séances 11 à 14 (exemple d'exercice dans le document 4. 1.).

◗ **Atelier 4 (en autonomie) :** Les élèves s'entraînent à dénombrer une collection en faisant des paquets de 10 et en complétant le tableau de numération (exemple d'exercice dans le document 4. 2.)

- **Variables didactiques, points d'attention pédagogique et gestes professionnels :** Pour construire la notion de dizaine, le travail de groupement par 10 n'est pas suffisant. Il est indispensable de travailler aussi les échanges pour comprendre les principes de la numération de position.
  L'enseignant propose aux élèves un matériel varié pour construire la notion de dizaine.
  Le passage à l'abstraction, au tableau de numération, n'est possible qu'après diverses manipulations. Il s'agit de passer à une écriture chiffrée, une écriture mathématique.
- **Bilan/prolongement :** Le jeu du banquier peut être repris et complexifié : l'élève ne lance plus les dés mais tire une carte nombre (entre 11 et 29). Il demande au banquier ce dont il a besoin (le nombre de dizaines et le nombres d'unités). Les autres joueurs énoncent le nombre correspondant.
  La décomposition des nombres sera ensuite travaillée : on propose aux élèves de réaliser des fleurs numériques dans lesquelles apparaissent les différentes représentations d'un même nombre : ex. : « 56 » : décomposition en 10 et 1 (10 + 10 + 10 + 10 + 10 + 6), écriture chiffrée du nombre (56), décomposition canonique (50 + 6), décomposition en dizaines et unités (5 dizaines et 6 unités).

4 Questions possibles du jury

A. Question disciplinaire

a. Quel est l'intérêt d'utiliser un code couleur pour les dizaines et les unités ? Quelle précaution faut-il prendre ?

Le code couleur (ici, dans la leçon : bleu pour les unités et rouge pour les dizaines) constitue une aide pour les élèves en difficulté, notamment pour établir le lien avec la numération de position (la place du chiffre dans le nombre). Il est important que ce code soit identique dans l'école. Cependant, l'objectif est d'amener progressivement les élèves à se détacher du code couleur, et à utiliser un matériel monochrome et des nombres écrits de la même couleur.

B. Questions didactiques

a. Quel est notre système de numération ? Pourriez-vous l'expliquer ?

« La numération décimale de position (ou numération en base en dix) est notre système de numération. Elle repose sur le fait que chaque chiffre dans l'écriture du nombre a une valeur en termes de rang, correspondant à des groupements par dix. Pour passer d'un rang à un autre immédiatement supérieur, on pratique un groupement et un échange : je regroupe dix bâtonnets que j'échange contre une boîte (pouvant les contenir). Je peux ensuite regrouper dix boîtes (c'est-à-dire cent bâtonnets) et ainsi de suite. »

T. Dias, *Enseigner les mathématiques à l'école*,
Magnard, 2018, p. 107.

b. Quelles difficultés les élèves peuvent-ils rencontrer lors du travail sur la dizaine ?

Les difficultés que peuvent rencontrer les élèves sont nombreuses :

- l'élève ne prend pas en compte la position des chiffres dans l'écriture des nombres : 13 et 31 sont perçus comme identiques ;
- l'élève ne comprend pas l'utilisation du zéro pour indiquer l'absence de groupements ;
- l'élève confond le chiffre des dizaines et le nombre des dizaines. Par exemple, il affirme que dans 43, il y a 40 dizaines ;
- l'élève écrit les nombres en chiffres à partir de leur désignation orale : 405 pour quarante-cinq ;
- l'élève ne comprend pas le passage à la dizaine. Il éprouve des difficultés à comprendre la représentation d'un paquet de dix unités par le chiffre 1 et donc que dans 12, 1 vaut 10, et plus tard que dans 124, 1 vaut 100.

C. Questions pédagogiques

a. Quels matériels peut-on utiliser pour travailler le groupement par 10 et les échanges ?

Le matériel utilisé doit être varié : bouchons, cornets de glace, cubes à empiler, cartes à points, bouliers, abaque, etc. Par ailleurs, Thierry Dias précise qu'« on peut par exemple symboliser le groupement en utilisant une boîte opaque qui contient un paquet d'objets sans en montrer les unités ; on peut également veiller à changer la taille du matériel utilisé à chaque changement de rang : une boîte de 10 est plus petite qu'une boîte de 100 ». (T. Dias, *Enseigner les mathématiques à l'école*, Magnard, 2018, p. 126.)

b. Quel est l'intérêt du fonctionnement proposé dans la leçon ?

Pour la leçon détaillée, l'organisation en groupes restreints facilite l'introduction de la notion d'échange et l'observation des procédures des élèves. Le traitement immédiat de l'erreur est également plus aisé.

Sujet 26 Les compléments à 10 (CP)

Consignes page 85.

DOSSIER

DOCUMENT 1 : Extrait de la note de service n° 2018-051 du 25-4-2018 « Enseignement du calcul : un enjeu majeur pour la maîtrise des principaux éléments de mathématiques à l'école primaire »

« ***La mémorisation de faits numériques***

La mémorisation de résultats est un processus lent qui s'étale sur plusieurs années. Des réactivations seront nécessaires au collège, pour consolider et éviter l'oubli, mais à la fin de l'école primaire les tables et les principaux résultats [...] doivent déjà être parfaitement disponibles. Pour cela, une programmation structurée, alliant rythme assez soutenu et réactivations très fréquentes est nécessaire.

L'apprentissage des tables, notamment, doit débuter dès le cours préparatoire avec les tables d'addition, en commençant à mémoriser très tôt, dans les deux sens, les sommes de deux nombres égales à 10 ou moins de 10 (7+3=? ou 6+?=9) et les tables des doubles de nombres inférieurs à 10, et se poursuivre au CE1 et au CE2 avec les tables de multiplication. Au cycle 3, des entraînements spécifiques mais surtout la mobilisation fréquente des résultats lors des activités de calcul mental, calcul en ligne et calcul posé, doivent en assurer la stabilisation.

L'apprentissage des faits numériques ne peut être simplement renvoyé aux familles dans le cadre des "leçons" ; il doit faire l'objet d'un travail en classe. Chaque résultat est d'abord exploré et construit en classe, récité et réinvesti, noté dans le cahier de référence en mathématiques. Dans un deuxième temps seulement un travail à la maison peut être demandé. »

DOCUMENT 2 : Extraits du guide *Pour enseigner les nombres, le calcul et la résolution de problèmes au CP*, Éduscol

2. 1. La mémorisation des faits numériques, p. 57

« Les faits numériques sont les résultats de calculs mémorisés disponibles immédiatement. Les recherches sont unanimes sur l'importance de la mémorisation des faits numériques pour l'apprentissage du calcul. En effet, ces derniers jouent un rôle important dans la mesure où ils soulagent la mémoire de travail. Il a été montré que la faiblesse ou l'absence de faits numériques accessibles influent négativement sur les apprentissages ultérieurs. Il est donc indispensable d'enseigner les faits numériques, d'aider les élèves à les mémoriser en explorant leurs régularités et d'en découvrir la beauté à travers le jeu. Les faits numériques à mémoriser au CP sont rappelés dans le tableau suivant. »

Faits numériques exemples	Faits numériques exemples
COMPLÉMENTS à 10	Combien faut-il ajouter à 7 pour avoir 10 ? 7 + ... = 10
DOUBLES des nombres ⩽ 10, ainsi que des dizaines entières (jusqu'à 50)	7 + 7 =.? 20 + 20 =.? Quel est le double de 7 ? de 20 ?
MOITIÉS des nombres pairs ⩽ 20	Quelle est la moitié de 18 ?
LES DÉCOMPOSITIONS ADDITIVES des nombres ⩽ 10	Donner 5 décompositions de 9
TABLES D'ADDITION des nombres ⩽ 10	6 + 3 = ? 3 + ... = 9 9 − 3 = ?

2. 2. Focus - Une séquence de calcul, p. 73

« Le calcul mental et le calcul en ligne doivent faire l'objet d'une pratique quotidienne d'au moins 15 minutes. On privilégiera, dans le cadre de plans de séquences, l'alternance de séries de séances courtes (10-15 minutes) avec des séances longues (30-45 minutes).

Organisation d'une séance longue de calcul

Une séance longue de calcul peut être organisée selon les trois temps ci-dessous, une séance courte se limite aux temps 1 et 2. »

TEMPS 1	**Échauffement :** activité très courte (max. 5 min) pour réactiver des faits numériques ou relations entre les nombres déjà mémorisés. Elle vise la réussite de tous.
TEMPS 2	**Entraînement :** activité de mémorisation des faits numériques ou de mobilisation de procédures élémentaires. Différentes modalités de travail (procédé Lamartinière, application en ligne comme Plickers par exemple, jeux, petits problèmes, etc.) peuvent être proposées.
TEMPS 3	**Recherche :** activité qui nécessite un temps de recherche individuel des élèves et qui autorise l'usage de l'écrit. Elle donne lieu à une explicitation et hiérarchisation des procédures.

2. 3. Des jeux pour s'entraîner au calcul, p. 117

« Le bon débarras

À partir de 2 joueurs, durée d'environ 10 min.

Il permet de travailler les compléments à 10 à partir de deux cartes ou plus. Le vainqueur est celui qui se débarrasse le plus vite possible de toutes ses cartes. Un simple jeu de cartes suffit en conservant les cartes de 1 à 9 en quatre exemplaires. Chaque joueur reçoit dix cartes qu'il pose à plat de manière visible, le reste non visible constitue le talon. Le premier joueur retourne la première carte du talon et va chercher parmi ses cartes le complément à 10. S'il trouve le complément avec une ou plusieurs de ses cartes, il se débarrasse de celle(s)-ci ; s'il ne le trouve pas, il passe son tour. Le vainqueur est celui qui s'est débarrassé le premier de ses dix cartes. »

Ministère de l'Éducation nationale, de la Jeunesse et des Sports / éduscol :
https://eduscol.education.fr/1486/apprentissages-au-cp-et-au-ce1

DOCUMENT 3 : Manuel *Outils pour les maths, CP*, Magnard, 2019, p. 20

PROPOSITION DE CORRIGÉ

1 Analyse du corpus

D'après la note de service (**document 1**) et le guide de mathématiques CP (**document 2. 1.**), la mémorisation des faits numériques par les élèves est primordiale pour soulager la mémoire de travail dans les calculs posés ou les situations-problèmes. L'enseignant doit donc réaliser une programmation structurée, alliant rythme assez soutenu et réactivations très fréquentes des différents faits à enseigner au CP (tableau du document 2. 1.). La mémorisation fait l'objet d'un travail en classe et non à la maison dans le cadre des « leçons ».

Le guide de mathématiques CP (**document 2. 2.**) préconise une alternance de séances courtes et de séances longues. Par ailleurs, l'organisation de ces séances est précisée : un temps d'échauffement et d'entraînement est nécessaire à chaque séance. Enfin, la place du jeu est importante dans la mémorisation de ces faits. Le **document 2. 3.** propose un exemple.

L'exercice du manuel *Outils pour les maths* (**document 3**) présente une situation-problème qui peut être donnée aux élèves en début de séquence.

2 Présentation de la séquence

- **Niveau de classe :** CP
- **Domaine :** Mathématiques
- **Référence au socle :** Les systèmes naturels et les systèmes techniques.

La pratique du calcul, l'acquisition du sens des opérations et la résolution de problèmes élémentaires en mathématiques permettent l'observation, suscitent des questionnements et la recherche de réponses, donnent du sens aux notions abordées et participent à la compréhension de quelques éléments du monde.

■ **Place de la séance dans la séquence :**

◗ **Séance n° 1 :** Séance de découverte sur les compléments à 10 (séance longue).

◗ **Séance n° 2 :** Séance d'appropriation et d'entraînement (séance courte). Cette séance commence par un échauffement sur une compétence travaillée auparavant (important pour la mémorisation des faits numériques ou des procédures). Puis, la table d'addition est complétée avec les élèves.

◗ **Séance n° 3 :** Séance d'entraînement. Présentation du jeu « Le bon débarras » (voir document 2. 3.). Les élèves s'entraînent ensuite par groupes de trois ou quatre.

◗ **Séance n° 4 :** Séance de réinvestissement. L'enseignant propose des situations problèmes mettant en jeu l'utilisation et la mémorisation des compléments à 10.

3 Proposition de leçon : séance n° 1 de la séquence

■ **Objectif de la leçon :** Connaître les compléments à 10.

■ **Compétences mobilisées par l'élève :**

- s'engager dans une démarche de résolution de problèmes en observant, en posant des questions, en manipulant, en expérimentant, en émettant des hypothèses, si besoin avec l'accompagnement du professeur après un temps de recherche autonome ;
- mémoriser des faits numériques.

■ **Matériel utilisé :** Ardoise, maison du 10 à compléter, bouliers, cubes, trace écrite « Arc-en-ciel de 10 » à compléter.

■ **Organisation :** Collectif, individuel.

■ **Déroulement de la séance :**

◗ **Situation 1 :** Un échauffement collectif est proposé aux élèves sur une compétence travaillée auparavant. Par exemple : le jeu du furet sur les doubles. L'enseignant interroge les élèves à tour de rôle, soit en respectant l'ordre des doubles, soit de manière aléatoire. Ce jeu est assez rapide : un élève dispose de deux-trois secondes pour répondre, s'il ne sait pas, l'enseignant interroge un autre élève.

◗ **Situation 2 :** Entraînement sur les compléments à 5 individuellement sur ardoise (du type, 3 + … = 5).

◗ **Situation 3 :** Situation de recherche individuelle.
L'enseignant demande aux élèves de chercher toutes les façons pour faire 10. Il peut donner la maison du 10 à compléter (voir document 3). Du matériel est à disposition des élèves : boulier, cubes, etc.

◗ **Situation 4 :** Mise en commun.
Les élèves proposent leurs calculs. Si besoin une vérification par la manipulation peut être réalisée. Si les élèves ne trouvent pas tous les calculs, l'enseignant peut rappeler la règle de commutativité de l'addition.

◗ **Situation 5 :** Institutionnalisation.

L'enseignant annonce aux élèves qu'il va faire un tour de magie grâce aux différents calculs trouvés. Il réalise l'arc-en-ciel de 10. C'est une aide visuelle utile pour certains élèves. Voici un exemple de trace écrite :

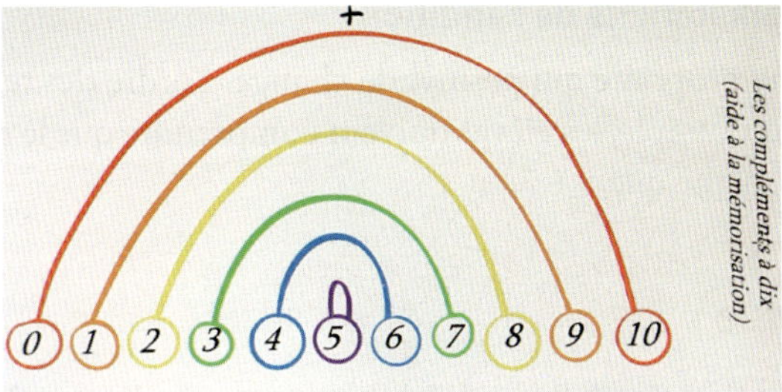

Illustrations : Zoé Merlot

■ **Variables didactiques, points d'attention pédagogique et gestes professionnels :** L'enseignant doit être vigilant au rythme d'acquisition différent selon les élèves. En effet, certains élèves mémorisent facilement les faits numériques, alors que d'autres ont besoin d'un entraînement plus long pour y arriver. La constitution de groupes de besoin est à envisager pour atteindre l'objectif de mémorisation. « Par exemple, pour exercer la mémorisation des compléments à 10, l'enseignant pourra proposer différentes modalités d'entraînements à travers le jeu ou des ressources numériques [...]. Il pourra aussi donner à ses élèves des calculs directs avec des consignes variées :

- *Complète 3 pour faire 10.*
- *Combien manque-t-il à 3 pour faire 10 ?*
- *Que faut-il ajouter à 3 pour faire 10 ?* »

(Extrait du guide *Pour enseigner les nombres, le calcul et la résolution de problèmes au CP*, p. 58)

■ **Bilan/prolongement :** Les compléments à 10 seront repris de manière spiralaire dans les temps d'échauffement et d'entraînement tout au long de l'année. Une bonne maîtrise sera nécessaire pour les calculs de la famille « le passage par 10 ».

4 Questions possibles du jury

A. Questions disciplinaires

a. Pouvez-vous citer plusieurs faits numériques à apprendre au CP ? Au CE1 ? Au CE2 ?

Au CP, les faits numériques à mémoriser sont les règles de numération (10 + 7, par exemple), les doubles des nombres ≤10 ainsi que les dizaines entières jusqu'à 50, les moitiés des nombres pairs ≤20, les compléments à 10, les sommes inférieures à 10.

Au CE1, les élèves doivent connaître les compléments à la dizaine supérieure, à la centaine supérieure, les doubles et les moitiés de nombres d'usage courant, les multiplications par 10 (au plus tard en période 3), par 2, 3, 4 et 5.

Au CE2, les élèves doivent connaître les compléments à 1 000 et consolident leur aptitude à chercher les compléments à la centaine supérieure. De plus, les tables de multiplications par 6, 7, 8 et 9 doivent être mémorisées.

b. Qu'est-ce que la commutativité de l'addition ?

La commutativité est une propriété qui permet de changer l'ordre des termes sans en changer le résultat. Par exemple, les élèves doivent comprendre que le résultat de l'addition de 7 + 5 est le même que 5 + 7.

B. Question didactique

a. Pourquoi la mémorisation des faits numériques ne peut-elle pas être réalisée à la maison ?

La mémorisation des faits numériques est un élément important pour l'apprentissage du calcul. Certaines familles n'ont pas la possibilité d'aider leurs enfants à mémoriser ces faits numériques et les écarts risquent de se creuser. Le rôle de l'école est de compenser ces écarts en garantissant un temps nécessaire à l'entraînement et à la mémorisation. Par ailleurs, l'enseignant connait ses élèves et adapte sa pédagogie en fonction de leurs besoins. La trace écrite de chaque apprentissage traitant des faits numériques sera insérée dans le cahier de l'élève pour qu'il puisse s'y référer si besoin.

C. Questions pédagogiques

a. Pourquoi proposer des séances courtes et des séances longues ?

Les séances longues (30 à 45 minutes) sont utiles pour structurer et construire l'apprentissage. Les séances courtes (10 à 15 minutes) vont permettre d'entraîner et d'automatiser. L'alternance est donc nécessaire afin d'avoir un enseignement progressif et structuré.

b. Quel est l'intérêt dans cette séquence de proposer des jeux aux élèves ?

Dans cette séquence, le jeu a pour objectif l'automatisation. Grâce au jeu, l'enseignant va pouvoir se placer en retrait pour observer les acquis de ses élèves. De plus, le jeu permet un engagement des élèves plus important que lors d'entraînements plus traditionnels.

Sujet 27 La soustraction posée (CE1)

Consignes page 85.

DOSSIER

DOCUMENT 1 : Extrait des repères annuels de progression, cycle 2

CP	CE1	CE2
Calcul (suite)		
Les **procédures** à mémoriser dans le cadre du calcul posé. Les opérations posées permettent l'obtention de résultats notamment lorsque le calcul mental ou écrit en ligne atteint ses limites. Leur apprentissage est aussi un moyen de renforcer la compréhension du système décimal de position et de consolider la mémorisation des relations numériques élémentaires. Il a donc lieu lorsque les élèves se sont approprié des stratégies de calcul basées sur des décompositions/recompositions liées à la numération décimale, souvent utilisées également en calcul mental ou écrit.		
Les élèves enrichissent d'abord la mémorisation de faits numériques et de procédures. Au plus tard en **période 4**, les élèves apprennent à poser les additions en colonnes avec des nombres de deux chiffres.	Dès le **début de l'année**, les élèves consolident la maîtrise de l'addition avec des nombres plus grands et avec des nombres de taille différente. Ils continuent à enrichir la mémorisation de faits numériques et de procédures. Au plus tard en **période 3**, les élèves apprennent une technique de calcul posé pour la soustraction.	Dès le **début de l'année**, les élèves consolident la maîtrise de la technique de la soustraction apprise en CE1. Ils apprennent et entretiennent **tout au long de l'année** une technique de calcul posé pour la multiplication, tout d'abord en multipliant un nombre à deux chiffres par un nombre à un chiffre puis avec des nombres plus grands.
Les techniques de calcul posé sont communes à toutes les classes, elles sont ritualisées avec les mêmes formes et les mêmes mots. Ce choix doit être poursuivi au cycle 3.		

Ministère de l'Éducation nationale, de la Jeunesse et des Sports / éduscol : https://eduscol.education.fr/137/attendus-de-fin-d-annee-et-reperes-annuels-de-progression-du-cp-la-3e

DOCUMENT 2 : Extrait de la note de service n° 2018-051 du 25-4-2018 « Enseignement du calcul : un enjeu majeur pour la maîtrise des principaux éléments de mathématiques à l'école primaire »

« Le calcul posé

Le calcul posé repose sur la connaissance de faits numériques (tables) et sur celle d'algorithmes qui ne sont véritablement opératoires que s'ils sont parfaitement maîtrisés. Ainsi, les quatre algorithmes opératoires (pour l'addition, la soustraction, la multiplication, la division) doivent faire l'objet d'un enseignement précis, guidé et normalisé. Au début de l'apprentissage, le rythme doit être suffisamment soutenu afin que l'automaticité – et donc le confort et la sûreté pour l'élève – puissent s'installer. Ensuite, à partir du CE1, la plupart des séances de mathématiques donnent l'occasion aux élèves de poser une ou plusieurs opérations.

Pour autant, une fois les principes de fonctionnement d'un algorithme d'une opération posée acquis par les élèves, le cadre privilégié pour l'entraînement à la mise en œuvre de cet algorithme est celui de la résolution de problèmes. Il faut ainsi éviter la pratique répétée d'exercices techniques sur des temps excessivement longs. Dans le même esprit, on évitera les exercices de calcul d'opérations posées trop longues comme par exemple la multiplication de nombres supérieurs à 1 000 ou la division par des grands nombres.

Pour la soustraction, le choix de l'algorithme (compensation ou cassage de l'unité de numération supérieure) relève de l'équipe d'école. On aura intérêt à conserver le même durant les quatre années concernées (du CE1 au CM2). [...]
La justification mathématique de la pertinence des algorithmes opératoires est d'une difficulté inégale selon l'opération : [...]
– pour la soustraction, si c'est le choix du cassage de l'unité de numération supérieure qui est fait, [...] le maître doit justifier l'algorithme par l'utilisation de matériel puis l'oralisation ; en revanche, si c'est le choix de la compensation qui est fait, une justification peut être donnée, basée sur des écritures en ligne (75 – 29 = (75 **+ 10**) – (29 **+ 10**), c'est pour cela que l'on dit "9 ôtés de 5 je ne peux pas, donc je fais 9 ôtés de 15 (ce qui revient à ajouter une dizaine à 75), je pose 6 et je retiens **1** ; 2 et **1** de retenue (ce qui revient à ajouter **une dizaine** à 29) qui font 3, 3 ôtés de 7 font 4") sans qu'il soit demandé à tous les élèves de mémoriser cette explicitation ; [...]
Calcul mental, calcul en ligne ou calcul posé ?
Il n'y a pas lieu d'opposer les différents modes de calcul. Chacun doit faire l'objet d'un entraînement spécifique. L'élève, lorsqu'il doit produire un résultat, par exemple pour une résolution de problèmes, doit pouvoir choisir le mode de calcul qui lui paraît, à lui, dans cette situation, avec ses connaissances, le plus sûr et/ou le plus rapide et/ou le plus facile. »

DOCUMENT 3 : Extrait d'*Enseigner les mathématiques à l'école*

« Nous étudier trois techniques, fondées sur trois principes distincts, qui peuvent constituer un bon matériau pour différencier. [...]
[La méthode par "cassage"]
Cette technique est la plus simple à comprendre et elle est utilisée dans certains pays, comme la Suisse et les États-Unis. Elle permet en effet de bien comprendre le système des groupements et échanges qui conditionne la numération décimale.
La voici schématisée sur un exemple : 753 – 85.

	7	5	3
–		8	5

	1	4	
	7	~~5~~	13
–		8	5
			8

	6	14	
	~~7~~	~~5~~	13
–		8	5
	6	6	8

Avec cette technique, on commence bien sûr par les unités, en constatant immédiatement que la soustraction 3 – 5 n'est pas possible dans l'ensemble des entiers naturels. Pour obtenir davantage d'unités dans le premier terme, on "casse" une dizaine (c'est-à-dire que l'on défait un groupement de dix). Des 75 dizaines que nous avions, il en restera donc 74 : on barre le 5 et l'on écrit 4 à la place. Maintenant que l'on a 13 unités (10 + 3), on peut en soustraire 5 : on effectue donc 13 – 5 pour trouver 8. C'est le chiffre résultat de la colonne des unités.
On refait ensuite la même opération, qui consiste à défaire un groupe de cent pour obtenir davantage de dizaines. Cette technique opératoire repose donc sur des réécritures successives du premier terme. Dans les situations où ce nombre comporte plusieurs zéros, la technique devient laborieuse et complexe, car on doit le barrer plusieurs fois [...].

[La méthode "par compléments"]

Cette technique consiste à transformer la soustraction en une addition à trous. Elle revient donc à utiliser ses connaissances sur l'addition pour les reporter dans un calcul soustractif. Ici, on cherche un nombre qui, ajouté à 85, donne 753. On doit donc aller de 5 à 3 en avançant mais, comme ce n'est pas possible, on va aller de 5 à 13, d'où la retenue que l'on pose ici en bleu. Pour aller de 5 à 13, il faut 8. On continue ainsi : pour aller de 8 + 1 = 9 à 5, ce n'est pas possible ; on va donc de 9 à 15, etc.

	1	
1	8	5
↓6	↓6	↓8
7	5	3

Cette technique est assez complexe sur le plan sémiotique car se pose alors le problème des retenues. [...] Néanmoins, cette procédure peut se révéler très intéressante si l'on n'essaie pas de la traduire par une écriture en colonnes, mais en appui sur une ligne des nombres. [...]

[La méthode "traditionnelle"]

Cette technique est la plus courante et c'est probablement celle que vous avez apprise à l'école. Elle repose sur le fait que le résultat d'une soustraction ne change pas si l'on ajoute le même nombre à chacun des termes. On se retrouve donc avec la même systématique que lors de la première technique : pour enlever 5 à 3, on inscrit « 13 » mais, ici, on place la retenue sur la dizaine du nombre juste en dessous du 8. Lorsqu'on ajoute une dizaine à un nombre, on l'ajoute à celui que l'on enlève, et ainsi de suite.

	7	15	13
		8	5
−	1	1	
	6	6	8

Cette technique est très complexe au niveau du sens et provoque un apprentissage très procédural. L'élève l'apprend alors comme un automatisme très symbolique (« Je dois mettre un petit 1 ici, et un autre là ... ») sans lui donner de sens. [...] C'est pourtant celle qui est le plus souvent enseignée en France, même si la tendance actuelle est à un basculement vers la première technique. »

T. Dias, *Enseigner les mathématiques à l'école*, Magnard, 2018, pp. 172-174.

DOCUMENT 4 : Extraits de manuels scolaires

4. 1. Manuel *Archimaths, CE1*, Magnard, 2019, p. 91

1 Nino a une collection de 61 coquillages. Il en donne 42 à Lali.
Combien de coquillages restera-t-il à Nino ?
Calcule en t'aidant des phrases à compléter.

	d	u
	5 ~~6~~	1 1
−	4	2
	.	.

1 − 2, ce n'est pas possible. Je prends une dizaine dans 6 dizaines. Ça fait 5 d + 11 u. Je calcule 11 − 2 = ...

Je soustrais maintenant les dizaines 5 − 4 = ...

Il restera .... coquillages à Nino.

4. 2. Manuel *Outils pour les maths, CE1*, Magnard, 2019, p. 69

4 PROBLÈME Dans l'étang, Maxime compte 36 carpes.
Le panneau en indique 159. **Combien de carpes sont cachées ?**

....

....

....

4. 3. Manuel *Archimaths, CE1*, Magnard, 2019, p. 95

4 PROBLÈME Ana a 492 cartes à collectionner. Victoire en a 264.
Combien de cartes Victoire a-t-elle de moins qu'Ana ?

Victoire a .... cartes de moins qu'Ana.

PROPOSITION DE CORRIGÉ

1 Analyse du corpus

Les repères annuels de progression (**document 1**) nous indiquent qu'au CE1, les élèves apprennent une technique de calcul posé pour la soustraction avec et sans retenue. Le choix de la technique relève d'une décision de l'équipe pédagogique. Elle sera commune du CE1 au CM2.

La note de service (**document 2**) précise qu'au début de l'apprentissage, le rythme doit être soutenu afin d'assurer l'automatisation. Cependant, le cadre privilégié pour l'entraînement est celui de la résolution de problèmes.

Le **document 3** présente les trois méthodes les plus usuelles. Chacune a ses avantages et ses inconvénients. Dans la séance qui suit, le choix s'est porté sur la méthode par « cassage » car elle s'appuie sur les règles de numération. Elle est donc plus compréhensible par les élèves.

Le **document 4. 1.** est un exemple de situation-problème qui peut être le point de départ pour amener la technique opératoire de la soustraction posée de deux nombres à deux chiffres avec retenue. Ce problème illustre un des sens de la soustraction : celui du calcul du reste d'une quantité.

Le **document 4. 2.** est un exemple de situation-problème qui évoque un autre sens de la soustraction : celui du calcul de ce qui manque.

Enfin, le **document 4. 3.** présente une situation-problème travaillant la soustraction posée de deux nombres à trois chiffres avec retenue. Il correspond au troisième sens de la soustraction : la recherche d'une différence ou d'un écart.

2 Présentation de la séquence

- **Niveau de classe :** CE1
- **Domaine :** Mathématiques
- **Référence au socle :** Des systèmes naturels et des systèmes techniques

Place de la séance dans la séquence :

Dans cette séquence, la méthode par cassage a été choisie.

Séance n° 1 : Introduction de la soustraction posée sans retenue. L'enseignant part d'une situation-problème qui nécessite, pour sa résolution, d'utiliser un des sens de la soustraction : « enlever » (plus compréhensible pour les élèves). En voici un exemple : « Nino a 67 coquillages. Il en donne 23 à Lali. Combien de coquillages restera-t-il à Nino ? ». Les élèves sont invités à utiliser le matériel de numération.

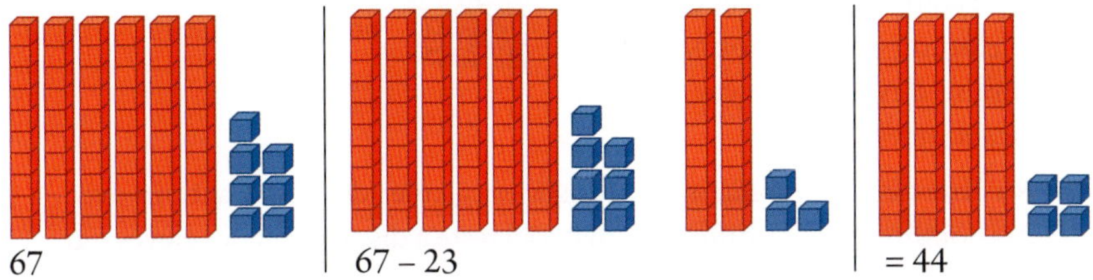

Après une recherche individuelle, puis en binôme, une mise en commun est effectuée. Dans la phase d'institutionnalisation, l'enseignant introduit la soustraction posée en oralisant toutes les étapes. Une trace écrite est élaborée avec les élèves. La séance peut s'achever par le visionnage de la vidéo « Soustraire des entiers sans retenue ».

www.lienmini.fr/11412-soustraire-entiers

Séance n° 2 : L'enseignant propose aux élèves la résolution d'un problème utilisant un autre sens de la soustraction : « pour aller à ». Les élèves sont invités à utiliser le matériel de numération. Après une recherche individuelle, puis en binôme, une mise en commun est effectuée. L'enseignant incite les élèves à expliciter les différentes étapes pour poser une soustraction.

Séance n° 3 : Exercices d'entraînement à poser et calculer des soustractions sans retenue. Le matériel reste à disposition des élèves qui en ont besoin. Grâce à ses observations lors des séances n° 1 et 2, l'enseignant travaille avec les élèves qui ont des difficultés à poser et/ou calculer une soustraction.
À la suite de ces trois premières séances, l'enseignant veille à proposer des problèmes relevant des différents sens de la soustraction (voir « Questions possibles du jury ») afin d'entraîner les élèves à poser une soustraction.

Séance n° 4 : Introduction de la soustraction posée avec retenue avec des nombres à deux chiffres.

Séance n° 5 : L'enseignant propose un autre type de problème relevant de la soustraction permettant de réinvestir ce qui a été appris en séance n° 4.

Séance n° 6 : Exercices d'entraînement à poser et calculer des soustractions avec retenue. Le matériel reste à disposition des élèves qui en ont besoin. Grâce à ses observations lors des séances 4 et 5, l'enseignant travaille avec les élèves qui ont des difficultés à poser et/ou calculer une soustraction avec retenue.
Afin d'entraîner les élèves à la mise en œuvre de l'algorithme, l'enseignant privilégiera la résolution de problèmes.

Séance n° 7 : Introduction de la soustraction posée avec retenue avec des nombres à trois chiffres.

Comme pour les séances précédentes, l'enseignant débute la leçon par la résolution d'un problème et fait manipuler les élèves avec le matériel de numération. Après une recherche individuelle, puis en binôme, une mise en commun est effectuée. Dans la phase d'institutionnalisation, l'enseignant oralise toutes les étapes de la soustraction posée. La trace écrite est complétée avec les élèves. La séance peut se clôturer par le visionnage de la vidéo « Soustraire des entiers avec retenue (méthode par cassage) (2/2) ».

www.lienmini.fr/11412-methode-cassage2

Séance n° 8 : Exercices d'entraînement à poser et calculer des soustractions avec retenue avec des nombres à trois chiffres. Le matériel reste à disposition des élèves qui en ont besoin. Grâce à ses observations lors des séances précédentes, l'enseignant travaille avec les élèves qui ont des difficultés à poser et/ou calculer une soustraction.

3 Proposition de leçon : séance n° 4 de la séquence

- **Objectif de la leçon :** Découvrir l'algorithme de la soustraction avec retenue à partir d'une situation concrète et la manipulation d'objets symboliques (matériel de numération).
- **Compétences mobilisées par l'élève :** Mettre en œuvre un algorithme de calcul posé pour la soustraction.
- **Matériel utilisé :** Énoncé du problème, cahier de recherche, matériel de numération pour chaque élève, affichage collectif, vidéoprojecteur et ordinateur.
- **Organisation :** Individuel, puis en binôme, puis collectif.
- **Déroulement de la séance :**

Situation 1 : Recherche individuelle.

L'enseignant donne l'énoncé du problème du document 4. 1. (sans donner la soustraction posée et le dialogue entre les deux personnages). Les élèves disposent d'un temps de recherche individuelle. Les élèves peuvent utiliser le matériel de numération à leur disposition.

Situation 2 : En binôme.

Les élèves travaillent par deux et confrontent leur procédure. Ils doivent se mettre d'accord si le résultat est différent.

Situation 3 : Collectif, oral. Mise en commun.

Lors de la mise en commun, le travail de chaque binôme est présenté et explicité aux autres. L'enseignant est vigilant à l'ordre de passage des binômes : il commence par les groupes dont le résultat est le plus éloigné de l'objectif, afin de parvenir progressivement à la mise en évidence des différentes étapes pour poser une soustraction avec retenue. La nécessité d'échanges est mise en avant.

Situation 4 : Collectif, oral. Phase d'institutionnalisation.

L'enseignant reprend et complète la trace écrite élaborée lors de la séance n° 1. Il peut finir par le visionnage de la vidéo « Soustraire des additions avec retenue (méthode par cassage) (1/2) ».

www.lienmini.fr/11412-methode-cassage1

- **Variables didactiques, points d'attention pédagogique et gestes professionnels :** Le choix de l'algorithme est un choix de l'équipe pédagogique. Il doit être le même du CE1 au CM2.
  Par ailleurs, les enseignants devront attirer l'attention des élèves sur la nécessité ou non de poser l'opération. Dans un certain nombre d'opérations, il est plus efficace de passer le calcul mental (exemple : 100 – 10). Cette vigilance est à enseigner explicitement.
  Enfin, le cadre privilégié pour l'entraînement d'un algorithme est celui de la résolution de problèmes. La pratique répétée d'exercices techniques sur des temps excessivement longs est à éviter (voir document 2).
- **Bilan/prolongement :** L'enseignant proposera régulièrement la résolution de problèmes impliquant de poser la soustraction afin d'automatiser l'algorithme enseigné. Pour les élèves en difficulté, il mettra en place des groupes de besoin afin de lever les erreurs (voir « Questions possibles du jury » ci-dessous).

4 Questions possibles du jury

A. Question disciplinaire

a. Quel est l'avantage de l'algorithme choisi dans cette leçon ? Quel est l'inconvénient ?

L'algorithme choisi dans la leçon est celui du « cassage ». Cette méthode réinvestit la propriété d'échange de la numération décimale étudiée par les élèves. Elle s'illustre donc très bien avec le matériel de numération. L'inconvénient est la gestion des « 0 » intermédiaires qui peut poser des difficultés.

B. Questions didactiques

a. Un élève pose les trois opérations suivantes : pouvez-vous l'aider à corriger ses erreurs ?

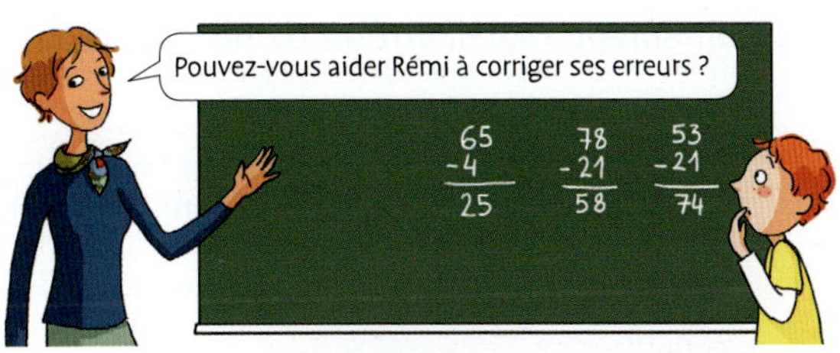

Outils pour les maths, CE1, Magnard, 2019, p. 75.

Dans la première opération (65 – 4), l'élève positionne mal le chiffre 4. Dans cet exemple, il serait intéressant de travailler sur la nécessité de poser cette opération : il apparaît que le calcul mental est plus rapide et pertinent.

Dans la deuxième opération (78 – 21), l'élève fait une erreur de calcul pour les unités.

Dans la troisième opération (53 – 21), l'élève effectue une addition.

b. Quels sont les différents sens de la soustraction ?

Les différents sens de la soustraction sont :
1. La soustraction pour calculer le reste d'une quantité d'objets : le sens « enlever » (document 4. 1.).
2. La soustraction pour calculer ce qui manque, un complément : le sens « pour aller à » (document 4. 2.).
3. La soustraction pour calculer une différence, un écart : le sens « écart » (document 4. 3.).
Les trois sens seront travaillés progressivement sur l'ensemble du cycle 2.

C. Questions pédagogiques

a. Quels outils peut-on utiliser lors des séances de calcul ?

Les outils utilisés lors des séances de calcul peuvent être :
- l'ardoise : elle facilite l'entraînement des élèves et la prise d'informations immédiate par l'enseignant. Elle se révèle particulièrement utile pour travailler l'automatisation des procédures. Cependant, elle ne doit pas être le seul outil utilisé, car elle ne garde pas de trace de l'évolution des connaissances des élèves et l'évaluation n'est pas précise ;
- le cahier de brouillon ou d'essais : il permet à l'élève de conserver des traces de ses procédures. Il est également utile à l'enseignant pour visualiser les essais, les erreurs des élèves, mais aussi pour observer la construction de l'apprentissage ;
- le cahier de leçons : il collecte des écrits proposés par le professeur, le plus souvent construits avec les élèves ;
- l'affichage de la classe : il constitue un appui pour se remémorer les stratégies de calcul ou un algorithme ;
- le cahier du jour : il consigne les productions de l'élève.

b. Lors des séances d'entraînement, faut-il arrêter de faire manipuler les élèves ?

La manipulation est toujours proposée aux élèves si besoin lors des séances d'entraînement. L'objectif est malgré tout de se passer progressivement du matériel.

Sujet 28 La longueur (CE1)

Consignes page 85.

DOSSIER

DOCUMENT 1 : D'après le *BO* n° 31 du 30 juillet 2020

« ***Attendus de fin de cycle***

- Comparer, estimer, mesurer des longueurs, des masses, des contenances, des durées.
- Utiliser le lexique, les unités, les instruments de mesures spécifiques de ces grandeurs.
- Résoudre des problèmes impliquant des longueurs, des masses, des contenances, des durées, des prix. »

DOCUMENT 2 : Extrait des repères annuels de progression, cycle 2

CP	CE1	CE2
	la longueur	
Les élèves comparent des objets, des segments selon leur longueur, d'abord en les estimant. Ils donnent du sens aux expressions « plus long que », « plus court que », « aussi long que », « moins long que », et aussi « double » et « moitié ». Ils mesurent des segments en utilisant des unités de référence puis en utilisant la règle graduée pour des mesures en centimètres entiers. Ils appréhendent le mètre (100 cm) à travers par exemple la règle du professeur.	Les élèves consolident les comparaisons, les estimations et les mesures de longueur en cm. Puis le travail se poursuit en utilisant les unités m, dm et km. Ces unités sont mises en relation. Les élèves continuent à comparer des objets, des segments selon leur longueur en utilisant les unités cm, m, dm et km. Ils mettent ces unités en relation cm, dm, m et m, km.	Les élèves consolident les comparaisons, les estimations et les mesures de longueur en cm, m, dm et km. Le travail se poursuit en utilisant le mm. Les élèves mettent ces unités en relation : m, dm, cm et mm.

Ministère de l'Éducation nationale, de la Jeunesse et des Sports / éduscol : https://eduscol.education.fr/137/attendus-de-fin-d-annee-et-reperes-annuels-de-progression-du-cp-la-3e

DOCUMENT 3 : Extrait d'*Enseigner les mathématiques à l'école*

« Les programmes scolaires insistent sur la nécessité d'effectuer un passage progressif de la grandeur à la mesure en consacrant tout le temps nécessaire à la compréhension du concept de grandeur et à la distinction entre les différentes grandeurs. Les situations consacrées à l'expérimentation dans des tâches de comparaison et d'estimation doivent faire l'objet d'un temps d'enseignement suffisant. Ce sont la diversité et la qualité de ces expériences qui fonderont l'acquisition des différentes grandeurs. Il en va également de la construction du concept d'unité qui permettra, à elle seule, de distinguer deux mesures ne concernant pas les mêmes grandeurs.

Lors des premières années de la scolarité (cycle 1), c'est la notion de grandeur qui doit faire l'objet de découvertes variées, d'expériences riches et de nombreuses résolutions

de problèmes. Il s'agit essentiellement d'apprendre à reconnaitre puis à distinguer longueur, surface, masse et durée. Ce sont donc principalement des tâches de comparaison, de rangement (ordre) et d'estimation qui doivent être mises en œuvre. En leur associant des mises en mots, on permettra de leur donner du sens.
C'est lors de la scolarité primaire (cycle 2) que s'organise progressivement le passage de la notion de grandeur à son expression numérique, c'est-à-dire sa mesure. Les situations pluridisciplinaires seront alors les plus significatives pour les élèves. Ils pourront découvrir plusieurs procédures de comparaison : directe (par juxtaposition ou superposition), indirecte (en utilisant un objet intermédiaire), avec un étalon (par reports successifs). C'est également à ce stade que la notion d'unité de mesure prend toute sa place.
De façon cohérente, la découverte de l'ensemble des nombres rationnels au cycle 3 permet alors d'exprimer des mesures en fractions d'unité nécessaires aux grandeurs continues et de construire ainsi de nouvelles grandeurs, comme l'aire. L'aire ne se mesure pas nécessairement avec un instrument mais peut dépendre du calcul sur des mesures de longueurs intermédiaires. C'est également au cycle 3 que les élèves apprennent réellement à convertir. »

L'ordre des grandeurs
Certaines grandeurs sont plus simples que d'autres à comparer, puis à mesurer.
La longueur se prête bien à ce type de travail, mais ce n'est pas le cas pour les aires (si la surface à mesurer n'est pas régulière, trouver un étalon de mesure n'a alors rien d'évident) ou les contenances (la forme d'un récipient peut varier). D'où l'intérêt d'enseigner dans un certain ordre les grandeurs à l'école !

Cycle 1	Cycle 2	Cycle 3
Comparer sans mesurer Estimer	Comparer Mesurer Calculer	Mesurer Calculer Convertir

Voyez plus grand !
Plusieurs travaux de recherche en didactique ont montré que les activités mathématiques sur les grandeurs et leurs mesures doivent pouvoir se dérouler dans des tailles d'espace différentes. Mesurer une longueur ne doit pas se limiter à la taille d'une feuille de papier ou à l'usage d'un double-décimètre comme instrument. On sait que les dimensions plus importantes, comme la salle de classe ou la cour de l'école, constituent d'excellents environnements pour construire des connaissances sur les grandeurs, car ils nécessitent l'emploi d'instruments différents et adaptés. Cela permet de centrer les tâches essentiellement sur la notion de grandeur sans précipiter leur expression sous la forme d'un nombre qui la mesure. La taille agrandie de l'espace de travail (on parle alors de « méso-espace », par opposition au « micro-espace ») débarrasse également provisoirement les élèves de l'enjeu de précision, qui est une contrainte liée à la mesure. Pour comparer, par exemple, des longueurs ou des hauteurs importantes, on utilisera un étalon que l'on pourra reporter grossièrement, sans chercherla précision.

T. Dias, *Enseigner les mathématiques à l'école*, Magnard, 2018, pp. 228-229.

DOCUMENT 4 : Extraits de manuels scolaires

4. 1. Manuel *Outils pour les maths, CE1*, Magnard, 2019, p. 108.

Je retiens

- La longueur peut se mesurer en **centimètres**, en **décimètres**, en **mètres** ou en **kilomètres**.

Un kilomètre s'écrit 1 **km**.	Un mètre s'écrit 1 **m**.	Un décimètre s'écrit 1 **dm**.	Un centimètre s'écrit 1 **cm**.
		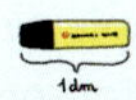	

1 m = 100 cm   1 dm = 10 cm   1 m = 10 dm   1 km = 1 000 m

4. 2. Manuel *Outils pour les maths, CE1*, Magnard, 2019, p. 109

7 PROBLÈME Rayan peut emporter avec lui dans l'avion un instrument qui mesure 1 m ou moins de 1 mètre. **Lesquels peut-il choisir ? Entoure-les.**

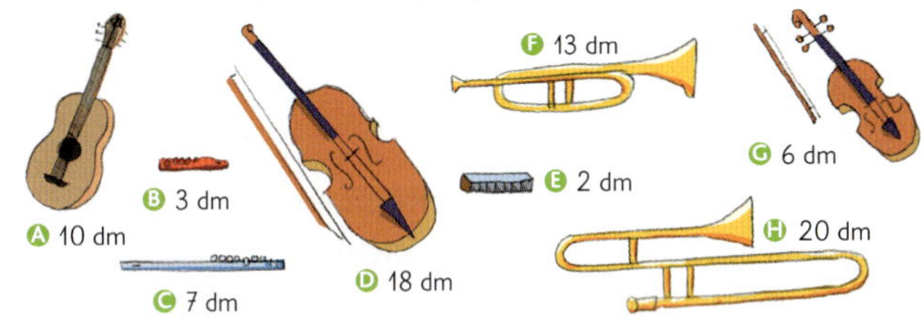

4. 3. Manuel *Archimaths, CE1*, Magnard, 2019, p. 76

2 **Colorie** la mesure de longueur de chaque objet.

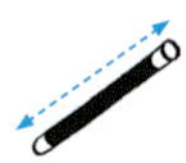

3 m | 3 cm | 3 dm

20 cm | 12 dm | 10 m

2 cm | 2 dm | 2 m

27 cm | 15 dm | 15 m

PROPOSITION DE CORRIGÉ

1 Analyse du corpus

Le *BO* (**document 1**) met en évidence les trois compétences à travailler sur les longueurs : la comparaison, l'estimation et la mesure. Il précise également l'importance du lexique, des unités et des instruments utilisés. L'objectif final est de résoudre des problèmes impliquant des longueurs.

Les repères de progressivité (**document 2**) indiquent les unités à travailler en CE1 : consolidation des longueurs en cm, puis les unités m, dm et km sont étudiées et mises en relation.

Dans l'extrait du livre *Enseigner les mathématiques à l'école* (**document 3**), Thierry Dias distingue la notion de grandeur (travaillée en maternelle) et la notion de mesure (installée progressivement au cycle 2). De plus, il insiste sur la nécessité de consacrer du temps à la notion de grandeur avec des tâches de comparaison et d'estimation. Enfin, dans cet extrait, il montre l'importance de voir « plus grand », c'est-à-dire de proposer aux élèves des activités qui ne se limitent pas à la feuille mais s'étendent à la salle de classe ou à la cour de l'école.

Le **document 4. 1.** est un exemple de trace écrite à construire avec les élèves. Le **document 4. 2.** présente une situation-problème qui montre la nécessité des conversions. Le **document 4. 3.** est un exercice d'entraînement permettant de travailler le choix de l'unité.

2 Présentation de la séquence

- **Niveau de classe :** CE1
- **Domaine :** Mathématiques
- **Références au socle :**
  - domaine 1 : Les langages pour penser et communiquer : comprendre, s'exprimer en utilisant les langages mathématiques, scientifiques et informatiques ;
  - domaine 4 : Les systèmes naturels et les systèmes techniques.
- **Place de la séance dans la séquence :**

Séance n° 1 : Comparaison et mesure de longueurs à l'aide d'un étalon : l'enseignant demande aux élèves de comparer et mesurer plusieurs objets éloignés dans la classe à l'aide d'un étalon : une allumette. À la suite de la mise en commun, les élèves construisent une règle de mesure dont l'étalon est l'allumette. L'importance de bien placer l'allumette bord à bord est soulignée.

Séance n° 2 : Mesure de longueurs en cm avec la règle graduée. L'enseignant fait rappeler par les élèves ce qui a été vu lors de la séance précédente. Puis, il leur demande s'ils connaissent d'autres unités de mesure : la règle graduée est mentionnée. L'enseignant explique que l'étalon de leur règle est le centimètre. Ensuite, la situation-problème suivante est donnée aux élèves : « vous devez découper une bande de papier afin de recouvrir exactement la bande modèle ». La phase de recherche est suivie par une mise en commun, et une phase d'institutionnalisation qui permet de rappeler les critères de réussite pour mesurer avec une règle : « la première graduation n'est pas au bout de la règle, d'où la nécessité de placer le zéro au début de la bande ». Une trace écrite sous forme d'affichage est élaborée avec les élèves.

Séance n° 3 : Introduction du décimètre et compréhension qu'un décimètre représente 10 centimètres. Rappels des séances précédentes à l'aide de l'affichage. L'enseignant distribue aux élèves une bande de papier qui représente un autre étalon de référence. Les élèves cherchent combien de centimètres on peut trouver dans ce nouvel étalon. Lors de la mise en commun, l'enseignant introduit la notion de « décimètre », ainsi que la relation entre les deux unités : 10 cm = 1 dm. Les élèves doivent ensuite chercher des objets de la classe qui mesurent un décimètre. À la suite de la deuxième mise en commun, l'affichage est complété.

◗ **Séance n° 4 :** Introduction du mètre et compréhension qu'un mètre représente 10 décimètres et 100 centimètres.

◗ **Séance n° 5 :** Estimation de longueurs et mesure d'objets de la classe. Individuellement, les élèves complètent, dans un premier temps, une fiche sur laquelle ils expriment les mesures en mètres de plusieurs objets de la classe (hauteur de l'armoire, longueur de la classe, longueur du tableau, largeur de la porte, etc.). Dans un deuxième temps, par groupe, ils mesurent ces objets.

◗ **Séance n° 6 :** Comparaison de la longueur de la cour de l'école maternelle et de la cour de l'école élémentaire. Les élèves sont amenés à comparer les deux cours en ayant recours à un étalon qui est le mètre.

◗ **Séance n° 7 :** Choisir la bonne unité : cm, dm, m ? L'enseignant projette l'image d'objets différents avec un nombre. Les élèves complètent sur leur ardoise l'unité qui convient. Par exemple : Le couloir mesure 10… ; la gomme mesure 3… Si besoin, l'enseignant se réfère à l'affichage construit et aux différentes unités. Il peut ensuite proposer un exercice d'entraînement comme dans le document 4. 2.

◗ **Séance n° 8 :** Situation-problème autour des longueurs. L'exercice du document 4. 3. est proposé aux élèves. Après une phase de recherche individuelle, les élèves travaillent en binôme. La mise en commun permet de montrer la nécessité de mettre en relation les unités de mètre et de décimètre.

◗ **Séance n° 9 :** Introduction du kilomètre : comprendre qu'un kilomètre représente 1 000 mètres. L'enseignant explique aux élèves ce qu'ils vont faire : « nous allons aller dans le parc, et vous allez marcher 1 km. Vous allez tous partir du plot rouge, et vous marcherez jusqu'au plot vert. Une fois arrivés au plot vert, vous ferez demi-tour. Votre mission est de trouver le nombre de mètres dans un kilomètre ». Chaque groupe réalise une corde de 10 m en reportant 10 fois la règle du tableau ou en utilisant le décamètre utilisé en EPS. De plus, les élèves se répartissent les rôles dans chaque groupe : les élèves qui tiennent la corde, celui qui trace des repères à la craie sur le sol pour reporter la corde, celui qui montre du doigt le repère sur le sol, ceux qui comptent les dizaines de mètres, ceux qui comptent les centaines de mètres et enfin celui qui place les plots. Pendant la sortie, les élèves réalisent leur mission. De retour en classe, une mise en commun est effectuée. L'enseignant pourra schématiser le chemin parcouru. Lors de la phase d'institutionnalisation, l'affichage est complété.

◗ **Séance n° 10 :** Choisir la bonne unité : cm, dm, m, km ? Même démarche que la séance n° 7 en ajoutant des longueurs correspondant au kilomètre.

3 Proposition de leçon : séance n° 4 de la séquence

■ **Objectif de la leçon :** Comprendre qu'un mètre représente 10 décimètres et 100 centimètres.

■ **Compétences mobilisées par l'élève :**

- utiliser le lexique, les unités, les instruments de mesures spécifiques aux longueurs ;
- résoudre des problèmes.

■ **Matériel utilisé :** Affichage collectif construit lors des séances précédentes avec les élèves, bandes de papier d'un mètre, des étalons d'un décimètre, des étalons d'un centimètre, crayons de bois.

■ **Organisation :** Alternance phases collectives et phases en binôme.

■ **Déroulement de la séance :**

◗ **Situation 1 :** L'enseignant demande aux élèves de rappeler ce qu'ils ont appris lors des séances précédentes à l'aide de l'affichage.

◗ **Situation 2 :** Première phase de recherche en binôme.
Les élèves reçoivent une nouvelle bande de papier qui représente un autre étalon de référence. Ils doivent graduer cette bande à l'aide de l'étalon d'un décimètre. L'enseignant passe auprès des binômes en vérifiant que les graduations sont correctement effectuées.

◗ **Situation 3 :** Mise en commun.
Cette bande mesure 10 décimètres. L'enseignant introduit le terme de « mètre ».

◗ **Situation 4 :** Deuxième phase de recherche en binôme.
Les élèves doivent chercher combien il y a de centimètres dans un mètre. Pour cela, ils reçoivent un étalon d'un centimètre. L'enseignant peut prendre avec lui, en atelier dirigé, les binômes qui ont rencontré des difficultés lors de la première phase de recherche afin de revoir avec eux la procédure.

◗ **Situation 5 :** Mise en commun.
Cette bande mesure 100 centimètres.

◗ **Situation 6 :** Phase d'institutionnalisation.
L'enseignant demande aux élèves ce qu'ils ont appris et un affichage est réalisé dans lequel apparaît les équivalences suivantes : 1 m = 10 dm ; 1 m = 100 cm (voir document 4. 1. sans la colonne des kilomètres ; elle sera introduite lors de la séance n° 9).

■ **Variables didactiques, points d'attention pédagogique et gestes professionnels :** L'enseignant doit bien dissocier le concept de « grandeurs » et celui de « mesures ». En effet, les élèves ont parfois tendance à les confondre. Il est donc nécessaire, dans un premier temps, non pas de définir mais de faire découvrir aux élèves ce qu'est « une grandeur » et ce qu'est « une mesure ». Thierry Dias, dans son livre *Enseigner les mathématiques à l'école* (p. 122) le souligne : « Du côté de l'enseignement, on verra que, au-delà de la nécessaire distinction à opérer entre grandeur et mesure, il faut surtout veiller à traiter en premier lieu la notion de grandeur avant d'aborder celle de mesure. En effet, l'expérience montre que l'on précipite trop rapidement le travail sur la mesure, sans avoir suffisamment installé et stabilisé la notion de grandeur. Cela peut engendrer des erreurs dans le choix des unités de mesure par rapport à une grandeur ou provoquer, chez les élèves, des confusions entre grandeurs ». L'auteur donne un exemple de confusion classique.

- **Bilan/prolongement :** Dans le cadre d'un enseignement spiralaire, les objectifs de la séquence seront réinvestis en résolution de problèmes impliquant des longueurs.

4 Questions possibles du jury

A. Question disciplinaire

a. Pourquoi est-il important de travailler l'estimation avec les élèves ?

L'estimation permet d'anticiper le résultat attendu ou de vérifier un résultat calculé. En mesure, l'estimation a un intérêt majeur car elle amène les élèves à choisir l'unité usuelle appropriée. Par ailleurs, elle permet de donner du sens à la mesure avant même que les élèves ne soient placés en situation de mesurage.

B. Questions didactiques

a. À partir de quand peut-on commencer l'étude du concept de longueur ?

Dès l'école maternelle, par des observations, des comparaisons ou des tris, les élèves travaillent sur les longueurs. Ils repèrent d'abord des propriétés simples comme petit/grand, et parviennent progressivement à distinguer, à comparer et à classer selon la taille.

b. Pourriez-vous citer quelques variables didactiques dans des activités de comparaison de longueurs ?

Les variables didactiques possibles dans des activités de comparaison de longueurs sont :

- le fait que la comparaison utilise ou non la notion de mesure ;
- si elle ne l'utilise pas, le fait que la comparaison soit directe ou non, le fait que l'on puisse déplacer ou non les objets à comparer ;
- si elle l'utilise, l'unité utilisée : cm, m, dm, km ;
- si les mesures sont données, le fait qu'elles ne le soient pas avec la même unité.

C. Question pédagogique

a. Quel est l'intérêt de la séance n° 6 ?

Dans la séance n° 6, la taille de l'espace de travail est agrandie. Cela permet donc aux élèves de lever provisoirement la contrainte de l'enjeu de précision, qui est une contrainte liée à la mesure. Les élèves pourront utiliser un étalon sans chercher la précision.

Sujet 29 La division (CE2)

Consignes page 85.

DOSSIER

DOCUMENT 1 : D'après le *BO* n° 31 du 30 juillet 2020

« Attendus de fin de cycle

- Calculer avec des nombres entiers.
- Résoudre des problèmes en utilisant des nombres entiers et le calcul.

[Connaissances et compétences associées]

- Élaborer ou choisir des stratégies, expliciter les procédures utilisées et comparer leur efficacité [pour le calcul en ligne]. [...]
- Mobiliser en situation ses connaissances de faits numériques et ses connaissances sur la numération. [...]
- Résoudre des problèmes issus de situations de la vie quotidienne ou adaptés de jeux [...] relevant des structures multiplicatives, de partages ou de groupements (multiplication/division). »

DOCUMENT 2 : D'après les repères annuels de progression, CE2

« À partir de la période 3, les élèves mobilisent des propriétés et développent des procédures de calcul adaptées aux nombres en jeu pour obtenir le quotient et le reste d'une division euclidienne par un nombre à 1 chiffre et par des nombres comme 10, 25, 50, 100. Par exemple à l'écrit : 92 = (9 x 10) + 2 ; et à l'oral : "92 divisé par 9, il y a 10 fois 9 et il reste 2" [...]

Tout au long de l'année, en appui sur les compétences en calcul qui augmentent progressivement, les élèves consolident l'étude du sens de la division par la résolution de deux types de problèmes abordés au CE1 : le partage et le groupement. »

Ministère de l'Éducation nationale, de la Jeunesse et des Sports / éduscol : https://eduscol.education.fr/137/attendus-de-fin-d-annee-et-reperes-annuels-de-progression-du-cp-la-3e

DOCUMENT 3 : Extraits de manuels scolaires

3. 1. Manuel *Outils pour les maths, CE2*, Magnard, 2019, p. 70.

Cherchons

L'animateur du centre de loisirs veut distribuer 32 abricots aux 6 enfants qui l'accompagnent au pique-nique.

- **Combien d'abricots au maximum peut-il donner à chacun des six enfants ?**
- **Combien d'abricots restera-t-il ?**

3. 2. Manuel *Outils pour les maths, CE2*, Magnard, 2019, p. 70.

Je retiens

- La **division** permet de **partager en parts égales**.
  Ex. : Anaé veut partager équitablement 62 tulipes entre ses 8 cousines. → **62 : 8** (8 : **diviseur**)

54	55	56	57	58	59	60	61	62	63	64	65
		8 × 7								8 × 8	

62 est compris entre 8 × 7 et 8 × 8.

62 = (8 × **7**) + **6** (7 : **quotient** ; 6 : **reste**) Chaque cousine aura 7 tulipes et il en restera 6.

Attention : le reste doit toujours être inférieur au diviseur.

3. 3. Manuel *Outils pour les maths, CE2*, Magnard, 2019, p. 69.

5 **Calcule et justifie comme dans l'exemple.**

45 : 9 = 5 car 45 = 9 × 5

a. 32 : 4 **c.** 64 : 8
b. 14 : 7 **d.** 81 : 9

9 **Recopie et complète.**

a. 23 = (7 × ....) + ... **c.** 86 = (9 × ....) + ...
b. 17 = (4 × ....) + ... **d.** 47 = (9 × ....) + ...

DOCUMENT 4 : Différents types d'erreurs et de procédures

Des erreurs d'élèves		
	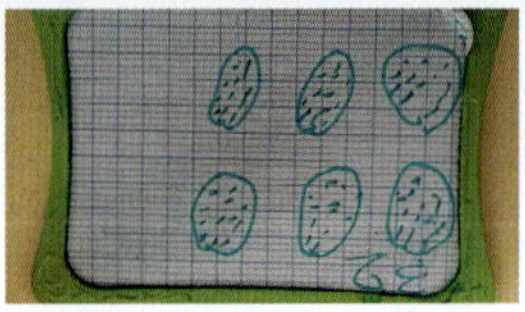	
L'élève se trompe dans le nombre d'enfants.	L'élève ne tient pas compte du nombre d'abricots.	L'élève ne partage pas équitablement les abricots car il distribue tous les abricots.
Différentes procédures		
		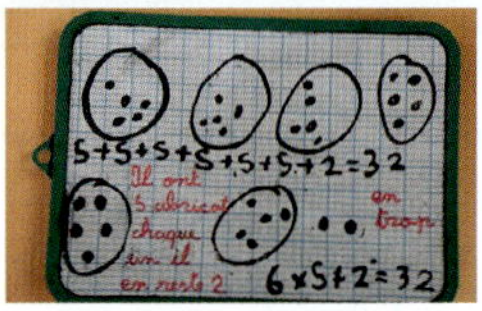
L'élève a besoin du matériel.	L'élève passe par le dessin, puis écrit une addition.	L'élève passe par le dessin (plus d'abstraction car ne dessine pas les personnages), puis écrit un calcul en utilisant la multiplication et l'addition.

PROPOSITION DE CORRIGÉ

1 Analyse du corpus

Le *BO* (**document 1**) montre l'importance de la place de la résolution de problèmes dans l'apprentissage du calcul.

Les repères de progressivité (**document 2**) indiquent que les élèves doivent développer des procédures de calcul pour obtenir le quotient et le reste d'une division euclidienne par un nombre à un chiffre dès la période 3.

Le **document 3. 1.** est un exemple de situation-problème à proposer aux élèves pour amorcer l'apprentissage. Le **document 3. 2.** est un exemple de trace écrite à construire avec les élèves lors de la phase d'institutionnalisation. Dans le **document 3. 3.**, il y a deux exercices que l'on peut proposer aux élèves lors des phases d'entraînement.

Le **document 4** propose plusieurs types d'erreurs ainsi que diverses procédures utilisées par les élèves. L'enseignant doit être vigilant à les hiérarchiser de la moins efficace à la plus efficace lors de la phase d'institutionnalisation.

2 Présentation de la séquence

■ **Niveau de classe :** CE2

■ **Domaine :** Mathématiques

■ **Référence au socle :** Les systèmes naturels et les systèmes techniques

■ **Place de la séance dans la séquence :**

Séance n° 1 : Proposer aux élèves une situation-problème de « division-partage » sans reste pour introduire la division. Par exemple : « trois enfants se partagent 30 bonbons. Combien de bonbons aura chaque enfant ? » (réinvestissement du CE1). L'enseignant introduira la notion de division et le signe ÷. Le lien entre la division et la multiplication est mis en avant. Réponse attendue pour le problème proposé : $30 : 3 = 10$ car $10 \times 3 = 30$.

Séance n° 2 : Entraînement au calcul en ligne de la division sans reste (voir document 3. 3.). L'enseignant peut créer un groupe de besoin avec les élèves en difficulté où il reprendra la technique avec eux en les aidant à se repérer dans les tables de multiplication.
Après cette séance, des courtes séances de calcul seront mises en place afin d'automatiser le lien entre la division et la multiplication.

Séance n° 3 : Présentation d'un jeu permettant de travailler le lien entre multiplication et division. Celui-ci sera ensuite réalisé en ateliers par groupe de six élèves maximum.

Séance n° 4 : Situation-problème de « division-partage » avec reste.

Séance n° 5 : Entraînement au calcul en ligne de la division avec reste (voir document 3. 3.). L'enseignant peut créer un groupe de besoin avec les élèves en difficulté où il reprendra la technique avec eux en les aidant à se repérer dans les tables de multiplication et à calculer le reste.
Après cette séance, des courtes séances de calcul seront mises en place afin d'automatiser le calcul en ligne.

Séance n° 6 : Présentation d'un jeu permettant de travailler la division avec reste. Celui-ci sera ensuite réalisé en ateliers par groupe de six élèves maximum.

3 Proposition de leçon : séance n° 4 de la séquence

■ **Objectif de la leçon :** Développer des procédures de calcul adaptées aux nombres en jeu pour obtenir le quotient et le reste d'une division euclidienne par un nombre à 1 chiffre.

■ **Compétences mobilisées par l'élève :**

- calculer avec des nombres entiers, mentalement ou à la main, de manière exacte ou approchée, en utilisant des stratégies adaptées aux nombres en jeu ;
- contrôler la vraisemblance de ses résultats ;
- s'engager dans une démarche de résolution de problèmes en observant, en posant des questions, en manipulant, en expérimentant, en émettant des

hypothèses, si besoin avec l'accompagnement du professeur après un temps de recherche autonome.

- **Matériel utilisé :** Matériel de manipulation (cubes, bouchons, jetons, etc.), mémo des tables de multiplication, cahier de recherche, problème du document 3. 1. (avec uniquement la première question).
- **Organisation :** Les modalités d'organisation varient tout au long de la séance (collectif/individuel/binôme).
- **Déroulement de la séance :**

Situation 1 : Phase collective de rappels sur les problèmes de « division-partage ». Le lien entre la division et la multiplication, ainsi que l'écriture en ligne du calcul sont rappelés.

Situation 2 : Phase de recherche.
Le problème du document 3. 1. est donné aux élèves, avec seulement la première question de l'exercice (la question n° 2 sera traitée ultérieurement afin de ne pas amener tout de suite la notion de « reste »). Dans un premier temps, la recherche est individuelle. Puis, dans un second temps, les élèves sont en binôme afin qu'il y ait un échange sur les procédures utilisées. Du matériel de manipulation est mis à disposition des élèves. Pendant cette phase de recherche, l'enseignant prend en charge la lecture du problème pour les élèves en difficulté de lecture. Puis, il observe les procédures utilisées.

Situation 3 : Mise en commun.
L'enseignant choisit plusieurs binômes qui ont utilisé des procédures différentes. Ces binômes viennent les présenter à l'ensemble de la classe. L'enseignant sera attentif à l'ordre de présentation des procédures : de la moins efficace à la plus experte, celle qui permettra de gagner du temps sur des plus grands nombres (voir document 4).

Situation 4 : Institutionnalisation.
L'enseignant revient sur la procédure la plus experte. Il explique aux élèves que 32 n'existe pas comme résultat dans la table de multiplication de 6. Il y aura donc un reste. Il faut donc chercher dans la table de multiplication de 6 le résultat inférieur à 32 le plus proche. Il s'agit du produit $6 \times 5 = 30$, il restera donc 2. Il introduit le calcul en ligne : $(6 \times 5) + 2$ ainsi que le vocabulaire spécifique de la division : quotient et reste. Une trace écrite est réalisée avec les élèves : elle met en valeur la procédure la plus efficace.

- **Variables didactiques, points d'attention pédagogique et gestes professionnels :** La division peut être déstabilisante pour les élèves car, contrairement à l'addition, la soustraction et la multiplication, elle peut donner un résultat avec deux nombres : le quotient et le reste. C'est également le seul calcul où « l'estimation » intervient en cours de calcul. C'est donc un calcul à risque assez insécurisant pour les élèves, d'où la nécessité d'un enseignement spiralaire pour permettre l'accès au sens et l'automatisation.
  L'enseignant peut jouer sur plusieurs variables didactiques et/ou pédagogiques pour aborder la division. En voici quelques exemples : le choix des tables de

multiplication mises en jeu, la présence ou non d'un reste non nul, l'utilisation ou non du matériel de manipulation, l'univers utilisé pour la contextualisation du problème, etc.

- **Bilan/prolongement :** À la fin de la séquence, l'enseignant veillera à proposer régulièrement des activités courtes de calcul en ligne. De plus, il réinvestira cette notion dans diverses situations-problèmes, notamment des situations de « division-groupement » (par exemple, dans 10, combien de paquets de 2 ?).

4 Questions possibles du jury

A. Questions disciplinaires

a. Pourriez-vous définir la division partition et la division quotition ? Vous pouvez illustrer en donnant un exemple de situation-problème.

La division partition concerne les problèmes de partage, dans lesquels on cherche la valeur d'une part. Il s'agit de la situation-problème du document 3. 1. La division quotition concerne les problèmes de groupement dans lesquels on cherche le nombre de parts : « l'animateur de loisirs possède 32 abricots et souhaite réaliser des paquets de 5 abricots. Combien de paquets va-t-il pouvoir réaliser ? Restera-t-il des abricots ? »

b. Pourriez-vous définir le quotient ? Le reste ? Le diviseur ?

Le diviseur est un nombre par lequel on en divise un autre, appelé dividende. Le résultat d'une division est un quotient et un reste.

62 : 8 (8 : diviseur)

62 = (8 × **7**) + **6** (7 : quotient ; 6 : reste)

B. Questions didactiques

a. Quel est l'objectif du jeu dans cette séquence ?

Dans cette séquence, le jeu a pour objectif d'entraîner les élèves. Lors du choix d'un jeu, l'enseignant doit se questionner sur les points suivants : complexités des règles (les règles sont-elles suffisamment simples pour que l'élève puisse les comprendre rapidement ?), le nombre de joueurs (à combien peuvent jouer les élèves ? le jeu peut-il être utilisé en autonomie ? à quelles conditions ?), l'évolution du jeu en lien avec la progression et la différenciation (par exemple, utiliser le même jeu pour les séances n° 3 et 6, mais faire évoluer les nombres).

b. Pensez-vous qu'il faut attendre que les élèves aient mémorisé les tables de multiplication jusqu'à 10 pour introduire la division ?

Il ne faut pas attendre que les élèves aient mémorisé toutes les tables jusque 10 pour aborder la division. Il est possible de donner aux élèves ayant des difficultés de mémorisation des tables un outil auquel ils peuvent se référer.

C. Questions pédagogiques

a. Lors de la phase de recherche, pouvez-vous expliquer pourquoi l'enseignant fait d'abord travailler les élèves individuellement, puis en binôme ?

Dans la phase de recherche, l'enseignant fait d'abord travailler les élèves individuellement afin que tous s'impliquent dans la tâche. Ensuite, la constitution des binômes va permettre un échange sur les procédures utilisées entre élèves. Si l'enseignant fait directement travailler ses élèves par deux, certains élèves n'entrent pas dans une démarche de recherche.

b. Pourquoi présenter les procédures de la moins efficace à la plus experte ?

Lors de la mise en commun, l'enseignant veillera à faire passer les élèves qui ont une procédure moins efficace avant ceux qui ont la procédure la plus experte. Lors de l'institutionnalisation, les élèves doivent prendre conscience de l'éventail et de la hiérarchie des procédures mises en œuvre pour un calcul. Le guide Éduscol *Pour enseigner les nombres, le calcul et la résolution de problèmes au CP* indique, à la page 64, que « de récentes recherches ont montré que le souci de "traiter à égalité" tous les élèves, en particulier en éducation prioritaire, peut conduire les professeurs à prendre en compte toutes les productions, qu'elles soient primitives ou plutôt expertes. Celles-ci sont alors présentées "en vrac", sans hiérarchisation, ce qui est dommageable pour les apprentissages, le repérage des procédures à retenir restant à la charge de l'élève. La phase d'institutionnalisation demeure ainsi trop souvent implicite alors qu'elle ne peut pas être assurée par tous les élèves ». Il est donc important lors de la phase d'institutionnalisation de hiérarchiser les procédures et de mettre en avant la plus efficace.

Sujet 30 Annales 2022 La symétrie (CE2)

Ce sujet a été proposé par le groupement 1.

À l'aide de ces documents, vous présenterez une séance d'apprentissage qui sera intitulée « Compléter une figure par symétrie », en CE2 période 3, en prenant en compte la diversité des élèves. Cette séance pourra s'appuyer sur les activités proposées dans le document 1.

DOSSIER

DOCUMENT 1 : Extraits de manuels

a) *Archimaths CE2*, Magnard, 2020

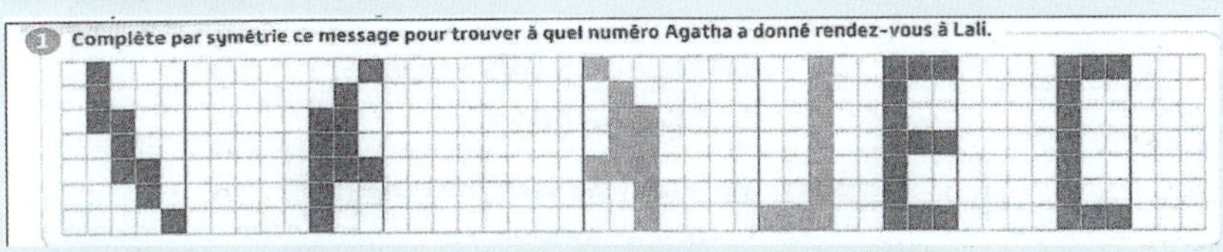

b) *Pour comprendre les maths CE2*, Hachette Éducation, 2019

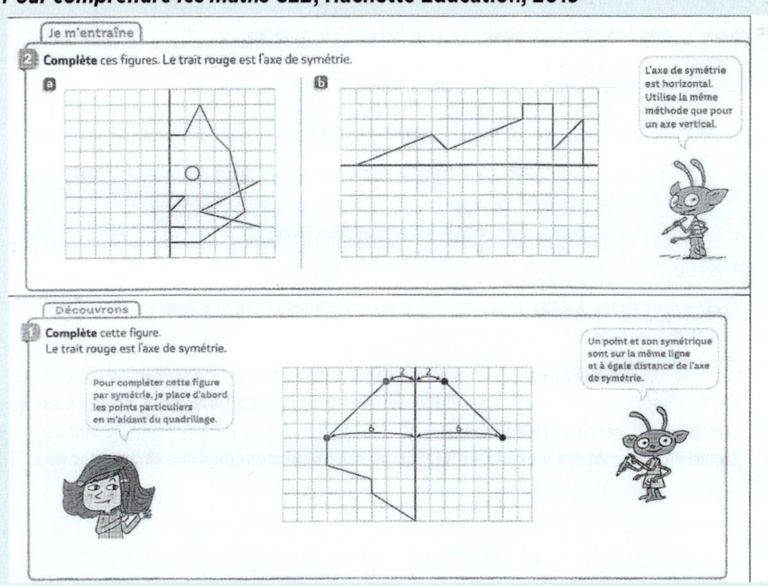

DOCUMENTS 2 : Productions d'élèves

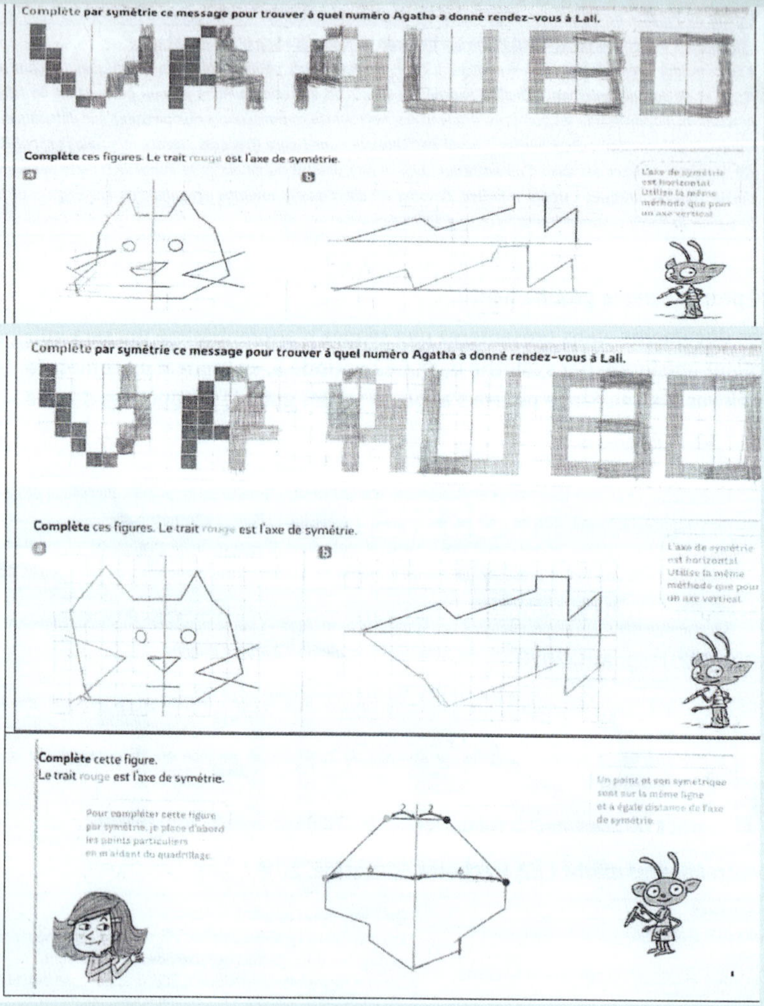

DOCUMENT 3 : Programme de cycle 2, publié au *B.O.* n° 31 du 30 juillet 2020 (extrait pages 62 et 63)

Espace et géométrie

Au cycle 2, les élèves acquièrent à la fois des connaissances spatiales comme l'orientation et le repérage dans l'espace et des connaissances géométriques sur les solides et sur les figures planes. Apprendre à se repérer et se déplacer dans l'espace se fait en lien étroit avec le travail dans « Questionner le monde » et « Éducation physique et sportive ». Les connaissances géométriques contribuent à la construction, tout au long de la scolarité obligatoire, des concepts fondamentaux d'alignement, de distance, d'égalité de longueurs, de parallélisme, de perpendicularité, de symétrie.

[...] L'oral tient encore une grande place dans l'ensemble du cycle mais les représentations symboliques se développent et l'espace réel est progressivement mis en relation

avec des représentations géométriques. La connaissance des solides se développe à travers des activités de tri, d'assemblages et de fabrications d'objets. Les notions de géométrie plane et les connaissances sur les figures usuelles s'acquièrent à partir de manipulations et de résolutions de problèmes (reproduction de figures, activités de tri et de classement, description de figures, reconnaissance de figures à partir de leur description, tracés en suivant un programme de construction simple). La reproduction de figures diverses, simples et composées est une source importante de problèmes de géométrie dont on peut faire varier la difficulté en fonction des figures à reproduire et des instruments disponibles. Les concepts généraux de géométrie (droites, points, segments, angles droits) sont présentés à partir de tels problèmes.
En géométrie comme ailleurs, il est particulièrement important que les professeurs utilisent un langage précis et adapté et introduisent le vocabulaire approprié au cours des manipulations et situations d'action où il prend sens pour les élèves, et que ceux-ci soient progressivement encouragés à l'utiliser.

Attendus de fin de cycle

[...]

- Reconnaître et utiliser les notions d'alignement, d'angle droit, d'égalité de longueurs, de milieu, de symétrie.
- **Reconnaître, nommer, décrire, reproduire, construire quelques figures géométriques.**
- **Reconnaître et utiliser les notions d'alignement, d'angle droit, d'égalité de longueurs, de milieu, de symétrie.**
- Reconnaître si une figure présente un axe de symétrie (à trouver), visuellement et/ou en utilisant du papier-calque, des découpages, des pliages.
- Reconnaître dans son environnement des situations modélisables par la symétrie (papillons, bâtiments).
- Compléter une figure pour qu'elle soit symétrique par rapport à un axe donné :
  → symétrie axiale ;
  → une figure décalquée puis retournée qui coïncide avec la figure initiale est symétrique : elle a un axe de symétrie ;
  → une figure symétrique pliée sur son axe de symétrie, se partage en deux parties qui coïncident exactement.

DOCUMENT 4 : *Archimaths CE2*, Guide pédagogique, Magnard, 2020 (extraits)

a) Reconnaître des figures présentant un axe de symétrie

Compétences : Reconnaître si une figure présente un axe de symétrie. Reconnaître et utiliser les notions de symétrie. **Objectifs :** Reconnaître dans son environnement des situations modélisables par la symétrie. Utiliser du papier-calque, des découpages, des pliages, des logiciels permettant de déplacer des figures ou des parties de figures.	**Qu'avons-nous appris ?** Qu'une figure symétrique pliée sur son axe de symétrie se partage en deux parties qui coïncident exactement. Qu'une figure est symétrique si elle se superpose exactement sur elle-même lorsqu'on la plie selon l'axe de symétrie. Qu'une droite est un axe de symétrie si les deux parties d'une figure se superposent par pliage le long de cette droite. **À quoi ça sert ?** À reconnaître des figures symétriques. À trouver des axes de symétrie.

b) Compléter une figure par symétrie

Compétences : Compléter une figure pour qu'elle soit symétrique par rapport à un axe donné. Reconnaître et utiliser les notions de symétrie. **Objectifs :** Compléter une figure pour qu'elle soit symétrique par rapport à un axe donné sur quadrillage ou en utilisant du papier-calque.	**Matériel individuel :** Du papier-calque Certains élèves risquent de confondre reproduction de figure et symétrie. Il convient de leur rappeler que, pour trouver le symétrique d'une figure, il faut prendre en compte l'écartement de la figure par rapport à l'axe de symétrie. Leur faire utiliser du papier-calque en le retournant pour trouver le symétrique. Les faire travailler sur quadrillage puis sur feuille unie.

PROPOSITION DE CORRIGÉ

1 Analyse du corpus

Le **document 1** présente un élément de progression : il s'agit de passer de la symétrie axiale sur quadrillage avec cases à colorier à la symétrie axiale avec tracés de segments à partir de points identifiés.

Dans ce document, la partie b.1 (« Découvrons ») est importante, car elle pose les éléments essentiels à la compréhension du tracé d'une figure symétrique. L'objectif est de mettre en place une procédure experte pour tracer le symétrique d'une figure. En effet, les élèves doivent comprendre que, pour reproduire un segment, il faut avant tout positionner des points sur le quadrillage ou sur l'axe de symétrie lui-même. Cela se construit en amont avant de passer aux tracés des segments.

Les connaissances géométriques contribuent à la construction des concepts fondamentaux d'alignement, de distance, d'égalité de longueurs, de parallélisme, de perpendicularité, de symétrie.

Nous pouvons alors analyser le **document 2** à partir du document 1.

On constate que les élèves réussissent le symétrique lorsqu'il s'agit d'une figure permettant une perception globale comme U, 8 et 0 (les trois dernières), car il n'y a pas d'identification précise (case par case) des différentes cases à positionner. En revanche, pour le V, A, les élèves n'ont pas réussi à positionner précisément chacune des cases ; ils semblent reproduire la figure par translation plutôt qu'en miroir.

On observe ensuite sur l'exercice suivant que les élèves ne maîtrisent pas la procédure attendue telle qu'elle a été explicitée dans la phase de découverte. En effet, dans la production a, les élèves semblent tracer directement les segments sans passer par les points, ce qui amène à un tracé aléatoire et non symétrique. Dans la production b, le premier élève réalise le tracé en translation, c'est une reproduction mais non le symétrique. Il n'a pas compris le principe du symétrique par rapport à l'axe. Le second élève a commencé un tracé en translation et complété par un tracé aléatoire sans utilisation des points de repères pour tracer les segments.

À noter, la symétrie verticale est plus simple que la symétrie horizontale.

Le **document 3** souligne l'importance de lier l'espace et la géométrie aux domaines « Questionner le monde » et « Éducation physique et sportive », qui pourront permettre de travailler en amont à partir du corps afin de construire de solides bases de compréhension de la notion de symétrie, par des jeux de binômes par exemple.

L'oral tient une place importante dans le cycle. Les représentations symboliques se développent et l'espace réel est progressivement mis en relation avec des représentations géométriques.

Ce document mentionne également l'importance de l'utilisation explicite du vocabulaire spécifique géométrique en lien avec la manipulation afin que les élèves en comprennent le sens.

Les attendus de fin de cycle sont ici de bons indicateurs pour construire une progressivité des apprentissages concernant la symétrie tout au long du cycle 2.

Le **document 4** expose les prérequis pour les élèves dans une démarche de progressivité des séances de la séquence. En effet, avant de passer au quadrillage, il est important de manipuler pour travailler sur l'axe de symétrie en utilisant le pliage et le papier-calque.

2 Présentation de la séquence

- **Séance 1 :** Séance de découverte sur la notion de symétrie avec utilisation d'un miroir et reproduction du symétrique à main levée. Découverte de l'axe de symétrie.
- **Séance 2 :** Apprentissage par le corps. Les élèves sont amenés par binômes, face à face, à réaliser des figures symétriques avec leur corps, d'abord de manière spontanée puis à partir d'images à reproduire en faisant le symétrique.
- **Séance 3 :** Passage en 2D, reprise des images vécues et tracé du symétrique à main levée.
- **Séance 4 :** Passage sur quadrillage. Apprentissage de la technique de positionnement des points symétriques (uniquement des points dans un premier temps) sur l'axe de symétrie et légèrement éloignés de l'axe.
- **Séance 5 :** Sur quadrillage, colorier les cases en se servant de la technique de la séance 4.
- **Séance 6 :** Sur quadrillage, résolution de problème (cf. séance développée ci-dessous), « comment réussir à tracer une figure avec des segments ? »
- **Séances 7 et 8 :** Entraînement ou remédiation selon les besoins des élèves (reconnaître des figures symétriques ou non, tracer des axes de symétrie, tracer des figures géométriques par rapport à un axe vertical ou horizontal pour les élèves en réussite…).

3 Proposition de leçon

Nous pouvons ici proposer une séance sous la forme de résolution de problème.

- **Objectif de la leçon :** compléter une figure pour qu'elle soit symétrique par rapport à un axe donné.
- **Compétences mobilisées par l'élève :** reconnaître et utiliser les notions d'alignement, d'angle droit, d'égalité de longueurs, de milieu, de symétrie ; acquérir le lexique associé (figure symétrique, axe de symétrie d'une figure).
- **Matériel utilisé :** affiches et outils de référence de la classe, exercice 1.b du corpus, crayon à papier, règle.
- **Organisation :** travail individuel, par binômes ou par groupes, puis en collectif.
- **Déroulement de la séance :**

Situation 1 : Phase de rappel sur la notion de symétrie à l'aide des affiches et des outils de la classe, construits avec les élèves en amont.

Situation 2 : Phase de dévolution avec exploration individuelle sur l'exercice du document 1.b. Dans cette phase, l'enseignant(e) doit mettre en place les conditions pour que l'élève s'approprie la situation.

Situation 3 : Phase de recherche individuelle, puis par binômes ou par groupe. Les élèves tâtonnent, réfléchissent à voix haute, clarifient leurs idées. Puis ils échangent, réorganisent les différentes informations et se mettent d'accord pour trouver la procédure permettant de réaliser le symétrique demandé.

L'enseignant(e) écoute les échanges entre les élèves, il peut contrôler les échanges en étant attentif aux données mal comprises, et il installe un questionnement chez les élèves.

Situation 4 : Phase de mutualisation des procédures en collectif. Lors de cette phase, les élèves verbalisent, explicitent et confrontent leur démarche avec les autres groupes.

L'enseignant(e) est vigilant(e) à l'utilisation du vocabulaire spécifique géométrique et se sert de ses observations lors des temps de recherche pour guider et étayer le débat. Ses questions sont choisies afin que se dégage progressivement la démarche ou la procédure permettant de résoudre le problème.

Situation 5 : Phase d'institutionnalisation qui va permettre de déterminer la procédure à mettre en œuvre afin de trouver le symétrique d'un point, d'un segment.

« Pour construire le symétrique, il faut compter le nombre de cases et en repérer les sommets » ; « pour construire le symétrique il faut repérer les points d'appui de la figure, compter le nombre de cases qui les séparent de l'axe de symétrie et positionner les points qui nous permettront ensuite de tracer les segments ».

Cette trace écrite, illustrée par un exemple, deviendra un référent pour la classe.

■ **Variables didactiques, points d'attention pédagogique et gestes professionnels :**

– Étayage de l'enseignant par sa présence au sein des groupes.
– Supports mis à disposition pour permettre la manipulation pour les élèves rencontrant des difficultés dans la réalisation des symétriques (papier-calque par exemple).
– Pour les élèves les plus avancés, proposer des axes obliques avec un temps de recherche active. L'enseignant(e) peut proposer également des figures qui ne touchent pas l'axe de symétrie.

■ **Bilan/prolongement :** À la suite de cette séance, l'enseignant(e) pourra alors adapter la suivante en fonction de ses observations, selon les difficultés et les besoins des élèves (difficultés d'alignement, difficulté vis-à-vis de la distance par rapport à l'axe de symétrie…) et ainsi proposer des remédiations.

4 Questions possibles du jury[1]

A. Questions disciplinaires

a. Quelle autre symétrie que la symétrie axiale connaissez-vous ?

Il s'agit de la symétrie centrale. Elle n'est pas si simple à expliquer aux élèves, car les figures qui se correspondent sont tournées l'une par rapport à l'autre.

b. Quand peut-on commencer l'étude de la symétrie axiale ?

« Le cycle 2 a pour objectif d'amener progressivement les élèves à identifier la notion de symétrie, à percevoir et reconnaître si une figure possède ou non un axe de symétrie, à contrôler par pliage, puis à compléter une figure pour qu'elle soit symétrique par rapport à un axe donné.

Le cycle 3 étant le cycle de la consolidation, il est nécessaire de poursuivre ces activités abordées au cycle 2 afin de s'assurer que les éléments de base sur la symétrie axiale sont bien acquis. Mais il convient également d'amener les élèves à utiliser d'autres techniques suivants les supports et les instruments de géométrie à disposition ; par exemple, passer du pliage ou de l'utilisation de papier calque à la construction du symétrique d'un point par rapport à une droite à l'équerre ou au compas (qui relève du collège). »

B. Questions didactiques

a. Quelles sont les difficultés des élèves dans les productions proposées ?

« Les principales difficultés susceptibles d'être rencontrées par les élèves sont :

---

1. Pour compléter les réponses aux questions possibles du jury on se reportera utilement à l'ouvrage suivant : M. Loison (dir.), F. Bianco (coord), V. Bouquillon-Sadaune, J.-R. Delplace, *CRPE – Maths – Le manuel pour réussir l'épreuve écrite,* Paris, Vuibert, 2022, chapitre « Transformations du plan », p. 199-219.

- Le problème de perception et/ou le manque de connaissances des propriétés de la notion de symétrie. Les élèves ne pensent pas à retourner la figure initiale par rapport à la figure symétrique obtenue.
- Le fait de ne pas tenir compte de la position de la figure symétrique par rapport à l'axe. Certains élèves ne respectent pas les conditions de perpendicularité et/ou de la distance à l'axe. Ils pensent bien à retourner la figure mais ne respectent pas le fait que les distances à l'axe de la figure de départ et de son symétrique sont les mêmes.
- La difficulté à compter le nombre de carreaux ou de points pour reproduire le symétrique d'une figure sur papier quadrillé ou pointé.
- La mauvaise utilisation ou manipulation du papier calque.
- La difficulté à utiliser la règle, l'équerre ou le compas pour construire le symétrique d'une figure sur papier uni.
- La difficulté à tracer le symétrique d'une figure donnée par rapport à un axe oblique. (Cela nécessite de compter correctement les carreaux en diagonale, les demi-carreaux…) »

b. Quelles variables didactiques l'enseignant peut-il mettre en place ?

« Les différentes variables didactiques possibles sont :

- la position de l'axe de symétrie par rapport à la figure ;
- le nombre d'axes de symétrie possibles ;
- le type de figure ou forme présentée (simple ou complexe) ;
- le support utilisé : papier quadrillé, papier pointé, papier blanc ;
- la présence ou non de points de repères sur le quadrillage ;
- le matériel mis à disposition des élèves (ciseaux, miroir, géomiroir, papier calque, équerre, règle graduée, compas, gabarits d'angle). »

C. Question pédagogique

Quel est le support privilégié pour étudier la symétrie axiale ? Pourquoi ?

« L'utilisation du pliage est un moyen que l'on privilégie plutôt au début de l'apprentissage de la symétrie axiale (en cycles 1 et 2). Le pliage permet en effet à ces élèves de se créer une image mentale et de visualiser où se situe la figure symétrique d'une figure donnée par rapport à un axe. Ce procédé leur permet également de faire une vérification par la perception. »

Sujet 31 Les solides (CM1)

Consignes page 85.

DOSSIER

DOCUMENT 1 : Extraits des repères annuels de progression, cycle 3

CM1	CM2	6e
ESPACE ET GÉOMÉTRIE		
Les apprentissages géométriques		
Les élèves tracent avec l'équerre la droite perpendiculaire à une droite donnée en un point donné de cette droite. Ils tracent un carré ou un rectangle de dimensions données. Ils tracent un cercle de centre et de rayon donnés, un triangle rectangle de dimensions données. Ils apprennent à reconnaître et à nommer une boule, un cylindre, un cône, un cube, un pavé droit, un prisme droit, une pyramide. Ils apprennent à construire un patron d'un cube de dimension donnée.	Les élèves apprennent à reconnaître et nommer un triangle isocèle, un triangle équilatéral, un losange, ainsi qu'à les décrire à partir des propriétés de leurs côtés. Ils tracent avec l'équerre la droite perpendiculaire à une droite donnée passant par un point donné qui peut être extérieur à la droite. Ils tracent la droite parallèle à une droite donnée passant par un point donné. Ils apprennent à construire, pour un cube de dimension donnée, des patrons différents. Ils apprennent à reconnaître, parmi un ensemble de patrons et de faux patrons donnés, ceux qui correspondent à un solide donné : cube, pavé droit, pyramide.	Les élèves sont confrontés à la nécessité de représenter une figure à main levée avant d'en faire un tracé instrumenté. C'est l'occasion d'instaurer le codage de la figure à main levée (au fur et à mesure, égalités de longueurs, perpendicularité, égalité d'angles). Les figures étudiées sont de plus en plus complexes et les élèves les construisent à partir d'un programme de construction. Ils utilisent selon les cas les figures à main levée, les constructions aux instruments et l'utilisation d'un logiciel de géométrie dynamique. Ils définissent et différencient le cercle et le disque. Ils réalisent des patrons de pavés droits. Ils travaillent sur des assemblages de solides simples.

Ministère de l'Éducation nationale, de la Jeunesse et des Sports / éduscol : https://eduscol.education.fr/137/attendus-de-fin-d-annee-et-reperes-annuels-de-progression-du-cp-la-3e

DOCUMENT 2 : Extrait des attendus de fin d'année CM1, p. 14 et 15

Reconnaître, nommer, décrire, reproduire, représenter, construire des solides et figures géométriques

Ce que sait faire l'élève

- Les élèves reconnaissent, nomment, décrivent des figures simples ou complexes (assemblages de figures simples) :
  - triangles dont les triangles particuliers (triangle rectangle, triangle isocèle, triangle équilatéral) ;
  - quadrilatères dont les quadrilatères particuliers (carré, rectangle, losange, première approche du parallélogramme) ;
  - cercle (comme ensemble des points situés à une distance donnée d'un point donné), disque.
- Ils reconnaissent, nomment, décrivent des solides simples ou des assemblages de solides simples : cube, pavé droit, prisme droit, pyramide, cylindre, cône, boule.
- Ils connaissent le vocabulaire associé aux objets et aux propriétés : côté, sommet, angle, diagonale, polygone, centre, rayon, diamètre, milieu, hauteur, solide, face, arête.

Reproduire, représenter, construire

Ce que sait faire l'élève

- L'élève reproduit, représente, construit des figures simples ou complexes (assemblages de figures simples).
- Il trace un cercle de rayon donné.
- Il reproduit, représente, construit des solides simples ou des assemblages de solides simples sous forme de maquettes ou de dessins ou à partir d'un patron (donné, dans le cas d'un prisme ou d'une pyramide, ou à construire dans le cas d'un pavé droit, d'un cube).
- Il réalise, complète et rédige un programme de construction.

Ministère de l'Éducation nationale, de la Jeunesse et des Sports / éduscol : https://eduscol.education.fr/137/attendus-de-fin-d-annee-et-reperes-annuels-de-progression-du-cp-la-3e

DOCUMENT 3 : Extrait de la fiche ressource Éduscol « Espace et géométrie au cycle 3 », pp. 15-16

L'espace et les solides

Le travail sur l'espace et les solides au cycle 3 s'articule autour de deux grands axes :

- **la maîtrise d'un vocabulaire spécifique** pour nommer, décrire et reconnaître quelques solides usuels ;
- **la reconnaissance, l'utilisation et la construction de représentations de l'espace** sous forme de plan, de vues sous différents angles, de photographies, de patrons, etc.

Le travail sur les solides rencontrés au cycle 2 (boule, cylindre, cône, cube, pavé droit, pyramide) se poursuit au cycle 3 en s'enrichissant. Comme au cycle 2, les élèves continuent à manipuler des objets en trois dimensions qu'ils nomment, trient et classent en utilisant le vocabulaire qu'ils ont appris (noms des solides, faces, arêtes, sommets). Les élèves rencontrent de nouveaux solides : des prismes droits et des pyramides régulières.

SOLIDE	EXEMPLES DE REPRÉSENTATIONS EN PERSPECTIVE
Un **prisme droit** est un polyèdre ayant deux faces parallèles et superposables appelées bases et dont les autres faces sont des rectangles.	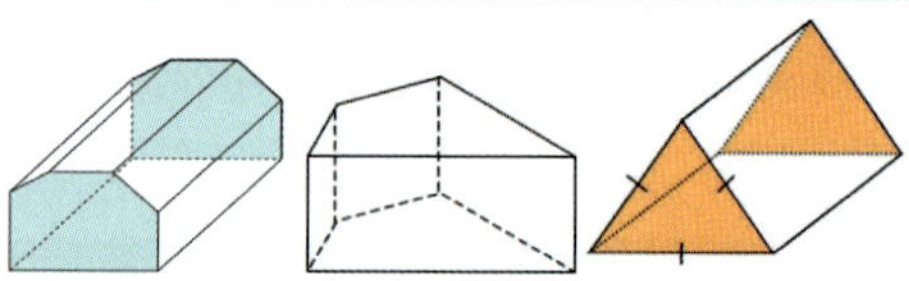
Une **pyramide régulière** est un polyèdre dont une face, appelée base, est un polygone régulier*, et dont les autres faces sont des triangles isocèles.[6] *Polygone convexe ayant tous ses côtés de même longueur et inscriptible dans un cercle.	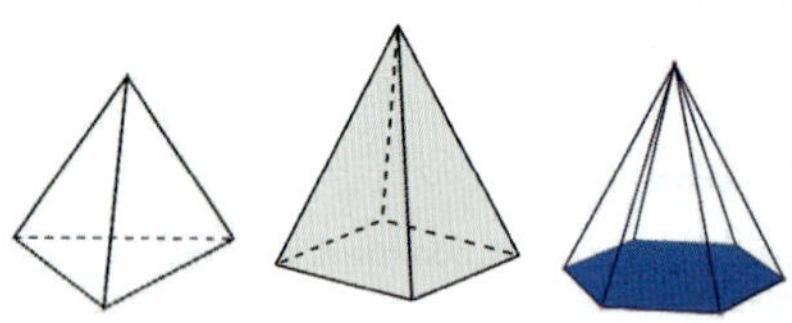

Les travaux sur la reconnaissance de patrons (dire à quel solide correspond un patron donné, dire si un patron permet de construire ou non tel ou tel solide, etc.) doivent être menés dans un premier temps avec des patrons que les élèves pourront plier pour former (ou non) les solides. Afin de leur permettre de développer progressivement les arguments permettant de valider ou non un patron (argument sur le nombre de faces, sur la position relative des faces, sur la forme des faces, sur la longueur d'arêtes devant être assemblées, etc.).

Des travaux de constructions de solides sont proposés à partir de patrons construits ou complétés par les élèves dans le cas de cubes ou de pavés droits, ou fournis par l'enseignant dans le cas de prismes ou de pyramides. Des modèles de patrons de tels solides sont disponibles dans divers ouvrages ou sur des sites internet, comme par exemple le site http://www.korthalsaltes.com/. Ces travaux de construction de solides à partir de patrons doivent permettre de développer l'aptitude à reconnaître le solide correspondant à un patron donné ou à accepter ou rejeter le fait qu'un patron fourni permette de construire un solide donné.

Ministère de l'Éducation nationale, de la Jeunesse et des Sports / éduscol : https://eduscol.education.fr/251/mathematiques-cycle-3

DOCUMENT 4 : Manuel *Les Nouveaux Outils pour les maths, CM1*, Magnard, p. 189

11 Avec des pailles et des petites boules, Jo a construit cet assemblage de 5 cubes.

a. Combien a-t-il utilisé de pailles ?

b. Combien a-t-il utilisé de petites boules ?

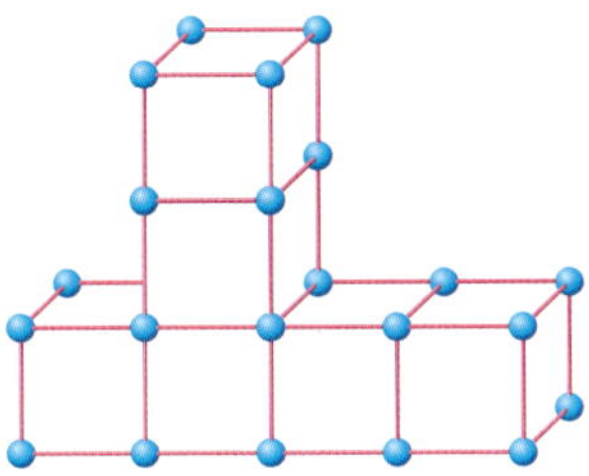

PROPOSITION DE CORRIGÉ

1 Analyse du corpus

Les **documents 1, 2** et **3** exposent les compétences à maîtriser dans le domaine des mathématiques, en espace et géométrie, et nous indiquent ce que l'élève doit être capable de faire à la fin de son année de CM1. Ces documents insistent également sur les termes « reconnaitre, nommer, décrire, reproduire, représenter, construire » et sur l'utilisation du vocabulaire spécifique à acquérir.

Le **document 4** montre que le travail sur les solides peut se poursuivre en résolution de problèmes tout en utilisant des formes de vues différentes (ici la représentation en perspective), comme le préconisent les programmes.

2 Présentation de la séquence

- **Niveau de classe :** CM1
- **Domaine :** Mathématiques
- **Références au socle :**
  - les systèmes naturels et les systèmes techniques : donner à l'élève les fondements de la culture mathématiques, scientifique et technologique ; capacité à résoudre des problèmes ;
  - rendre compte de sa démarche, exploiter et communiquer les résultats de mesures ou de recherches en utilisant les langages scientifiques à bon escient ;
  - modéliser pour représenter une situation ; analyser, argumenter, mener différents types de raisonnements (par analogie, déduction logique…) ;
  - utiliser des propriétés géométriques pour reconnaitre des objets.
- **Place de la séance dans la séquence :** Cette séquence fait suite au travail réalisé au CE2.

◗ **Séance n° 1 :** Devine le solide. La classe est divisée en groupes d'élèves. Chaque groupe possède une boîte avec un solide différent à l'intérieur. Les élèves doivent trouver de quel solide il s'agit. Ils doivent le décrire le plus précisément possible à l'écrit pour pouvoir le faire deviner au reste de la classe lors de la phase suivante de mutualisation collective.
Après cette phase de mutualisation, les élèves sont répartis en binômes et jouent au jeu « solide ou non solide ? ». L'élève 1 énonce la description de la carte, l'élève 2 doit indiquer s'il s'agit d'un solide ou non. Ce jeu pourra ensuite être mis à disposition des élèves dans l'espace mathématiques dans le cadre d'ateliers autonomes.

Cette séance permet une réactivation du vocabulaire spécifique (sommet, arête, face, etc.), et la réalisation d'une trace écrite définissant un solide, sous la forme d'une affiche. Elle servira également d'évaluation diagnostique pour l'enseignant.

◗ **Séance n° 2 :** La représentation d'un solide. Les élèves sont répartis en groupes restreints. Plusieurs images plastifiées de monuments, d'objets de la vie courante sont à leur disposition. Différents solides en volume sont installés dans la classe pour consultation. Les élèves doivent identifier les images qui correspondent aux solides et réaliser un classement. Attention il y a des pièges !
Les élèves doivent réaliser dans chaque groupe une affiche avec des colonnes identifiant les différents solides.

Puis, une phase de mutualisation et de verbalisation permet à chaque groupe de justifier son classement. Un bilan de séance affine la définition du solide réalisé en séance n° 1. Le vocabulaire spécifique complète également les productions.

◗ **Séance n° 3 :** Reproduction d'un solide (1). Les élèves reprennent leurs affiches et construisent les solides de leur classement en utilisant de la pâte à modeler et des cure-dents.
La phase suivante de mutualisation amène les élèves à expliciter leurs constructions en utilisant le vocabulaire spécifique des solides. Un bilan de la séance permet d'affiner la définition du solide réalisée en séance n° 1 et d'y ajouter le vocabulaire spécifique.

Attention, ce ne sont pas de « vrais solides » car il n'y a pas de face, on parle de « représentation ».

Séance n° 4 : Reproduction d'un solide (2). Situation-problème : les élèves reprennent la représentation du cube réalisée lors de la séance précédente et doivent en réaliser le patron.

Séance n° 5 : Construction d'un patron. Situation-problème : les élèves reprennent le cube formé avec les Polydrons et tracent le patron d'un cube de 10 cm d'arête sur feuille. Les élèves cherchent seuls dans un premier temps afin de réfléchir à une stratégie, puis se regroupent en binômes pour confronter leurs idées.
Une phase de mutualisation permet ensuite de définir la meilleure stratégie pour tracer un patron de cube en deux dimensions. Elle permet aussi l'élaboration d'une trace écrite reprenant les différentes étapes de construction de ce patron.

Séance n° 6 : Exercices. Cette séance va permettre aux élèves de réactiver les différentes notions apprises lors des précédentes séances. Plusieurs exercices sont proposés : reconnaissance de solides en perspective cavalière, description de solide avec le nombre de sommets, d'arêtes, de faces, etc., et construction d'un patron de cube pour réalisation en 3D.

Séance n° 7 : Évaluation. Les élèves réalisent plusieurs exercices du même type que lors de la séance n° 6. Au regard des productions des élèves, des séances de remédiation pour les élèves les plus fragiles pourront être proposées.

3 Proposition de leçon : séance n° 4 de la séquence

- **Objectif de la leçon :** Construire le patron d'un cube.
- **Compétences mobilisées par l'élève :** Reproduire, représenter, construire des solides simples à partir d'un patron.
- **Matériel utilisé :** Polydrons et feuille de papier.
- **Organisation :** Recherche individuelle puis travail en binôme.
- **Déroulement de la séance :**

Durée : 1 h

Situation 1 : (5 min.) : Rappel.
Rappel de la séance précédente et réactivation du vocabulaire spécifique à l'aide de l'affichage de la classe.

Situation 2 : (15 min.) : Recherche.
L'enseignant énonce la situation-problème : à partir des représentations du cube réalisé dans la séance précédente, construire le patron. Les élèves sont en recherche individuellement dans un premier temps, puis en binôme afin de confronter leurs idées et de se mettre d'accord. Chaque binôme doit produire un dessin à main levée du patron d'un cube.

Situation 3 : (10 min.) : Vérification.
Après cette phase de recherche, les élèves sont invités à utiliser les Polydrons afin de vérifier si leur tracé correspond bien à un patron de cube. Chaque binôme doit noter sur une feuille ses remarques pour préparer la phase de mutualisation.

Situation 4 : (15 min.) : Mutualisation.
Chaque binôme expose et explicite son tracé en justifiant et en argumentant. Puis, les élèves débutent la phase de vérification et indiquent si leur tracé correspond ou non à un patron. Cette phase est essentielle pour dégager les propriétés et la définition d'un patron de cube.

Situation 5 : (5 min.) : Recherche.
L'enseignant demande alors aux élèves de trouver deux autres patrons du cube, différents de celui (ou ceux) déterminé(s) précédemment. En binôme, les élèves manipulent les Polydrons afin de répondre à la consigne. Ils tracent à main levée les deux patrons sur une feuille blanche.

Situation 6 : (5 min.) : Mutualisation.
Chaque binôme apporte son affiche au tableau. Un classement est alors réalisé avec l'identification des différents patrons possibles du cube.

Situation 7 : (5 min) : Bilan.
Les élèves réalisent le bilan de la séance en collectif. Ils construisent avec l'enseignant la trace écrite définissant le patron d'un cube. Une carte mentale pourrait être envisagée comme trace écrite générale de la séquence.

- **Variables didactiques, points d'attention pédagogique et gestes professionnels :** Dans cette séquence, les phases de mutualisation sont essentielles pour que chaque élève puisse progresser et utiliser l'erreur comme étape nécessaire à la construction du savoir. En effet, les recherches, les essais, les tâtonnements entraînent nécessairement des erreurs. Leur dédramatisation permet d'instaurer un climat de confiance sans stigmatisation et devient un réel levier pour la construction du savoir.
  Pour l'enseignant, l'exploitation de l'erreur est un instrument de régulation pédagogique. Cela permet de découvrir les démarches d'apprentissage des élèves, mais aussi d'identifier leurs besoins pour proposer ensuite des outils de différenciation.
- **Bilan/prolongement :** Les notions abordées pourront être transférées et utilisées en résolution de problème, en sciences ou en arts par exemple. Il est également possible de proposer un projet de classe combinant les solides et l'art avec la construction collective et coopérative d'une œuvre.

4 Questions possibles du jury

A. Questions disciplinaires

a. Quelle est la définition d'un solide ?

Un solide est un objet en trois dimensions, limité par une surface fermée. Il existe les polyèdres et les non-polyèdres. Un polyèdre est un solide dont toutes les faces sont des polygones (signifie « nombreuses faces » en grec). Un non-polyèdre est un solide ayant une base arrondie et/ou une surface courbe. Pour décrire un solide, il faut connaître le nombre et la forme de ses faces, le nombre de ses arêtes et le nombre de ses sommets.

b. Comment définiriez-vous le patron d'un cube ?

Le patron d'un cube est formé de 6 carrés identiques qui correspondent aux 6 faces du cube. Il n'a pas plus de 4 carrés alignés et tous ces carrés sont assemblés par une ou plusieurs arêtes communes.

B. Questions didactiques

a. Quel est l'intérêt de la manipulation dans la séance n° 4 ?

Pour l'élève, la manipulation permet de représenter visuellement son raisonnement et de le communiquer à d'autres, de développer et d'explorer les concepts mathématiques en contexte, de vérifier, confirmer si sa stratégie est correcte.

L'enseignant utilise la manipulation comme un outil d'évaluation de la compréhension. Cependant, pour être efficace, elle doit être planifiée et explicitée aux élèves (comment, quand et pourquoi l'utiliser).

b. Pourquoi les élèves travaillent-ils seuls dans un premier temps?

Il est nécessaire d'accorder d'abord aux élèves un temps de travail individuel en amont de la mise au travail par groupe ou par binôme. Cela leur permet de s'approprier la situation-problème et ainsi de faciliter l'engagement de tous dans la résolution de celle-ci.

C. Questions pédagogiques

a. Que pourriez-vous proposer, à la suite de la séquence, qui permettrait aux élèves de donner du sens à leurs apprentissages en les appliquant à la vie quotidienne ?

Il pourrait être envisageable de réaliser des « sorties mathématiques » pour que les élèves prennent conscience de la présence des mathématiques dans leur environnement quotidien. On pourrait alors proposer aux élèves de prendre des photos de solides rencontrés au cours de cette sortie, et de les analyser ensuite en classe pour les identifier. Ces photos complèteraient la trace écrite sur les solides en établissant un lien entre l'abstrait et le concret.

b. Quelle est la place et quel est le rôle de l'enseignant dans les phases de recherche de la séance n° 4 ?

L'enseignant circule dans les rangs pour observer les productions des élèves afin de pouvoir encourager leur mise en recherche. Il relance aussi certains élèves qui pourraient être bloqués, avec un étayage ou en leur posant des questions sur leurs éventuelles incompréhensions. L'enseignant accompagne les binômes en les aidant à comparer leurs résultats et leurs procédures pour se mettre d'accord. Il accompagne en particulier des élèves plus fragiles ayant des besoins spécifiques.

Sujet 32 Les grands nombres (CM1)

Consignes page 85.

DOSSIER

DOCUMENT 1 : Extrait des repères annuels de progression, cycle 3

NOMBRES ET CALCULS		
Les nombres entiers		
CM1	**CM2**	**6e**
Les élèves apprennent à utiliser et à représenter les grands nombres entiers jusqu'au million. Il s'agit d'abord de consolider les connaissances (écritures, représentations...).	Le répertoire est étendu jusqu'au milliard.	En **période 1**, dans un premier temps, les principes de la numération décimale de position sur les entiers sont repris jusqu'au million, puis au milliard comme en CM, et mobilisés sur les situations les plus variées possibles, notamment en relation avec d'autres disciplines.
La valeur positionnelle des chiffres doit constamment être mise en lien avec des activités de groupements et d'échanges.		

Ministère de l'Éducation nationale, de la Jeunesse et des Sports / éduscol : https://eduscol.education.fr/137/attendus-de-fin-d-annee-et-reperes-annuels-de-progression-du-cp-la-3e

DOCUMENT 2 : Extrait des attendus de fin d'année, CM1

Utiliser et représenter les grands nombres entiers, des fractions simples, les nombres décimaux

Les nombres entiers

Ce que sait faire l'élève

- L'élève utilise et représente les grands nombres entiers :
  - il connaît les unités de la numération décimale pour les nombres entiers (unités simples, dizaines, centaines, milliers, millions, milliards) et les relations qui les lient ;
  - il comprend et applique les règles de la numération décimale de position aux grands nombres entiers (jusqu'à 12 chiffres).
- Il compare, range, encadre des grands nombres entiers, les repère et les place sur une demi-droite graduée adaptée.

Ministère de l'Éducation nationale, de la Jeunesse et des Sports / éduscol : https://eduscol.education.fr/137/attendus-de-fin-d-annee-et-reperes-annuels-de-progression-du-cp-la-3e

DOCUMENT 3 : Extraits du manuel *Outils pour les maths, CM1*, Magnard, 2020, p. 20 et 22

Je retiens

- Après la classe des mille, il y a la **classe des millions**.

Classe des millions			Classe des mille			Classe des unités		
c	d	u	c	d	u	c	d	u
1	2	5	4	0	9	6	4	8

Ex. : 125 409 648 s'écrit en lettres :
cent-vingt-cinq-**millions**-quatre-cent-neuf-**mille**-six-cent-quarante-huit.

- On peut **décomposer** un nombre :
125 409 648 = (125 × 1 000 000) + (409 × 1 000) + (6 × 100) + (4 × 10) + 8
125 409 648 = 125 000 000 + 409 000 + 600 + 40 + 8
Dans 125 409 648, il y a 125 millions, 409 milliers et 648 unités.

Je retiens

- On peut **placer** des nombres sur une demi-droite graduée et les **intercaler** :

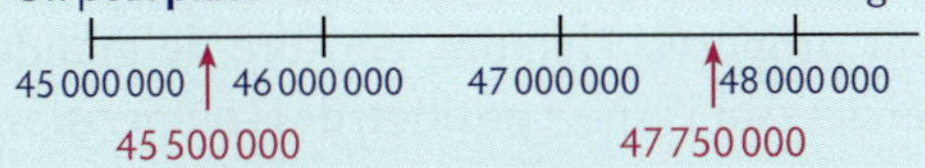

- On peut **encadrer** des nombres :
– à la centaine de mille près : 854 **4**00 000 < 854 455 253 < 854 **5**00 000
– au million près : 85**4** 000 000 < 854 455 253 < 85**5** 000 000
- On peut **comparer** deux nombres :
Ex. : 45**6** 230 000 > 45**5** 253 000 car 6 > 5
- On peut **ranger** des nombres dans l'ordre croissant ou décroissant :
Ex. : 520 500 000 < 525 250 000 ou 530 000 000 > 520 500 000

PROPOSITION DE CORRIGÉ

1 Analyse du corpus

Les repères annuels de progression (**document 1**) exposent les compétences à maîtriser dans le domaine des mathématiques, notamment, dans les extraits choisis, en nombre et calcul. Ce document précise la progressivité à mettre en œuvre en CM2, en passant par les millions puis les milliards.

Les exemples de traces écrites finales proposées dans ces extraits de manuel (**document 3**) illustrent les différentes étapes nécessaires à suivre lors d'une séquence, afin d'aboutir à l'acquisition des compétences attendues en fin de CM1 (**document 2**).

2 Présentation de la séquence

- **Niveau de classe :** CM1
- **Domaine :** Mathématiques
- **Référence au socle :** Les systèmes naturels et les systèmes techniques : donner à l'élève les fondements de la culture mathématiques, scientifique et technologique ; capacité à résoudre des problèmes.
- **Place de la séance dans la séquence :**

Séance n° 1 : Construction : lecture écriture des grands nombres. Cette séance va permettre d'introduire la nouvelle classe : les millions. Pour cela, un rappel des classes précédemment vues en CE2 est fait. On lit, on écrit plusieurs nombres puis on ajoute une nouvelle classe avec trois nouvelles colonnes. Cette partie fait l'objet d'un enseignement explicite de la part de l'enseignant. Les notions importantes qui composent un grand nombre, comme les classes, les rangs, le chiffre des…, le nombre des…, sont réactivées.
Plusieurs exercices d'application seront proposés : lecture, écriture de grands nombres (sans zéros intermédiaires), exercices sur l'aspect position de la numération et sur l'aspect décimal de la numération.
Les élèves ont à leur disposition un tableau de numération plastifié si besoin.
Un bilan de fin de séance sera construit avec les élèves sous forme de trace écrite intermédiaire.

Séance n° 2 : Construction et rappel : décomposer un grand nombre. Dans un premier temps, le rappel de la séance précédente s'effectue sous la forme d'exercices de lecture et de dictées de grands nombres en y ajoutant des zéros intermédiaires. Les élèves feront ensuite appel à leur souvenir du CE2 afin de réaliser des décompositions. Un exercice d'application sera proposé à la fin de cette séance.
Un bilan de fin de séance sera construit avec les élèves sous forme de trace écrite intermédiaire.

Séance n° 3 : Construction et rappel : comparer pour ranger. Lors de cette séance, les élèves rappellent la procédure qui permet de comparer et de ranger les nombres. Un défi sera ensuite proposé aux élèves.

Séance n° 4 : Construction et rappel : ligne graduée. Lors de cette séance, les élèves rappellent la procédure permettant de situer un nombre sur une droite comme pour les grands nombres. On peut proposer, lors des exercices d'application, des grands nombres à ordonner (voir document 2), à placer sur une droite graduée dont l'encadrement est large puis de plus en plus précis.

Séance n° 5 : Construction et rappel : encadrement. Lors de cette séance, les élèves apprennent à encadrer au million près, à la centaine de milliers près, à la dizaine de milliers près, la centaine, etc. Dans un premier temps le terme « encadrement » sera redéfini afin que les élèves comprennent qu'il peut être différent selon la demande. Un exemple collectif très explicite peut être envisagé. Il est suivi d'une phase de mutualisation permettant à chacun de verbaliser l'argumentation, en se servant des notions abordées dans les différentes séances précédentes.

Séance n° 6 : L'évaluation porte sur plusieurs exercices qui reflètent le travail réalisé pendant toute la séance :

- énigmes « je suis… » ;
- exercices sur l'aspect position de la numération ;
- exercices sur l'aspect décimal de la numération ;
- dictée de nombres et écritures en lettres ;
- exercices traitant de la différence entre chiffres et nombres ;
- association d'un nombre entendu à son écriture chiffrée ;
- association d'un nombre à différentes représentations (décomposition) ;
- rangement, comparaison et situation des grands nombres sur une droite graduée.

3 Proposition de leçon : séance n° 3 de la séquence

Objectifs de la leçon :

- savoir comparer et ranger des grands nombres entiers (jusqu'à 9 chiffres) avec un nombre égal de chiffres ;
- savoir comparer et ranger des grands nombres entiers (jusqu'à 9 chiffres) écrits en chiffres ;
- élaborer une stratégie de comparaison et de rangement des grands nombres entiers (jusqu'à 9 chiffres).

Compétence mobilisée par l'élève : Utiliser et représenter les grands nombres entiers.

Matériel utilisé : Étiquettes plastifiées avec différents « mots-nombres », étiquettes plastifiées avec différents grands nombres écrits en chiffres, affiches par groupe, pastilles adhésives repositionnables.

Organisation : Travail individuel, de groupe, collectif.

Déroulement de la séance :

Durée : 50 minutes

Situation 1 : (2 min.) : Rappel de la séance précédente à l'aide de la trace écrite intermédiaire de la classe construite avec les élèves. On rappelle les différentes classes, leurs valeurs les unes par rapport aux autres, mais aussi comment se lit et s'écrit un grand nombre.

Situation 2 : (3 min.): L'enseignant projette au tableau plusieurs grands nombres. La consigne est la suivante : ranger ces grands nombres du plus petit au plus grand. Les élèves réfléchissent individuellement dans un premier temps.

Situation 3 : (10 min.) : Les élèves, répartis en groupes de quatre, s'accordent sur le classement. Ils positionnent l'enchainement de leurs grands nombres sur une affiche à l'aide des pastilles adhésives repositionnables.

Situation 4 : (10 min.) : Une phase de mutualisation permet ensuite de faire émerger les procédures de comparaison des grands nombres. Chaque groupe dépose son affiche au tableau et explicite son classement. Il s'agira également d'asseoir les notions de classes, unités, dizaines, centaines, chiffres et nombres nécessaires à la comparaison.

◗ **Situation 5 :** (10 min.) : L'enseignant propose ensuite un défi aux élèves : à l'aide des nouvelles étiquettes, former le plus grand nombre possible. Par exemple :

millions	deux	vingt	mille	cent
trois	quatre-vingt	dix-huit	cinquante	neuf

Les élèves réfléchissent seuls dans un premier temps, puis sont associés en binôme.

◗ **Situation 6 :** (10 min.) : Un premier binôme prend la parole et énonce son grand nombre. L'enseignant l'écrit au tableau et demande si d'autres binômes ont trouvé un nombre plus grand. L'enseignant l'écrit au tableau et demande à l'ensemble de la classe de valider ou non cette proposition en la comparant au premier grand nombre énoncé.
Le but de cette phase est de comprendre que pour former le plus grand nombre, il faut utiliser l'étiquette qui a le plus de valeur dans les millions, les milliers et ainsi de suite, au regard du travail de comparaison initié lors de la situation 4. La comparaison des réponses des binômes permet de mémoriser une nouvelle fois la procédure de comparaison pour aboutir à un classement.

◗ **Situation 7 :** (5 min.) : Bilan de la séance et réalisation de la trace écrite intermédiaire construite avec les élèves. Elle explicite les différentes démarches de comparaison.

- **Variables didactiques, points d'attention pédagogique et gestes professionnels :** Pour les élèves les plus en difficulté, des outils comme le tableau de numération ou le compteur des grands nombres peuvent être utiles et mis à disposition. Un TBI (tableau blanc interactif) avec la projection du tableau de numération peut également être utile à manipuler en collectif, afin d'appuyer l'argumentation.
  Une vigilance est nécessaire lors des exercices de décomposition et composition de grands nombres. En effet, il est essentiel que les élèves comprennent qu'en avançant vers les millions, chaque colonne correspond à un nombre 10 fois plus grand, qu'un million est mille fois plus grand qu'un millier par exemple. Cette vigilance aidera à une meilleure compréhension lors des séances concernant la multiplication par 10 et par 100.
- **Bilan/prolongement :** Des exercices de réinvestissement peuvent être proposés entre chaque séance afin d'assurer l'acquisition des compétences par les élèves, et ainsi passer à l'étape suivante. On peut proposer par exemple un travail en lien avec le numérique et l'utilisation de l'application « LearningApps », qui permet de créer des exercices divers et variés.
  À la fin de cette séquence, un travail en rituel pourra être proposé avec un support plastifié permettant aux élèves de réaliser toutes ces étapes pour un grand nombre donné.

4 Questions possibles du jury

A. Questions disciplinaires

a. Qu'est-ce que l'aspect position de la numération ?

L'aspect position de la numération signifie que la valeur du chiffre dépend de sa position. Ainsi 7 dizaines + 3 unités + 5 centaines + 3 milliers = 3 573.

Ce sont principalement ce genre d'exercices que les élèves réalisent. Cependant, il faut également travailler l'aspect décimal de la numération.

b. Qu'est-ce que l'aspect décimal de la numération ?

L'aspect décimal de la numération signifie que 10 unités d'un certain rang équivalent à une unité d'un rang supérieur. Par exemple, 1 dizaine = 10 unités, 1 centaine = 10 dizaines = 100 unités, 1 millier = 10 centaines = 100 dizaines = 1 000 unités.

Ainsi, 250 000 247 = 2 centaines de millions + 50 unités de millions + 1 centaine + 14 dizaines + 7 unités, par exemple.

B. Questions didactiques

a. Pouvez-vous expliquer l'importance de travailler l'aspect décimal ?

Construire l'aspect décimal de la numération amène les élèves à utiliser les différentes unités de numération selon différents points de vue. La désignation d'un nombre avec les unités permet de produire des écritures ou lectures variées, et notamment selon la base dix et la base mille. Il sera alors nécessaire de réaliser des conversions d'unités. C'est également un moyen de justifier l'écriture d'un grand nombre avec les zéros qui ne s'entendent pas.

Il s'agit donc de savoirs clés qui seront mobilisés en calcul mental, posé ou lors de conversions de mesures.

b. En quoi le calcul mental peut-il être un levier dans l'apprentissage des grands nombres ?

Le calcul mental prend appui sur les connaissances des relations entre les unités construites pour les petits nombres, et permet ainsi de mieux les comprendre pour les grands nombres (voir question A. b.).

Certaines activités de calcul mental peuvent également permettre de travailler les relations entre classes. Par exemple la relation entre centaine de mille et million.

C. Questions pédagogiques

a. Comment approfondir l'apprentissage des grands nombres de manière que les élèves leur donnent du sens ?

Pour donner du sens aux grands nombres, il est possible de proposer aux élèves des occasions de rencontrer de grandes quantités (ou de grandes longueurs, aires ou volumes), pour développer la perception des quantités ou grandeurs associées à ces grands nombres. On peut proposer des problèmes traitant de la distance entre la Terre et Mars par exemple, en lien avec l'actualité, ou développer une perception des grands nombres en trouvant le nombre approximatif de pâtes dans un récipient donné.

b. Quelle organisation de classe proposant des activités variées pourriez-vous mettre en place ?

Il est possible d'organiser la classe sous forme d'ateliers tournants traitant différents objectifs. Par exemple, des jeux de dominos, des jeux de cartes avec des décompositions de toutes sortes qui peuvent être proposés en autonomie, ou des lotos de grands nombres, des cartes à pinces autocorrectives traitant des encadrements ou des placements sur une droite graduée.

Sujet 33 Les fractions et les nombres décimaux (CM1)

Consignes page 85.

DOSSIER

DOCUMENT 1 : Extraits des repères annuels de progression, cycle 3

CM1	CM2	6^e^
NOMBRES ET CALCULS		
Fractions		
Dès la **période 1** les élèves utilisent d'abord les fractions simples (comme $\frac{2}{3}, \frac{1}{4}, \frac{5}{2}$) dans le cadre de partage de grandeurs. Ils travaillent des fractions inférieures et des fractions supérieures à 1. Dès la **période 2**, les fractions décimales sont régulièrement mobilisées : elles acquièrent le statut de nombre et sont positionnées sur une droite graduée. Les élèves comparent des fractions de même dénominateur. Ils ajoutent des fractions décimales de même dénominateur. Ils apprennent à écrire des fractions décimales sous forme de somme d'un nombre entier et d'une fraction décimale inférieure à 1.	Dès la **période 1**, dans la continuité du CM1, les élèves étendent le registre des fractions qu'ils manipulent (en particulier $\frac{1}{1000}$) ; ils apprennent à écrire des fractions sous forme de somme d'un nombre entier et d'une fraction inférieure à 1.	En **période 1**, sont réactivées les fractions comme opérateurs de partage vues en CM, puis les fractions décimales en relation avec les nombres décimaux (par exemple à partir de mesures de longueurs) ; les élèves ajoutent des fractions décimales de même dénominateur. En **période 2** l'addition est étendue à des fractions de même dénominateur (inférieur ou égal à 5 et en privilégiant la vocalisation : deux cinquièmes plus un cinquième égale trois cinquièmes). En **période 3**, les élèves apprennent que $\frac{a}{b}$ est le nombre qui, multiplié par b, donne a (définition du quotient de a par b).
NOMBRES ET CALCULS (suite)		
Nombres décimaux		
Tout au long du cycle, les désignations orale et écrite des nombres décimaux basées sur les unités de numération contribuent à l'acquisition du sens des nombres décimaux (par exemple pour 3,12 : « trois unités et douze centièmes » ou « trois unités, un dixième et deux centièmes » ou « trois cent douze centièmes »).		
À partir de la **période 2**, les élèves apprennent à utiliser les nombres décimaux ayant au plus deux décimales en veillant à mettre en relation fractions décimales et écritures à virgule (ex : $3{,}12 = 3 + \frac{12}{100}$). Ils connaissent des écritures décimales de fractions simples ($\frac{1}{2} = 0{,}5 = \frac{5}{10}$; $\frac{1}{4} = \frac{25}{100} = 0{,}25$; la moitié d'un entier sur des petits nombres).	Dès la **période 1**, les élèves rencontrent et utilisent des nombres décimaux ayant une, deux ou trois décimales. Ils connaissent des écritures décimales de fractions simples ($\frac{1}{5} = 0{,}2 = \frac{2}{10}$; $\frac{3}{4} = \frac{75}{100} = 0{,}75$; la moitié d'un entier).	Dès la **période 1**, dans le prolongement des acquis du CM, on travaille sur les décimaux jusqu'à trois décimales. La quatrième décimale sera introduite en **période 2** au travers des diverses activités.

Ministère de l'Éducation nationale, de la Jeunesse et des Sports / éduscol : https://eduscol.education.fr/137/attendus-de-fin-d-annee-et-reperes-annuels-de-progression-du-cp-la-3e

DOCUMENT 2 : Extraits des attendus de fin d'année CM1

Fractions

Ce que sait faire l'élève

- L'élève utilise les fractions simples (comme $\frac{2}{3}, \frac{1}{4}, \frac{5}{2}$) dans le cadre de partage de grandeurs ou de mesures de grandeurs, et des fractions décimales ($\frac{1}{10}, \frac{1}{100}$) ; il fait le lien entre les formulations en langage courant et leur écriture mathématique (par exemple faire le lien entre « la moitié de » et $\frac{1}{2}$ dans l'expression « une demi-heure »).

- L'élève manipule des fractions jusqu'à $\frac{1}{1000}$.
- L'élève donne progressivement aux fractions le statut de nombre.
- Il connaît diverses désignations des fractions : orales, écrites et des décompositions additives et multiplicatives (ex : quatre tiers ; $\frac{4}{3}$; $\frac{1}{3}+\frac{1}{3}+\frac{1}{3}+\frac{1}{3}$; $1+\frac{1}{3}$; $4\times\frac{1}{3}$).
- Il les positionne sur une droite graduée.
- Il les encadre entre deux entiers consécutifs.
- Il écrit une fraction décimale sous forme de somme d'un entier et d'une fraction inférieure à 1.
- Il compare deux fractions de même dénominateur.
- Il ajoute des fractions décimales de même dénominateur.

Nombres décimaux

Ce que sait faire l'élève

- L'élève utilise les nombres décimaux.
- Il connaît les unités de la numération décimale (unités simples, dixièmes, centièmes) et les relations qui les lient.
- Il comprend et applique aux nombres décimaux les règles de la numération décimale de position (valeurs des chiffres en fonction de leur rang).
- Il connaît et utilise diverses désignations orales et écrites d'un nombre décimal (fractions décimales, écritures à virgule, décompositions additives et multiplicatives).
- Il utilise les nombres décimaux pour rendre compte de mesures de grandeurs. Il connaît le lien entre les unités de numération et les unités de mesure (par exemple : dixième → dm , dg, dL ; centième → cm, cg, cL, centimes d'euro.
- Il repère et place un nombre décimal sur une demi-droite graduée adaptée.
- Il compare, range des nombres décimaux.
- Il encadre un nombre décimal par deux nombres entiers.

Ministère de l'Éducation nationale, de la Jeunesse et des Sports / éduscol : https://eduscol.education.fr/137/attendus-de-fin-d-annee-et-reperes-annuels-de-progression-du-cp-la-3e

DOCUMENT 3 : Extrait d'*Enseigner les mathématiques à l'école*

« Les fractions posent d'importants problèmes sémiotiques aux élèves qui les découvrent. La première difficulté réside dans leur écriture symbolique, qui utilise deux nombres entiers l'un au-dessus de l'autre et séparés par une barre horizontale. Il est difficile pour un élève d'admettre que $\frac{7}{4}$ désigne d'abord un nombre et non pas une division, comme semble le signifier la barre horizontale. $\frac{7}{4}$ n'est pas une opération : elle ne doit pas être lue "7 divisé par 4", mais "sept quarts" (formulation qui se rapporte d'ailleurs plus à une multiplication : "sept fois un quart"). Une fraction n'est donc pas une division, même si elle lui est semblable : c'est au mieux une division qui n'est pas effectuée. Elle désigne un nombre qui correspond à un rapport entre deux nombres entiers. Pour un élève, il est complexe d'admettre que la barre de fraction signifie ce rapport. Si l'on ne prend pas le temps d'expliciter ce point, les élèves interprèteront la barre horizontale comme le déclenchement de l'opération "division". L'obstacle est majeur : il y a alors confusion entre le nombre et l'opération sur les nombres. Une autre difficulté sémiotique à l'école réside dans l'utilisation abusive des "parts de tarte" pour représenter les fractions. Cette représentation est un choix très discutable sur le plan didactique, car elle a des conséquences sur l'incompréhension du système fractionnaire. Dans l'exemple donné ci-après, le rapport entre les nombres porte sur deux aires dont le calcul est relativement complexe (puisqu'il utilise le nombre π).

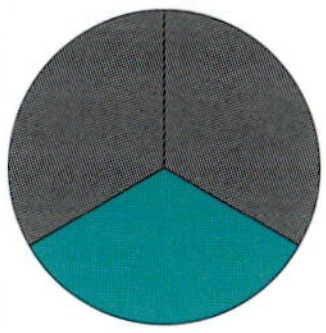

La représentation « part de tarte »

[...]

Les décimaux

Les nombres décimaux sont des nombres rationnels que l'on peut caractériser comme des fractions particulières, c'est-à-dire celles qui s'écrivent avec une puissance de dix au dénominateur. Une deuxième écriture possible consiste à utiliser la virgule : $12{,}57 = \frac{1\,257}{100}$. L'écriture à virgule permet d'identifier ce que l'on nomme les parties entière et décimale d'un nombre décimal. Notez une fois encore que le langage utilisé n'est pas source de simplicité, puisque la formulation "partie décimale d'un nombre décimal" est pour le moins ambigüe.

La problématique principale est là aussi d'ordre sémiotique. Elle réside dans le fait que, pour écrire un seul nombre, il faut en utiliser deux séparés par un symbole, la virgule. Cette virgule fait son apparition comme nouveau symbole indissociable des deux parties numériques qu'elle sépare. Remarquons d'ailleurs que le sens mathématique de la virgule diffère de celui de la langue écrite, où elle constitue plutôt une forme de respiration facultative.

Comme il existe deux manières d'écrire un nombre décimal (écriture à virgule ou fraction), les exercices consistant à vérifier la compréhension des élèves dans cette transcription montrent qu'il existe de nombreuses difficultés récurrentes. On peut citer, en appui sur l'exemple qui suit, celle qui consiste à traduire le trait de fraction comme une virgule. »

Parmi les fractions ci-dessous, entoure celle qui est égale à 80,4.

$\frac{804}{100}$	$\boxed{\frac{80}{4}}$	$\frac{84}{10}$	$\frac{804}{10}$	$\frac{804}{1000}$

Un exemple d'erreur fréquente

T. Dias, *Enseigner les mathématiques à l'école*, Magnard, 2018, pp. 143. et 145.

PROPOSITION DE CORRIGÉ

1 Analyse du corpus

Les repères annuels de progression (**document 1**) exposent les compétences à maîtriser dans le domaine des mathématiques, notamment, dans les extraits choisis, en nombre et calcul. Ce document montre la progressivité à mettre en œuvre pour passer des fractions simples aux nombres décimaux.

Le **document 2** expose ce que l'élève doit être capable de faire à la fin de son année de CM1 au niveau des fractions et des nombres décimaux. Il met en évidence l'importance de ce travail qui rayonnera dans d'autres thèmes mathématiques, comme en grandeurs et mesures par exemple.

Thierry Dias décrit ici (**document 3**) les difficultés que rencontrent fréquemment les élèves et la complexité de l'apprentissage de ces notions. Il convient alors de mener une observation fine des productions des élèves à chaque fin de séance, et de les analyser afin de proposer des éléments de remédiation.

2 Présentation de la séquence

- **Niveau de classe :** CM1
- **Domaine :** Mathématiques
- **Référence au socle :** Les systèmes naturels et les systèmes techniques : donner à l'élève les fondements de la culture mathématiques, scientifique et technologique ; capacité à résoudre des problèmes.
- **Place de la séance dans la séquence :**

Séance n° 1 : Recherche : partage de longueur en fractions. Dans un premier temps les élèves ont à leur disposition une bande de papier que l'on appelle « bande-unité ». L'enseignant demande aux élèves de partager ce morceau de papier en 2 morceaux identiques sans avoir recours aux instruments de mesure. Même procédé pour partager une seconde bande-unité en 4 morceaux identiques, puis 3 morceaux identiques et enfin en 6 morceaux. Puis, une phase collective de mutualisation, de confrontation des démarches et d'argumentation de cette résolution de problème est mise en œuvre.
Cette séance permet de rappeler ce qu'est une fraction, son écriture et comment la nommer. Une affiche faisant office de trace écrite intermédiaire sera réalisée pour la classe et individuellement pour chaque élève. En effet, on utilisera toutes les bandes-unité pour les comparer et trouver des correspondances telles que $1/4 = 2/4 = 3/6$ par exemple.

Séance n° 2 : Construction : mesurer avec la bande-unité. Cette séance va permettre aux élèves de comprendre que la fraction permet la mesure d'une longueur plus grande ou plus petite que l'unité. L'enseignant distribue une fiche avec plusieurs segments de différentes tailles. Individuellement puis par groupe, les élèves doivent mesurer ces segments en utilisant les bandes-unité et écrire leur dimension. Par exemple : $1 + 1/4$ ou $3 + 3/4$.
Lors de la phase suivante de mutualisation des réponses en collectif, un bilan et une trace écrite intermédiaire sont construits.

Séance n° 3 : Construction : de la fraction simple à la décomposition du nombre décimal. Cette séance permet aux élèves de comprendre l'origine des graduations du double décimètre, mais aussi le passage de l'écriture fractionnée à l'écriture décimale.

Séance n° 4 : Construction/réinvestissement : placer des fractions décimales sur une droite graduée. Cette séance permet aux élèves de passer de la représentation des bandes-unité à une représentation de droite graduée.

Les élèves doivent positionner des écritures fractionnaires sur la droite graduée (dans un premier temps avec des fractions simples, puis avec des fractions décimales).
Cette séance est suivie d'exercices d'application du type de ceux que l'on peut trouver dans le manuel *Outils pour les maths, CM1*, aux éditions Magnard.
Vient ensuite une phase de mutualisation des réponses en collectif, puis l'élaboration d'un bilan et d'une trace écrite intermédiaire.

▶ **Séance n° 5 :** Construction : passer de l'écriture fractionnaire décimale à l'écriture d'un nombre décimal. Cette phase est essentielle et permet de construire le vocabulaire spécifique lié aux nombres décimaux : unité, dixièmes, centièmes, partie entière et partie décimale. On peut utiliser ici un tableau de numération.
Cette séance est suivie d'exercices d'application du type de ceux que l'on peut trouver dans le manuel *Outils pour les maths, CM1*, aux éditions Magnard.
Vient ensuite une phase de mutualisation des réponses en collectif. On peut utiliser ici les zooms successifs comme aide aux élèves fragiles. Un bilan et une trace écrite intermédiaire sont ensuite réalisés.

▶ **Séance n° 6 :** Exercices de réinvestissement. Cette phase reprend plusieurs exercices proposés précédemment en y ajoutant des exercices de décomposition de nombres décimaux en unités et fractions, et inversement.

▶ **Séance n° 7 :** Évaluation. Cette séance permet de situer les élèves par rapport à leurs acquis. On pourra, à partir de ces évaluations, proposer des séances de remédiation pour les élèves qui en ont besoin.

3 Proposition de leçon : séance n° 3 de la séquence

- **Objectif de la leçon :** Mesurer un segment de longueur fractionnaire à l'aide de trois bandes : une bande-unité simple, une bande fractionnée en dixièmes, et une bande fractionnée en centièmes.
- **Compétences mobilisées par l'élève :** Comprendre et utiliser la notion de fractions décimales pour aller vers l'écriture décomposée d'un nombre décimal.
- **Matériel utilisé :** Bandes de papier unité, bandes de papier fractionnées en dixièmes, bandes de papier fractionnées en centièmes, fiches avec des segments de mesures différentes.
- **Organisation :** Individuel, groupe et collectif.
- **Déroulement de la séance :**

Durée : 1 h

▶ **Situation 1 :** (5 min.) : Phase de recherche individuelle.
Les élèves ont à leur disposition la fiche avec les segments et les bandes. La consigne est la suivante : trouver la dimension de chaque segment à l'aide des bandes mises à disposition. Les élèves cherchent individuellement dans un premier temps.

▶ **Situation 2 :** (15 min.) : Phase de recherche en groupe.
Les élèves sont ensuite mis en groupes hétérogènes et confrontent leurs recherches. Ils doivent se mettre d'accord et réaliser une fiche avec les réponses pour leur groupe.

◗ **Situation 3 :** (15 min.) : Phase de mutualisation collective.
Mutualisation/ confrontation des réponses des différents groupes. Les groupes sont invités à exposer, justifier et argumenter leurs réponses par la manipulation et la verbalisation de leur procédure. Ce type d'interactions langagières développe chez les élèves leur bagage linguistique général sur le plan syntaxique, mais également très spécifique sur le plan lexical. Le rôle et la place de l'enseignant est ici essentiel.
Lors de cette phase, l'écriture décomposée du nombre décimal doit émerger : *le segment [AB] mesure 1 bande-unité + 3/10 d'une bande-unité = 1 + 3/10.*

◗ **Situation 4 :** (10 min.) : Exercice d'application individuel.
Les élèves réalisent un exercice d'application. Ils doivent mesurer différents segments avec leurs bandes, mais également retrouver le segment correspondant à la mesure indiquée.
Cette phase servira d'évaluation à l'enseignant qui pourra réajuster la séance suivante si nécessaire.

◗ **Situation 5 :** (10 min.) : Mutualisation en collectif.
Les élèves mutualisent et confrontent leurs réponses en les justifiant et argumentant.

◗ **Situation 6 :** (5 min.) : Bilan.
Réalisation d'un bilan de la séance en collectif avec création d'une trace écrite intermédiaire sous forme d'affiche.

- **Variables didactiques, points d'attention pédagogique et gestes professionnels :** Cette séquence est composée initialement de 7 séances, mais elle doit se construire en fonction de l'avancement des élèves dans l'acquisition de leurs compétences, au fur et à mesure des séances. Il ne faut pas hésiter à modifier cette trame et à proposer deux séances n° 4 si nécessaire par exemple.
  Il est également tout à fait possible de proposer une séance intermédiaire de remédiation ou de consolidation en direction des élèves les plus fragiles en atelier dirigé. On propose alors aux autres élèves des ateliers de réinvestissement sous forme de jeux (dominos, bingo, etc.).
  Au début de chaque séance, un rappel de la séance précédente est proposé en s'appuyant sur les traces écrites intermédiaires.
- **Bilan/prolongement :** De nombreuses séances de consolidation et de réinvestissement seront proposées régulièrement tout au long de l'année, en lien avec la résolution de problèmes par exemple. De plus, cette séquence sera prolongée par la suite logique du travail sur les encadrements de nombres décimaux.

4 Questions possibles du jury

A. Questions disciplinaires

a. Pouvez-vous donner une définition d'un nombre décimal ?

On peut définir un nombre décimal comme un nombre pouvant s'écrire sous la forme d'une fraction décimale. Il faut être vigilant et éviter de définir un nombre décimal comme « un nombre à virgule ». En effet, cette définition est erronée ; 52 est un nombre décimal, il peut s'écrire 520/10. On parlera donc plutôt « d'écriture à virgule ».

b. Une fraction fait-elle partie des nombres réels ?

Oui, les fractions font partie des nombres réels. Ainsi, dans le diagramme de Venn, on voit que la fraction $\frac{7}{2}$ appartient à l'ensemble D des nombres décimaux, à l'ensemble Q des nombres rationnels et à l'ensemble R des nombres réels. En revanche, π n'appartient qu'à l'ensemble des nombres réels car c'est un nombre irrationnel.

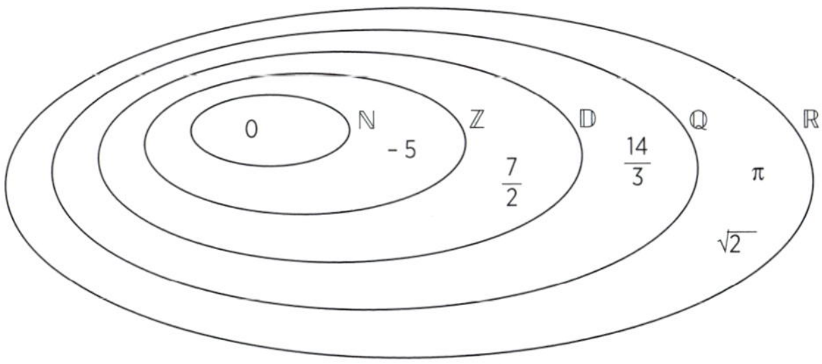

Diagramme de Venn

B. Questions didactiques

a. Pouvez-vous expliquer l'importance du sens de cette progressivité ? Passer des fractions aux décimaux.

Les textes préconisent : « les fractions puis les nombres décimaux apparaissent comme de nouveaux nombres introduits pour pallier l'insuffisance des nombres entiers, notamment pour mesurer des longueurs, des aires et repérer des points sur une demi-droite graduée ». Il faut donc fractionner les grandeurs quand l'unité entière ne suffit pas ; quand elle est plus petite ou plus grande. Cette progressivité donne du sens à l'utilisation des nombres décimaux.

C. Questions pédagogiques

a. Quelle trace écrite réaliseriez-vous pour expliquer la partie entière et la partie décimale ?

Il faut être très vigilant à la trace écrite.

35,648 = 35 + 0,648

↓ partie entière ↓ partie décimale

Dans cet affichage on distingue bien la partie entière faite d'unités entières et la partie décimale qui est plus petite qu'une unité entière.

~~35,648~~

↓ partie entière ↓ partie décimale

Dans cet affichage, on renforce la conception du nombre décimal comme étant la juxtaposition de deux entiers, ce qui est incorrect.

b. Quelle activité ritualisée pourrait être proposée afin de réactiver le travail de cette séquence ?

On pourrait proposer des fleurs du nombre (voir exemple ci-dessous). Ce mode de représentation permet d'établir des liens entre les différentes écritures du nombre décimal.

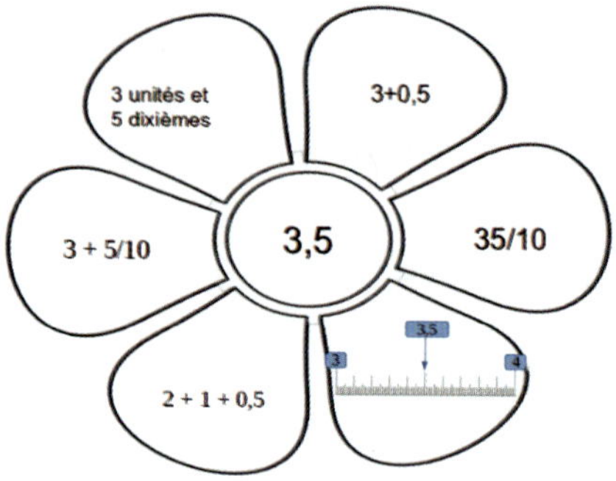

Plus tard on pourrait modifier les pétales et proposer × 10, × 100 ou un encadrement par exemple.

Aides éventuelles pouvant être apportées au cours de la séquence :

- zooms successifs : fiche Éduscol « Fractions et nombres décimaux au cycle 3 » :

  www.lienmini.fr/11412-zooms

- tableaux de numération : académie de Grenoble « Fractions et nombres décimaux au cycle 3 » :

  www.lienmini.fr/11412-tableau-numeration

- glisse nombre : fiche Éduscol « Fractions et nombres décimaux au cycle 3 : Annexe 4 : Le glisse-nombre » :

  www.lienmini.fr/11412-glisse-nombre

Sujet 34 La proportionnalité (CM2)

Consignes page 85.

DOSSIER

DOCUMENT 1 : Attendus de fin d'année et repères annuels de progression CM2

1. 1. Extraits des repères annuels de progression, cycle 3

CM1	CM2	6e
GRANDEURS ET MESURES (suite)		
Proportionnalité		
Les élèves commencent à identifier et à résoudre des problèmes de proportionnalité portant sur des grandeurs.	Des situations très simples impliquant des échelles et des vitesses constantes peuvent être rencontrées.	Sur des situations très simples en relation avec l'utilisation d'un rapporteur, les élèves construisent des représentations de données sous la forme de diagrammes circulaires ou semi-circulaires.

CM1	CM2	6e
ESPACE ET GÉOMÉTRIE (suite)		
La proportionnalité		
	Les élèves agrandissent ou réduisent une figure dans un rapport simple donné (par exemple $\times \frac{1}{2}$, $\times 2$, $\times 3$).	Les élèves agrandissent ou réduisent une figure dans un rapport plus complexe qu'au CM2 (par exemple $\frac{3}{2}$ ou $\frac{3}{4}$) ; ils reproduisent une figure à une échelle donnée et complètent un agrandissement ou une réduction d'une figure donnée à partir de la connaissance d'une des mesures agrandie ou réduite.

CM1	CM2	6e
NOMBRES ET CALCULS (suite)		
Problèmes relevant de la proportionnalité		
Le recours aux propriétés de linéarité (multiplicative et additive) est privilégié. Ces propriétés doivent être explicitées ; elles peuvent être institutionnalisées de façon non formelle à l'aide d'exemples verbalisés (« Si j'ai deux fois, trois fois... plus d'invités, il me faudra deux fois, trois fois... plus d'ingrédients » ; « Je dispose de briques de masses identiques. Si je connais la masse de 7 briques et celle de 3 briques alors je peux connaître la masse de 10 briques en faisant la somme des deux masses »). Dès la **période 1**, des situations de proportionnalité peuvent être proposées (recettes...). L'institutionnalisation des propriétés se fait progressivement à partir de la **période 2**.	Dès la **période 1**, le passage par l'unité vient enrichir la palette des procédures utilisées lorsque cela s'avère pertinent. À partir de la **période 3**, le symbole % est introduit dans des cas simples, en lien avec les fractions d'une quantité (50 % pour la moitié ; 25 % pour le quart ; 75 % pour les trois quarts ; 10 % pour le dixième).	Tout au long de l'**année**, les procédures déjà étudiées en CM sont remobilisées et enrichies par l'utilisation explicite du coefficient de proportionnalité lorsque cela s'avère pertinent. Dès la **période 2**, en relation avec le travail effectué en CM, les élèves appliquent un pourcentage simple (en relation avec les fractions simples de quantité : 10 %, 25 %, 50 %, 75 %). Dès la **période 3**, ils apprennent à appliquer un pourcentage dans des registres variés.

1. 2. Extraits des attendus de fin d'année, CM2

Problèmes relevant de la proportionnalité

Ce que sait faire l'élève

- Dans chacun des trois domaines « nombres et calculs », « grandeurs et mesures » et « espace et géométrie » des problèmes relevant de la proportionnalité sont proposés à l'élève.
- Il mobilise pour les traiter des formes de raisonnement spécifiques et des procédures adaptées : les propriétés de linéarité (additive et multiplicative), le passage à l'unité, le coefficient de proportionnalité.

Proportionnalité

Ce que sait faire l'élève

- L'élève identifie une situation de proportionnalité entre deux grandeurs à partir du sens de la situation. Des situations simples impliquant des échelles et des vitesses constantes peuvent être rencontrées.

Exemples de réussite

- Par-delà le travail conduit à partir de cartes ou de plans, les élèves peuvent compléter des tableaux de type :

Echelle	1/10	1/50	1/200	
Distance sur la carte	40 cm	20 cm		20 cm
Distance réelle			4 m	20 km

- En roulant à une vitesse constante de 80 km/h, quelle distance est-ce que je parcours en une heure ?
- Quelle est ma vitesse si je parcours 55 km en une demi-heure ?

Ministère de l'Éducation nationale, de la Jeunesse et des Sports / éduscol : https://eduscol.education.fr/137/attendus-de-fin-d-annee-et-reperes-annuels-de-progression-du-cp-la-3e

DOCUMENT 2 : Extrait de la fiche ressource Éduscol « Résoudre des problèmes de proportionnalité au cycle 3 »

« Au cycle 3, les premiers travaux sur la proportionnalité sont proposés dès la première année du cycle ; les élèves ont recours à des procédures utilisant les propriétés de la linéarité (procédure utilisant la propriété de linéarité pour l'addition, procédure utilisant la propriété de linéarité pour la multiplication par un nombre). Ensuite, les élèves rencontrent progressivement des situations qui nécessitent de combiner des procédures utilisant les propriétés de la linéarité (procédure mixte utilisant les propriétés de linéarité pour l'addition et pour la multiplication par un nombre, passage par l'unité). Pendant la seconde moitié du cycle, s'ajoutent des problèmes impliquant des échelles ou des vitesses constantes. Si le coefficient de proportionnalité est rencontré au cours moyen, notamment lors de travaux sur les échelles, son institutionnalisation dans un cadre général peut être reportée en toute fin de cycle 3. »

Ministère de l'Éducation nationale, de la Jeunesse et des Sports / éduscol : https://eduscol.education.fr/251/mathematiques-cycle-3

DOCUMENT 3 : Extrait de *Manipuler et expérimenter en mathématiques*

« De l'expérience à la leçon de mathématiques

Permettre à ses élèves de faire des expérimentations en classe n'est pas une fin en soi bien entendu. Ce qui est visé reste l'acquisition de connaissances mathématiques, ce qui ne saurait s'obtenir par la seule manipulation. L'enjeu didactique réside dans la construction de véritables séquences (une série organisée de plusieurs séances) intégrant des moments d'expériences, d'autres moments dédiés aux échanges et aux débats langagiers, pour finir sur des leçons consacrées à la mise en évidence des savoirs de façon décontextualisée. Cette chronologie de séances diversifiées et spécifiques est l'objet de la présentation qui suit. Elle doit rendre opérationnelle l'idée de démarche expérimentale dans l'enseignement des mathématiques. »

T. Dias, *Manipuler et expérimenter en mathématiques*, Magnard, 2017, p. 25.

DOCUMENT 4 : Extrait de la fiche ressource Éduscol « Ressources pour l'évaluation en mathématiques »

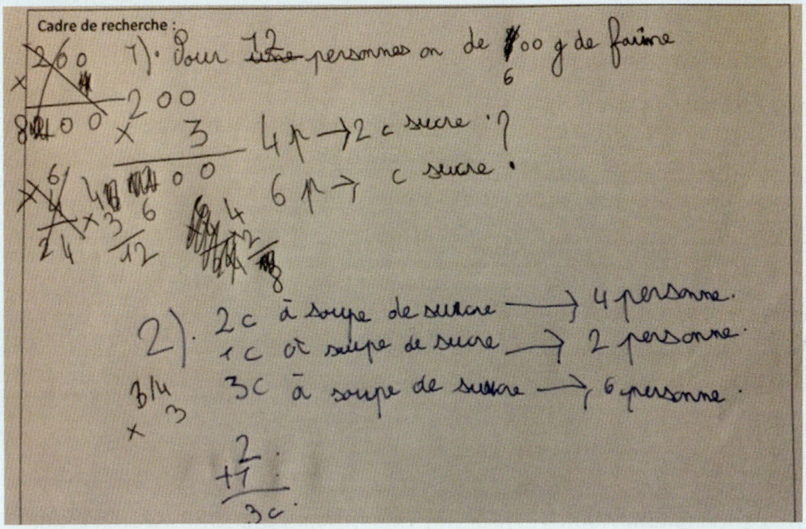

www.lienmini.fr/11412-evaluation-mathematiques

PROPOSITION DE CORRIGÉ

1 Analyse du corpus

Les repères annuels de progression et les attendus de fin de cycle (**documents 1. 1.** et **1. 2.**) exposent les compétences à maîtriser notamment en grandeurs et mesures, espace, géométrie et problèmes.

Le **document 2** nous présente la progression de la résolution de problèmes sur la proportionnalité dans le cycle et nous donne des indications précises quant à la démarche attendue.

Le **document 3** insiste sur la place importante qui doit être dédiée à l'expérimentation et la manipulation dans le but d'acquérir des compétences mathématiques.

Le **document 4** est un exemple de trace écrite composée d'une démarche experte vers laquelle les élèves doivent tendre.

2 Présentation de la séquence

■ **Niveau de classe :** CM2

■ **Domaine :** Mathématiques

■ **Référence au socle :** Les systèmes naturels et les systèmes techniques : donner à l'élève les fondements de la culture mathématiques, scientifique et technologique ; capacité à résoudre des problèmes.

■ **Place de la séance dans la séquence :**

◗ **Séance n° 1 :** Rappel de la notion de proportionnalité abordée au CM1. Mise en situation par la résolution d'un problème simple de proportionnalité : individuellement puis en groupes, les élèves doivent résoudre le problème. Ils confrontent ensuite leurs réponses en collectif et explicitent leur démarche.

1 * **Quelles sont les situations de proportionnalité ?**

a. Si 2 kg de cerises coûtent 6 €, alors 4 kg de cerises coûtent 10 €.

b. Si j'utilise 4 L de jus d'orange pour 10 enfants, alors j'utilise 8 L de jus d'orange pour 20 enfants.

c. Si 1 pas mesure 50 cm, alors 3 pas mesurent 150 cm.

Outils pour les maths, CM1, Magnard, 2020, p. 100.

◗ **Séance n° 2 :** Recherche/construction (1) : puzzle de Guy Brousseau. Il s'agit d'une séance sous la forme de situation-problème : les élèves ont à leur disposition un puzzle avec différentes formes géométriques qu'ils doivent agrandir.

◗ **Séance n° 3 :** Construction (2). Cette séance est complémentaire à la séance n° 2 et permet de trouver d'autres démarches de résolution et d'écriture pour passer de la figure 1 à la figure 2. Retour sur les affiches de la séance précédente. Recherche par groupe de toutes les manières d'arriver à ce résultat (retour à l'unité, coefficient de proportionnalité, etc.)

◗ **Séance n° 4 :** Exercice de réinvestissement : agrandissement de figures, exercices avec une recette, exercices avec des tableaux de proportionnalité à remplir, trouver le coefficient de proportionnalité, retour à l'unité, etc. Cette séance permet à l'enseignant de faire le point sur les acquis des élèves et d'adapter éventuellement la suite de la séquence.

◗ **Séance n° 5 :** Recherche/construction (3). Nouvelle séance de recherche : réduire le puzzle de Guy Brousseau pour que le côté mesurant 6 cm fasse 4 cm une fois réduit. Même démarche que la séance n° 2.

◗ **Séance n° 6 :** Exercice de réinvestissement : les élèves s'entraînent sur différents exercices dont des exercices de reconnaissance d'une situation de proportionnalité.

◗ **Séance n° 7 :** Évaluation.

3 Proposition de leçon : séance n° 2 de la séquence

■ **Objectifs de la leçon :**

- aborder la notion de proportionnalité à partir d'une situation en faisant intervenir la notion d'agrandissement ;
- comprendre qu'agrandir c'est multiplier.

■ **Compétences mobilisées par l'élève :**

- réaliser les calculs permettant d'agrandir les pièces de puzzle ;
- tracer et reproduire des figures géométriques simples ;
- mettre en œuvre des stratégies de résolution de problèmes.

■ **Matériel utilisé :** Affiche.

■ **Organisation :** Travail individuel, en groupe, collectif.

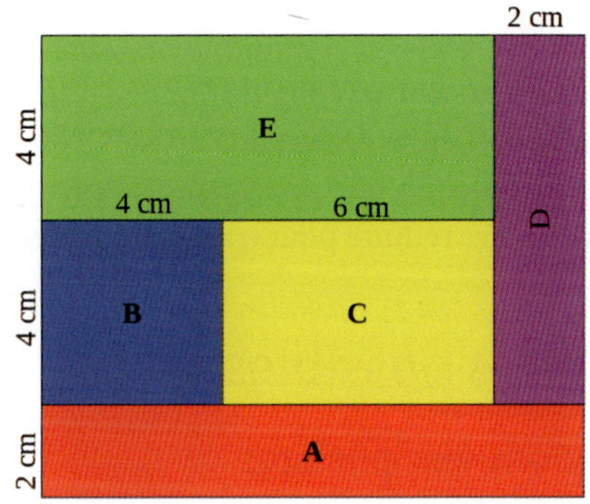

■ **Déroulement de la séance :**

Durée : 45 minutes

Situation 1 : (5 min.) : Phase de recherche individuelle.
Explicitation de la consigne par l'enseignant : « je souhaite agrandir ce puzzle. Le côté qui mesure 4 cm devra mesurer 6 cm ».
Les élèves cherchent individuellement.

Situation 2 : (5 min.) : Mutualisation des résultats.
En groupe, les élèves comparent leurs recherches et s'accordent sur une démarche de résolution commune.

Situation 3 : (20 min.) : Construction du nouveau puzzle.
Après avoir déterminé la démarche de résolution, chaque groupe se partage les tâches à réaliser afin de construire le nouveau puzzle agrandi. On peut également utiliser une simple page OpenOffice pour construire les figures à la taille souhaitée. La reconstitution du puzzle permet de valider ou non l'hypothèse de départ du groupe.

Situation 4 : (10 min.) : Mutualisation des constructions en collectif.
Chaque groupe expose son hypothèse et le travail réalisé avec les conclusions. Certains groupes ont peut-être ajouté 2 cm, leur puzzle agrandi ne fonctionne pas. D'autres ont peut-être observé que $6 = 4 + 4/2$, leur puzzle est correct. On admet alors, grâce à cette dernière écriture, que le puzzle souhaité doit être une fois et demie plus grand.

Situation 5 : (5 min.) Bilan de la séance, élaboration de la trace écrite intermédiaire.
Pour agrandir une figure, on ne peut pas ajouter, il faut multiplier par un nombre, qu'on appelle coefficient de proportionnalité.

$$4 \text{ cm} \xrightarrow[\times 1,5]{} 6 \text{ cm}$$

- **Variables didactiques, points d'attention pédagogique et gestes professionnels :** Le rôle de l'enseignant est primordial. En effet, il doit permettre aux élèves d'exposer leur procédure, de la verbaliser et aider à la schématisation. Un étayage précis permet d'aboutir à la procédure experte, rapide et efficace, afin de répondre à tous les types de problèmes de proportionnalité.
  Une différenciation est possible en proposant une figure plus simple à agrandir ou un puzzle de deux ou trois figures géométriques.
- **Bilan/prolongement :** De nombreuses séances d'entraînement seront proposées régulièrement tout au long de l'année. On peut également proposer un projet artistique en lien avec certains artistes comme Herbin, Mondrian, Kandinsky, Delaunay, Klee. En effet, on pourrait isoler certaines formes d'un tableau, et les agrandir ou les réduire pour transformer l'œuvre initiale ou en créer une autre.

4 Questions possibles du jury

A. Questions disciplinaires

a. Pouvez-vous donner une définition de ce qu'est une situation de proportionnalité ?

Les situations de proportionnalité sont celles où les grandeurs sont telles que, si on multiplie (ou divise) l'une par un nombre, l'autre est multipliée par le même nombre (idée de proportion).

b. Quelles sont les étapes de la démarche expérimentale dont parle Thierry Dias ?

La démarche expérimentale débute souvent par un **facteur déclencheur**, suivi d'un recueil des représentations qui posent la **problématique**. L'étape suivante est l'émission d'hypothèses que seront testées lors des phases d'expérimentations, de manipulations. Une phase finale permettra de valider ou d'invalider les hypothèses de départ et d'élaborer une **conclusion**.

B. Questions didactiques

a. En quoi la construction du puzzle est-elle une phase de manipulation intéressante par rapport à une phase de manipulation « traditionnelle » ?

Cette phase de manipulation permet aux élèves de savoir si leur démarche de résolution est bonne grâce à la vérification par la recomposition du puzzle. Ainsi, ils peuvent facilement comprendre que leur hypothèse de départ est erronée, ce qui nécessitera une remobilisation de leur part pour en trouver une autre. Ici, la validation ne s'effectue pas par l'enseignant.

b. Pourquoi est-il nécessaire d'aborder plusieurs démarches de résolution comme le retour à l'unité, le coefficient de proportionnalité, etc. ?

Il est nécessaire d'aborder plusieurs démarches de résolution pour que les élèves puissent choisir celle qui leur permettra de répondre le plus efficacement à la question. On privilégiera les procédures de linéarité multiplicative et additive qui demandent une habileté en calcul mental. Le retour à l'unité doit être utilisé quand on ne peut pas faire autrement. Quant au coefficient de proportionnalité, il peut être utilisé quand celui-ci est simple. On développe ainsi chez l'élève un sens critique quant au choix de la méthode la plus appropriée.

C. Questions pédagogiques

a. Peut-on lier la proportionnalité à d'autres domaines ? Si oui lesquels ?

La proportionnalité s'observe au travers de l'utilisation des pourcentages, des échelles, des agrandissements/réductions. Elle permet de nombreux liens interdisciplinaires. En science on pourra distinguer des situations de proportionnalité avec l'apport énergétique d'un aliment, ou la croissance d'un enfant en fonction de son âge par exemple. En géographie, les échelles de cartes, les calculs de consommation d'eau ou d'énergie, peuvent également servir d'appui à des problèmes de proportionnalité.

b. Quelle activité pourrait être réalisée dans le cadre de l'EPS ?

Un travail pourrait être mené en endurance par exemple, avec la réalisation d'un parcours à mesurer. Les élèves identifieraient les prévisions de course : le temps pour réaliser trois tours de stade par exemple, et à quelle vitesse. Ce travail permettra de passer de l'espace réel à l'espace représenté (micro-espace), à la suite de la réalisation du tracé du parcours réduit (après avoir défini une échelle).

Sujet 35 Le programme de construction (CM2)

Consignes page 85.

DOSSIER

DOCUMENT 1 : Extraits des repères annuels de progression, cycle 3

CM1	CM2	6e
ESPACE ET GÉOMÉTRIE		
Les apprentissages géométriques		
Les élèves tracent avec l'équerre la droite perpendiculaire à une droite donnée en un point donné de cette droite. Ils tracent un carré ou un rectangle de dimensions données. Ils tracent un cercle de centre et de rayon donnés, un triangle rectangle de dimensions données. Ils apprennent à reconnaître et à nommer une boule, un cylindre, un cône, un cube, un pavé droit, un prisme droit, une pyramide. Ils apprennent à construire un patron d'un cube de dimension donnée.	Les élèves apprennent à reconnaître et nommer un triangle isocèle, un triangle équilatéral, un losange, ainsi qu'à les décrire à partir des propriétés de leurs côtés. Ils tracent avec l'équerre la droite perpendiculaire à une droite donnée passant par un point donné qui peut être extérieur à la droite. Ils tracent la droite parallèle à une droite donnée passant par un point donné. Ils apprennent à construire, pour un cube de dimension donnée, des patrons différents. Ils apprennent à reconnaître, parmi un ensemble de patrons et de faux patrons donnés, ceux qui correspondent à un solide donné : cube, pavé droit, pyramide.	Les élèves sont confrontés à la nécessité de représenter une figure à main levée avant d'en faire un tracé instrumenté. C'est l'occasion d'instaurer le codage de la figure à main levée (au fur et à mesure, égalités de longueurs, perpendicularité, égalité d'angles). Les figures étudiées sont de plus en plus complexes et les élèves les construisent à partir d'un programme de construction. Ils utilisent selon les cas les figures à main levée, les constructions aux instruments et l'utilisation d'un logiciel de géométrie dynamique. Ils définissent et différencient le cercle et le disque. Ils réalisent des patrons de pavés droits. Ils travaillent sur des assemblages de solides simples.

CM1	CM2	6e
ESPACE ET GÉOMÉTRIE (suite)		
Le raisonnement		
La dimension perceptive, l'usage des instruments et les propriétés élémentaires des figures sont articulés tout au long du cycle.		
Le raisonnement peut prendre appui sur différents types de codage : - signe ajouté aux traits constituant la figure (signe de l'angle droit, mesure, coloriage...) ; - qualité particulière du trait lui-même (couleur, épaisseur, pointillés, trait à main levée...) ; - élément de la figure qui traduit une propriété implicite (appartenance ou non appartenance, égalité...) ; - nature du support de la figure (quadrillage, papier à réseau pointé, papier millimétré).		Tout le long de l'année se poursuit le travail entrepris au CM2 visant à faire évoluer la perception qu'ont les élèves des activités géométriques (passer de l'observation et du mesurage au codage et au raisonnement). On s'appuie sur l'utilisation des codages. Les élèves utilisent les propriétés relatives aux droites parallèles ou perpendiculaires pour valider la méthode de construction d'une parallèle à la règle et à l'équerre, et établir des relations de perpendicularité ou de parallélisme entre deux droites. Ils complètent leurs acquis sur les propriétés des côtés des figures par celles sur les diagonales et les angles. Dès que l'étude de la symétrie est suffisamment avancée, ils utilisent les propriétés de conservation de longueur, d'angle, d'aire et de parallélisme pour justifier une procédure de la construction de la figure symétrique ou pour répondre à des problèmes de longueur, d'angle, d'aire ou de parallélisme sans recours à une vérification instrumentée.
Un vocabulaire spécifique est employé dès le début du cycle pour désigner des objets, des relations et des propriétés.	On amène progressivement les élèves à dépasser la dimension perceptive et instrumentée des propriétés des figures planes pour tendre vers le raisonnement hypothético-déductif. Il s'agit de conduire sans formalisme des raisonnements simples utilisant les propriétés des figures usuelles ou de la symétrie axiale.	

CM1	CM2	6e
ESPACE ET GÉOMÉTRIE (suite)		
Le vocabulaire et les notations		
Tout au long du cycle, les notations (AB), [AB), [AB], AB, sont toujours précédées du nom de l'objet qu'elles désignent : droite (AB), demi-droite [AB), segment [AB], longueur AB. Les élèves apprennent à utiliser le symbole d'appartenance (∈) d'un point à une droite, une demi-droite ou un segment.		
Le vocabulaire et les notations nouvelles (∈, [AB], (AB), [AB), AB, $\widehat{AOB}$) sont introduits au fur et à mesure de leur utilité, et non au départ d'un apprentissage.		

Ministère de l'Éducation nationale, de la Jeunesse et des Sports / éduscol : https://eduscol.education.fr/137/attendus-de-fin-d-annee-et-reperes-annuels-de-progression-du-cp-la-3e

DOCUMENT 2 : Extraits des attendus de fin d'année, CM2

Reconnaître, nommer, décrire, reproduire, représenter, construire des solides et figures géométriques

Ce que sait faire l'élève

- L'élève reconnaît, nomme, décrit des figures simples ou complexes (assemblages de figures simples) :
  - triangles dont les triangles particuliers (triangle rectangle, triangle isocèle, triangle équilatéral) ;
  - quadrilatères dont les quadrilatères particuliers (carré, rectangle, losange, première approche du parallélogramme) ;
  - cercle (comme ensemble des points situés à une distance donnée d'un point donné), disque.
- Il reconnaît, nomme, décrit des solides simples ou des assemblages de solides simples : cube, pavé droit, prisme droit, pyramide, cylindre, cône, boule.
- Il connaît le vocabulaire associé aux objets et aux propriétés : côté, sommet, angle, diagonale, polygone, centre, rayon, diamètre, milieu, hauteur, solide, face, arête.

Reproduire, représenter, construire

Ce que sait faire l'élève

- Il construit, pour un cube de dimension donnée, des patrons différents.
- Il reconnaît, parmi un ensemble de patrons et de faux patrons donnés, ceux qui correspondent à un solide donné : cube, pavé droit, pyramide.
- Il réalise, complète et rédige un programme de construction.
- Il réalise une figure simple ou une figure composée de figures simples à l'aide d'un logiciel.

Reconnaître et utiliser quelques relations géométriques

Relations de perpendicularité et de parallélisme

Ce que sait faire l'élève

- L'élève connaît les notions d'alignement/appartenance, de perpendicularité/parallélisme, de segment de droite, de distance entre deux points, entre un point et une droite.
- Il trace avec l'équerre la droite perpendiculaire à une droite donnée passant par un point donné qui peut être extérieur à la droite.
- Il trace avec la règle et l'équerre la droite parallèle à une droite donnée passant par un point donné.
- Il détermine le plus court chemin entre deux points, entre un point et une droite.
- Il trace un carré, un rectangle ou un triangle rectangle de dimensions données.

Ministère de l'Éducation nationale, de la Jeunesse et des Sports / éduscol : https://eduscol.education.fr/137/attendus-de-fin-d-annee-et-reperes-annuels-de-progression-du-cp-la-3e

DOCUMENT 3 : Extrait de la fiche ressource Éduscol, « Espace et géométrie au cycle 3 »

« ***Stratégies d'enseignement***

Différents types de tâches en géométrie

Afin de faire émerger et d'enrichir les concepts géométriques, le programme invite à proposer différents types de tâches aux élèves :

– Reconnaître : identifier, de manière perceptive, en utilisant des instruments ou en utilisant des définitions et des propriétés, une figure géométrique plane ou un solide. Exemple : reconnaître qu'un quadrilatère est un rectangle ou reconnaître un rectangle parmi un ensemble de figures géométriques.

– Nommer : utiliser à bon escient le vocabulaire géométrique pour désigner une figure géométrique plane ou un solide ou certains de ses éléments. Exemple : nommer différents éléments d'un disque : rayon, diamètre, centre.
– Vérifier : s'assurer, en recourant à des instruments ou à des propriétés, que des objets géométriques vérifient certaines propriétés (points alignés, droites perpendiculaires, etc.), ou s'assurer de la nature d'une figure géométrique ou d'un solide.
– Décrire : élaborer un message en utilisant le vocabulaire géométrique approprié et en s'appuyant sur les caractéristiques d'une figure géométrique pour en permettre sa représentation ou son identification. Exemple : jeu du portrait.
– Reproduire : construire une figure géométrique à partir d'un modèle fourni avec les mêmes dimensions ou en respectant une certaine échelle. Exemple : reproduire une figure complexe en la décomposant en plusieurs figures simples.
– Représenter : reconnaître ou utiliser les premiers éléments de codage d'une figure géométrique plane ou de représentation plane d'un solide (perspective, patron).
– Construire : réaliser une figure géométrique plane ou un solide à partir d'un programme de construction, un texte descriptif, une figure à main levée, etc. »

Ministère de l'Éducation nationale, de la Jeunesse et des Sports / éduscol : https://eduscol.education.fr/251/mathematiques-cycle-3

DOCUMENT 4 : Extrait de « Enseigner la géométrie autrement au primaire »

« Comment enseigner la géométrie ? À l'école, il faut s'assurer qu'on travaille toutes les représentations de la géométrie avec toutes les entrées, et si cela n'est pas fait dès le plus jeune âge, il n'y a pas d'âge pour le faire... au cycle 3, dans le secondaire, avec des adultes. Ainsi, les apprenants peuvent développer le langage spécifique de la géométrie. Parfois, ils connaissent les mots sans pouvoir les réutiliser à bon escient parce qu'ils ne les ont pas intégrés dans leur langage intérieur (Vigotski). "Quand ils ne connaissent pas le mot précis (segment, sommet...), évidemment on leur apporte, au moment où ils en ont besoin. Et là, on a plus de chance qu'il le comprenne, le retienne, et le réutilise", insiste la conférencière. »

Valérie Barry, « Enseigner la géométrie autrement au primaire », © Le Café pédagogique. www.cafepedagogique.net

PROPOSITION DE CORRIGÉ

1 Analyse du corpus

Les **documents 1, 2 et 3** exposent les compétences à maîtriser dans le domaine des mathématiques, en espace et géométrie, et nous indiquent ce que l'élève doit être capable de faire à la fin de son année de CM2. On insiste ici sur les termes « reconnaitre, nommer, décrire, reproduire, représenter, construire », dont les définitions apparaissent dans l'extrait de la fiche Éduscol (document 3).

Dans le **document 4**, Valérie Barry nous explique que la principale difficulté des élèves réside souvent dans l'utilisation du langage spécifique de la géométrie. Parfois, les élèves connaissent les termes spécifiques et les propriétés, mais ils éprouvent des difficultés à les utiliser à bon escient.

2 Présentation de la séquence

- **Niveau de classe :** CM1
- **Domaine :** Mathématiques
- **Référence au socle :** Les systèmes naturels et les systèmes techniques : donner à l'élève les fondements de la culture mathématiques, scientifique et technologique ; capacité à résoudre des problèmes.
- **Place de la séance dans la séquence :**

Séance n° 1 : Rappel des figures simples et du vocabulaire associé. Les élèves sont répartis en groupes dans la cour de l'école. Chaque groupe possède un élastique (tel que celui utilisé pour jouer à la récréation). L'enseignant leur demande de construire un carré à l'aide de l'élastique. Quatre élèves de chaque groupe se positionnent à l'intérieur de l'élastique et le tendent afin d'obtenir la forme souhaitée. Chaque groupe doit justifier sa position : longueur des côtés identiques, angles droits par exemple. La même démarche est proposée pour le rectangle et le triangle. Les élèves spectateurs de chaque groupe peuvent éventuellement dessiner la forme au sol en traçant le contour de leurs camarades positionnés.
Il est possible également de travailler les termes « extérieur » et « intérieur », en proposant de positionner le carré à l'intérieur d'un cercle par exemple.

Séance n° 2 : Identification des figures et démarche de construction. L'enseignant montre au groupe classe une flashcard (dispositif d'apprentissage fondé sur la technique de la répétition avec comme support de petites cartes plastifiées) avec des figures géométriques tracées dessus. Les élèves ont une minute pour l'observer et la mémoriser, pour ensuite la reproduire à main levée sur l'ardoise. Une mutualisation des procédures du tracé est ensuite réalisée : elle permet de mettre en avant la décomposition de la figure pour un tracé précis et rapide en se servant des connaissances et des propriétés géométriques (voir Thierry Dias, *Manipuler et expérimenter en mathématiques*, p. 101).

Séance n° 3 : Construction d'une figure à partir d'un programme dicté. Les difficultés des élèves résident souvent dans la compréhension et l'utilisation du vocabulaire spécifique à la géométrie. Cette séance leur permet de prendre conscience que ce langage géométrique précis a un sens et permet d'obtenir toutes les informations nécessaires à la bonne réalisation du tracé.

Séance n° 4 : Tracé d'une figure à main levée à partir d'un programme écrit. Les élèves doivent tracer à main levée une figure complexe (association de deux figures) à partir d'un programme de construction écrit. Une mutualisation permet de poursuivre le travail et de renforcer l'apprentissage du vocabulaire spécifique aux propriétés des figures.

Séance n° 5 : Du micro-espace au macro-espace (1). Les élèves doivent tracer individuellement et à main levée une figure complexe à partir d'un programme de construction écrit. Les élèves sont ensuite répartis en groupes et doivent reproduire cette figure agrandie dans la cour, en utilisant des outils tels que tasseaux, fil, équerre, double décimètre et craies. Cette séance doit permettre aux élèves de comprendre la fonction et l'utilisation des outils géométriques.

Séance n° 6 : Du micro-espace au macro-espace (2). Les élèves doivent tracer individuellement avec les outils adéquats une figure complexe à partir d'un programme de construction écrit. Les élèves sont ensuite répartis en groupes et doivent reproduire cette figure agrandie dans la cour comme précédemment, en se mettant d'accord sur les procédures (lien avec la proportionnalité).

Séance n° 7 : Évaluation.

3 Proposition de leçon : séance n° 3 de la séquence

Objectif de la leçon : Connaître le vocabulaire géométrique pour décrire ou tracer une figure géométrique.

Compétences mobilisées par l'élève :
- être capable de suivre un programme de construction ;
- connaître les principales propriétés géométriques des différentes figures.

Matériel utilisé : Affiches, matériel des élèves pour les tracés géométriques (équerres, règles, compas, etc.), feuilles blanches pour les tracés, figures géométriques à décrire.

Organisation : Individuel/écrit et collectif/oral.

Déroulement de la séance :

Durée : 45 minutes

Situation 1 : (5 min.) : Présentation de l'activité.
L'enseignant indique aux élèves qu'ils vont travailler sur les programmes de construction et leur demande une définition qu'il écrit sur une affiche.

Situation 2 : (5 min.) : Présentation de l'organisation.
L'enseignant distribue à chaque élève une feuille blanche puis explicite la consigne : tracer la figure géométrique que deux élèves placés dans une pièce voisine décriront par l'intermédiaire de talkies-walkies (peut également être réalisé à l'aide d'un cache haut en carton). Toutes les questions nécessaires peuvent être posées au binôme. Voici la figure :

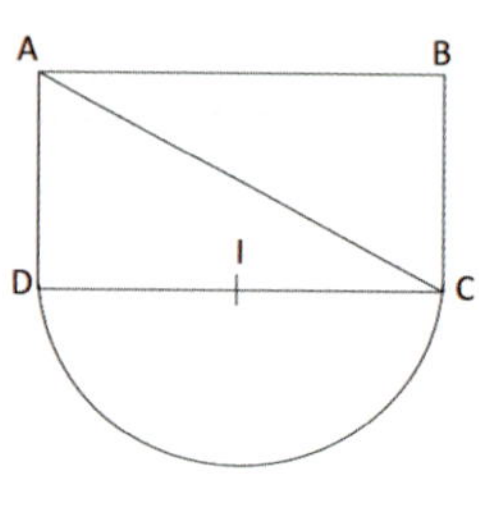

◗ Situation 3 : (15 min.) : Tracé de la figure.

Les élèves de la classe écoutent les indications des élèves de la salle voisine et tracent individuellement ce qu'ils en comprennent. L'enseignant est volontairement en retrait afin de favoriser les échanges et les interactions entre les élèves. Il écrit sur plusieurs affiches les indications du binôme de la salle, les réactions des élèves de la classe et leurs éventuelles difficultés.

À noter : dans la salle, un élève est responsable de la communication et possède le second talkie-walkie.

◗ Situation 4 : (15 min.) : Mutualisation.

Cette phase permet la mise en commun des tracés réalisés. Le binôme revient en classe et découvre au tableau les tracés de divers élèves choisis par l'enseignant. Les élèves de la classe découvrent quant à eux la figure dictée. Tous s'expriment sur les difficultés rencontrées, appuyés par l'enseignant, à l'aide des affiches.

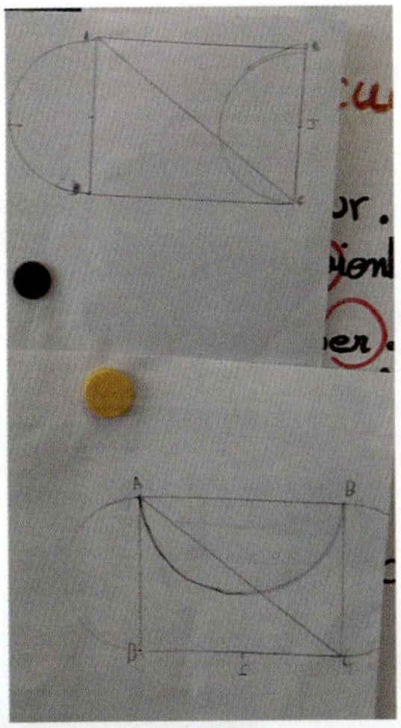

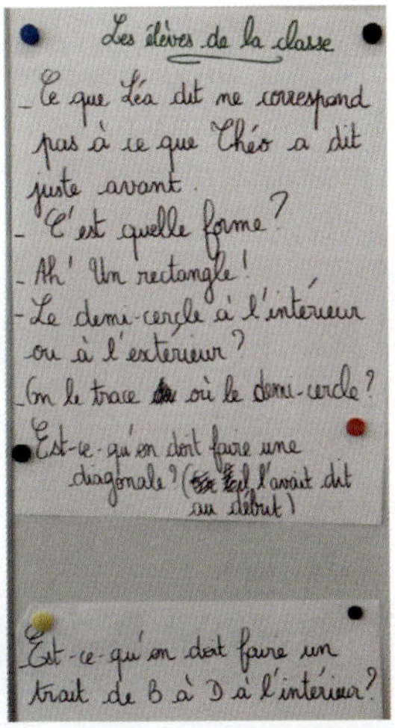

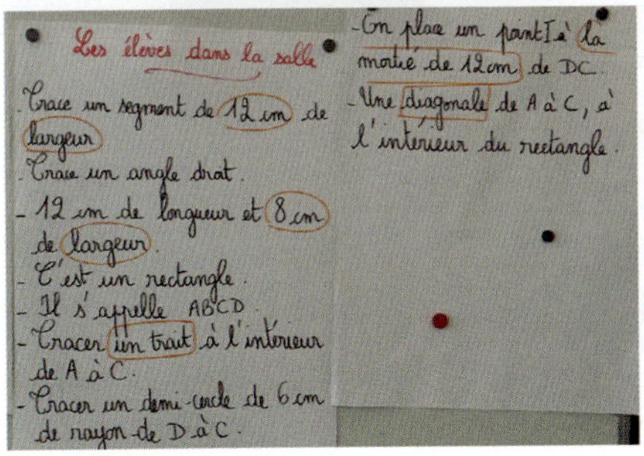

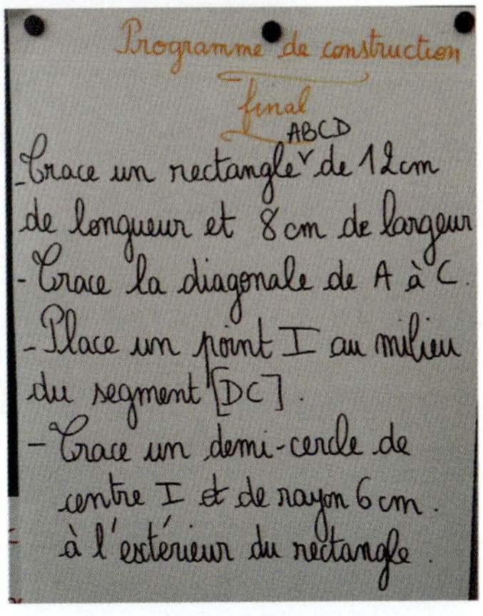

À partir des observations de chacun, la classe propose un programme de construction qui aurait pu être dicté afin de réaliser cette figure avec exactitude.

◗ Situation 5 : (5 min.) : Bilan/structuration.

L'enseignant demande aux élèves les éléments nécessaires pour décrire une figure afin qu'elle puisse être reproduite avec exactitude. Il note les réponses sur une affiche.

- **Variables didactiques, points d'attention pédagogique et gestes professionnels :** L'entraide entre les élèves peut s'avérer intéressante lors des temps d'apprentissage, mais il est important de s'assurer qu'elle ne consiste pas à « faire à la place de ».
  Lors de ces séances, un travail différencié peut être proposé. Les temps consacrés à la construction de figures doivent être suffisamment longs pour permettre à tous les élèves d'effectuer eux-mêmes les constructions attendues. Les besoins d'accompagnement peuvent être très variables selon les élèves, ce qui est important étant que tous mobilisent les six compétences mathématiques (voir « Questions didactiques »).
- **Bilan/prolongement :** Les séances de flashcards peuvent être régulièrement proposées en rituel ou en première partie d'une séance de géométrie. Il est également possible de proposer des problèmes géométriques avec un nombre total de triangles à découvrir par exemple.
  À la suite de la séance n° 7, un projet artistique, avec réalisation d'une fresque géométrique collective dans le macro-espace, peut être envisagé. Elle est colorée par des craies et des photos aériennes sont prises.

4 Questions possibles du jury

A. Questions disciplinaires

a. Pouvez-vous donner une définition d'un rectangle en fin de cycle 3 ?

Un rectangle est un quadrilatère qui a quatre angles droits. La définition d'une figure plane varie tout au long des premières années d'enseignement, mais elle doit conserver une cohérence tout au long du cycle.

b. Qu'est-ce que le macro-espace ? Quel est l'intérêt de travailler dans cet espace ?

Le macro-espace est un espace qu'on ne peut pas appréhender globalement. Chaque endroit y est perçu de façon isolée. Le sujet est à l'intérieur de l'espace et les objets sont présents dans une grande dimension. Cette situation oblige à adopter des gestes inhabituels lors d'une séance de géométrie, et notamment orienter le regard, la tête, le corps, effectuer un déplacement ciblé, etc.

B. Questions didactiques

a. Construire des figures contribue à développer les compétences mathématiques. Quelles sont-elles ?

Il y a six compétences mathématiques et la construction de figures contribue à les développer. Par exemple :

- chercher : pour la décomposition d'une figure complexe en figures simples ;
- modéliser : modéliser une figure à une autre échelle ;
- représenter : par un dessin à main levée pour mettre en place une stratégie de construction ;
- raisonner : construire une figure en utilisant des propriétés connues ;
- calculer : utiliser les données nécessaires pour pouvoir construire ;
- communiquer : dicter ou rédiger un programme de construction.

b. Quel est l'intérêt de réaliser des tracés à main levée ?

Cela permet, dans un premier temps, d'observer les différentes perceptions des élèves. On pourra alors les situer et leur apporter une éventuelle aide spécifique. Tracer à main levée allège la difficulté liée à l'utilisation des instruments de traçage, et permet aux élèves de se concentrer davantage sur les relations géométriques.

C. Questions pédagogiques

a. Lors de la phase d'institutionnalisation, quelle doit être la vigilance de l'enseignant lors des différents tracés ?

Lors de la phase d'institutionnalisation, il est important de veiller à ce que les figures ne soient pas systématiquement placées dans des configurations que l'on qualifie habituellement de « prototypiques » : le carré « posé » sur un côté, ou le segment tracé horizontalement par exemple. En effet, ces configurations peuvent conduire à des conceptions erronées.

b. Quelle est la place des outils dans la construction d'une figure ?

Les élèves doivent comprendre le rôle de chacun des outils et comment les utiliser. C'est pourquoi l'utilisation d'une règle non graduée, de tasseaux ou de ficelle permet aux élèves d'analyser leurs procédures et de penser à de nouvelles stratégies de construction. De plus, selon Raymond Duval, le choix des instruments doit permettre aux élèves de développer les trois modes de visualisation : la juxtaposition ou superposition d'unités dans le dessin, la déconstruction dimensionnelle en surface (droites et points), et l'identification des étapes de construction.

Sujet 36 Les aires (CM2)

Consignes page 85.

DOSSIER

DOCUMENT 1 : Extrait des repères annuels de progression, cycle 3

CM1	CM2	6e
GRANDEURS ET MESURES (suite)		
Les aires		
Les élèves comparent des surfaces selon leur aire par estimation visuelle, par superposition ou découpage et recollement. Ils estiment des aires, ou les déterminent, en faisant appel à une aire de référence. Le lien est fait chaque fois que possible avec le travail sur les fractions.	L'utilisation d'une unité de référence est systématique. Cette unité peut être une maille d'un réseau quadrillé adapté, le cm^2, le dm^2 ou le m^2. Les élèves apprennent à utiliser les formules d'aire du carré, du rectangle et du triangle rectangle.	En relation avec le travail sur la quatrième décimale, les élèves utilisent les multiples et sous-multiples du m^2 et les relations qui les lient. Ils utilisent la formule pour calculer l'aire d'un triangle quelconque lorsque les données sont exprimées avec des nombres entiers. Après avoir consolidé le produit de décimaux, ils utilisent les formules pour calculer l'aire d'un triangle quelconque et celle d'un disque.

Ministère de l'Éducation nationale, de la Jeunesse et des Sports / éduscol : https://eduscol.education.fr/137/attendus-de-fin-d-annee-et-reperes-annuels-de-progression-du-cp-la-3e

DOCUMENT 2 : Extrait des attendus de fin d'année, CM2

Aires

Ce que sait faire l'élève

- **L'élève compare des surfaces selon leur aire, par estimation visuelle ou par superposition ou découpage et recollement.**
- **Il différencie aire et périmètre d'une figure.**
- **Il détermine des aires, ou les estiment, en faisant appel à une aire de référence. Ils les expriment dans une unité adaptée.**
- **Il utilise systématiquement une unité de référence. (Cette unité peut être une maille d'un réseau quadrillé adapté, le cm^2, le dm^2 ou le m^2.)**
- **Il utilise les formules d'aire du carré et du rectangle.**

Ministère de l'Éducation nationale, de la Jeunesse et des Sports / éduscol : https://eduscol.education.fr/137/attendus-de-fin-d-annee-et-reperes-annuels-de-progression-du-cp-la-3e

DOCUMENT 3 : Extrait de la fiche ressource Éduscol : « Grandeurs et mesures au cycle 3 – Activité : Périmètre et aire »

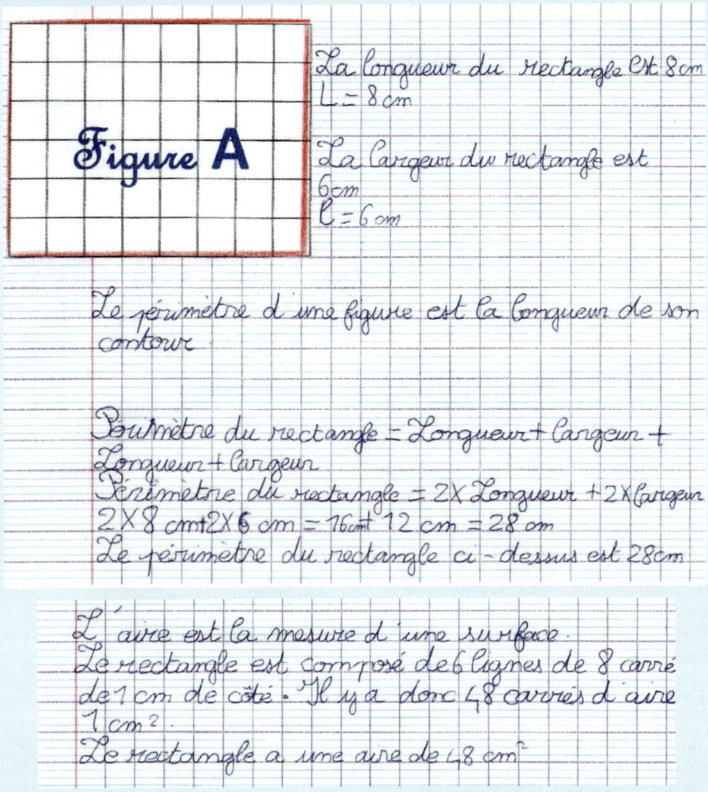
Figure A

La longueur du rectangle est 8 cm
L = 8 cm

La largeur du rectangle est 6 cm
l = 6 cm

Le périmètre d'une figure est la longueur de son contour

Périmètre du rectangle = Longueur + largeur + Longueur + largeur
Périmètre du rectangle = 2 X Longueur + 2 X largeur
2 X 8 cm + 2 X 6 cm = 16 cm + 12 cm = 28 cm
Le périmètre du rectangle ci-dessus est 28 cm

L'aire est la mesure d'une surface.
Le rectangle est composé de 6 lignes de 8 carré de 1 cm de côté. Il y a donc 48 carrés d'aire 1 cm².
Le rectangle a une aire de 48 cm²

Ministère de l'Éducation nationale, de la Jeunesse et des Sports / éduscol : https://cache.media.eduscol.education.fr/file/Grandeurs_et_mesures/53/6/RA16_C3_MATH_grand_mesur_perimetre_aires_635536.pdf

DOCUMENT 4 : Extrait d'*Enseigner les mathématiques à l'école*

« La diversité des procédures

La diversité des procédures utilisées dans la mesure est souvent source de difficultés de compréhension pour les élèves lorsqu'ils passent de l'étude d'une grandeur à une autre. Les longueurs se mesurent par comparaison directe avec un étalon ou avec des instruments. Les aires peuvent aussi être mesurées par comparaison directe, mais il n'est plus possible de le faire dans le cas de surfaces qui ne se ressemblent pas. Comme pour les longueurs, on peut les mesurer avec un étalon, mais encore faut-il être assez habile pour trouver cet étalon de mesure (il s'agit alors de décomposer la surface en unités d'aires identiques). »

Quelques procédures de mesures d'aire

1. Mesurer par comparaison directe

Perceptivement, on voit que l'aire de la surface B est plus grande car elle peut recouvrir entièrement la surface A.

2. Mesurer en utilisant un étalon

Pour comparer les surfaces A et B, il est nécessaire de trouver un étalon de mesure, par exemple un carré unité : □

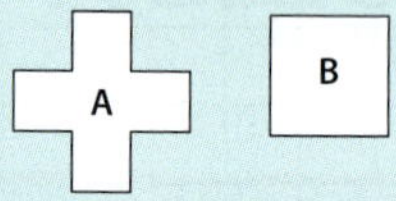

Il y a cinq unités dans la surface A et quatre dans la surface B. L'aire de la surface A est donc supérieure à celle de B.

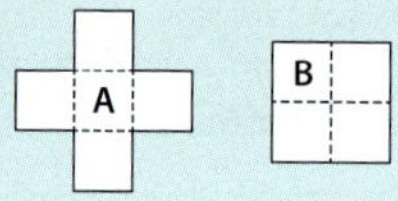

3. Comparer en utilisant plusieurs étalons

Pour comparer les surfaces A et B, il faut d'abord les redécouper en unités d'aire semblables. Dans ce cas, il faut plusieurs unités.

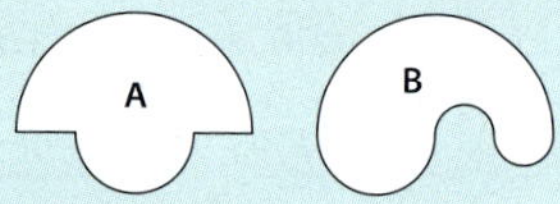

La surface A est composée d'une unité grise et d'une unité bleue.
La surface B est composée d'une unité grise (moins une unité blanche), d'une unité bleue et d'une unité blanche.
Par compensation des unités blanches, on voit que les aires des deux surfaces sont égales.

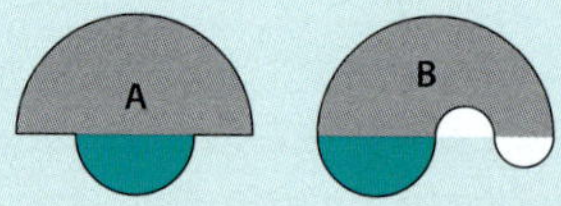

T. Dias, *Enseigner les mathématiques à l'école*, Magnard, 2018, pp. 235-236.

PROPOSITION DE CORRIGÉ

1 Analyse du corpus

Les repères annuels de progression (**document 1**) exposent les compétences à maîtriser dans le domaine des mathématiques, notamment, dans les extraits choisis, en grandeurs et mesures. Ce premier document montre la progressivité à mettre en œuvre tout au long du cycle 3. Le **document 2** précise ce que l'élève doit être capable de faire à la fin de son année de CM2.

Le **document 3** montre une trace de raisonnement d'élève avec l'application des formules mathématiques du périmètre et de l'aire d'un rectangle. On constate que l'élève a pris en compte les données qui lui permettent de répondre à la question.

Dans le **document 4**, Thierry Dias nous expose quelques procédures de mesures d'aires qui peuvent parfois être source de difficultés pour les élèves.

2 Présentation de la séquence

■ **Niveau de classe :** CM1

■ **Domaine :** Mathématiques

■ **Référence au socle :** Les systèmes naturels et les systèmes techniques : donner à l'élève les fondements de la culture mathématiques, scientifique et technologique ; capacité à résoudre des problèmes.

■ **Place de la séance dans la séquence :**

◗ **Séance n° 1 :** Comparer et classer des surfaces. Distribution de plusieurs formes découpées dans du papier de couleurs différentes dont un rectangle blanc.
Les élèves doivent, dans un premier temps, identifier les formes de couleur qui pourraient recouvrir le rectangle blanc. Ils se répartissent ensuite en groupes afin de rechercher des procédures leur permettant de valider leur hypothèse de départ.
Mise en commun des procédures : superposer les faces ou les découper.

◗ **Séance n° 2 :** Comparer des surfaces en fonction de leur pavage. Distribution d'une fiche par élève avec différentes formes (exemple ci-dessous) :

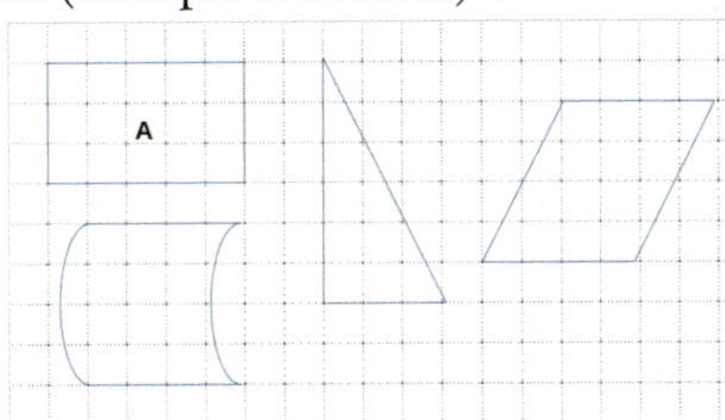

Dans un premier temps, les élèves comparent les aires des figures sans quadrillage avec celle du rectangle A. Puis, ils comparent à l'aide du quadrillage qui nous permet de mesurer l'aire.

◗ **Séance n° 3 :** Mesurer l'aire du carré du tangram. Il s'agit de mesurer l'aire du carré du tangram à l'aide des autres pièces de ce puzzle.

◗ **Séance n° 4 :** Une aire et plusieurs formes différentes. Utilisation des pentaminos. (voir exemple ci-contre). Les élèves doivent trouver le maximum de figures composées de cinq carrés identiques avec introduction d'une unité conventionnelle : le cm^2. Cette séance permettra de mettre en évidence que plusieurs figures de formes différentes peuvent avoir la même aire.

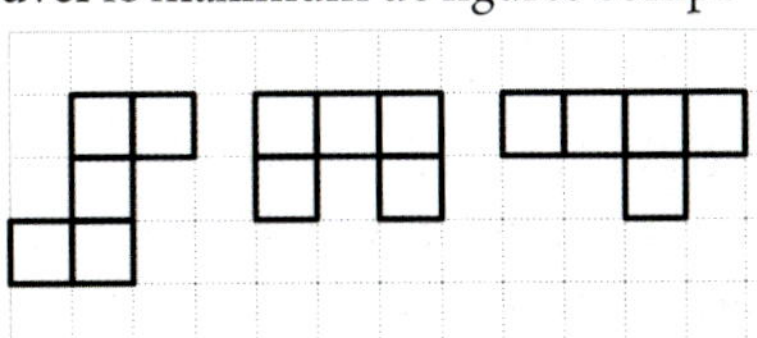

◗ **Séance n° 5 :** Déterminer la formule de l'aire d'un carré et celle d'un rectangle.
1. Distribution d'un rectangle et d'un carré sous forme de pavage. Les élèves doivent déterminer le système de comptage le plus efficace : multiplier la longueur par la largeur et le côté par le côté.
2. Même procédure mais avec des pavages irréguliers. Les élèves doivent déterminer le système de comptage le plus efficace ; décomposer les figures en carrés et rectangles, afin de pouvoir calculer rapidement leurs aires grâce aux formules, pour enfin tout additionner.

◗ **Séance n° 6 :** Entraînement/réinvestissement. Séance d'exercices de décomposition de figures avec et sans pavage, et calculs d'aires. On y ajoutera des exercices de classement, de rangement de surfaces et des exercices de calculs d'aires avec formules.

◗ **Séance n° 7 :** Déterminer la formule de l'aire d'un triangle rectangle. Séance de manipulation avec un rectangle et un triangle. Les élèves doivent trouver le lien entre ces deux figures : l'aire du triangle c'est la moitié de celle du rectangle.
On dégagera alors la notion de hauteur et de base d'un triangle en lien avec la longueur et la largeur du rectangle, ce qui permettra d'expliciter la formule finale.

◗ **Séances n° 8 et 9 :** Entraînement et évaluation. Séance d'exercices de décomposition de figures avec et sans pavage, avec calculs d'aires. On y ajoutera des exercices de classement, de rangement de surfaces et des exercices de calculs d'aires avec formules.

3 Proposition de leçon : séance n° 3 de la séquence

■ **Objectif de la leçon :** Mesurer l'aire du carré d'un tangram en utilisant les différentes pièces qui le composent.

■ **Compétences mobilisées par l'élève :**
- connaître la définition d'une aire et d'une surface ;
- imaginer et réaliser un dispositif expérimental susceptible de répondre à la question posée.

■ **Matériel utilisé :** Tangrams plastifiés de 10 cm × 10 cm pour chaque élève, feutres ardoise, affiches blanches, cahier d'entraînement, tangrams géants plastifiés pour la correction, vidéoprojecteur.

■ **Organisation :** Travail individuel puis en binôme, et collectif/oral pour terminer la séance.

■ **Déroulement de la séance :**

Durée : 45 minutes

◗ **Situation 1 :** (5 min.) : Rappel de la séance précédente.
Reprise des affiches réalisées précédemment : pour comparer des surfaces complexes, un quadrillage était nécessaire pour calculer puis comparer les aires.

◗ **Situation 2 :** (20 min.): Travail de recherche.
L'enseignant explicite la consigne aux élèves : mesurer les différentes pièces du tangram avec le plus petit triangle, le carré, le grand triangle, etc. Chaque pièce choisie sera l'unité de mesure. La consigne est reformulée par plusieurs élèves avant que la classe ne débute le travail de recherche individuel, puis en binôme. L'enseignant déterminera au préalable l'unité de mesure de chaque binôme.
Les élèves disposent d'une feuille blanche plastifiée avec le tracé du tangram, d'un feutre ardoise ainsi que d'un tangram en plastique. Ils peuvent ainsi décomposer les formes à l'aide de tracés réalisés directement sur la feuille blanche.

Situation 3 : (10 min.) : Mutualisation des réponses des binômes.
Chaque binôme expose ses résultats et les manipulations effectuées. L'enseignant collecte les réponses au tableau et guide les élèves dans l'explicitation de leurs procédures afin d'aboutir à un tableau récapitulatif du type :
A(tangram) = 16 petits triangles
A(tangram) = 4 grands triangles
A(tangram) = 8 triangles de tailles moyenne...

Situation 4 : (10 min.) : Institutionnalisation.
L'enseignant demande aux élèves ce qu'il faut retenir de la séance :
- on peut mesurer une surface avec différentes unités de mesure et ainsi avoir une valeur différente ;
- on peut comparer différentes surfaces entre elles à partir du moment où elles ont été mesurées avec la même unité de mesure.

- **Variables didactiques, points d'attention pédagogique et gestes professionnels :** La mise en recherche pourrait se dérouler différemment afin d'être au plus près des besoins des élèves. En effet, on pourrait proposer la répartition suivante : `
  - un groupe d'élèves réalisant le travail de façon individuelle ;
  - un groupe travaillant en binômes ;
  - un groupe travaillant avec l'enseignant.

  Au niveau du choix de l'unité de mesure, il est essentiel de proposer aux élèves les plus fragiles l'unité qui demandera le moins de manipulations, comme le carré ou le petit triangle.
- **Bilan/prolongement :** De nombreux exercices d'entraînement seront proposés régulièrement tout au long de l'année, en lien avec la résolution de problèmes par exemple. De plus, un travail sur les unités de mesure cm^2, dm^2, m^2 sera également approfondi en travaillant le méso-espace, par le calcul de l'aire de la cour de récréation par exemple.

4 Questions possibles du jury

A. Questions disciplinaires

a. Pouvez-vous indiquer la différence entre surface et aire ?

En géométrie, le mot « surface » désigne un objet mathématique à deux dimensions. C'est aussi l'ensemble des points qui se situent à l'intérieur d'une figure. L'« aire » est la mesure au sens mathématique d'une surface fermée à deux dimensions.

b. Qu'est-ce que le micro-espace ?

Le micro-espace désigne l'espace proche du sujet. C'est un espace de manipulation des petits objets. L'élève peut les voir, les toucher et les déplacer. Il est en position d'observateur car il se situe à l'extérieur et peut ainsi avoir différents points de vue sur ces objets. Les micro-espaces sont les espaces de la feuille, de la géométrie, de la maquette, de la carte, de la table de l'élève, du double décimètre par exemple.

B. Questions didactiques

a. Pouvez-vous expliquer l'importance du rappel de la séance précédente ?

Le rappel de début de séance a pour objectif de mobiliser les acquis antérieurs et d'assurer un lien entre les apprentissages. Il garantit également une meilleure cohésion entre les activités et les différents temps de la séquence.

b. À quel autre domaine mathématique le travail sur les aires est-il étroitement lié?

Le travail sur les aires est étroitement lié à la géométrie. En effet, le calcul d'aires permet de mesurer la surface de différentes figures géométriques. On pourrait utiliser les compétences acquises lors de cette séquence sur les aires pour proposer un exercice en géométrie tel que : tracer un rectangle dont l'aire mesure 45 cm^2. Ici nous serions donc dans le cadre d'une résolution de problème géométrique.

C. Questions pédagogiques

a. Quels autres outils pourrait-on utiliser dans cette séquence sur les aires ?

Le papier calque est un outil qui peut aider à la comparaison des figures sans avoir recours au découpage. Le papier millimétré permet de mesurer une figure et d'utiliser des unités de mesure telles que le cm^2.

b. Quel est l'intérêt de réaliser le même travail avec des unités différentes pour chaque binôme ?

Ce choix de proposer à chaque binôme une unité de mesure différente permet de différencier les entrées, de confronter les différentes procédures utilisées mais aussi de conserver l'attention de chacun.

Index

Cet index n'est nullement exhaustif. Il cible les notions, concepts et outils que vous devez impérativement maîtriser pour concevoir une leçon.

A

Activités ritualisées 60, 61, 62, 67, 129, 131, 144, 161, 168

Affichage 65, 70, 71, 124, 282, 284, 288, 289, 290, 311, 327

Apprentissages 11, 15, 16, 19, 22, 24, 25, 26, 28, 33, 41, 43, 44, 45, 54, 56, 60, 63, 65, 67, 68, 70, 72, 78, 89, 90, 91, 94, 97, 103, 111, 118, 121, 123, 125, 133, 136, 144, 159, 162, 177, 180, 183, 193, 196, 201, 217, 218, 219, 230, 232, 236, 238, 240, 242, 248, 249, 250, 251, 256, 258, 263, 265, 271, 272, 298, 303, 313, 350

C

Consignes 10, 16, 21, 23, 36, 41, 42, 46, 51, 52, 61, 71, 85, 191, 275

D

Didactique 10, 14, 15, 17, 20, 24, 25, 29, 30, 40, 45, 46, 159, 187, 193, 195, 197, 286, 322, 330

Différenciation 5, 14, 19, 22, 33, 35, 36, 61, 74, 81, 108, 139, 141, 222, 297, 312, 334

Diversité 15, 16, 18, 21, 33, 40, 57, 73, 88, 285, 299, 345

Durée des séances et des activités 16, 19, 20, 31, 37, 44, 48, 50, 56, 60, 62, 64, 102, 109, 156, 185, 186, 210, 254, 262, 272, 311, 317, 325, 333, 340, 348

E

Enseignement explicite 192, 205, 215, 267, 316

Erreur 16, 45, 46, 47, 108, 132, 139, 142, 144, 147, 162, 163, 195, 201, 220, 241, 248, 256, 270, 284, 312, 323

Étayage 10, 11, 15, 18, 19, 39, 40, 196, 241, 305, 313, 334

Évaluation positive 43, 44

F

Fiche de préparation 11, 14, 20, 21, 22, 23, 48, 50, 52

G

Gestes professionnels 15, 22, 31, 40, 55, 85, 93, 99, 106, 108, 115, 117, 125, 132, 140, 142, 147, 155, 162, 169, 176, 184, 191, 200, 207, 214, 220, 228, 235, 241, 247, 254, 261, 269, 275, 283, 290, 296, 305, 312, 318, 326, 334, 342, 349

Groupe de travail/travail de groupe 11, 41, 68, 69, 73, 168, 170, 194, 207, 215, 313, 317, 333

I

Institutionnalisation 14, 17, 22, 23, 49, 64, 80, 81, 169, 170, 176, 180, 195, 207, 212, 228, 275, 281, 282, 283, 288, 289, 290, 294, 296, 298, 304, 330, 343, 349

Interaction 10, 186, 188

J

Jeu (le) 16, 54, 55, 56, 89, 90, 91, 93, 94, 105, 107, 108, 129, 130, 131, 132, 138, 140, 141, 154, 167, 206, 229, 232, 233, 234, 236, 244, 245, 246, 247, 253, 256, 257, 258, 259, 260, 261, 262, 263, 265, 266, 267, 268, 269, 272, 273, 274, 275, 276, 295, 297, 310, 338

L

Leçon (conception, conseils, préparation) 5, 14, 15, 16, 17, 18, 19, 20, 22, 23, 25, 29, 30, 31, 33, 34, 35, 36, 40, 41, 44, 48, 52, 54, 55, 57, 60, 64, 67, 68, 70, 72, 75, 78, 79, 80, 81, 84, 85, 135, 136, 148, 165, 166, 180, 185, 192, 241, 270, 282, 283, 330

M

Manipulation 16, 19, 32, 38, 54, 57, 58, 59, 75, 91, 94, 104, 166, 180, 219, 224, 227, 232, 234, 235, 237, 238, 239, 240, 242, 245, 253, 256, 257, 260, 263, 274, 282, 284, 296, 297, 303, 305, 306, 313, 326, 330, 331, 334, 348, 349

Mémorisation 16, 48, 60, 66, 67, 71, 78, 90, 100, 117, 136, 141, 143, 149, 153, 165, 166, 168, 169, 170, 180, 185, 209, 212, 213, 214, 215, 217, 245, 271, 272, 273, 274, 275, 276, 298

N

Numérique (informatique) 17, 72, 73, 74, 78, 124, 127, 136, 139, 318

O

Oral 8, 16, 42, 44, 49, 53, 61, 63, 64, 65, 84, 88, 89, 90, 92, 93, 94, 97, 100, 101, 103, 106, 107, 109, 112, 113, 116, 118, 120, 121, 123, 124, 128, 129, 130, 131, 132, 134, 138, 139, 140, 144, 146, 148, 153, 158, 159, 160, 162, 164, 167, 175, 180, 181, 183, 189, 193, 194, 195, 196, 197, 198, 199, 201, 206, 210, 212, 217, 218, 219, 245, 249, 282, 283, 292, 300, 303, 340, 348

Outils des élèves et de la classe 19, 20, 21,23, 32, 37, 38, 39, 41, 47, 53, 56, 58, 67, 70, 72, 73, 74, 76, 77, 80, 113, 115, 119, 124, 126, 147, 175, 191, 229, 232, 284, 304, 312, 318, 340, 343, 350

P

Pédagogie 15, 29, 30, 33, 41, 276

Pratique pédagogique 17, 72, 240

Programmation 15, 19, 20, 21, 24, 25, 26, 28, 105, 107, 162, 169, 189, 271, 273

Progression 15, 18, 19, 20, 21, 23, 24, 25, 26, 27, 28, 44, 122, 125, 136, 138, 144, 146, 157, 159, 169, 179, 180, 182, 184, 186, 194, 203, 216, 218, 225, 238, 239, 250, 251, 264, 265, 266, 277, 280, 285, 292, 297, 302, 307, 308, 314, 315, 321, 322, 323, 329, 330, 331, 336, 337, 344, 346

R

Rythme activité et élève 16, 48, 49, 50, 60, 99, 124, 136, 139, 271, 273, 275, 277, 280

S

Séance (définition, type, conception et organisation) 5, 10, 11, 14, 15, 16, 17, 18, 19, 20, 21, 22, 23, 31, 32, 34, 35, 37, 38, 40, 41, 42, 44, 48, 49, 50, 55, 57, 58, 59, 64, 67, 70, 71, 73, 74, 75, 76, 77, 78, 79, 85

Séquence (définition, conception) 5, 11, 18, 20, 21, 22, 23, 42, 44, 58, 60, 67, 80, 81, 85

Supports 10, 17, 19, 23, 37, 38, 56, 57, 58, 67, 72, 73, 78, 79, 81, 84, 98, 103, 117, 126, 156, 175, 185, 186, 196, 254, 305

T

Tableau noir/blanc interactif (utilisation) 17, 49, 70, 71, 75, 78, 81, 98, 99, 127, 136, 137, 139, 140, 154, 161, 265, 312, 317, 318, 341, 349

Trace écrite 10, 17, 22, 49, 71, 80, 81, 159, 160, 162, 163, 184, 194, 199, 200, 207, 212, 220, 250, 274, 275, 276, 281, 282, 283, 288, 294, 296, 304, 310, 311, 312, 313, 316, 317, 318, 324, 325, 326, 327, 331, 334

V

Variables pédagogiques 15, 22, 35, 36, 38